中文社会科学引文索引（CSSCI）来源集刊

人文论丛

2017年
第2辑（总第28卷）

冯天瑜　主编

教育部人文社会科学重点研究基地
武汉大学中国传统文化研究中心　　主办

WUHAN UNIVERSITY PRESS
武汉大学出版社

KEY RESEARCH INSTITUTE IN UNIVERSITY

图书在版编目(CIP)数据

人文论丛.2017年.第2辑:总第28卷/教育部人文社会科学重点研究基地,武汉大学中国传统文化研究中心主办.—武汉:武汉大学出版社,2017.12
ISBN 978-7-307-19898-2

Ⅰ.人…　Ⅱ.①教…　②武…　Ⅲ.社会科学—2017—丛刊　Ⅳ.C55

中国版本图书馆 CIP 数据核字(2017)第 309204 号

责任编辑:李　程　　　责任校对:李孟潇　　　版式设计:马　佳

出版发行:**武汉大学出版社**　　(430072　武昌　珞珈山)
　　　　　(电子邮件:cbs22@whu.edu.cn 网址:www.wdp.com.cn)
印刷:武汉中远印务有限公司
开本:787×1092　　1/16　　印张:21.5　　字数:522 千字　　插页:2
版次:2017 年 12 月第 1 版　　　2017 年 12 月第 1 次印刷
ISBN 978-7-307-19898-2　　　定价:79.00 元

目　录

人文探寻

儒学与"终极关怀"
　　——以《论语》《易》《庸》为中心 ………………… 张学智（3）
论儒家仁学"公共性"问题
　　——以程朱理学"以公言仁"为核心 ………………… 吴　震（11）
程颐与杨时关于《西铭》的讨论 ………………… 李存山（29）
战国秦汉的时令文本整合与时间秩序统一 ………………… 薛梦潇（38）
儒家"礼之三本"的礼义精神及道德意义 ………………… 陈　中（54）

哲学·思想

先秦名家"反论"再释（之一）………………… 左亚文　孙秋雁（65）
孔子"为己之学"中的主体性原则 ………………… 谢远笋（72）
永明延寿的戒律思想研究 ………………… 孙劲松（80）
论《宋元学案》对张载《西铭》《东铭》及《正蒙》的诠释 ………………… 连　凡（86）
论陆象山的"学苟知本，六经皆我注脚" ………………… 肖　雄（93）
王阳明"良知"说的感通之维 ………………… 刘乐恒（103）
从王阳明的戒慎恐惧工夫看良知学的形成 ………………… 郑泽绵（114）
王阳明诠释《大学》八条目及其道德根据 ………………… 朱小明（126）
从唐顺之到邢云路
　　——易道下的明中后期历学 ………………… 朱浩浩　王　淼（134）
从《尚书引义·费誓》看王夫之对明代兵制的批评 ………………… 杨柳岸（143）
胡秋原对阳明思想现代意义的文化史解释 ………………… 介江岭（150）

文史考证

《慧琳音义》引《说文》省声字考 ………………… 郑　妞（159）

陈绎曾著述考 ………………………………………… 施贤明（170）

《传习录》各卷所录时间考 ……………………………… 罗贵绒（179）

黔中王门孙应鳌学行及著述考略 ………………………… 张　明（189）

黄侃经学思想阐微 ……………………………………… 肖　航（201）

文学·语言

近代"革命"再考察 ……………………………… 黄　莎　聂长顺（211）

从"群"到"国"：严复的"社会"理念考察 …………… 崔应令（223）

《道德经》在俄罗斯的译介及传播 ……………………… 张鸿彦（231）

王荆公学杜论

　　——以"健"为中心的考察 ……………… 李舜臣　陈　晗（237）

台阁体"颂圣""鸣盛"主题的演变 …………………… 方　宪（246）

论《明文海》中的八股文批评 ………………… 张　帆　陈文新（254）

论船山诗学的"言志"与"达情" ……………………… 刘克稳（260）

俞长城八股文批评述论 ………………… 陈水云　孙达时（269）

明清以来经济与社会

王朝更迭下的地方财政改革

　　——以明清时期江苏地区均田均役制度的推行为视角…… 王文素　龚　浩（281）

清代财政管理体制的沿袭与创新 ……………………… 陈　锋（290）

晚清妓捐征收与警费之来源 …………………………… 王　燕（305）

民国时期河南县级财政制度的转型及其局限 …………… 岁有生（317）

晚清新政中北洋的"局" ……………………………… 姜海龙（325）

清末民国时期湖南的农产品出口贸易 ………………… 杨　乔（333）

人 文 探 寻

儒学与"终极关怀"

——以《论语》《易》《庸》为中心

□ 张学智

在启蒙心态深入人心，科技思维席卷一切，工具理性大行其道，人的心智被利益和竞争所占据的现代社会，宗教将以何种形式存在？这个问题是每一个认真对待人的现存状况、探寻人的本质和意义的思想者必须严肃思考的问题。对这个问题的思考，不能不接触到宗教的定义，宗教产生与发展的历史，以及上帝、自然、人三者之间的关系。宗教是人脱离蒙昧的标志，是人对他生活于其中的自然的某种思考与追问，是人满足自己的超越感的某种形式。它以尖锐和直接的方式，直探人的本质和意义最深微的基础，以满足人的精神需求。而对这个最广大也最基础的问题的探究，答案却是最杂乱最没有确定性的。当代德国哲学家卡西勒(Ernst Cassirer)指出："它(宗教)充斥了理论的二律背反和伦理的矛盾。它允诺我们一种与自然、与人、与超自然的力量、与神之间的交通，而其结果却正好相反。在它具体外现的时候，它正成为人间最深的纷争不和，和最狂热的斗争的源泉。宗教声称得到了绝对的真理，但它的历史，却是一部错误和异端的历史。它给予我们一个超越世界的允诺和远景，远超过了我们人类经验的限界，但它依然是人类的，并且太人类化了。"① 卡西勒所认为的宗教的这些矛盾现象或说二律背反，现在依然存在并且在新的时代条件下有不同的表现。在当前和平和发展成为时代最强音、由宗教和民族争端带来的不安定因素日益增多，不同文化、不同宗教间的对话需求越来越强烈的今天，对宗教的价值、宗教的作用的重新探讨，是十分合宜的。本文即对先秦儒学中与超越性相关的方面进行初浅探讨，以见出其中可以与西方"终极关怀"的宗教融通的某些因素。

（一）

1. 宗教是人的"终极关切"

在讨论儒学的宗教性之前，先讨论一下宗教概念及在此基础上的各种诠释是很有必要

---

① ［德］恩斯特·卡西勒著，刘述先译：《论人》，台中：东海大学，1959 年版，第 84 页。

的。何谓宗教？古今中外关于这一人类重要的精神活动的定义有很多种①，我认为，现代美国宗教哲学家蒂里希（Paul Tillich，一译田立克）关于宗教的定义内容包含最为广泛，最适合现代社会文化心理的实际情况，最具有不同价值之间的解释力和融合力。他认为，宗教是人的"终极关切"："人无限地关切着那无限，他属于那无限，同它分离了，同时又向往着它。人整体地关切着那整体，那整体是他的本真存在，它在时空中被割裂了。人无条件地关切着那么一种东西，它超越了人的一切内外条件，限定着人存在的条件。人终极地关怀着那么一种东西，它超越了一切初级的必然和偶然，决定着人终极的命运。"②这个定义，涉及终极关切的对象——超越的存在者本身，以及它与具有此关切的人的关系，可以诠释的方面很广阔。

人为什么会有终极关切，我认为是由两个因素决定的。第一是人的不完满性、有限性，以及对这种状况的自觉。觉知到自己的不完满因而追求完满，是人的存在的基本方面。在这种追求中，人会用他理想中的完满来对照、形显人的缺陷。这种缺陷包括肉体上的，精神上的。精神上的缺陷，人最不满意自己的，是理性的残缺与意志的软弱。人是经验性的存在，人的认识工具是局部的、有限的，只能窥见现象界之一隅，但人总想全智全能。人是软弱的，在各种诱惑面前往往难于把持住自己的情欲，但人总想象天使一样纯洁，像圣贤一样磊落。这样，人的现实的不完满和人的理想的完满之间，就形成了一个天然的矛盾，这个矛盾为宗教的到场提供了契机。这就是蒂里希说的："人永不满足于自己的有限发展的任何一个阶段，尽管有限性就是他的命运。任何有限的东西都不能使他止步。这个事实清楚地显示出，每一件有限的东西都同存在本身有着不可消解的关系。存在本身在有限者要越出自身的无限冲动中，向有限的存在物显现出自身。"③

第二是人对自己的责善，即人总在追求比现在更好。人在自然状态中，不自觉地被潜意识中的"更好"吸引着、逼迫着提升自己；在自觉状态中，人更是有意识地改良自己，优化自己。除了极少数自暴自弃者外，人总是被自己点滴的进步激励着、欣喜着，并从中获得继续上升的动力。人所追求的完满即是无限，即是终极整体，即是本真存在。人将一切可以想得到的赞美之词都毫不吝啬地给予它，以表达人追求向上的愿望和勇气，并小心翼翼地将自己的怯懦、渺小和不自量力同时表达出来。人对衣食住行这些具体生活条件的追求是直接的、当下的，但人是这样一种存在，他在具体行为上、连带着具体事物上，能看出这种行为和事物的意义和价值，因而能够把有限和无限、具体和超验联系起来。将人心目中的无限、本真设定为真实的，将在这种真实、无限的映照和形显下人的不完满设定为虚幻的、有限的，这正是宗教的起源的心理根据。这种宗教，就它的出现与存在来说是本体的而非偶然的、有条件的；就它作用于人的方式来说是心灵的而非教会的、组织的。它超越民族与地域，纯以信仰为归着点。这样的宗教更容易消除排他性、单边性及由此引起的争斗、杀戮、战争，更容易走向对话、融洽、化解矛盾，克服争端。更重要的，就神

① 关于宗教的诸定义可参看吕大吉：《西方宗教学说史》，中国社会科学出版社 1994 年版，第25~40 页；赖永海：《宗教学概论》，南京大学出版社 1989 年版，第 40~62 页；[美]E. 希尔斯著，傅铿、吕乐译：《论传统》，上海人民出版社 1991 年版，第 126~145 页等。
② 何光沪选编：《蒂里希选集》，三联书店 1999 年版，第 14~15 页。
③ 何光沪选编：《蒂里希选集》，三联书店 1999 年版，第 1114 页。

教观念淡薄、人文特征鲜明的中国人来说，更容易与中华文化的历史传统和现实要求相吻合。

2. 宗教的两个解释向度

蒂里希的这个宗教定义的优越之处还在于，它涉及主观和客观两重内涵。所谓客观，指信仰者无条件关切的对象，由于它的形上学的超脱与空灵，可以产生大量瑰丽的想象和深刻的阐释。信仰对象，就是一般所说的"上帝"，而蒂里希对上帝的解释则是，上帝就是存在本身。上帝不能被理解为与其他存在物并列或在其他存在物之上的一个实际存在物。因为如果上帝是一个存在物，他就会被那些描述有限性存在的范畴所制约，特别是被时间、空间和质料范畴所制约。即使把他称为"最高存在物"，也依然摆脱不了这种状况。上帝就体现为具体事物，这个定义可以展开和发挥的地方很多，可以在绝对存在、自然和人三者间作很多阐释。后文中对儒学宗教性的解释，很多就集中在这三者的关系上。所谓主观，指信仰者对自己的信仰对象无条件关切的状态，更加"宗教"些的解释是，信仰是被存在本身所把捉的存在状态。这种状态，是精诚、勇气、信念产生的前提条件。蒂里希在对尼采的评论中说得很清楚："乐意超越自己的那种生命，就是善的生命，而善的生命就是勇敢的生命。这种勇敢的生命是兼有'强有力的心灵'和'健壮的体魄'的人的生命。这种生命的自我欣赏就是美德。这样的灵魂'摒弃一切怯懦的东西，它宣称：坏——这就是怯懦'。"① 在信仰生活中，主观与客观是不可分的，实际上是一个存在的两个方面。有什么样的客观设定，就有什么样的主观认知。就像《孟子》所说的："诚者天之道，思诚者人之道"，达到诚的状态，天与人合为一体，属人的和属天的，已经难以分辨。在尚未达到天人合一的状态之前，人对终极存在的关切，实际表现为一种对既定价值的精诚追求态度。这种精诚态度，涉及精神生活的深层方面，这种态度，是人的价值创造、理性创造、审美创造的源泉。缺乏这种生命的深度，就会带来对死亡和命运的忧惧，对空虚和无意义的忧惧，对罪过和谴责的忧惧。② 人就会陷于屠弱和怠惰。人的精诚状态来自对无限、对存在本身的信仰。有了这种精诚，就会获得"存在的勇气"。存在的勇气是克服非存在（即以上各种忧惧），达到存在本身的力量源泉。

3. "精神性"的宗教

蒂里希关于宗教的定义对宗教信仰者和非信仰者都有作用。如中国现代著名哲学家贺麟（1902—1992）并非基督徒，他对基督教的看法代表了民国以来知识人对于宗教的一般态度："如果我们于讨论耶教（按即广义的基督教）与政治各方面的关系以前，先将耶教精神与耶教组织或教会区分明白，定可以免掉许多混淆与误会。概括言之，教会的耶教，其功用在于凭借组织的力量以熏陶后生，感化异族，稳定社会，保存价值。而精神的耶教便是健动的创造力，去追求一种神圣的无限的超越现实的价值。""耶教精神可以说是一种热烈的、不妥协的对于无限上帝或者超越事物的追求，借自我的根本改造以达到之。真正信

---

① 何光沪选编：《蒂里希选集》，三联书店 1999 年版，第 171 页。

② 对这几种忧惧的详细分析见蒂里希：《存在的勇气》第二章，何光沪选编：《蒂里希选集》，三联书店 1999 年版，第 179~189 页。

仰耶教的人具有一种浪漫的仰慕的态度，以追求宇宙原始之大力，而企求与上帝为一。换言之，耶教精神在于由谦卑以达大无畏，由自我贬损以达自我实现，由上十字架以达再生或由死以求生。耶教精神同时是人之无限渺小与无限伟大的自觉。"①在一般有宗教信仰的人看来，教会的宗教和宗教是不能截然区分的。两者是一个典型宗教不可或缺的要素。去掉其中之一，便不足谓之宗教。但处于后现代社会的人却可以在先辈已经做的大量的减弱教会宗教作用的基础上，大力张扬精神的宗教。我们现在所需要的"宗教"，是精神的宗教。精神的宗教的核心是对"存在"本身的归向和由此获得的精诚信念。对存在本身的归向就是设定一个神圣的绝对者，从而使不完满的自己有了精进的根据和力量。从绝对者那里我们有了"日新之谓盛德，生生之谓易"的识度和"苟日新，又日新，又日新"的不断完善自己的动力。这对于任何想进入完满领域从而对自己有所提升的人都是一种感召和激励。精神的宗教将淡化甚至消解设置专职神职人员的必要性；指导信仰者增进精神生活品质，提升精神修养的人都可算作老师。也不需要符合标准建筑式样的教堂，更不需要特别解释、特别象征的彼岸世界，因为终极者即"存在本身"，而存在本身就体现在万物之中，它是绝对者，又是相对者；它是我们的信念，又是我们生活于其中的大家庭（宇宙万物）中的一员。这样的"宗教"可以在一切处，面向一切人。它不一定和民族相结合，这就避免了将它捆绑在民族的战车上，为民族这个共同体的利益而发生战争。也不和教派的某些特殊行为纠缠在一起，这就避免了因某些偏执和迷狂而发生的戕害人性、违背常理的行为。它除了投入存在自身的怀抱以便在它的映照、感召下更好地提升自己之外没有别的目的。它崇尚超越，但从存在的角度说，它超越的是个体的有限性及这种有限性带来的个体的懦弱、疲软、沮丧、焦虑；从社会的角度说，它超越的是利益为先的考量原则和人与人之间的不信任。这是在传统宗教的弊端暴露之后，在传统宗教的种种信条削弱甚至坍塌以后，在世界越来越世俗化、越来越平面化、越来越同质化的今天，应该采取的信仰形式。

在后现代的今天，我们要注重的是人的尊严、人的有质量的生活，人对焦虑和忧惧的解脱，需要彰显的是宗教的精神方面。当代美国著名宗教哲学家斯特伦（Frederick J. Streng）说："宗教是一种转变过程，人们借此超越自己，达到与真正的和终极的实体合一。这种实体可将人们从日常生活的破坏力量中拯救出来。这一宗教进程具有在生活之最深刻层次上改变生活的力量。"②这一定义与蒂里希的定义接近，而更加强调终极关怀对现世人的改变作用。在对绝对者的归向中，我们将会获得创造的灵感，这种灵感是综合的、体验的，是将自己置身于一种综合性的大全之中，突破了由于经验的分割而有的局部性和直线型，由体验和象征、类比和隐喻而获得的审美式的创造体验。这种体验会弥合由于个别经验性思考所带来的分裂：如服从和创造的分裂，接受和给予的分裂，人类中心主义和万物平等的分裂，竞争和互利的分裂，等等。

对传统宗教定义的转换，是和我们的哲学兴趣、哲学视角的转换同步的。哲学从来都是一种关于创造性解释的展现。现在的世界，哲学正在经历从分析哲学占绝对统治地位的状态转变，人文领域与科技领域的重新融合正在实现，单一的科技压倒人文的状况正在改

---

① 贺麟：《基督教与政治》，《文化与人生》，商务印书馆 1988 年版，第 129、132 页。

② 斯特伦著，金泽、何其敏译：《人与神——宗教生活的理解》，上海人民出版社 1991 年版，第 4 页。

观。后现代对现代社会的解构一步步推进，被分析哲学当令这种状况排斥、压制的各种哲学思想正在逐步回潮。宗教哲学这样的被现代无神论掩蔽了的学科正以前所未有的势头蓬勃发展，新的哲学观念、宗教观念，特别是重视多元化、重视传统价值的观念以强劲之势纷纷登场，对话与融合成了时代的底色，对宗教的多维诠释得到了新的增长点。这样的文化趋势为重新反省宗教问题创造了新的契机。

（二）

中国哲学是否有"宗教性"，这在中国学界已经争论了很长时间。由于对宗教的定义未能取得一致，关于这个问题的争论一直以来没有结果。但它并非没有意义。它的意义是引导人们更深的关注中国哲学、思考中国哲学，在更深的层次上探寻中国哲学各方面内涵以及在历史和现实中发生的作用。本文不拟对此问题直接进行理论分析，而是想用先秦儒学中著名思想家的理论和实践，来说明其中精神活动的深层方面。目的是要说明，中国传统哲学中的终极关怀，某种意义上可以扮演"宗教"的角色，对它进行这个场域的理解和诠释，可以使我们对整个中国哲学特别是儒学的积极价值有深刻把握。在此基础上吸收一切外来文化中的优秀成分，建立中国文化主体性地位，为中华传统文化的复兴作贡献。

1. 三代与孔子

让我们先追溯一下中国文化、宗教发展的一般情况。中国文化，夏商周三代为重要发轫期。三代文化各自的特点，《礼记·表记》的一段描述说得很清楚："夏道尊命，事鬼敬神而远之，近人而忠焉。先禄而后威，先赏而后罚，亲而不尊。其民之敝，惷而愚，乔而野，朴而不文。殷人尊神，率民以事神，先鬼而后礼，先罚而后赏，尊而不亲。其民之敝，荡而不静，胜而无耻。周人尊礼尚施，事鬼敬神而远之，近人而忠焉。其赏罚用爵列，亲而不尊。"①这是说，夏朝人最看重的是人间之事，尊重官府政教之令，对事奉鬼神不热衷，宁可抱敬而远之的态度；着重人与人的关系，伦理原则以忠恕为尚。因为重人道而轻鬼神，故在经济措施上先给百姓以利益，而后法律、政令随之。着重人与人之间之仁爱，轻视尊卑等级。受此风俗熏染，虽后世政教衰失，民风犹懃直质朴，不竞文华。商朝与之相反，最重鬼神，事奉鬼神之重要性在人事礼乐之上，以亵渎鬼神为大罪，而民众之劝功敬事反在其次。因为特重人与鬼神之交通，人与人之间之仁爱亲附反不受重视。受此风俗熏陶浸染，民人皆趋附鬼神虚无之事，其心放荡而不安静；凡事只求免于罪罚，而无真诚忠悃之心。春秋时宋国为殷商后裔，流风余韵犹存，人多不着实，喜虚幻浮夸，为先秦典籍中嘲笑奚落的对象，如《孟子》之揠苗助长、《韩非子》之守株待兔等皆是。周朝人一反商朝人尊鬼神而贱人事之风俗，崇礼乐，重教化，做事讲究实际功利，不喜空言。对鬼神采取敬而远之的态度，特别重视人与人之间的伦理关系，倡导仁爱忠恕。赏罚依礼制，重视尊卑等级。迨其礼制废坏，因为久已浸淫礼制之中，礼又复杂多端，故善于利用礼来讨巧，重视外在文采而无有愧耻之心。各以礼为依据互相贼害而生困蔽。这就是三代文化的特点。《春秋纬·元命包》也说："三王有失，故立三教以相变。夏人之立教以忠，其失野，故救野莫若敬。殷人之立教以敬，其失鬼，救鬼莫若文。周人之立教以文，其失

---

① 朱彬：《礼记训纂》，中华书局 1996 年版，第 792~793 页。

荡,故救荡莫若忠。"①此即"夏尚忠,殷尚质,周尚文"。三代周而复始,相互补救。

这是一个从三代文化特性着眼的描述与评断,从古代文献的大量记载与评述来看,其可靠性大体不差。我们着眼的是三代这一中国人文精神的创立期其中的宗教精神的传递和嬗变。夏代朴野无文,人们的着眼点是人间世,所重者为伦理关系。殷商是宗教精神——当时表现为重鬼尊神——的高涨、发达期,人们容易为现世之外的神秘世界所吸引,此时期可说是神重于人的时期。而周代则是人文主义兴盛的时期,人文的兴盛必然带来宗教的贬落。人文兴盛最突出的表现就是用礼乐代替天帝、鬼神等超经验的力量。这一点是孔子的仁爱、礼乐思想的出发点。而孔子在此基础上又向人文主义推进了一步,奠定了中国文化重视现世,重视人伦,重视礼乐教化,重视经验知识,敬鬼神而远之诸特性的基点。周代已将人们的关注目光从天拉向人,孔子又从"六经"中选择并重新阐释了大量的思想文献,由此将天的神格性大大消解,减弱了人们仰望彼岸世界并由此产生一神教的人格神的机会。孔子的精神方向在以下人们所熟知的言论中表现得很清楚:"子不语怪力乱神。"(《论语·述而》)"务民之义,敬鬼神而远之。"(《论语·雍也》)"季路问事鬼神。子曰:'未能事人,焉能事鬼?''敢问死?'曰:'未知生,焉知死?'"(《论语·先进》)"祭如在,祭神如神在。"(《论语·八佾》)"曾子曰:'慎终追远,民德归厚矣。'"(《论语·学而》)"人能弘道,非道弘人。"(《论语·卫灵公》)"子曰:'殷因于夏礼,所损益,可知也。周因于殷礼,所损益,可知也。其或继周者,虽百世,可知也。'"(《论语·为政》)孔子继承了周代的礼乐文明,为中华文化奠定了人文主义基调,此后各个时代的儒家,在孔子这一基调上又踵事增华。

2.《中庸》与《易传》

《中庸》和《易传》是儒家文献中形上学思想最为显豁的。《中庸》所张扬的天理天道是儒家消减天道的神性,用哲学形上学来转换其中的宗教思想的典型。"天命之谓性,率性之谓道,修道之谓教。……喜怒哀乐之未发,谓之中;发而皆中节,谓之和。中也者,天下之大本也;和也者,天下之达道也。致中和,天地位焉,万物育焉。"②此中的"天"是义理之天和物质之天,它是由物质支撑而又在其中显现为理则和规范的实体性存在,不是人格神本身;它是人性的本体根据和来源,不是神性在人身上的彰显。所谓性,所谓道,所谓教,都是人文视域内对人的修养方法的描述和指引,不是对神性的膜拜和遵从。"中和"是对人的心灵和谐状态及其放大为、诠释为天地万物的本体状态的描述,不是对神性的赞美。"致中和"以及在此基础上的"天地位、万物育",更是对人的实践行动的规范和要求,不是对神性的描述。总之,《中庸》以其突出的人文精神和形上思考,为儒家以理想境界的追求替代神性又迈进了坚实的一步。后来它作为理学的基础性典籍也为理学的精神方向规定了路向。《中庸》的"诚者,天之道也;诚之者,人之道也"③,作为儒学的基本追求方向而不可动摇。"唯天下至诚,为能尽其性;能尽其性,则能尽人之性;能尽人之性,则能尽物之性;能尽物之性,则可以赞天地之化育;可以赞天地之化育,则可以与

---

① 见朱彬:《礼记训纂》,中华书局 1996 年版,第 792 页。
② 《中庸》第 1 章,朱熹:《四书章句集注》,中华书局 1983 年版,第 17~18 页。
③ 《中庸》第 20 章,朱熹:《四书章句集注》,中华书局 1983 年版,第 31 页。

天地参矣"①，就作为儒家的最高精神方向和行为准则被后世所奉行。它已经完全成了人文性的行动指南。但由于它浓重的精神方向品格，它以其形上性、超越性而又具有精神追求的具体在场性为自身带上了"终极关怀"的性质。

在儒学的发展过程中，《易传》对于推进它的形上学高度有着决定性意义。形上学体现着一个思想系统的理论纯度和它与终极关怀的对象的接近度。这里的"终极关怀"强调的是它的超越性、普遍性。因为一个理论系统，越是超越的就越是普遍的。拘泥于个别，追求与个别的东西符合是不能达到理论所要求的普遍有效性的。而《易传》的"天地之大德曰生""日新之谓盛德，生生之谓易"(《易传·系辞》)就是这样一个具有普遍性的理论。它将人们的最高尊奉者——天解释为一种价值系统，减弱了它的物质性，加大了它的道德性。天的最大的德行是"生生""日新不已"。这就将儒家这个特别受重视的价值放大了。在道家眼里，天地是自然，自然按自己本性的必然性活动，没有目的和意志，也不被诠释为某种价值，自然就是其价值。而在儒家眼里，一切事物都可以凭借人的精神性理解被诠释为体现了某种价值。所以，在儒家眼里，天道有了德性："日新""生生"。而"日新""生生"又和"仁爱"联系了起来，天人一理，天地之生生不息是人的仁爱的天道根据。这对人文性宗教是一种加强。它既保留了天地的某种品格，使人对天有了某种向往，希冀对它进行理解，又有肯定、享受了这种理解之后对它的赞叹和归向。

《易传》是战国后期孔门的一大创造，它从《易经》中纽绎出了深刻的哲学理解，把本为卜筮之书的《周易》改造成了本体诠释的哲学文本，与《中庸》一起，构成了儒家的形上学体系，天道、人身、心性通而为一，为儒家从伦理型、政治型思想走向更加深刻化的整幅哲学，从经验性的具体到思辨性的一般创造了条件，也为宋明理学的产生奠定了基础。更重要的是，《易传》的"天地之大德曰生"揭示了儒者的胸怀所体验到的宇宙本体，把儒家的体证对象和获得此体证的人的精神境界一体化了，为儒者的精神修养设定、描画了一个要达到的理想图景："胸次悠然，上下与天地同流"。对这一目标的不懈追求，对这一图景的深切体证，对这一境界的欣然享受，就是儒者的终极关怀，就是儒者的宗教情怀。这是《易传》带给后世最大的精神遗产。它对道家的接引，它在精神品格上同佛家的某种一致性，都给宋明理学的诞生创造了条件。

两汉之际传入的佛教和诞生于东汉末年的道教是真正的、不折不扣的宗教。它们具有宗教的基本要素，符合宗教的一般定义。它们对于儒家的"宗教性"所发生的影响是巨大的，一方面，它们是纯粹的宗教，在它们的比照与形显下，儒家这种非纯粹宗教的文化形态就不能再以"宗教"的面目出现，从而使它循着即学说即教化的面貌扮演中国传统文化主干的角色，在数千年的历史中充量发展。同时因为它的非典型宗教性质，使得它没有障碍地吸收了大量佛、道教的理论养分，避免了与佛、道教争宗教的主导地位。西晋以来的三教异同之争，实际是佛、道两家争与儒教这一正统文化的联姻权，并非争宗教的主导地位。而儒学又以超然的面目，抚慰、平衡佛道之争，使自己高踞二教之上，牢牢据守中国文化的主导地位，将安慰心灵、超离现实的功能给予二教。另一方面，儒学又不断地攻城略地，吸收佛道关于宇宙本体、关于心性的学说壮大自己，大力张扬即内在即超越的品格，慢慢地将心灵问题、出世问题收归自己所有。儒学的主要是定立价值理念、掌握制度

① 《中庸》第22章，朱熹：《四书章句集注》，中华书局1983年版，第32页。

设计以及经书传习的"入世"功能,逐渐地加入了心灵安排、精神抚慰的"出世"功能。在中唐以后的三教合一思潮中,这种趋势越来越明显和扩大。特别是在宋代理学成立之后,这种状况越来越强烈和显豁。唐以前周孔并称和宋以后孔孟并称即是最好的例子。儒学越来越有了对终极关怀的容纳能力,越来越有了对超越面的理论兴趣,越来越有了忘怀世教、与超越的无限者同一的精神要求。也就是说,越来越有了"宗教性"。

从以上概略的论述可以看出,儒学由于它的独特性格,所以抑制了一神教那样的宗教的产生。中国文化的许多特点,如重人文,轻宗教;重现世,轻彼岸;重实用,轻理论;重心灵,轻自然;重体验、诠释,轻逻辑推理;重融会贯通,轻各各孤立等,都可以从这一根本性格得到说明。儒学的即哲学即宗教的特点,为它向政治、经济、军事各个领域渗透乃至在中国后期社会主导地位的树立,都起到了推动作用。由此对中华文化的统一性、民族国家的统一性、信念追求的统一性,都有很大的影响力。而对社会力量的中坚——士大夫群体的精神修炼和人格养成,特别是对超越的理想境界的追求,和追求超越中所具有的精诚心态、百折不回的勇气的培养,所起作用尤大。儒学乃至整个中国文化的这种文化性格,对克服由于忽视"终极关怀"而造成的功利主义、个人主义,纠治人类社会的诸多弊端,是有积极作用的。儒学所具备的即内在即超越,即凡俗即神圣,重视精神境界和修养实践相结合的品格,正与传统宗教在现代社会趋进的方向吻合。它可以是每一个思考人的现存状况并乐于通过实践弥补其缺憾的生活方式。这或许是中国哲学将来在世界上要大放异彩的理由。①

(作者单位:北京大学哲学系)

---

① 参见冯友兰:《中国哲学简史》,赵复三译,天津社会科学院出版社 2005 年版,第561页。

论儒家仁学"公共性"问题

——以程朱理学"以公言仁"为核心

□ 吴 震

近年来,李泽厚再三强调"两德二分"的重要性,认为宗教性私德和社会性公德的"两德论"恰能用来解释儒家伦理的"忠恕之道",主张"情本体"的"忠"可以范导公共理性的"恕"("己所不欲勿施于人"),进而主张伦理学的"两德论"应成为"政治哲学的基础",认为在政治哲学上需要研究如何使中国传统的"两德论"来范导从西方传来的普遍价值的"现代社会性道德",以创造一种适合于中国的道路。① 这些观点都很重要,值得重视。

然而,儒家伦理的忠恕之道显然是以"仁"这一儒家核心观念为基础的,因此,我们可以从儒家传统的仁学思想来重新思考"两德论"的问题,本文旨在透过对宋代理学重构传统仁学的思想史考察,来探讨儒家仁学的公共性问题,最后对"两德论"问题尝试作出若干回应。

众所周知,"仁"是孔子的中心思想,也是儒学的核心价值,然而由于孔子言仁大多是"指示语"(朱子语)而非定义语,如"仁者爱人"亦至多表明"爱人"是"践仁"的表现,而难以认定是对"仁"字的确切定义,因此,关于"仁"的名义问题遂引发后儒的不断诠释,② 宋儒特别是道学家多感叹仁字"难言""难名",朱子(1130—1200)甚至断言汉唐以来,"学者全不知有仁字",二程以后"学者始知理会仁字",但"不敢只作爱字说"③。这是指程颐(1033—1107)言仁的两个主要观点:仁性爱情和以公言仁。前者是指程颐对"仁者爱人"的全新解释:仁是性,爱是情,故不可以爱名仁,导致程门后学不敢以爱说仁;后者是指程颐从"仁近公""仁者公也"的角度对"仁"的新解释。这两个观点具有理论上的内在关联,特别是以公言仁说揭示了"仁"的公共性特征,是程颐的独创性诠释,也是其仁学思想的重要特色,在仁学诠释史上十分重要,但未引起后人的足够重视。

关于以公言仁,程颐大致有三种提法,词意相近而又有微妙差异:

---

① 李泽厚:《中国哲学如何出场?》,译文出版社 2012 年版,第 103、143 页。

② 关于儒学史上"仁"字的文献梳理,参见黄俊杰的新著:《东亚儒家仁学史论》,台湾台大出版中心 2017 年版。

③ (宋)朱熹:《朱文公晦庵先生文集》(简称《朱子文集》)卷 31《答张敬夫》第 6 书,《朱子全书》第 21 册,上海古籍出版社、安徽教育出版社 2002 年版,第 1334 页。

①仁者公也。

②仁道难名，惟公近之。

③公只是仁之理，不可将公便唤做仁。①

第一种是全称肯定命题；第二种以"近之"说仁，是部分肯定；第三种则显得有点特别：前一句是肯定判断，后一句者却是对前者的限定，等于说：公是仁而公又不是仁。这个说法是程颐特有的语言习惯，如"仁者固博爱，以博爱为尽仁，则不可"，② 便属此类。乍看之下，有点难解，仔细品味，却发现有一些值得深入探讨的问题。

例如：先肯定后否定的这种命题方式如何在义理上得以自圆其说？在这个说法的"言外"又蕴涵怎样的思想深意？引申开去，我们会想：在宋代道学史上，程颐对"公"与"仁"的关系描述有何理论意义？朱子仁学在继承程颐思想的基础上，对此又有何理论发展？本文透过对这些问题的考察，以展示儒家仁学的公共性特征以及普遍性意义，对于我们思考"私德"与"公德"的"两德论"如何打通的问题或有裨益。

一、问题由来：何为"公共性"？

"公共"两字叠加成语的用语习惯较为后起，在先秦时代，古人喜用单字表意。及至宋代，"公共"常与"天下"连用，如："理者，天下公共之理也。"当然，通过电子检索的方法，我们也可轻易得到《史记》"法者，天子与天下公共也"的记录，此"公共"指共同拥有。

关于"公"字的语源学考察，前人已有相当的研究积累，不必在此细考。仅举一例，如陈弱水《中国历史上"公"的观念及其现代变形》一文从语言和观念的发展史两个层面对"公"的来龙去脉有相当详细的论考，列举了"公"的五种含义：①原始的涵义是指朝廷、政府或国家；②普遍、全体之义，具有超越于朝廷、政府的意涵，同时还带有平均、平等等伦理意涵；③代表善或世界的根本原理，如义、公正、天理，主要流行于宋明理学；④大致涵义仍然是普遍、全体，其特点在于它承认"私"的正当性；⑤基本意涵是"共"，包括共同、共有、众人等义。③ 根据这项分类，程颐所言"公"大致可归类于第三种，主要有公义、公正、公理、天理等含义，当然同时也含有第二种及第三种的部分含义，如"普遍"以及"善"的原理。

但是，也有一种更简明的说法。大致可分两类：①从语义学的角度看，"公"为会意字，由上"八"下"厶"所构成，八是"背"的古字，厶是"私"的古字，故"公"是"私"的反

---

① （宋）程颢、程颐：《河南程氏遗书》（简称《遗书》）卷 9，《二程集》，中华书局 1981 年版，第 105 页；《遗书》卷 3，《二程集》，中华书局 1981 年版，第 63 页，又见《程氏粹言·论道篇》，《二程集》，中华书局 1981 年版，第 1171 页；《遗书》卷 15，《二程集》，中华书局 1981 年版，第 153 页。

② 《程氏粹言·论道篇》，《二程集》，中华书局 1981 年版，第 1175 页。

③ 陈弱水：《公共意识与中国文化》，新星出版社 2006 年版，第 69～117 页。原刊于台湾《政治与社会哲学评论》2003 年第 7 期。

义字，战国末年韩非所言"背私者谓之公"，① 便是对"公"的一项最明确的定义；② 从思想史的角度看，由于公字原义就是公平、公正、无私，与"私"构成一种对立关系，反映了公私二元的思维方式，因而公私成为善恶两分的概念，而"公"便具有道德性的含义。因此，与西方近代社会的共（public）与私（private）主要指社会上的公共或非公共，属于社会学或政治学的概念不同，在传统中国，"公私"主要是伦理学或形上学的概念，② 公代表道德上的善——犹如公共之天理，私代表道德上的恶——犹如一己之私欲，两者之间不存在任何妥协的空间。

在先秦儒家典籍中，《论语》言"公"达 56 次，大多指人名或爵位之称，唯有一例是指"公事"，并未出现公私对举的用例。③《孟子》已有公私对举的案例，其引《诗经》"雨我公田，遂及我私"一句，这里的"公私"概指公事和私事，显然含有社会学的涵义，但其"私"字并未含贬义。《荀子》中"公"字多见，有明确的道德和政治的意涵，并与"私"字对举，如："君子之能以公义胜私欲。"（《荀子·修身》）"公道达而私门塞矣，公义明而私事息矣。"（《荀子·君道》）这里的"公道""公义"已有一定的抽象性，与"私"相对而言，用以指称道德正义、政治公正等，属社会政治领域的概念。《礼记·礼运》"大道之行也，天下为公"则更为著名，郑玄（127—200）注曰："公，犹共也"，合言之，即"公共"之意。可以说，"天下为公"乃是儒家公共意识的原始典范，也是儒学公共性的一个重要表现，构成儒家建构理想社会的重要传统。

要之，"公"或"公共"的观念，在中国历史文化传统中有一个发展演变的过程，由原始的概指公家、政府、祭祀场所等含义，逐渐发展出公正、公平、正义、公理、普遍以及善的原理，等等，具有社会性、政治性、道德性等多重含义。这些是中国思想史上有关"公共性"问题的基本特征。

二、仁性爱情：不可"以爱为仁"

那么，作为儒家的核心概念"仁"是单纯指向人伦亲情的"爱"，还是蕴涵更为丰富的"公共性"的意涵呢？我们将通过对宋代理学家（主要就程颐和朱子来谈）的仁学思想的考察对此获得基本的了解。上面提到，仁性爱情和以公言仁，是程颐仁学思想的两个主要观点，而两者又有内在的理论关联。我们探讨的重点在"以公言仁"，但是为了明确以公言仁与仁性爱情的理论关联，有必要先来探讨仁性爱情说的义理结构。程颐说：

———————————

① 原文是："古者苍颉之作书也，自营者谓之私，背私谓之公。公私之相背也，乃苍颉固知之矣。"（《韩非子·五蠹篇》）（汉）许慎《说文解字》引韩非之说："公，平分也。从八从厶。八犹背也。韩非曰'背厶为公'。"（中华书局 1963 年影印本，第 28 页）

② 参见翟志成：《宋明理学的公私之辨及其现代意涵》，黄克武、陈哲嘉主编：《公与私：近代中国个体与群体之重建》，"中央研究院"近代史研究所 2000 年版，第 1~2 页。关于中国"公私"问题，还可参见［日］沟口雄三：《中国的公与私·公私》，郑静译，孙歌校，《沟口雄三著作集》，三联书店 2011 年版；陈乔见：《公私辨：历史衍化与现代诠释》，三联书店 2012 年版。

③ 台湾"中央研究院"汉籍电子文献（http://hanji.sinica.edu.tw）。转引自［韩］朴素晶：《韩国东学对儒家公共性的革新与实验——东学的自我认识与主体性》，魏月萍、朴素晶主编：《东南亚与东北亚儒学的建构与实践》，新加坡南洋理工大学中华语言文化中心，2016 年，第 149 页。

　　问仁。曰："此在诸公自思之，将圣贤所言仁处，类聚观之，体认出来。孟子曰：'恻隐之心，仁也。'后人遂以爱为仁。恻隐固是爱也。爱自是情，仁自是性，岂可专以爱为仁？孟子言恻隐为仁，盖为前已言'恻隐之心，仁之端也'，既曰仁之端，则不可便谓之仁。退之言'博爱之谓仁'，非也。仁者固博爱，然便以博爱为仁，则不可。"①

程颐认为孟子所言"恻隐之心"是指"情"，是"仁之端"而非仁之本身，因为"端"者乃是发动之意，既然已是发动，便不是性之本体而已落在了用的层面，即情感层面。据此，所以说仁是性，爱是情。后人误将孟子此说，解释成"以爱为仁"或"恻隐为仁"，都是不对的。显然，这是从体用论的角度来重新规定仁与爱，认为作为性之本体的"仁"，不能用本体发用的"爱"来命名，因为"爱"只是体之用的"情"。将"恻隐之心，仁之端也"解释为性体之发用，属于道德情感，故不可在名义上来直接定义"仁"，这个说法是可以成立的，显示出程颐对概念定义的严谨性；但是，作为情感发动的"爱"不可定义"仁"与"仁"是否含有"爱"的道德情感，则是属于两个层次的问题，但两者又是有关联的，仁之体只可用"性"或"理"来命名，但是有体必有其用，仁之体必展现为爱之用，对于这层意思，程颐当然是有所了解的，所以他说："仁者必爱，指爱为仁则不可。"②这个说法与"公只是仁之理，不可将公便唤做仁"是同样的道理。上述观点表明，程颐只能认同仁是性本体而不能认同仁是情本体。

　　在上述引文中，程颐接着对韩愈《原道》"博爱之谓仁"的命题进行了批评，但其批评并没有全盘否定的意思。程颐首先承认"仁者固博爱"，这与上述"仁者必爱"的观点是一致的，他认为从"仁者"的角度言，固然具备"博爱"的道德情感，也会展现出"博爱"的道德行为，换言之，爱是仁在行为表现上的主要方面，所以程颐在其他地方再三表示："**仁主于爱，爱莫大于爱亲。**""圣则无大小，至于仁，兼上下大小而言之。**博施济众亦仁也，爱人亦仁也。**""**爱人，仁之事也。**"③这些都是从行为表现或人事表现上讲，仁表现为爱的道德情感。

　　然而，若从名义上说，程颐认为不可用"爱"或"博爱"来命名"仁"，理由如同前出，"爱"为情而"仁"为性，性情在体用上自当有别，不可互相逾越或直接等同。要之，仁蕴涵着情，也表现为爱，但不可"以爱为仁"。这一严分性情的诠释立场，受到程门后学的一致认同，按朱子的观察，导致程门"不敢只作爱字说"的结果，这一点引发了朱子的不满，认为程门后学误解了程颐的本意：

　　　　程子之所诃，以爱之发而名仁者也。吾之所论，以爱之理而名仁者也。盖所谓情性者，虽其分域之不同，然其脉络之通，各有攸属者，则曷尝判然离绝而不相管哉！

---

① 《遗书》卷18，《二程集》，中华书局1981年版，第182页。
② 《程氏粹言·论道篇》，《二程集》，中华书局1981年版，第1173页。
③ 《遗书》卷18，《二程集》，中华书局1981年版，第183页；《程氏外书》卷6，《二程集》，中华书局1981年版，第382页；《程氏外书》卷12，《二程集》，中华书局1981年版，第439页。

吾方病夫学者诵程子之言而不求其意，遂至于判然离爱而言仁，故特论此以发明其遗意。①

首先朱子表明他与程颐有关"仁"的命名角度有所不同，他认同程颐从严分性情的立场出发，反对以爱名仁的观点，朱子自己以"爱之理"来重新规定"仁"，继承了程颐的这一观点主张；进而朱子表示，性情虽然"分域不同"，然两者自有"脉络之通"而不可"离绝而不相管"，这是说，仁之体用虽分属不同层次的领域，但是道德之本体与情感又不可截然隔断；故朱子严肃批评程门后学误解程颐而主张"判然离爱而言仁"等观点，认为道德情感的"爱"当然是"仁"的必然展现。可见，朱子承认性情自有体用之别，分属不同领域，但两者不能截然隔绝，更不能"离爱而言仁"。这应当是符合宋明儒学"体用一源"之致思精神的。②

的确，从历史上看，孔孟提出的"仁者爱人"说，并未从语义上对此展开充分的概念论证。但是，从儒家立场而言，孔子"泛爱众，而亲仁"（《论语·学而》）的命题理应含有"爱人"之意，因为仁作为一种内在心性，必然展现为仁爱精神，而使"仁"具有普遍性的意义。根据历史记载，以博爱言仁，原是一种古义，据《国语·周语》载"言仁必及人"，韦昭（204—273）注："博爱于人曰仁。"③《孝经》亦有"博爱"一词，汉儒董仲舒（前179—前104）继承和发展了"博爱"为仁的传统，提出了"仁者，爱人之名也"，"仁者，所以爱人类也"④的命题，是对先秦儒学"仁者爱人"说的重要发展。

问题是，"博爱"易与墨家"兼爱"混同，更与儒家"爱有差等"说看似相悖。其实，"博"泛指广大而言，并不意味否定"差等"这一行为差序原则。所谓"差等"，是指"爱人"须由家庭伦理出发，根据爱自己的父母这一经验事实，然后才能渐次推广扩充至社会伦理，以实现爱他人之父母，正如孟子所言"亲亲，仁民，爱物"，充分表明了儒家仁爱并不局限于血缘关系中的"亲亲"而已，郭店楚简《五行》也有记载："爱父，其继爱人，仁也"，⑤"继"者，随后义，由"爱父"而后"爱人"，"人"者泛称，与"己"相对，讲的也是仁爱实践的差序性，此差序性原则表明儒家仁爱精神的具体性，而不是一种空洞的抽象性的"兼爱"。故"差等"并不是指仁爱精神在本质上存在差异，而仁爱的有序拓展才是体现仁之精神的普遍原则。

宋儒张载（1020—1077）《西铭》的"民胞物与"、程颢（1032—1085）《识仁篇》的"仁者浑然与物同体"，无不表现为仁爱精神的普遍性。从这个角度看，"仁者爱人"或"爱人为

---

① 《朱子文集》卷72《仁说》，《朱子全书》第24册，上海古籍出版社、安徽教育出版社2002年版，第3280页。

② "体用一源，显微无间"，源自程颐《易传序》（《河南程氏文集》卷8，《二程集》，中华书局1981年版，第582页），后为宋明理学的共识，此不赘述。

③ 《国语》卷3《周语》，上海古籍出版社1978年版，第93页。

④ 《春秋繁露·仁义法》，中华书局2011年版，第106页；《春秋繁露·必仁且智》，中华书局2011年版，第117页。

⑤ 郭店楚简《五行》第19章，李零：《郭店楚简校读记》（增订本），中国人民大学出版社2007年版，第102页。按，帛书《五行·说》释曰："言爱父而后及人也。"魏启鹏指出两说旨意"相合"，见魏启鹏：《简帛文献〈五行〉笺证》，中华书局2005年版，第30页。

仁"的观点应当是儒家仁学的题中应有之义。王阳明（1472—1529）亦认为韩愈"博爱"说、周敦颐"爱曰仁"说以及"子曰爱人"说，原是可以相通的，因为"爱字何尝不可谓之仁软"？只是阳明认为爱固然可以谓之仁，"但亦有爱得是与不是者，须爱得是方是爱之本体，方可谓之仁。若只知博爱而不论是与不是，亦便有差处"，故阳明坚持主张："博字不若公字为尽。"①其中，"是与不是"的判断属于伦理学的正义原则。可见，阳明从"爱得是与不是"的立场出发，亦能对"以公言仁"说表示认同。

然而，程颐力主仁性爱情说，反对以爱名"仁"，主要是基于体用论或本体论的立场而言，是对"仁体"概念的严格界定，自有其重要的理论贡献。但是，程颐也承认仁之"体"必发为情之"用"而呈现为"爱"，故而从行为角度言，他也主张"仁主于爱""爱人亦仁"。可以说，性之本体的仁必然内含"爱"的道德情感，这应当是程颐仁学的一个立场。

但是，程颐也显然意识到一个问题：爱作为一种情感表现，若无性之本体加以规范和引导，则有可能流于溺爱或偏私。也正由此，所以程颐在指出仁性爱情的同时，又十分强调"以公言仁"的观点，以为从"公"的角度出发，既可保证仁爱的"公正性""公共性"，以实现"物我兼照"，② 又可防止爱之情"或蔽于有我之私"，但是反过来说，这个观点绝不意味"爱之与仁了无干涉也"③。

三、以公言仁："公而以人体之"

朱子对程颐仁说曾有4点归纳：仁者生之性也、爱其情也、孝悌其用也、公者所以体仁。然后说："学者于前三言者可以识仁之名义，于后一言者可以知其用力之方矣。"最后针对程门后学的误解，对程颐仁说作了一个总结："非谓爱之与仁了无干涉也，非谓'公'之一字便是直指仁体也。"④并且认定这才是程颐仁说的本意。这里我们主要讨论程颐的"以公言仁"说。

先来看程颐的5条重要论述：

①仁之道，要之只消道一公字。公只是仁之理，不可将公便唤做仁。公而以人体之，故为仁。只为公，则物我兼照，故仁，所以能恕，所以能爱，恕则仁之施，爱则仁之用也。

②又问："如何是仁？"曰："只是一个公字。"学者问仁，则常教他将公字思量。

③仁者公也，人此者也；义者宜也，权量轻重之极。

④先生曰："孔子曰：'仁者，己欲立而立人，己欲达而达人，能近取譬，可谓

---

① 《王阳明全集》卷五《与黄勉之·二·甲申》，上海古籍出版社1992年版，第195页。
② 《遗书》卷15，《二程集》，中华书局1981年版，第153页。
③ 这是朱子对程颐的仁性爱情说的一个解释："因其性之有仁，是以其情能爱，但或蔽于有我之私，则不能尽其体用之妙。惟克己复礼，廓然大公，然后此体浑全。……程子之言，意盖如此，非谓爱之与仁了无干涉也。"（《朱子文集》卷32《答张敬夫·又论仁说》第13书，《朱子全书》第21册，上海古籍出版社、安徽教育出版社2002年版，第1411页）
④ 《朱子文集》卷32《答张敬夫·又论仁说》第13书，《朱子全书》第21册，上海古籍出版社、安徽教育出版社2002年版，第1411~1412页。

仁之方也已。'尝谓孔子之语仁以教人者，唯此为尽，要之不出于公也。"

⑤公者仁之理，恕者仁之施，爱者仁之用。①

总起来看，大致可分为两类：一者"**公而以人体之**""只为公……故仁；所以能恕，所以能爱"；一者"**仁者公也**""**公者仁之理**"。前者即朱子所总结的"公者所以体仁"的"用力之方"，盖指工夫论的观点表述；后者乃强调"公"是"仁之理""仁之道"，是相对于"仁之用"或"仁之施"而言的，因此，"仁之理"便是"所以体仁"的工夫论依据，可以概括为"公"即"仁理""仁道"。可见，程颐用"仁之理"（公）与"仁之用"（爱）来加以区别，表明程颐是认同"仁体"这一概念的。② 但是，朱子却认为程颐所言"公"并不是"直指仁体"而言的，关于这一点，我们在下一节再来讨论。

根据程颐"以人体之"的说法，朱子归纳为"体仁"一词，是十分恰当的。"以人"是接着"仁者人也"讲的，"体之"则相当于"体认"的工夫义，指向"仁"的体认，通过对"仁"的默默体认，以使德性之仁化为自己的生命。从"公者所以体仁"的句式看，表明"公"是"体仁"工夫的"所以"然，故"公"不构成与"仁"的直接等同，而是"体仁"得以可能的方法论依据（而非本体论依据），所谓"仁者公也"和"公者仁之理"，只有在这个意义上才能获得善解。若反过来说"公即仁"，则显然不合程颐的本意。依程颐，公是一种立场宣示而非对"仁"的名义规定，唯有从"公"的立场出发，才是实现"体仁"的有效方法；而"体仁"既然是一种工夫，则必有工夫之所以可能的进路，"公"就是体仁的立场、方法、进路。以上，大致是5条程颐以公言仁的旨意所在。

然而问题是，作为"用力之方"的"以公体仁"如何可能？换种问法，"公"何以是体仁的有效方法？"公"除了方法立场之外，是否还有其他重要的含义？这些问题显然涉及对"公"字的理解。在宋代道学，"公"与"共"也与"同"字相通，程颐说："公则同，私则异。"③"公则一，私则万殊，至当归一，精义无二。"④朱子亦说："人只有一个公私，天下只有一个邪正。"⑤如此一来，"公"被提升至普遍性的高度，具有普遍性涵义。所以朱子说："道者，古今共由之理。如父之慈、子之孝、君仁臣忠，是一个公共底道理。"⑥

可见，从诠释的角度看，公指向理的公共性，是对理之本体的一种定义描述，如公

---

① 《遗书》卷15，《二程集》，中华书局1981年版，第153页；《遗书》卷22上，《二程集》，中华书局1981年版，第285页；《遗书》卷9，《二程集》，中华书局1981年版，第105页；《遗书》卷9，《二程集》，中华书局1981年版，第105页；《程氏粹言·论道篇》，《二程集》，中华书局1981年版，第1172页。

② "仁体"概念首见于程颢："学者识得仁体，实有诸己，只要义理栽培。"（《遗书》卷2上，《二程集》，中华书局1981年版，第15页）程颢又有"仁者，全体"；"仁，体也"等说（《遗书》卷2上，《二程集》，中华书局1981年版，第14页）。关于"仁体"的讨论，参见陈来：《仁学本体论》"仁体第四"，三联书店2014年版。

③ 《程氏粹言·心性篇》，《二程集》，中华书局1981年版，第1256页。

④ 《遗书》卷15，《二程集》，中华书局1981年版，第144页。

⑤ 《朱子语类》（下简称《语类》）卷13，中华书局1986年版，第228页。又如："无私以间之则公，公则仁。"（《语类》卷6，中华书局1986年版，第116页）

⑥ 《语类》卷13，中华书局1986年版，第231页。

理、公道、公正、公义，都是对普遍存在的理、道、正、义的一种公共性规定；换言之，若理缺乏公共性，便沦落为私、为邪，而私则无法"体仁"。另一方面，"公者仁之理"表明，公展现为理一般的公共性、普遍性。在这个意义上，朱子认为"'公'之一字"并不是"直指仁体也"。抛开"公"与"仁"的诠释关系，若从伦理学的角度看，公与私构成背反义，由非公即私的判断看，公具有正面的道德义，因此，"克己复礼"——即"克去己私"便意味着"公"的实现。再从哲学上讲，仁之理表现为"公"，则"仁体"便是天下公共之理，换言之，公共之理即"仁体"，故仁就具有普遍性、公共性。因为，"公"意味着"同"和"一"，所以说"至当归一""同者天心"。①

可见，在道学理论的系统中，"公"所展现的不仅是伦理学，也涉及社会政治学。由"仁即公"这一命题看，意味着仁就是"公道""公理"。正如周敦颐（1017—1073）所言：

> 圣人之道，至公而已矣。或曰："何谓也？"曰："天地至公而已矣。"②

道学家相信，圣人之道是"至公"的，因为天地是"至公"的。作为个体的人既然身处天下公共的空间，也就面临如何应对"公共"的问题。周敦颐认为，须做到"公于己者公于人，未有不公于己而能公于人也"。③ 此即说"公"乃是处理人己关系的关键，先须自己的行为合"公"，才能用"公"来要求他人。这是"推己及人""立己达人"的儒家原始典范。周敦颐的独特之处在于，他揭示了人与己的社会关系具有公共性，故"公"是正确处理人己关系的重要方法。

与周敦颐一样，程颐（包括程颢）也强调：

> 圣人至公。
> 至公无私，大同无我。
> 道者，天下之公也。
> 理者，天下之公也，不可私有也。④

这些都表明"道"或"理"作为绝对存在，容不得"私欲"或"私心"的掺杂，因此"理者"具有天下公共之品格，所以说"天下公理"。⑤ 反之，"虽公天下事，若用私意为之，便是私"。⑥ 可见，公不仅是社会政治学意义上的公共领域概念，同时也意味着道德上的"无私"。程颐说"公近仁"（"仁道难名，惟公近之"），表明"仁"的公共品格是对"私"的一种

---

① 《程氏粹言·心性篇》，《二程集》，中华书局1981年版，第1256页。又见《遗书》卷15："若有私心便不同，同即是天心。"（《二程集》，中华书局1981年版，第145页）
② 《通书·公》，《周敦颐集》，中华书局1990年版，第41页。
③ 《通书·公》，《周敦颐集》，中华书局1990年版，第31页。
④ 《遗书》卷14，《二程集》，中华书局1981年版，第142页；《程氏粹言·论道篇》，《二程集》，中华书局1981年版，第1172、1173页；《程氏粹言·论学篇》，《二程集》，中华书局1981年版，第1193页。
⑤ 《遗书》卷1，《二程集》，中华书局1981年版，第9页。
⑥ 《遗书》卷5，《二程集》，中华书局1981年版，第77页。

否定，因而落实在行为上，就是必须"以公体仁"。

根据上述第 4 条所引程颐语，"公"反映了孔子的"忠恕之道"："仁者，己欲立而立人，己欲达而达人。"程颐认定："孔子之语仁以教人者，唯此为尽，要之不出于公也。"原来，忠恕之道也就是"为仁之方"，也就是体仁方法。可见，若要真正实现儒家"己所不欲勿施于人"的仁学目标，关键在于从"公"立场出发，端正人己关系的审视态度，确信"仁之理"原是"公平"的。程颐强调指出：

> 立人达人，为仁之方，强恕，求仁莫近，言得不济事，亦须实见得近处，**其理固不出乎公平**。公平固在，用意更有浅深，只要自家各自体认得。①

总之，仁不仅是个人的德性存在，更是人人同具的普遍存在，如同"理"一样，因其普遍而具"公共"之品格，也正由此，"仁者公而已""人能至公便是仁"②等命题才能成立。一方面，"公近仁"或在"仁者用心以公"的意义上，可说"公最近仁"，③ 但是另一方面，又"不可将公便唤做仁"，因为，公之本身并不等于仁，它只是实践意义上的一种立场态度和呈现方式。本来，在程朱理学的系统中，天理即公理，故理即天下公共之理，非一己可得而私，亦非一心可得而有，这是理学思想系统中的应有之义。正是在这个意义上，所以程颐一再强调"公者仁之理"。更重要的是，在二程看来，儒佛的本质之异就在于公私之别，故说："人能放这一个身，公共放在天地万物中一般看，则有甚妨碍？虽万身，曾何伤？乃知释氏苦根尘者，皆是自私者也。"④可见，"公"又是一种价值判准，是辨别正统与异端的标准。

四、朱子释仁：惟公然后能仁

在儒家仁学史上，继北宋二程开拓仁学诠释新模式之后，至朱子完成了"新仁学"的思想体系，这一点已得到学界的共认。⑤ 我们知道，朱子对程颢的一体境界说、程门的知觉言仁说等各种观点都有批评，但是朱子却十分认同程颐严分性情的立场，对其"仁性爱情"以及"以公言仁"的观点极表赞赏的同时，更有理论上的推进。这里仅就朱子对"以公言仁"说的分析略作考察，以观朱子仁学的公共性问题。朱子指出：

> "公而以人体之"，此一句本微有病。然若真个晓得，方知这一句说得好。……盖这个仁便在这个"人"字上。你元自有这个仁，合下便带得来。只为不公，所以蔽塞了不出来；若能公，仁便流行。……能去自私，则天理便自流行，不是克己了又别

---

① 《遗书》卷 15，《二程集》，中华书局 1981 年版，第 152~153 页。

② 《程氏外书》卷 12，《二程集》，中华书局 1981 年版，第 433 页；《程氏外书》卷 12，《二程集》，中华书局 1981 年版，第 439 页。

③ 《程氏外书》卷 4，《二程集》，中华书局 1981 年版，第 372 页。

④ 《遗书》卷 2 上，《二程集》，中华书局 1981 年版，第 30 页。

⑤ 参见拙文：《论朱子仁学思想》，《中山大学学报》2017 年第 1 期。

讨个天理来放在里面也，故曰"**公近仁**"。①

朱子是从"公私"二元相对的角度，来阐发程颐"公而以人体之"说的思想意义，并有很高的评价。朱子指出，严格来说，"公而以人体之"的说法微有语病，然而若能善加领会，便可了解程颐此说"说得好"。根据朱子的解释，程颐从"人"说起，点出了一个重要道理："仁"是人生而具有的，是"合下便带得来"的；但是，由于现实中人往往易受外在因素的影响，从而遮蔽了"公"，反而流于"自私"，因此，关键在于克去"自私"，则"天理便自流行"。显然，这是朱子理学对"克己复礼为仁"的一套固有解释。朱子强调不仅从本体的角度看，还须从工夫的角度着手，便不难理解程颐所说的"公而以人体之"的真义，"体"便是以身践之的"体仁"实践，而"体仁"乃是克去己私，一旦克去己私，便等于做到了"公"。在这个意义上，所以程颐说"公近仁"。对于程颐的这套诠释思路，朱子无疑是深表赞赏的。

与名义问题相比，朱子更注重"体之"的工夫问题，故他进而强调指出：

> **公却是克己之极功，惟公然后能仁**。所谓"公而以人体之"者，盖曰克尽己私之后，就自家身上看，便见得仁也。②

这里将"公"认定为"克己"工夫之"极功"，意谓"公"是实现"克己"的最高工夫，进而朱子自己提出了"惟公然后能仁"的主张。显然，朱子的这个说法无非继承程颐的观点而来，但却是朱子所下的一句重要判定。按朱子，他想表达的观点是："克己"工夫的前提惟在于"公"，基于此，他对程颐"公而以人体之"的理解是："克尽己私"之后的必然展现。

显然，朱子非常清楚"以公言仁"并非以公名仁，而是以"公"为方法，以"仁"为"体之"的对象，故朱子明确指出："公是仁之方法。"③既然是"方法"，那么可以说"公"是引领工夫实践的方向，而体仁工夫则是指"克己复礼"，祛除"自私"则仁体自然流行，换言之，"能公"则"仁便流行"，同时也意味着"天理便自流行"。这是朱子对程颐"公而以人体之"的一项重要解释。即从实践角度讲，公与私相对而言，公是对私的克服，在此意义上，可说"公近仁"。但是，公与仁并不构成语义上的命名关系，归根结底，"公也只是仁底壳子"，④"壳子"不具价值意义，只有方法意义。

然而，与程颐不同的是，朱子对"公"还有另一层重要思考，也是其基本立场：

> 盖公只是一个公理，仁是人心本仁。
>
> 凡一事便有两端，是底即天理之公，非底乃人欲之私。

---

① 《语类》卷95，中华书局1986年版，第2452~2453页。

② 《语类》卷95，中华书局1986年版，第2454页。

③ 《语类》卷95，中华书局1986年版，第2454页。又见《语类》卷6，中华书局1986年版，第116页。

④ 《语类》卷95，中华书局1986年版，第2419页。

仁是天理，公是天理。①

这里从"公理"的角度来解释"公"，与此相应，"仁"是人心本具的德性。公与仁是分属两个层次的概念，于是，"天理之公"便具有了独立的意义。也就是说，在朱子看来，公是"理"的基本属性，故公即"公理"。但是，由于理是实体，如同仁亦是仁体一样，而公非实体，故"公"毕竟只是形式概念，只具描述功能，用以描述"理"或"仁"的公共性特征。

在理学的视域中，公与私、理与欲都是二元对立的概念，构成非公即私、非私即公的关系。进而言之，公作为"公理"一般的抽象原则，具有覆盖和吞没"私"的能力和特性。常言道"大公无私""铁面无私"，公的原则不允许有任何情感因素的渗入。这一点也为朱子所强调，例如："无私以间之则公，公则仁。"②但是，朱子同时也提醒人们注意这种过度强调"公"的原则性，会导致公而无情之弊，如"世有以公为心而惨刻不恤者"，为避免这一点，所以"须公而有恻隐之心"。③ 意谓一方面要讲求"公"——以公体仁，但是另一方面，又应当以"恻隐之心"一般的仁爱温情，来纠正"以公为心"而导致的"惨刻不恤"之弊。他在与张栻（1133—1180）讨论"以公言仁"问题时，便针对张栻的"公天下而无物我之私，则其爱无不溥矣"的观点提出了批评：

> 若以公天下而无物我之私便为仁体，则恐所谓公者**漠然无情**，但如**虚空木石**，虽其同体之物尚不能有以相爱，况能无所不溥乎？

这里的讨论显然深了一步。"公天下而无物我之私"应当是宋明道学家的共识，自仁学视域看，从"公天下"的立场出发，克除"物我之私"，无疑是实现"仁体"的重要方法。但是，朱子却另有一种忧虑，他担心这样的"公"有可能导致"漠然无情"，将使人人变得"虚空木石"一般，缺乏仁爱同情之心。倘若如此，则尽管可由"公天下"而实现"万物同体"，却不能因此而产生人与人之间的"相爱"之情，更何况要实现"无所不溥"的爱则更无可能。

那么，朱子的主张呢？他认为：

> 须知仁是本有之性、生物之心，惟公为能体之，**非因公而后有也**。④

什么意思呢？关键在于最后一句。这是说，仁是本有之性、是生物之心，惟公为能体仁，这三点都没有问题，但不能以此为由，得出仁因公而"后有"的存有论命题。这样说的原因在于，朱子认为"公"只是一种立场、态度和方法，而非本体更不是实体，因此，作为实体的"仁体"不能以"公"为前提"而后有"。可见，朱子意识到"公"不能直接等同于仁

---

① 《语类》卷95，中华书局1986年版，第2454页；《语类》卷13，中华书局1986年版，第231页；《语类》卷6，中华书局1986年版，第118页。

② 《语类》卷6，中华书局1986年版，第105页。

③ 《语类》卷95，中华书局1986年版，第2454~2455页。

④ 《朱子文集》卷32《答张敬夫·又论仁说》第13书，《朱子全书》第21册，上海古籍出版社、安徽教育出版社2002年版，第1412页。

体，更不能认同公而无私便可推出"爱无不溥"的结论。

朱子在给弟子的一封书信中更明确地指明了公与仁的关系：

> **公则无情，仁则有爱，公字属理，仁字属人。**克己复礼，不容一毫之私，岂非公乎？亲亲仁民，而无一物之不爱，岂非仁乎？①

应当注意的是，从字义上说，"公则无情"并不含贬义，因为"公字属理"，如同"克己复礼，不容一毫之私"一般，这是与"公"的立场相吻合的；"仁则有爱"则可弥补"无情"，因为"仁字属人"，而人必有情，此情便是"仁"的表现，如同"亲亲仁民"一般，表现出"无一物无不爱"，这正是仁爱精神的体现。重要的是，这种仁爱精神是普遍而公正的，因此，又是公的真实呈现，此便是仁的公共性。这应当是朱子对程颐"公近仁""以公言仁"说的解释，同时也表明了朱子自己对公与仁之关系问题的基本见解。

质言之，公而不仁，则必流入惨忍刻薄，所以说"惟仁然后能公"；反之，仁而不公，则必流入私情溺爱，所以说"公了方能仁，私便不能仁"。结论是："故公则仁，仁则爱"；② "公在仁之前，恕与爱在仁之后；公则能仁，仁则能爱能恕故也"③。按照此前所说，此处所谓"公在仁之前"，显然不是存在论命题，而是工夫论命题，是说"体仁"须从公的立场出发，并落实为"克己复礼"的工夫，然后便能实现无私，而无私则公，公展现为仁，仁表现为爱。所以，朱子在淳熙八年（1172）与张栻反复讨论"仁说"之际，特别强调一个观点：

> 盖仁只是爱之理，人皆有之，然人或不公，则于其所当爱者反有所不爱。④

这就表明"公"是实现仁爱的保证，反过来说，仁爱须从公的立场出发才能使仁爱表现出公正性、公共性，以防止出现偏私的弊端。

但是，朱子对程颐"以公言仁"说更有理论上深一层的推进。朱子承认，公是一种"体仁"工夫的立场、态度和方法，具有实践的意义，而在"天理之公"与"人欲之私"二元对立的意义上，朱子更强调公具有公正、道义、公义等道德意义和政治意义，与此同时，朱子又强调指出，公一旦消除"私意间隔"，便可实现"人与己一，物与己一"的道德境界，不仅如此，而且天下之"公道"亦能自然流行，实现理想的公共社会。他是这样说的："（仁）此意思才无私意间隔，便自见得人与己一，物与己一，公道自流行。"⑤很显然，仁者爱人、亲亲谓仁的家庭伦理在"公道"意识的引领下，发展为具有普遍意义的伦理学。在这个意义上，仁爱不仅是根基于家庭伦理的"私德"，更能成为普遍的社会"公德"。因为在

---

① 《朱子文集》卷58《答杨仲思》第3书，《朱子全书》第23册，上海古籍出版社、安徽教育出版社2002年版，第2754页。

② 以上见《语类》卷6，中华书局1986年版，第116页。

③ 《语类》卷95，中华书局1986年版，第2455页。

④ 《朱子文集》卷32《答张敬夫·又论仁说》第15书，《朱子全书》第21册，上海古籍出版社、安徽教育出版社2002年版，第1413~1414页。

⑤ 《语类》卷6，中华书局1986年版，第111页。

朱子看来，儒家伦理学的基本德性如仁义礼智，基本德目如父慈子孝、君仁臣忠等，都"是一个**公共底道理**"。[①]

总之，从程颐到朱子，可见公是对私而言的道德正义，是实践领域的一种态度和立场，从公的道德意识出发，做到克去己私，便能使仁在"人"身上得以自然呈现，这是程朱理学在道德领域"以公言仁"的主要涵义；另一方面，就观念而言，公字本身并非实体存在，只是对实在之理或道的一种性质描述，但是在哲学上，公却有公共、普遍之义，根据理学的观念，理是天下公共之理，道是天下公共之道，故天下之"公理"和"公道"具有公共性和普遍性，同样，仁体作为实体，也与公理公道一样，具有天下主义的公共性和普遍性。因此按照程朱理学的观念，便有"仁即道""仁即理""公则仁"等思想命题，强调仁作为性体而与公理一样具有普世伦理的意义。但是，"仁者公也""以公言仁"等观点是否可以经过一番创造性的诠释，转化出社会性道德的涵义，这是另一层值得探讨的问题。

五、结语：反思"两德论"

徐复观(1903—1982)指出："孔学即是'仁学'"，"《论语》一书应该是一部'仁书'"，但是，在整部《论语》当中，孔子答仁竟然完全不同，如果我们不能从这些差异性的答案当中找到其中的内在关联，如果"仁"不是这种内在关联所发展出来的"一个高级概念"，那么，恐怕仁的概念本身就毫无内涵可言，但是，"《论语》上所说的仁，不应该是这样"，其中肯定有一个中心观念可以贯串，以了解"仁"在儒家文化史上到底有什么确定的意义。[②] 然而事实上，确定《论语》中"仁"字的中心内涵，迄今尚无定论，有待进一步深入探讨。

我们以为从程颐到朱子，通过"以公言仁"的言说方式，对仁学问题的理论探讨具有十分重要的意义。这一言说方式所确立的仁学思想充分表明，儒家仁学的一个重要思想特征就在于强调仁爱精神的普遍性和公共性，在天理之公的观念基础上，建构起以公天下为核心关怀的"天下主义"伦理学，事实上，不仅程朱如此，而且从程颢的"仁者与物浑然一体"的万物一体论到王阳明的"一体之仁"的仁学理论，也都表明以"仁"为核心价值的儒家仁学正是一种"天下主义"取向的普遍伦理学。[③] 因此，历来以为中国传统道德建立在仁义礼智这类个体性道德原则的基础上，故而未免重个体性私德而轻社会性公德的观点，看来有必要重新审视。

归结而言，程朱理学在天下公共之理——公道、公理的观念支撑下，以重建儒家传统的"仁学"，通过"以公言仁""公而体仁"等命题以及"仁体""仁道"等概念，充分展示了儒家仁学的公共性、普遍性，表明孔孟以来"仁者爱人""亲亲仁也"等家庭伦理观念的重视

---

① 《语类》卷 13，中华书局 1986 年版，第 231 页。

② 徐复观：《释〈论语〉的"仁"——孔子新论》，氏著《中国思想史论集续篇》，上海书店出版社 2004 年版，第 231~232 页。

③ 参见吴震：《论王阳明"一体之仁"的仁学思想》，《哲学研究》2017 年第 1 期。

并不能遮蔽儒家对公共性问题的思考，反而，从先秦时代既已存在的"保民""利国"①"爱众""安人""仁民""爱物""达人"等与"仁"相关的观念表述中可以看到，儒家仁学从来不缺乏公共意识、人文关怀，因为"仁"作为人的基本德性，不仅是个体性私德，同时也必然展现为社会性公德，因为仁爱感情始于"亲亲"的家庭伦理，进而通过由亲而疏、由近及远的"推恩"原则，最终指向的是"仁民"乃至"爱物"。从哲学上说，这种仁爱精神不是抽象普遍性而是注重差序性原则的具体普遍性，它不同于主张爱己之父母犹如爱他人之父母的无差别的"兼爱"原则，这一原则不免沦为空洞的抽象性。

然而，19世纪末以来，中国人大多以为中国落后挨打的主因在于传统文化出了问题，中国人只讲私德而缺乏公德，因此若要重振中国，就必须首先培养中国人的社会道德心。集中反映这一观点主张的便是梁启超（1873—1929）《论公德》（1902）一文。他对"公德"的界定是："公德者何？人群之所以为群，国家之所以为国，赖此德焉以成立者也。"并宣称："知有公德而新道德出焉矣，而新民出焉矣。"②而且他认为这问题就出在儒家伦理的核心概念"仁"上，指出中国人"善言仁"，而西方人"善言义"，相比之下，他断定："若在今日，则义者也，诚救时之至德要道哉！"③显然，这类观念是近代中国转型期这一特殊背景下的产物，梁氏受当时西方国家主义的思想影响，试图用国家伦理的"公德"概念来质疑儒家伦理的传统，而且出于一种激进主义"道德革命"的心态，固有此偏激之论。他在1902年2月《新民丛报章程》中甚至宣称："中国所以不振，由于国民公德缺乏。"④此后被视作"国民公德缺乏论"得以广泛流行。

不过，梁氏思想多变，1903年年底访美归来后，其思想发生了陡然转变，从激进主义转变为温和的保守主义，他在随后所撰的《论私德》中，明确反对"破坏主义"，反对"瞎闹派"之革命，认为维护儒家传统的私德更为迫切，指出："公德者，私德之推也。……蔑私德而谬托公德，则并所以推之具而不存也。""欲改铸国民，必以培养国民之私德为第一义，欲从事于铸国民者，必以自培养其个人之私德为第一义。"⑤这可以看做梁启超"两德论"的基本立场向儒家传统文化的回归。

事实上，"公德"一词源自日本近代启蒙思想家福泽谕吉（1834—1901），他在《文明论之概略》（1875年初版）中首次提出"公德"说，据称这是他制造的"和制汉语"而非译自西学。⑥

---

① "仁，所以保民也"（《国语》卷2《周语中》，上海古籍出版社1978年版，第45页）；"为国者，利国之谓仁。"（《国语》卷7《晋语一》，上海古籍出版社1978年版，第275页）。

② 《饮冰室合集·专集》之四《新民说》，中华书局2015年版，第12、15页。

③ 《饮冰室合集·专集》之四《新民说》，中华书局2015年版，第35页。

④ 《新民丛报》第1号，第1页，转引自陈弱水：《公德观念的初步探讨》，氏著《公共意识与中国文化》，新星出版社2006年版，第5页。

⑤ 《饮冰室合集·专集》之四《新民说》，中华书局2015年版，第119页。

⑥ 陈弱水：《公共意识与中国文化》，新星出版社2006年版，第9页。按，福泽的"公德"定义是："接于外物而与人类交际上所见之德的作用者，名为公德。"（《文明论之概略》，松泽弘阳校注，日本岩波书店1995年版，第119页）他根据文明进化论的立场，认为私德必为公德所取代："私德在野蛮草昧的时代，其功能最为显著，而随着文明的进步，其权力渐失，而其趣向亦为公德所取代。"（《文明论之概略》，松泽弘阳校注，日本岩波书店1995年版，第178页）因此他是一位传统道德的批判主义者，参见［日］子安宣邦：《福泽谕吉〈文明论概略〉精读》，陈玮芬译，清华大学出版社2010年版，第99~101页。

福泽是一位激进的道德主义批判者，他认为中国及日本的传统道德几乎都属于个人有限范围内的私德，而缺乏社会生活中的德行规范（公德）如自由、平等、博爱等西方公民社会的普遍道德。梁氏赴日之后，对"公德"问题的关注或许源自福泽亦未可知，但是梁氏也运用日译西词的概念，认为公德主要指国家伦理和社会伦理，① 相比之下，儒家的"仁"只是一己之私德，并不能发挥社会伦理的作用。这就表明梁氏不仅对儒家仁学的思想含义缺乏全面的考察，对公德概念也缺乏学理上的深入了解，他没有认识到西方近代以来的市民社会的"市民特质"（civility）与公德观念的落差，一个最为明显的差异是：在西方"市民特质"是一种低标准理想下，自下而上的"中人的道德"，而梁氏《新民说》所提倡的自由、权利、国家思想、平等、进取等主张，却是一种高标准的自上而下的"君子的道德"，② 反映出儒家传统文化一向提倡的道德楷模是"君子"而非"中人"的根本趣向。当然，这一基于现代自由主义的观点，有必要从儒家仁学的公共理性原则来加以反思，在我们看来，成圣成贤固然是儒家传统的君子道德理想，然而儒家伦理也强调通过仁学公共性的重建，可以使仁学成为打通士庶两层的社会性公德的基础。

　　在当今学界，公德问题仍然广受关注。李泽厚认为儒家传统伦理的"两德论"过于强调"宗教性道德（私德）"，以此涵盖、包摄、吞并"社会性道德（公德）"，构成儒家伦理的总体特质。这个说法与梁启超《论公德》所言"我国民所最缺者公德其一端也"的立场看似很接近。不过，李氏思想显然更有深度，他看到儒学也有公德思想的因素，并用宗教性私德和社会性公德来解释儒家的"忠恕原则"，认为"忠"（"尽己则谓忠"）是宗教性私德，而儒家的恕道原则（"己所不欲勿施于人"）便是公德的典范，"正好可作'社会性公德'的基础规范"，另一方面，他认为《论语》时代"盖其时宗教性私德与社会性公德常浑然同体，去古未远"，③ 意谓"两德"合一而不分乃是原始儒家的常态，而问题出现在近世以后。特别是从戊戌到五四、从 20 世纪 80 年代以降到当今中国，整个社会发生了二次巨大的转变，传统伦理受到严重威胁和破坏，新旧道德观念的冲突，社会行为的无序混乱，形成了种种今日所谓"道德危机""信仰危机"的症候群。当代中国在现代经济发展中，人们"已经有意识和无意识地在突破两种道德合一的传统状态，而追求建立适合现代要求的'社会性道德'"。④

　　无疑地，李泽厚有关儒家伦理学"两德论"须由浑然不分走向分化，通过一番现代性的转化，创造出适合当代社会普遍价值的"现代社会性道德"的哲学思考值得重视。的确，两种道德混而不分，以为两德可以同质化为"一个世界"，这就无法真正建立起"现代社会性道德"。近年来，李泽厚更是主张用"情"渗入政治，以"情本体"的宗教性道德来"范导和适当建构"社会性道德，以实现"和谐"的目标，提出"和谐高于正义"的主张，使"两德

① 《饮冰室合集·专集》之四《新民说》，中华书局 2015 年版，第 12~13 页。

② 参见墨子刻（Thomas A. Metzger），*The Western Concept of the Civil Society in the Context of Chinese History*, in Sudipta Kaviraj and Sunil Khilnani eds., *Civil Society: History and Possibilities*, Cambridge University Press, 2001, pp. 204-231. 转引自黄克武：《近代中国的自由主义的发展：从严复到殷海光》，氏著：《近代中国的思潮与人物》，九州出版社 2013 年版，第 117~118 页。

③ 李泽厚：《论语今读》，三联书店 2008 年版，第 134 页。

④ 李泽厚：《伦理学纲要》"两种道德论"，见其著《哲学纲要》，北京大学出版社 2011 年版，第 21~22 页。

论"成为政治哲学的基础。① 这些都是值得重视的重要见识。

然而，李泽厚对宋明理学有关儒家仁学的重建工作似乎并不看重，他可能并不愿正面评估中国近世思想史上出现的"以公言仁""公而体仁"等命题的理论意义。② 其实，按宋代理学的解释，儒家仁学已明确点出"公"即儒家伦理的恕道原则，正如上面所提到的，程颐更是强调儒家恕道原则"要之不出于公也"，而且是孔子仁学的终极教义，清楚表明了儒家伦理学的公共理性意识。由此可见，儒家仁学既是"私德"的实践基础，同时也可以成为社会性公德的基础，两者并非截然对立而是可以互相打通的，其依据就在于"公者仁之理""公而体仁"这一仁学公共性原则，这一点应当是毋庸置疑的。

从历史上看，自宋明以降，随着公道、公理、公正、公义等观念的流行，甚至出现了公善、公欲等观念表述，③ 乃至在政治、经济、地方团体等公共社会领域逐渐出现公议、公论、公所、公团、公堂、公祠等观念主张以及组织机构，特别是在明代 16 世纪以来，在地方士人的率领下，基层社会纷纷出现各种善会、善堂等民间组织，使得仁爱精神、慈善义举得以推广普及。当然，对于 16 世纪中国社会的公共意识问题能否采用近代西方政治学的"公共社会"理论来进行分析则需格外的谨慎，我倒是赞同魏裴德的一个看法，他认为将哈贝马斯的公共社会理论直接应用于中国研究的尝试是"不恰当"的，因为传统中国的一般民众主要是按照"义务和依附"的观念而不是按照"权利和责任"的观念"来理解社会存在的"。④ 的确，在中国历史的长期经验当中，可能缺乏西方意义上的"公共领域"的社会意识，但这并不意味着儒家传统文化缺乏对社会公共性问题的关怀，相反，儒家仁学的普遍性可以视作对人类生活的另一种秩序安排。另一方面，日本学者多采用"地域社会论"来探讨 16 世纪中国社会在公众舆论、乡绅组织等层面所发生的种种社会变化，由微观考察切入，进而引发人们思考晚期帝国的"国家与社会"之间的关系到底发生了哪些微

---

① 李泽厚：《中国哲学如何登场?》，上海译文出版社 2012 年版，第 103~104 页。

② 李泽厚特别反感理学家对"仁"的解释，认为他们"把'仁'说成'天理'，殊不知如此一抽象，就失去了那活生生、活泼泼的人的具体感性情感内容而成为君临事物的外在律令，歪曲了'仁'不脱离情感的(本体不离现象)的根本特点"(《论语今读》，三联书店 2008 年版，第 121 页)。这个论断或有过度诠释之嫌。其实，牟宗三也认定程颐"任性爱情"说及朱子"爱理心德"说，是将仁体看成"死理"，"把仁定死了"(《心体与性体》第 3 册，上海古籍出版社 1999 年版，第 212 页)。此判断固与牟氏立场有关，即以为朱子的理"只存有不活动"。然须看到，朱子仁学其实特别强调仁体的生生义，作为"生物之心"的仁体具有生生不息、发用流行的基本特质，因此不可能抽离于现实世界而存在。

③ 例如南宋湖湘学者胡宏(1102—1161)既已提出"公欲"说，他从"夫人目于五色，耳于五声，口于五味"的角度出发，指出："夫可欲者，天下之公欲也。"(《胡宏集》所收《知言·阴阳》，中华书局 1987 年版，第 9 页)其认为五色、五声、五味都是"其性固然，非外来也"，构成人性的基本要素，而此"可欲"性乃是普遍的，是人所同具的，故谓"公欲"。及至明代中晚期，"公欲"论的类似主张已变得相当普遍，姑举几例：吕坤(1536—1618)指出："世间万物皆有所欲，其欲亦是天理人情，天下万世公共之心。"冯从吾(1556—1627)说："货色原是人欲，公货公色，便是天理。"顾炎武(1613—1682)则主张"公"须建立在"私"的基础上，而有"合天下之私，以成天下之公"之说，值得重视。以上转引自[日]沟口雄三：《中国的公与私·公私》，《沟口雄三著作集：中国的历史脉动》，乔志航、龚颖等译，三联书店 2014 年版，第 23~26、58 页。

④ [美]魏裴德：《市民社会和公共领域问题的论争》，邓正来、J. C. 亚历山大主编：《国家与市民社会：一种社会理论的研究路径》，中央编译出版社 2002 年版，第 400 页。

妙的变化等问题，足资参考。①

然而，若从近世中国以来的思想发展来看，我们却也不能无视儒家士大夫对于"公论""公议"乃是"国是"等问题表示普遍关注的社会现象之背后，显然存在宋明理学的"天下公共之理"的观念支撑，程朱且不论，就以阳明学为例，按照王阳明的良知理论，良知即天理、良知即天道，因而良知就是"公道""公学""公论"，所以在阳明后学中，甚至有学者断言："一部《春秋》只是留得一个公论，千载公论只是提得一个良知。"②沟口雄三更是强调晚明社会的"公"意识已呈勃发之势，他注意到东林党中有相当一批人如顾宪成（1550—1612）就曾激言："将长安有公论，地方无公论耶？抑缙绅之风闻是实录，细民之口碑是虚饰耶？"高攀龙弟子华允诚（1588—1648）亦坦言："国家所恃以为元气者，公论也。"另一位著名的东林党人缪昌期（1562—1626）则说得更为坦率："惟夫国之有是，出于群心之自然，而成于群喙之同然。则人主不得操而廷臣操之，廷臣不得操而天下之匹夫匹妇操之。"③或许，东林党人对于阳明心学张扬"良知现成""无善无恶"等说颇不以为然，但是，他们的公共意识却很难说与阳明心学的良知即公道、良知即公论的思想观念就不存在一定的连续性，甚至应当说，这是宋代以来儒者士大夫就在共享的一种思想氛围，因为程朱理学有关"以公言仁"的仁学讨论，无疑对于"仁者天理，公者天理"（上引朱子语）的意识普及有着助推的作用。

可见，正是在朱子仁学以及良知心学的思想背景下，社会公共意识开始出现升温的转机，因为作为"仁"的良知既是个人的基本德性，充满"温然爱人"的情感因素，以避免过度强调"公"而带来的"残忍刻薄"的倾向，构成了儒家社会重视"和谐"的个体性道德的基础，但是，仁又是作为"仁者公也""一体之仁"的存在而具有普遍性、公共性，它作为"公道""公理"而存在于整个历史文化的发展过程中，构成了儒家社会性道德的根基。在这个意义上，笔者赞同劳思光（1927—2012）针对程颐"以公言仁"的一个评价，以为颇中肯綮："'仁'是一超越意义之大公境界，此可由'人己等视'一义显出；而人之能除私念，而立'公心'，则是一纯粹自觉之活动，故此处乃见最后主宰性，而超越一切存有中之约制。"④

总之，历史表明以公道、公理、公正、公义为基础的儒家仁学至少在近世中国社会发挥了显著的作用，道学思潮中出现的"以公言仁""仁者公也""一体之仁"等思想命题，意味着"仁"的核心价值固然以家庭伦理为基础，然又不局限于家庭或个人，而被赋予公共性、社会性的普遍意涵，转化出"以天下为己任"等社会道德意识。而将视野从近世延伸

———————————————

① 参见［日］岸本美绪：《明清交替と江南社会——17世纪中国の秩序问题》，东京大学出版会1999年版。笔者近年来对晚明民间儒学的思想研究也发现16世纪中国正发生社会性公共意识的微妙变化，参拙著：《晚明劝善运动思想研究》（修订版），上海人民出版社2016年版；《颜茂猷思想研究——17世纪晚明劝善运动的一项个案考察》，东方出版社2015年版。

② （明）周汝登：《东越证学录》卷4《越中会语》，台湾文海出版社1970年影印本，第320页。关于阳明后学有关"公论"问题的探讨，另参拙著：《阳明后学研究》（增订本）第9章第3节"政学合一"，上海人民出版社2016年版，第429~431页。

③ 转引自［日］沟口雄三：《转型期的明末清初》，《沟口雄三著作集：中国的历史脉动》，乔志航、龚颖等译，三联书店2014年版，第194、197页。

④ 劳思光：《新编中国哲学史》第1册，台湾三民书局2010年版，第116页。

到近代中国，围绕"公私"观念的争辩呈现更复杂的情形，或持"公德缺乏"论，或持"以公灭私"论。然而，若从一个纵览全局的认识来看，那么可以说，儒家仁学的公共性和普遍性原则可以起到沟通和平衡个体性私德与社会性公德的作用，而不至于公私两德混而不分、互相吞并(一方吞没另一方)，因为，在仁学的范导下，"公"并不是抽象性的普遍观念，而"私"也不应导致原子式的个体主义。也正由此，儒家文化才不至于沦落为抽象主义的普遍性或者相对主义的特殊性。这是本文可以获致的一个结论。

(作者单位：复旦大学哲学学院)

程颐与杨时关于《西铭》的讨论

□ 李存山

一、二程对《西铭》的崇高评价

张载的《西铭》原称"订顽"，书于横渠学堂双牖之右，后改为"西铭"之称是出自程颐①。此篇在二程的洛学中占有重要的地位，并给予其崇高的评价。这在吕大临于横渠去世后"东见二先生语"中就已有明确的记载，如程颢所说：

> 《订顽》一篇，意极完备，乃仁之体也。学者其体此意，令有诸己，其地位已高。到此地位，自别有见处，不可穷高极远，恐于道无补也。(《程氏遗书》卷二上)
> 学者须先识仁。仁者，浑然与物同体。义、礼、知、信皆仁也。识得此理，以诚敬存之而已，不须防检，不须穷索。……《订顽》意思，乃备言此体。以此意存之，更有何事？(《程氏遗书》卷二上)
> 《西铭》某得此意，只是须得佗子厚有如此笔力，佗人无缘做得。孟子以后未有人及此。得此文字，省多少言语。且教佗人读书，要之仁孝之理备于此，须臾而不于此，则便不仁不孝也。(《程氏遗书》卷二上)

《程氏遗书》卷二上还有未标"明"(明道，即程颢)或"正"(正叔，即程颐)而可作为"二先生语"的评价：

> 《订顽》之言，极纯无杂，秦汉以来学者所未到。(《程氏遗书》卷二上)
> 若《西铭》，则是《原道》之宗祖也。《原道》却只说到道，元未到得《西铭》意思。据子厚之文，醇然无出此文也，自孟子后，盖未见此书。(《程氏遗书》卷二上)

在此后，《程氏遗书》中又有程颐对《西铭》的评价：

---

① 《程氏外书》卷十一："横渠学堂双牖右书《订顽》，左书《砭愚》。伊川曰是起争端，改之曰《东铭》《西铭》。"

> 问："西铭何如？"曰："此横渠文之粹者也。"……"横渠道尽高，言尽醇，自孟子
> 后儒者都无佗见识。"（《程氏遗书》卷十八）
>
> 若《西铭》一篇，谁说得到此？今以管窥天，固是见北斗，别处虽不得见，然见
> 北斗，不可谓不是也。（《程氏遗书》卷二十三）

另在《程氏外书》中又有记载：

> 游酢得《西铭》诵之，即涣然不逆于心，曰："此《中庸》之理也，能求于语言之外
> 者也。"（《程氏外书》卷七）
>
> （尹焞）见伊川，后半年方得《大学》、《西铭》看。（《程氏外书》卷十二）

观此可知，不仅二程对《西铭》评价甚高，而且程门弟子如游酢、尹焞亦甚看重《西铭》，其地位在洛学中可比之如《中庸》《大学》。然而，后来却发生了程颐与杨时关于《西铭》的讨论。对这一讨论进行分析，可使我们更为深入地认识儒家的"仁孝之理"。

二、杨时对《西铭》的批评

据《宋儒龟山杨先生年谱》记载，绍圣三年（1096）"是岁有与伊川先生论《西铭》书"。此时程颐六十四岁，杨时四十四岁。杨时初以师礼见二程是在元丰四年（1081），程颢于元丰八年病逝，程颐在元祐二年（1087）罢崇政殿说书。杨时和游酢在元祐八年（1093）曾以师礼见程颐于洛，游、杨"程门立雪"①的佳话当发生在此年。三年之后，程颐仍居洛，杨时在浏阳任官，是岁写《寄伊川先生》，于是发生关于《西铭》的讨论。

杨时在给程颐的信中说：

> 某窃谓道之不明，智者过之。《西铭》之书，其几于此乎！昔之问仁于孔子者多
> 矣，虽颜渊、仲弓之徒，所以告之者，不过求仁之方耳。至于仁之体，未尝言也。孟
> 子曰："仁，人心也；义，人路也。"言仁之尽，最亲无如此者。然本体用兼举两言
> 之，未闻如《西铭》之说也。孔、孟岂有隐哉？盖不敢过之，以起后学之弊也。
>
> 且墨氏兼爱，固仁者之事也，其流卒至于无父，岂墨子之罪耶？孟子力攻之，必
> 归罪于墨子者，正其本也。故君子言必虑其所终，行必稽其所弊，正谓此耳。《西
> 铭》之书，发明圣人微意至深，然而言体而不及用，恐其流遂至于兼爱，则后世有圣
> 贤者出，推本而论之，未免归罪于横渠也。（《龟山集》卷十六《寄伊川先生》）

杨时对《西铭》的批评，主要是以孔、孟之说为标准，从两方面批评之。其一是说《西铭》言"仁之体"有"过"，不是像孔子那样"至于仁之体，未尝言也"；其二是说《西铭》"言体而不及用"，不是像孟子那样"本体用兼举两言之"。杨时认为，因为《西铭》有这两方面之

---

① 《程氏外书》卷十二："游、杨初见伊川，伊川瞑目而坐，二子侍立。既觉，顾谓曰：'贤辈尚在此乎？日既晚，且休矣。'及出门，门外之雪深一尺。"

"过"，所以其可能引起"后学之弊"而流于墨家的"兼爱"。由此之故，杨时希望从程颐那里"得一言推明其用，与之并行，庶乎学者体用兼明，而不至于流荡也"（《龟山集》卷十六《寄伊川先生》）。

杨时对《西铭》的批评并非偶然，而是前有所积。《龟山集》中有《求仁斋记》，据《宋儒龟山杨先生年谱》此文是杨时于元祐三年（1088）所作。其文有云：

> 夫孔子之徒，问仁者多矣。而孔子所以告之者，岂一二言欤，然而犹曰"罕言"，岂不以仁之道至矣，而言之不能尽欤！故凡孔子之所言者，皆求仁之方也，若夫仁则盖未之尝言。是故其徒，如由、赐者，虽曰升堂之士，至于仁则终身莫之许也。然则所谓求之难，不其然欤！学者试以吾言思之，以究观古之人，所以求之之方，将必有得矣。（《龟山集》卷二十四《求仁斋记》）

《龟山集》中又有《寄翁好德》，据《宋儒龟山杨先生年谱》此信写于绍圣元年，比《寄伊川先生》仅早两年。其文有云：

> 夫求仁之方，孔子盖言之详矣。然而亲炙之徒，其说犹有未闻者，岂孔子有隐于彼欤？……后世之士，未尝精思力究，妄以肤见臆度，求尽圣人之微言，分文拆字，寸量铢较，自谓得之，而不知去本益远矣。夫至道之归，固非笔舌能尽也，要以身体之心，验之雍容，自尽于燕闲静一之中，默而识之，兼忘于书言意象之表，则庶乎其至矣。反是皆口耳诵数之学也。（《龟山集》卷十七《寄翁好德》）

观此一文一书，可知杨时一贯所重视的是"求仁之方"。他认为"凡孔子之所言者，皆求仁之方也，若夫仁则盖未之尝言"。这里的"仁则盖未之尝言"，也就是《寄伊川先生》中所说的"至于仁之体，未尝言也"。《龟山集》中又有《答问》，也同样说："其（孔子）告诸门人可谓详矣，然而犹曰'罕言'者，盖其所言皆求仁之方而已，仁之体未尝言。"（《龟山集》卷十四《答问》）孔子为什么不言"仁之体"，在杨时看来，是因为"仁之体"深奥隐微，"固非笔舌能尽也"，"要以身体之心，验之雍容，自尽于燕闲静一之中，默而识之，兼忘于书言意象之表，则庶乎其至矣"。杨时对于"仁之体"的看法，或许与他后来所传的"于静中体认大本未发气象"的"道南指诀"有一定的联系。①

杨时并不绝对地反对言"仁之体"。他说，孟子所讲的"仁，人心也；义，人路也"，就已是"言仁之尽，最亲无如此者"，而这是"体用兼举两言之"，没有像《西铭》那样"言体而不及用"。孟子批评墨家甚严，所谓"杨氏为我，是无君也；墨氏兼爱，是无父也；无父无君，是禽兽也"（《孟子·滕文公下》）。杨时认为，因为《西铭》"言体而不及用"，

---

① 《宋儒龟山杨先生年谱》记载：政和二年（1112）"同郡罗从彦，字仲素，闻先生得河南程氏之传，慨然慕之，遂徒步往从学焉。先生即语以心法之秘，熟察之，乃喜曰：'惟从彦可以言道。'于是日益以亲，时弟子千余人，无及从彦者"。这里的"心法之秘"当即是"道南指诀"。朱熹的老师李侗曾受学于罗从彦，朱熹说："李先生教人，大抵令于静中体认大本未发时气象分明，即处事应物自然中节。此乃龟山门下相传指诀。"（《朱文公文集》卷四十《答何叔京》）

所以"恐其流遂至于兼爱"。虽然杨时也委婉地肯定《西铭》"发明圣人微意至深",但将其与墨子"比而同之",这应是对《西铭》的一个严厉的批评。

三、程颐对杨时之批评的回应

杨时对《西铭》的批评,从根本上违反了二程对《西铭》的高度肯定。

程颢说:"《订顽》一篇,意极完备,乃仁之体也","《订顽》意思,乃备言此体"。可见,二程之所以高度肯定《西铭》,首先就是因为《西铭》备言"仁之体"。杨时以孔子所言者"不过求仁之方","至于仁之体,未尝言也",又以孟子所说的"仁,人心也;义,人路也"已是"言仁之尽",质疑《西铭》言"仁之体"有"过",这就从根本上否定了二程对《西铭》的高度评价。

二程说:"《订顽》之言,极纯无杂,秦汉以来学者所未到","自孟子后儒者都无佗见识","要之仁孝之理备于此"。这实际上认为《西铭》不仅超越了汉唐儒者,而且其言"仁孝之理"也是继承和发展了孔、孟的思想。因此,程颐在《答杨时论西铭书》中首先就指出:

> 横渠立言,诚有过者,乃在《正蒙》。《西铭》之为书,推理以存义,扩前圣所未发,与孟子性善、养气之论同功(自注:二者亦前圣所未发),岂墨氏之比哉?(《二程文集》卷九《答杨时论西铭书》)

虽然《订顽》在编入《正蒙》时是作为《乾称上》篇的首段,但是将《正蒙》与《西铭》相区别①,这也是二程及其后学的一贯做法。程颐说,《西铭》"推理以存义,扩前圣所未发,与孟子性善、养气之论同功"。所谓"扩前圣所未发",就是指《西铭》继承和发展了孔、孟的思想。程颐特意为孟子的"性善、养气之论"作注,"二者亦前圣所未发",这意味着孟子也是继承和发展了孔子的思想。既然孟子可以"扩前圣(孔子)所未发",那么《西铭》为什么不能也"扩前圣(孔、孟)所未发"呢?杨时主要是以孔、孟之说为标准来批评《西铭》,而程颐所谓"扩前圣所未发"正是对杨时之批评的回应。

程颢说"要之仁孝之理备于此",程颐说《西铭》之为书,推理以存义"。这里的"理"实即"理学"的"理",这个"理"是宋代理学家对孔、孟思想的继承和发展。二程说"天者理也"(《程氏遗书》卷十一),"吾学虽有所受,'天理'二字却是自家体贴出来"(《程氏外书》卷十二)。如果否认了《西铭》的"扩前圣所未发",那么二程洛学的"自家体贴"也就失去了儒学发展史上的合理性。

二程之所以肯定《西铭》,还有一重要原因不可不察,即:《西铭》言"仁之体",不是从"太虚无形,气之本体"(《正蒙·太和》)讲起,而是从"乾称父,坤称母"(《正蒙·乾称上》)讲起。这与二程不讲"无极"和"太极",而是从《易传》的"天地设位,而易行乎其

---

① 程颢在说"《订顽》一篇,意极完备,乃仁之体也","不可穷高极远,恐于道无补"时,就已蕴涵了对《正蒙》讲"清虚一大"的批评。参见拙文《〈太极图说〉与朱子理学》,《中共宁波市委党校学报》2016年第1期。

中"，或《太极图说》的"二五之精，妙合而凝，乾道成男，坤道成女"讲起①，二者是相一致的。

《西铭》所首言的"乾称父，坤称母"，虽然为孔、孟所未讲，但实亦是先秦儒学的本有之义。在《诗经·小雅·巧言》中就有："悠悠昊天，曰父母且。"《易传·系辞下》说："天地纲缊，万物化醇。男女构精，万物化生。"《易传·说卦》说："乾，天也，故称乎父；坤，地也，故称乎母。"《西铭》所说的"乾称父，坤称母"，从文字上说，即是本于《易传·说卦》的这段话。另，《古文尚书·泰誓上》有："惟天地，万物父母；惟人，万物之灵。"虽然这段文字未必出自先秦，但属先秦儒家的思想当可无疑。

在杨时之后，对《西铭》的"乾称父，坤称母"提出质疑的还有陆九韶，其大意是说"人、物只是父母所生，更与乾坤都无干涉"（朱熹引）。针对此，朱熹反驳说：

> 人之一身固是父母所生，然父母之所以为父母者即是乾坤。若以父母而言，则一物各一父母；若以乾坤而言，则万物同一父母矣。万物既同一父母，则吾体之所以为体者，岂非天地之塞；吾性之所以为性者，岂非天地之帅哉？古之君子惟其见得道理真实如此，所以"亲亲而仁民，仁民而爱物"，推其所为，以至于"能以天下为一家，中国为一人，而非意之也"。（《朱文公文集》卷三十六《答陆子美》）

这里的"能以天下为一家，中国为一人，而非意之也"，是出自《礼记·礼运》篇。② 正因为有了以天地为人与万物之父母的思想，所以才能有"以天下为一家，中国为一人"的境界。《西铭》所说的"民吾同胞，物吾与也"，与孟子所说的"亲亲而仁民，仁民而爱物"，可谓同一道德境界，而《西铭》补之以"乾称父，坤称母……故天地之塞，吾其体；天地之帅，吾其性"，这也的确是"扩前圣所未发"。

在程颐对杨时之批评的回应中，具有重要理论意义的是这样一段话：

> 《西铭》明理一而分殊，墨氏则二本而无殊。（自注：老幼及人，理一也；爱无差等，本二也。）分殊之蔽，私胜而失仁；无分之罪，兼爱而无义。分立而推理一，以止私胜之流，仁之方也。无别而迷兼爱，至于无父之极，义之贼也。（《二程文集》卷九《答杨时论西铭书》）

作为理学之重要命题的"理一而分殊"，这是第一次出现在程氏著作中。后来朱熹在《西铭

---

① 《程氏遗书》中多次引《易传》的"天地设位，而易行乎其中"，二程虽然不讲《太极图说》的"无极而太极"，但程颐所谓"天地储精，得五行之秀者为人"云云（《程氏文集》卷八《颜子所好何学论》），程颢所谓"二气交运兮，五行顺施"云云（《程氏文集》卷四《李寺丞墓志铭》），实亦本于《太极图说》在"分阴分阳，两仪立焉"之后说的"二五之精，妙合而凝"云云。朱熹曾论及二程思想与《太极图说》的关系："程氏之书亦皆祖述其意，而《李仲通铭》、《程邵公志》、《颜子好学论》等篇乃或并其语而道之。"（《朱文公文集》卷七十六《再定太极通书后序》）参见拙文《〈太极图说〉与朱子理学》，《中共宁波市委党校学报》2016 年第 1 期。

② 《礼记·礼运》："故圣人耐以天下为一家，以中国为一人者，非意之也，必知其情，辟于其义，明于其利，达于其患，然后能为之。"

解》中说："天地之间，理一而已，然'乾道成男，坤道成女，二气交感，化生万物'，则其大小之分，亲疏之等，至于十百千万，而不能齐也。不有圣贤者出，孰能合其异而反其同哉？《西铭》之作，意盖如此。程子以为明理一而分殊，可谓一言以蔽之矣。"

程颐用"理一而分殊"来辨别《西铭》与"墨氏则二本而无殊"的不同。其自注："老幼及人，理一也；爱无差等，本二也。"按，"老幼及人"本出自孟子所谓"老吾老以及人之老，幼吾幼以及人之幼"（《孟子·梁惠王上》），这也就是由"亲亲"而"仁民"乃至"爱物"的普遍之爱的意思，而人之所以要有普遍之爱，是因为"天地之间，理一而已"。墨家与儒家的不同是"二本而无殊"，所谓"爱无差等"就是"本二"。这里的"二本"或"本二"是沿用了孟子对墨者夷之的批评。夷之说："爱无差等，施由亲始。"孟子批评说："夫夷子信以为人之亲其兄之子为若亲其邻之赤子乎？彼有取尔也。……且天之生物也，使之一本，而夷子二本故也。"（《孟子·滕文公上》）朱熹对此的解释是："孟子言人之爱其兄子与邻之子，本有差等。……且人物之生，必各本于父母而无二，乃自然之理，若天使之然也。故其爱由此立，而推以及人，自有差等。今如夷子之言，则是视其父母本无异于路人，但其施之之序，姑自此始耳。非二本而何哉？"（《孟子集注》）儒家所谓"一本"，就是本于亲亲之情，"推以及人，自有差等"；而墨家讲"爱无差等"，又讲"施由亲始"，这就是儒家所批评的"二本"了。

儒家道德是本于亲亲之情，因为"人物之生，必各本于父母而无二"，所以人之爱己之亲与爱他人之亲"本有差等"，这也是"自然之理"。孔子的学生有若说："孝弟也者，其为仁之本与！"孔子也说："弟子入则孝，出则弟，谨而信，泛爱众而亲仁。"（《论语·学而》）儒家以孝悌为仁之本（始），自有其道德发生论上的合理性①，这也是儒家始终要坚持的。但是儒家的仁爱绝不是仅仅局限于血缘情感，而是必须由亲亲之情推扩至仁的普遍之爱，此即如孟子所说：

> 老吾老以及人之老，幼吾幼以及人之幼，天下可运于掌。……故推恩足以保四海，不推恩无以保妻子。古之人所以大过人者无他焉，善推其所为而已矣。（《孟子·梁惠王上》）

"推恩"就是对亲亲之情加以扩充。"推恩足以保四海，不推恩无以保妻子"，可见仅仅局限于亲亲之情是远远不够的，实际上这也就失去了"仁"。程颐说"分殊之蔽，私胜而失仁"，把这一点讲得很明确了：亲亲之情虽然是仁的本始，但如果不扩充，那就是"私胜"而失去了"仁"。程颐又说"无分之罪，兼爱而无义"，这是针对墨家的批评。正确的方式应该是"分立而推理一，以止私胜之流"，也就是由"亲亲"而"仁民"，由"仁民"而"爱物"，这是"仁之方也"。若如墨家"无别而迷兼爱，至于无父之极"，"视其父母本无异于路人"，那就是"义之贼也"。

程颐在对杨时之批评的回应中讲明了儒家的"仁孝之理"，也就区别了《西铭》与墨家之不同，指出杨时将《西铭》与墨家"比而同之，过矣"。至于杨时批评《西铭》"言体而不

---

① 在世界各大宗教代表人士于1993年发表的《全球伦理宣言》中有言："只有在个人关系和家庭关系中已经体验到的东西，才能够在国家之间及宗教之间的关系中得到实行。"

及用"，程颐回应说："彼欲使人推而行之，本为用也，反谓不及，不亦异乎！"(《二程文集》卷九《答杨时论西铭书》)总之，杨时对《西铭》的批评不能成立。

四、杨时对程颐之回应的答复

杨时在收到程颐的回信后，又复之以《答伊川先生》。此信虽然肯定了程颐的教诲，但仍带有杨时思想的特色。

杨时在复信中说：

> 示论《西铭》微旨，晓然具悉，如侍几席，亲承训诱也。幸甚，幸甚！某昔从明道即授以《西铭》，使读之寻绎，累日乃若有得，始知为学之大方，是将终身佩服，岂敢妄疑其失，比同于墨氏。前书所论，谓《西铭》之书以"民为同胞"，"长其长，幼其幼"，以鳏寡孤独为兄弟之无告者，所谓明理一也。然其弊无亲亲之杀，非明者默识于言意之表，乌知所谓理一而分殊哉？故窃恐其流遂至于兼爱，非谓《西铭》之书为兼爱而发，与墨氏同也。(《龟山集》卷十六《答伊川先生》)

杨时以弟子的身份，肯定了往昔所受程颢以及今之所受程颐的教导，并且申论了他写"前书"的原由。在杨时看来，《西铭》所讲的"民为同胞""长其长，幼其幼"，"以鳏寡孤独为兄弟之无告者"，等等，只是讲"理一"，而其弊是没有讲"亲亲之杀(差等)"。虽然《西铭》中内蕴着"理一而分殊"的意思，但如果不是"明者默识于言意之表"，则只能看到其讲"理一"，而看不到其讲"分殊"。因此，其流弊可能至于墨氏的"兼爱"。虽然杨时有为"前书"辩解回护的意思，但他讲的也情有可原。

朱熹论《西铭》有云："他不是说孝，是将孝来形容这仁；事亲底道理，便是事天底样子。""《西铭》本不是说孝，只是说事天，但推事亲之心以事天耳。"(《朱子语类》卷九十八)因为"《西铭》本不是说孝"，故而易被理解为其只讲"理一"，而没有讲"分殊"。然而，其"将孝来形容这仁"，"推事亲之心以事天"，这里又内蕴着"理一分殊"的意思。到后来，朱熹认为"《西铭》通体是一个理一分殊，一句是一个理一分殊"，"乾父、坤母固是一理，分而言之，便见乾坤自乾坤，父母自父母，惟'称'字便见异也"。"《西铭》一篇，始末皆是理一分殊。以乾为父，坤为母，便是理一而分殊；'予兹藐焉，混然中处'，便是分殊而理一。'天地之塞吾其体，天地之帅吾其性'，分殊而理一；'民吾同胞，物吾与也'，理一而分殊。逐句推之，莫不皆然。"(《朱子语类》卷九十八)朱熹的这种理解，是就程颐之说而再作发挥。亦如朱熹所说："不是伊川说破，也难理会，然看久自觉里面有分别。"(《朱子语类》卷九十八)

杨时在回复程颐的信中讲了他所理解的"理一而分殊"：

> "古之人所以大过人者无他，善推其所为而已。""老吾老以及人之老，幼吾幼以及人之幼"，所谓推之也。孔子曰："老者安之，少者怀之"，则无事乎推矣。无事乎推者，理一故也。理一而分殊，故圣人称物而平施之，兹所以为仁之至，义之尽也。何谓称物，亲疏远近各当其分，所谓称也。何谓平施，所以施之其心一焉，所谓平

也。(《龟山集》卷十六《答伊川先生》)

杨时所说的"推之",就是程颐说的"分立而推理一"。但他又举出孔子所说的"老者安之,少者怀之"①,认为这种普遍之爱"则无事乎推矣"。而"无事乎推者",是因为本来就有普遍性的"理一"。杨时所理解的"理一而分殊",就是如圣人那样"称物而平施之",这样就做到了"仁之至,义之尽"。所谓"称物",就是使"亲疏远近各当其分",也就是"爱有差等"的"分殊"。所谓"平施",就是"所以施之其心一焉",也就是之所以有普遍之爱的"理一"。

从程颐说的"分立而推理一"和杨时说的普遍之爱"无事乎推",似可看出人类道德有两种理论言说方式:一种是从特殊上升为普遍,另一种是从普遍演绎出特殊。儒家坚持以孝悌为仁之本始,主要是取了前一种言说方式;而古希腊的柏拉图哲学认为"至善"的理念是各种道德殊相的模板,主要是取了后一种言说方式。这两种言说方式各占据了中西道德学说的主流,是因为有不同社会生活和文化积淀的背景,其利弊优绌不是可以"遽然"作出评价的。②

杨时又用"称物而平施"为其"前书"作出解释:

> 某昔者窃意《西铭》之书有平施之方,无称物之义,故曰言体而不及用。盖指仁义为说也。故仁之过,其蔽无分,无分则妨义;义之过,其流自私,自私则害仁。害仁则杨氏之为我也,妨义则墨氏之兼爱也。二者其失虽殊,其所以得罪于圣人则均矣。(《龟山集》卷十六《答伊川先生》)

所谓"有平施之方,无称物之义",就是说《西铭》只讲了"理一"而未讲"分殊",这是"前书"以为《西铭》"言体而不及用"的原因。将"理一而分殊"与"仁"和"义"相对应,"仁"就是讲普遍之爱的"理一","义"就是讲爱有差等的"分殊"。所谓"仁之过,其蔽无分,无分则妨义;义之过,其流自私,自私则害仁",以及对杨氏"为我"、墨氏"兼爱"的批评,虽然用语和程颐有所不同,但大意是相一致的。

杨时在信末说:

> 《西铭》之旨,隐奥难知,固前圣所未发也。前书所论,窃谓过之者,特疑其辞有未达耳。今得先生开论丁宁,传之学者自当释然无惑也。(《龟山集》卷十六《答伊川先生》)

杨时肯定了《西铭》之旨"固前圣所未发",而因其"隐奥难知",所以他在"前书"中批评《西铭》有"过","特疑其辞有未达耳"。其实,杨时在"前书"中批评"《西铭》之说""言体而不及用",不特"疑其辞有未达"而是并其"旨"也疑有"过之"的。杨时最终表示,包括

---

① 《论语·公冶长》:"子路曰:'愿闻子之志。'子曰:'老者安之,朋友信之,少者怀之。'"

② 严复在对中西文化进行比较时曾说,二者"并存于两间,而吾实未敢遽分其优绌也"。《严复集》,中华书局1986年版,第3页。

他在内的学者读到程颐的信"自当释然无惑也"。

对于杨时的答复，程颐可能并不是很满意。据后来尹焞的记述："杨中立答伊川论《西铭》书云云，尾说渠判然无疑。伊川曰：'杨时也未判然。'"（《程氏外书》卷十二）至于程颐为什么说"杨时也未判然"，因文献有缺，不得其确解。或许是因为杨时在复信中另提出了"无事乎推者，理一故也"，也或许是因为杨时说其"前书"只是"特疑其辞有未达耳"，这只是猜测。

后来朱熹在《西铭解》中也曾评论：

> 所谓"称物平施"者，正谓称物之宜以平吾之施云尔。若无称物之义，则亦何以知夫所施之平哉！龟山第二书，盖欲发明此意，然言不尽而理有余也。
>
> 熹既为此解，后得尹氏书云："杨中立答伊川先生论《西铭》书有'释然无惑'之语，先生读之曰：'杨时也未释然。'"乃知此论所疑第二书之说，先生盖亦未之许也。

朱熹后来比较肯定的是龟山《语录》所载：

> 《西铭》理一而分殊，知其理一，所以为仁；知其分殊，所以为义。所谓分殊，犹孟子言"亲亲而仁民，仁民而爱物"，其分不同，故所施不能无差等耳。或曰：如是则体用果离而为二矣。曰：用未尝离体也。以人观之，四肢百骸具于一身者体也，至其用处，则首不可以加履，足不可以纳冠。盖即体而言，而分已在其中矣。

朱熹认为，"此论分别异同，各有归趣，大非答书之比，岂其年高德盛而所见始益精与？因复表而出之，以明答书之说诚有未释然者，而龟山所见盖不终于此而已也"（《西铭解》）。

的确，杨时的第二书"诚有未释然者"。而且，杨时的第一书以及程颐的回应，也和杨时的第二书一样，都还存在一些值得进一步讨论的问题。这些问题不仅涉及儒家"仁孝之理"内部的一些理论问题，而且涉及伦理学中关于道德发生、道德本体，以及道德体用、道德知行等带有普遍性的理论问题。对这些问题作出进一步的分析，应是有学术理论意义和现实意义的。

（作者单位：中国社会科学院哲学研究所）

战国秦汉的时令文本整合与时间秩序统一*

□ 薛梦潇

  时令是以自然时间为基础、人为设计的时间规范，它在时间的线性运动中总结出重复性规律。时与月层面的教条就是时令。春秋时期已有时令文本流传。《国语·周语中》提到《夏令》与《时儆》。① 两篇虽佚，但其他时令文本仍有不少留存。它们或以"时"为纲，如《管子·玄宫》；或以"月"为断，如《夏小正》《吕氏春秋·十二纪首》(简称《吕纪》)。严格地说，后者属于"月令"，但月令之"月"往往以孟春至季冬为序，月与时关系密切，故将"月令"归入"时令"一类，并无大谬。

  学界关于时令的研究长期聚焦于文献源流。② 随着数批简帛文献出土，李零、邢义田、杨振红、汤勤福等，又对这一问题有所推进。③ 不过，时令研究并非题无剩义。时令文本的流传曾出现一个重要节点——《吕纪》的成立。《吕氏春秋》的编纂不是单纯的知识集萃，而具有为帝制张目的意图。《吕纪》对先秦时令的整合，以及对秦汉时令文本结构与内容的奠定，都值得进一步探讨。这不仅关涉文献源流，也是时间秩序收束、统一进程

  * 本文为教育部人文社会科学研究青年基金项目"早期中国的月令与'神圣时间'研究"(项目编号：16YJC770033)、武汉大学青年学术团队建设项目"中国历史上的国家凝聚、族群融合与信仰变迁"阶段性成果。

  ① 徐元诰：《国语集解》，中华书局 2002 年版，第 65 页。

  ② 参看顾颉刚：《秦汉的方士与儒生》，上海古籍出版社 2005 年版，第 82~87 页；容肇祖：《月令的来源考》，《燕京学报》第 18 期；向宗鲁：《月令章句疏证叙录》，商务印书馆 1945 年版；杨宽：《月令考》，《杨宽古史论文选集》，上海人民出版社 2003 年版；岛邦男：《五行思想と礼记月令の研究》，日本汲古书院 1971 年版。

  ③ 李零：《楚帛书研究》，中西书局 2013 年版；邢义田：《月令与西汉政治——从尹湾集簿中的"以春令成户"说起》《月令与西汉政治——重读尹湾牍"春种树"和"以春令成户"》，《治国安邦：法制、行政与军事》，中华书局 2011 年版；杨振红：《月令与秦汉政治——兼论月令源流》，《出土简牍与秦汉社会》，广西师范大学出版社 2009 年版。另参刘宗迪：《古代月令文献的源流》，《节日研究》第 2 辑，山东大学出版社 2010 年版；刘梦娇：《试说出土文献中的"时令"类内容》，《语言研究集刊》第 7 辑，上海辞书出版社 2010 年版；汤勤福：《〈月令〉祛疑——兼论政令、农书分离趋势》，《学术月刊》2016 年第 10 期。

的映射。

一、先秦时令文本系统及其时间秩序

《吕纪》之前的时令文献约有如下三种：

(一)《夏小正》

《夏小正》以记录动植物征候为主要内容，文本结构简单，"物候历"特征明显。① 天文史家根据文中星象推断，《夏小正》的历法较《吕纪》所揭夏历更为悠久，反映的可能是古老的"十月历"。② 李学勤在卜辞和金文中找到了与《夏小正》"雉震呴""夏有煮祭"及"执陟攻驹"等物候、礼制相关的内容，证明《夏小正》的成书年代不会晚至战国。③ 综合诸说，《夏小正》可能成书于西周至春秋末年之间，而所记星象、物候和礼俗，可追溯至商代。④

(二)《管子》时令文献

1.《玄宫》

《玄宫》由"违时灾异 + 节气/人事 + 五行配置"三部分构成，以春季时令为例：

> 春行冬政肃，行秋政雷，行夏政阉。十二地气发，戒春事。十二小卯，出耕。十二天气下，赐与。十二义气至，修门闾。十二清明，发禁。十二始卯，合男女。十二中卯，十二下卯，三卯同事。
>
> 八举时节，君服青色，味酸味，听解声，治燥气，用八数，饮于青后之井，以羽兽之火爨。藏不忍，行欧养，坦气修通。⑤

它将一年分为"八举""七举""五和""九和"与"六行"时节，涵盖"地气发""小郢"与"大寒终"等"三十时"。

《玄宫》历法并非后世通行的十二月历，"三十时"也不同于廿四节气。因其五行与四时相配伍，李零将之归入"五行时令"系统。⑥《玄宫》是战国早期稷下学派初期的作品，⑦

---

① 王利华：《〈月令〉中的节律与社会节奏》，《中国社会科学》2014 年第 2 期，第 189 页。

② 陈美东：《论〈夏小正〉是十月太阳历》，《自然科学史研究》1982 年第 4 期。

③ 李学勤：《〈夏小正〉新证》，氏著《古文献丛论》，中国人民大学出版社 2010 年版，第 165～174 页。

④ 陈遵妫认为有些内容是夏代流传下来的，整理者可能是杞国人或居住在夏墟的人。参看《中国天文学史》第一册，上海人民出版社 1980 年版，第 200 页。

⑤ 黎翔凤：《管子校注》，中华书局 2004 年版，第 146～147、150 页。

⑥ 李零：《〈管子〉三十时节与二十四节气——再谈〈玄宫〉和〈玄宫图〉》，《管子学刊》1988 年第 2 期。

⑦ 金谷治：《管子の研究》，日本岩波书店 1987 年版，第 232 页。

如此，该篇应是目前所见最早的以"五行"配"四时"的时令。

2.《四时》

该篇同样以五行配四时，内容包含五行、号令、灾异、五政。仍以春季时令为例：

> 东方曰星，其时曰春，其气曰风。风生木与骨，其德嘉赢而发出节时。
> 其事号令，修除神位，谨祷獒梗。宗正阳，治堤防，耕芸树艺，正津梁，修沟渎，甃屋行水，解怨赦罪，通四方。然则柔风甘雨乃至，百姓乃寿，百虫乃蕃，此谓星德。星者掌发为风。
> 是故春行冬政则雕，行秋政则霜，行夏政则欲。
> 是故春三月，以甲乙之日发五政。一政曰：论幼孤，舍有罪。二政曰：赋爵列，授禄位。三政曰：冻解，修沟渎，复亡人。四政曰：端险阻，修封疆，正千伯。五政曰：无杀麑夭，毋寒华绝芋。五政苟时，春雨乃来。

与《玄宫》一样，"五行时令"的问题在于"土行—五和时节"的虚设，现实中缺乏与之对应的季节。不同于《玄宫》"五和时节"位居文首、统领全篇的是，《四时》的"土行"居于夏、秋之间。

3.《七臣七主》

《四时》时令主要以"宜"的形式表达，而《七臣七主》则以"忌"的形式表达。该篇未言及五行，只讲时禁，四时对应"四禁"：

> 四禁者何也？春无杀伐，无割大陵，倮大衍，伐大木，斩大山，行大火，诛大臣，收谷赋。夏无遏水，达名川，塞大谷，动土功，射鸟兽。秋毋赦过释罪缓刑。冬无赋爵赏禄，伤伐五藏。
> 故春政不禁，则百长不生。夏政不禁，则五谷不成。秋政不禁，则奸邪不胜。冬政不禁，则地气不藏。四者俱犯，则阴阳不和，风雨不时，大水漂州流邑，大风漂屋折树，火暴焚，地燋草，天冬雷，地简称霆。草木夏落而秋荣，蛰虫不藏，宜死者生，宜蛰者鸣，苴多臐薨，山多虫螟。六畜不蕃，民多夭，国贫法乱，逆气下生。

由上，《七臣七主》的文本结构也由时禁和违令灾异两部分合成。

4.《五行》

该篇也是典型的"五行时令"，将360日五等分，每行领72日：

> 日至，睹甲子，木行御。天子出令，命左右士师内御，论贤不肖士吏，赋秘赐赏于四境之内。发故粟以田数，出国衡，顺山林，禁民斩木，所以爱草木也。然则水解而冻释，草木区萌，赎蛰虫，卵菱。春辟勿时，苗足本，不疠雏毂，不夭麑麋，毋傅速，亡伤缫葆，时则不凋。七十二日而毕。

它解决了《玄宫》《四时》"土行"虚设的问题，但缺陷是"五行"仍无法与"四时"配伍。木配春、火配夏，"木行御"七十二日尚未进入夏季，而"五行"系统却已进入了"火行御"。虽然每"行"都有相应时令，但人为设计背离了四时轮转的自然规律。

5.《轻重己》

该篇以冬至为起点，以 46 日为节，经历春始、春至、夏始、夏至、秋始、秋至和冬始八个时节。每一时节有相应的春令、夏禁、秋计、冬禁。《轻重己》的内容比《四时》《五行》更丰富，除政令之外，还记述服色、郊祀等天子礼仪。总之，《管子》诸篇时令文献集中呈现出"五行时令"的特征，与以月为纲的"四时·十二月"月令分属不同阵营。

(三) 长沙子弹库楚帛书

关于帛书性质，陈梦家较早提出"楚月令"的看法。① 郭沫若、俞伟超、李零等也认为帛书与《管子·玄宫图》及月令文献性质相似。②

帛书画面外层绘有十二月神，每神旁各有一章题记，讲述每月忌宜，如：

> 曰：女，可以出师筑邑，不可以嫁女取臣妾，不夹（兼）得不憾。③

帛书月名可与《尔雅·释天》对读，"女"即《释天》春二月之名"如"。帛书四角绘有青、赤、白、黑四木。幅面内层写有两段方向颠倒的文字，前者要求顺时行事，以免四时节律失常；后者是神话故事，讲述春夏秋冬及一日之中的宵朝昼夕的诞生。李零已敏锐地注意到，前者侧重于"岁"，后者侧重于"时"，十二章题记侧重于"月"，三者是一有机整体。

楚帛书的月名排序反映的是夏历。然而，春秋中期的楚器𨟸儿缶铭曰"正月初冬吉"④，意味着月与四时历出二元，正月建亥，而四时从夏正。与帛书同为战国时期的楚地文献，九店简、包山简与葛陵简则又显示，战国中后期的楚国颁行有一套特殊的月名体系，以夏历十月为岁首，而四时的划分遵从周历。⑤ 这些情况指向如下可能：一是在楚国范围内，历法制度可能发生过改革；二是不同人群或不同场合有不尽一致的时间秩序；三是以上两种共时性差异与历时性变化同时存在。

上述时令文献主要来自齐、楚两地。以《管子》为代表，齐时令多属"五行时令"系统；以子弹库楚帛书为代表，楚时令属于"四时·十二月"月令。不同系统、版本的时令反映的是不同地域的时间秩序。从楚帛书与楚简来看，即使地域相同，不同历史阶段、不同人群的时间秩序也存在差别。先秦诸侯各自为政的局势、各国历法水平发展的不平衡，都是

---

① 陈梦家：《战国楚帛书考》，《考古学报》1984 年第 2 期。
② 郭沫若：《古代文字之辨证的发展》，《考古学报》1972 年第 1 期；俞伟超：《关于楚文化发展的新探索》，《江汉考古》1980 年第 1 期；曹锦炎：《楚帛书〈月令〉篇考释》，《江汉考古》1985 年第 1 期。
③ 李零：《楚帛书研究》，中西书局 2014 年版，第 67 页。
④ 刘彬徽、刘长武：《楚系金文汇编》，湖北教育出版社 2009 年版，第 128 页。
⑤ 湖北省文物考古研究所、北京大学中文系：《九店楚简》，中华书局 2000 年版，第 63 页。

导致时间秩序差异的原因。然而兼并战争的指归是实现天下一统。齐、楚、秦恰是战国晚期最具统一可能的三大诸侯。无论谁胜出，都势必将本国的制度与文化向更大版图内推广。最终由秦实现一统，那么秦人如何设计帝制时代的时间秩序呢?

二、《吕纪》对先秦时令的整合

《吕氏春秋》将十二月令分悬于十二纪首，文本结构非常整齐，月令由五行、时政与违令灾异三部分构成，与《玄宫》《四时》十分相似。具体至文本内容，《吕纪》的知识来源又是什么呢?

(一) 五行配置

《吕纪》春令云:

> 其帝大皞，其神句芒，其虫鳞，其音角，律中大簇。其数八，其酸，其臭膻，其祀户，祭先脾。

1. 五虫

《吕纪》曰"其虫鳞"，《玄宫》曰"以羽兽之火爨"，看似不同，实则一致。《玄宫》的配置逻辑与银雀山汉简《五令》相同，后者曰:

> 德令失则羽虫为灾，义令失则毛虫为灾，惠令失则赢虫为灾，威令失则界(介)虫为灾，罚【令失则鳞虫为灾。】(简 1910-1911)①

德、义、惠、威、罚"五令"，分别对应春、夏、中、秋、冬，"鳞虫"与春之德令配伍。以此类推，可见是以五行相生的顺序配置五虫。这应是黄河中下游地区，尤其是齐地的知识系统。《五令》虽出自西汉早期墓葬，但其所载内容或早于汉初，可上溯至《玄宫》。如此，《吕纪》的五虫配置与《玄宫》无异。

2. 五数·五味

《吕纪》之前的时令中，《玄宫》是唯一五色、五数、五味配置俱全的文献。《吕纪》的这些配置，与《玄宫》所谓"八举时节，君服青色，味酸味，听解声，治燥气，用八数"完全相同。

3. 五祀·五脏

葛陵、包山、九店楚简与睡虎地秦简等楚地简牍，均有"五祀"祭祷内容。《吕纪》户、灶、中霤、门、行"五祀"名称及组合，在战国中期当已存在。睡简乙种《日书》提到"丙丁

---

① 银雀山汉墓竹简整理小组:《银雀山汉墓竹简》(贰)，文物出版社 2010 年版，第 226 页。

灶，戊己内中土，甲乙户，壬癸行，庚辛门"，将十天干划为 5 组，依次配以"五祀"。睡简《日书》的年代虽晚于《吕纪》，但这一配置可能早在战国时期即已固定，与《吕纪》应出同源。①

"五脏"祭祀在睡简《法律答问》中出现了心、肾两项：

> 今或盗一肾，盗一肾赃不盈一钱，何论？祠固用心肾及它肢物，皆各为一具，一具之赃不盈一钱，盗之当耐。（简 25-26）②

彭浩指出，简文中的"心肾"，或即《月令》"脾、肺、心、肝、肾"的省称。③ 出土文献虽未见"五脏"完整组合，但据秦简推测，五脏祭祀可能确有传统，《吕纪》"五脏"配置当非虚造。

（二）十二月令

既然《吕纪》在文本结构与五行配伍方面多承袭《管子》，那么时令部分是否与《管子》也有关联呢？以《吕纪》春令为例，与《管子》诸篇时令文本进行对比（见表 1）：

表 1   "春令"对比

《吕纪》	《管子》
赏卿诸侯大夫于朝	二政曰：赋爵列，授禄位（《四时》）
王布农事，命田舍东郊	十二小卯，出耕（《幼官》）
皆修封疆，审端径术	四政曰：端险阻，修封疆，正千伯（《四时》）
禁止伐木	春无……伐大木，行大火（《七臣七主》）
无覆巢，无杀孩虫、胎夭、飞鸟，毋麛毋卵	五政曰：无杀麛夭（《四时》）
安萌芽，养幼少，存诸孤	一政曰：论幼孤（《四时》）
命有司省囹圄，去桎梏，无肆掠，止狱讼	一政曰：舍有罪（《四时》）
乃修阖扇	十二义气至，修门闾（《幼官》）
无竭川泽，无漉陂池，无焚山林	春无……斩大山（《七臣七主》）
修利堤防，导达沟渎。开通道路，无有障塞	治堤防，正津梁，修沟渎，甃屋行水（《四时》）
修除祠位（《淮南子·时则》）	修除神位（《四时》）

---

① 杨华：《"五祀"祭祷与楚汉文化的继承》，《古礼新研》，商务印书馆 2012 年版，第 395 页。彭浩认为，乙种《日书》的"祠五祀日"已体现了"五祀"与"四季"的互配。参看彭浩：《睡虎地秦简"王室祠"与〈齎律〉考辨》，《简帛》第 1 辑，上海古籍出版社 2006 年版，第 242 页。

② 睡虎地秦墓竹简整理小组：《睡虎地秦墓竹简》，文物出版社 1990 年版，第 99 页。

③ 彭浩：《睡虎地秦简"王室祠"与〈齎律〉考辨》，《简帛》第 1 辑，上海古籍出版社 2006 年版，第 242 页。

表1末"修除祠位"乃《吕纪》所无,出现在《淮南子·时则》中,而《淮南子·时则》是与《吕纪》基本相同的时令文本,故将此句纳入《吕纪》一系参与对比。由表1不难看出,《吕纪》的春令与《管子·四时》大部分雷同,表中未列出的夏秋冬三时政令也是如此,可见前者应是对后者的损益,至少二者有共同的祖本。

(三) 灾异与嘉祥

《吕纪》之前,设置有违令灾异与顺令嘉祥部分的时令文本只有《管子》诸篇。由于以"时"为纲,因此违令灾异部分的叙述比"月令"相对简略,以春令文为例(见表2):

表2　　　　　　　　　　《吕纪》与《管子》春月"违令灾异"比较

	《吕纪》	《管子》
孟春	行夏令,则风雨不时,草木早槁,国乃有恐。行秋令,则民大疫,疾风暴雨数至,藜莠蓬蒿并兴。行冬令,则水潦为败,霜雪大击,首种不入	春行冬政肃,行秋政雷,行夏政阉(《幼官》) 春行冬政则雕,行秋政则霜,行夏政则欲(《四时》) 春政不禁,则百长不生(《七臣七主》)
仲春	行秋令,则其国大水,寒气总至,寇戎来征。行冬令,则阳气不胜,麦乃不熟,民多相掠。行夏令,则国乃大旱,暖气早来,虫螟为害	
季春	行冬令,则寒气时发,草木皆肃,国有大恐。行夏令,则民多疾疫,时雨不降,山陵不收。行秋令,则天多沈阴,淫雨早降,兵革并起	

《吕纪》每月文末不仅述灾异,亦表"嘉祥",这在《管子》中亦有所见。例如,季春月令称"行之是令,而甘雨至",而《管子·四时》则曰:"五政苟时,春雨乃来。"二者逻辑与文字表述如出一辙,由此,《吕纪》的灾祥文字可能也是从《管子》衍化而来。

以上,《吕纪》"五行+月政+灾祥"的文本结构承自《管子》,《吕纪》五行配置与《管子·玄宫》大致相同,《吕纪》月政与《管子·四时》篇尤其相像,灾祥文字因《吕纪》属"月令"而较《管子》时令更细密,但可以看出脱胎于后者的痕迹。

检视其他先秦时令,《夏小正》与楚帛书是以夏历正月为岁首的文本,《吕纪》的历法选择与此二篇相近。此外,《吕纪》所载的物候变化多与《夏小正》相似(见表3)。

《国语·晋语》记载赵简子提到"雀入于海为蛤,雉入于淮为蜃",虑及晋用夏正,这些物候描述似长期流传于晋地,《吕纪》中关于物候变化的叙述可能来源于《夏小正》或夏墟的传统知识。

综之,在兼并战争中胜出的是秦国,但《吕纪》却整体继承了《管子》时令文本的结构与内容。《吕纪》的知识来源中,齐地的思想占有相当大的比重。容肇祖甚至认为,《吕纪》一系月令就是齐人邹衍的遗作。[1] 岛邦男也推测《管子·四时》篇的祖本

---

[1]　容肇祖:《月令的来源考》,《燕京学报》第18期,1935年。

为邹衍所作。①邹衍是否作月令，暂无法考实，但在涉及农事的内容中，秦人竟不以自己的农业生产和法令为样本，而将适用于青州地区的时令纂入《吕纪》，② 更加确定了齐学对《吕纪》的绝对影响。

表3　　　　　　　　　　　　　　《夏小正》与《吕纪》中的物候变"化"

《夏小正》		《吕纪》	
时间	物候	时间	物候
正月	鹰则为鸠	仲春之月	鹰化为鸠
三月	田鼠化为鴽	季春之月	田鼠化为鴽
五月	鸠为鹰		
		季夏之月	腐草为萤
九月	雀入于海为蛤	季秋之月	爵入大水为蛤
十月	玄雉入于淮为蜃	孟冬之月	雉入大水为蜃

《吕纪》对"齐学"的继承，是秦人吸收东方思想、信仰的缩影。齐地的知识系统在秦汉政教中具有突出地位。一方面，从秦朝开始，五德终始学说成为解释政权更迭的最重要理论。《史记·封禅书》载："自齐威宣之时，邹子之徒，论著终始五德之运。及秦帝而齐人奏之，故始皇采用之。"另一方面秦帝国建立后，努力求得自身信仰与东方神祇的互相认同。③ 秦始皇的五次巡狩，有三次东游齐地，而且亲自祭祀了"齐八主"，其中之一即"四时主"。这些行为试图将包括时间神在内的齐地神祇统摄于新兴帝国的信仰体系，而秦始皇寻求认同的心态，也反映出齐地思想的地位及价值。

《管子》所揭时令，结构整齐、内容充实，远非《夏小正》与楚帛书能比。《五行》《轻重己》甚至掺入天子的政令、礼仪，这种"僭越"展现出的是地域性时令的宏阔视野。以上特征使"齐时令"脱颖而出，成为当时最佳的"王官月令"底本。《吕纪》成立后，战国时期的其他时令文本遂为支脉，与它内容基本相同的《淮南子·时则》《礼记·月令》始终占据主流。

然而，《吕纪》并没有成为秦朝的时间规范。《吕氏春秋》兼收并蓄的杂家思想最终让位于"一决于法"的法家理论。没有史料表明《吕纪》中的历法制度与时节礼仪被秦朝实践。秦始皇诏令天下以十月为岁首，秦朝最高规格的上帝祭祀仍是"雍四畤"。青川秦牍《为田律》有"秋八月修封埒，正疆畔，及发阡陌之大草。九月大除道及阪险，十月为桥"的内

① 岛邦男：《五行思想と礼记月令の研究》，日本汲古书院1971年版，第44页。

② 杨振红：《月令与秦汉政治——兼论月令源流》，《出土简牍与秦汉社会》，广西师范大学出版社2009年版，第201~208页。

③ 周振鹤：《秦汉宗教地理略说》，《中国文化研究集刊》第3辑，复旦大学出版社1986年版；杨华：《秦汉帝国的神权统一——出土简帛与〈封禅书〉〈郊祀志〉的对比考察》，《历史研究》2011年第5期。

容，睡虎地秦简中与时令相关的月禁，如"春二月，毋敢伐材木及雍堤水。不夏月，毋敢夜草为灰，取生荔"，同样出现在《田律》中。这说明，从秦国至秦朝，关于农事的月禁，是以国家法令的形式，而不是"月令"的形式颁布的。总之，秦朝在现实中的时间统一，并无明显的"齐制"或"楚制"色彩，而是通过诏令和律令，将固有的"秦制"最大化地推广到六国故地。

三、《月令》的经典化

《吕纪》对先秦时令的整合、秦朝的时间制度统一，并未消灭六国时令的余绪。银雀山汉简《禁》《三十时》《四时令》等都是由秦入汉之后仍存活于齐国故地的时令文本，① 它们上承《管子》，与"王官月令"《吕纪》不属于同一时令系统。湖北随州孔家坡汉简《日书·岁》篇与楚帛书有着相似的主题，② 但内容与"王官月令"重合度很低。总之，秦汉之际的时令文本呈现"王官月令"与地域性时令并存的状态，主流月令与支系时令之间的竞争尚未结束。与之对应，楚汉战争过后，"战国"局面死灰复燃，西汉初期王国不奉汉法，并时有挑战皇帝的动作。一旦挑战成功，地域性的时令及时间秩序很可能颠覆为汉所承的秦制。

王国对皇帝的挑战最终无一成功，"王官月令"的地位也未被撼动。《吕纪》之后，《淮南子·时则》在景武之际成篇，西汉中期名为《月令》的文献又被收入《礼记》之中。对比三篇文献(见表4)，可大致梳理出王官月令的流传脉络。

表4　　　　　　　　《吕纪》《淮南子·时则》《礼记·月令》内容对比情况

	《淮南子·时则》	《吕纪》	《礼记·月令》
1	招摇指寅	日在营室	日在营室
2	服八风水，爨其燧火。东宫御女青色衣，青采，鼓琴瑟。其兵矛	无	无
3	无	还，乃赏卿诸侯大夫于朝	还反，赏公卿诸侯大夫于朝
4	修除祠位，币祷鬼神，牺牲用牡	牺牲无用牝	牺牲无用牝

———————————

① 相关研究参看李零:《〈管子〉三十时节与二十四节气——再谈〈玄宫〉和〈玄宫图〉》,《管子学刊》1988年第2期;刘梦娇:《试说出土文献中的"时令"类内容》,《语言研究集刊》第7辑,上海辞书出版社2010年版。

② 刘乐贤:《孔家坡汉简〈日书〉"岁"篇初探》,收入氏著《战国秦汉简帛丛考》,文物出版社2010年版,第104页。

	《淮南子·时则》	《吕纪》	《礼记·月令》
5	无	还乃赏公卿诸侯大夫于朝。命相布德和令，行庆施惠，下及兆民，庆赐遂行，无有不当。乃命大史守典奉法，司天日月星辰之行，宿离不贷，无失经纪，以初为常。是月也，天子乃以元日祈谷于上帝。乃择元辰，天子亲载耒耜措之，参于保介之御间，率三公九卿诸侯大夫躬耕帝藉田。天子三推，三公五推，卿诸侯九推。反执爵于太寝。三公九卿诸侯大夫皆御。命曰劳酒。是月也，天气下降，地气上腾，天地和同，草木繁动。王布农事，命田舍东郊，皆修封疆，审端径术。善相丘陵、阪险、原隰、土地所宜，五谷所殖，以教道，民必躬亲之。田事既饬，乃先定准直，农乃不惑。是月也，命乐正入学习舞，乃修祭曲。命祀山林川泽，牺牲毋用牝	同《吕纪》
6	无	命有司，省囹圄，去桎梏，无肆掠，止狱讼	同
7	无	是月也，玄鸟至，至之日，以大牢祠于高禖。天子亲往，后妃帅九嫔御，乃礼天子所御，带以弓韣，授以弓矢于高禖之前	同
8	无	是月也，耕者少舍，乃修阖扇，寝庙毕备	同
9	无	天子乃献羔开冰，先荐寝庙	同
10	无	天子乃鲜羔开冰，先荐寝庙。上丁，命乐正入舞，舍菜。天子乃帅三公九卿诸侯亲往视之。中丁，又命乐正入学习舞	同
11	从国始，至境止	无	无
12	无	蚕事既登，分茧称丝效功，以共郊庙之服，无有敢惰	同
13	无	百工咸理，监工日号，无悖于时。无或作为淫巧以荡上心	同
14	无	牺牲驹犊，举书其数	同
15	无	乃命乐师，习合礼乐	同
16	举孝悌	举长大	同
17	无	是月也，天子始絺	同
18	无	无发大众	同
19	无	是月也，聚蓄百药	同

	《淮南子·时则》	《吕纪》	《礼记·月令》
20	无	乃命百县雩祭，祀百辟卿士有益于民者，以祈谷实。农乃登黍	同
21	存鳏寡，振死事		同
22	令泽人，入材苇	命虞人，入材苇	同
23	令吊死问疾，存视长老，行秤鬻，厚席蓐，以送万物归也	无	无
24	无	乃命有司服具饬衣裳，文绣有常，制有小大，度有短长，衣服有量，必循其故，冠带有常	同
25	无	以给郊庙之事，无有所私	同
26	禁外徙，闭门闾，大搜客。断刑罚，杀当罪	无	无
27	无	征鸟厉疾，乃毕行山川之祀。及帝之大臣天地之神祇	同

　　经对比可知：第一，《淮南子·时则》将《吕纪》的星象观测提升了一步，以"招摇"指向取代日在宿次的方法；《礼记·月令》则与《吕纪》所记相同。招摇指向是平均变化的，一年十二月，每月移动30°角。要得知这一点，须在每月某一固定日期、固定时刻进行观测。据学者研究，《淮南子·时则》记录的招摇所指，应是每月月中的星象；昏、旦中星的记录方式则与《吕纪》《礼记·月令》相同，是月初星象。① 第二，在"中央土"的问题上，《吕纪》和《礼记·月令》的做法一致，将其插入夏、秋之间。《淮南子·时则》明显不同，它将整个季夏之月配与"中央土"。第三，《淮南子·时则》大量删减关于天子礼制的文字。杨振红发现，与汉律不合的项目也被删除。另外，《淮南子·时则》据汉代制度改写了《吕纪》的部分内容。总之，三篇相似的月令文献之间，《礼记·月令》与《吕纪》的重合度更高。

　　关于《礼记·月令》与《吕纪》之间的渊源，有"割裂说"与"抄合说"两种。郑玄《礼记目录》云："名曰《月令》者，以其记十二月政之所行也，本《吕氏春秋》'十二月纪'之首章也，以礼家好事抄合之。"这是"抄合说"。

　　顾颉刚却怀疑《月令》全篇皆为王莽时所作，然后分别窜入《吕氏春秋》《淮南子》与《礼记》之中。② "割裂说"的问题在于，不易解释各文本之间的差异——为何录入《淮南子·时则》要删除天子礼制，而录入《吕纪》却将这些内容保留？为何录入《吕纪》用的是日

---

① 陈美东：《月令、阴阳家与天文历法》，《中国文化》1995 年第 12 期，第 186~189 页。
② 顾颉刚：《中国上古史研究讲义》，中华书局 2002 年版，第 209 页。

在宿次，而录入《淮南子·时则》则用招摇指向？

杨宽也主"割裂说"，但不似顾氏激进。他认为，"《礼记·月令》一篇早有成说，吕不韦宾客乃割裂十二月为十二纪之首章"，① 即《礼记·月令》成篇于《吕纪》之前。理由是，《吕氏春秋·音律》的几个文字不同于《吕纪》，却与《礼记·月令》相同。例如，《吕氏春秋·音律》作"岁且更始"，《礼记·月令》亦作"岁且更始"，而《吕纪》作"岁将更始"等。杨宽推断，《吕氏春秋·音律》之文乃强为割裂《礼记·月令》字句，而编成四字句之韵语。然而，对比《吕氏春秋·音律》《吕纪》和《礼记·月令》，后二者的相似度远高于《吕氏春秋·音律》与《礼记·月令》的相似度。

另一值得注得的现象是，《吕纪》与《淮南子·时则》均有零星"顺令嘉祥"的文字，而《礼记·月令》全无(见表5)。

表5　　　　　　　　　　　　**《吕纪》与《淮南子·时则》中的"嘉祥"**

	《吕纪》	《淮南子·时则》
季春之月	行之是令，而甘雨至	行是月令，甘雨至三旬
孟夏之月	行之是令，而甘雨至	
季夏之月	行之是令，是月甘雨三至	
孟秋之月	行之是令，而凉风至	行是月令，凉风至三旬
季冬之月	行之是令，此谓一终	

《吕纪》每月文字后都附有违令灾异，但并非每篇都述及嘉祥，而孟夏、季夏和季冬的"嘉祥"文字，至《淮南子·时则》已脱落。从仅剩的两条来看，《淮南子·时则》对"嘉祥"的书写似乎要较《吕纪》整齐，可能经过作者修饰。据此，《礼记·月令》的作者亦有可能出于保持结构整齐的考虑，删除了"嘉祥"，保留了"灾异"。按文献传成的一般规律，《礼记·月令》的成书时间应晚于《淮南子·时则》。

郑玄《礼记目录》还提道："后人因题之名曰《礼记》，言(《礼记·月令》)周公所作，其中官名时事多不合周法。"②郑玄宗周，若能找到丝毫证据，很可能将《礼记·月令》的成书时代追溯得更远。他否定周公作《礼记·月令》一说，并主张《礼记·月令》抄合《吕纪》，或因为比《吕纪》更早的版本已不为郑玄所见，或因为《吕纪》本就是早于《礼记·月令》的文本。

《吕氏春秋》是集大成的杂家著作，儒法阴阳兼收并包。按司马谈《论六家要旨》"阴阳之术……其序四时之大顺不可失也。……阴阳四时、八位、十二度、二十四节各有教令"的说法，③《吕纪》显然是阴阳家的作品。

最近，汤勤福指出，《吕纪》《礼记·月令》的原始创制者，既非儒家，亦非阴阳家、

① 杨宽：《月令考》，《杨宽古史论文选集》，上海人民出版社 2003 年版，第 494 页。

② 孔颖达：《礼记正义》卷 14，阮元校刻：《十三经注疏》，中华书局 1980 年版，第 1352 页。

③ 《史记》卷 130《太史公自序》。

道家，"《礼记·月令》属于政令性文献，是'官方文书'"。① 本文赞同"非儒家"说，但认为其余论断可商：第一，汤先生认为只有蕴涵五德终始观的文献、用阴阳五行解释万物演化规律的作品，以及具有哲学体系的内容，才能归入邹衍一派的阴阳家。然而《六家要旨》明确揭示，汉初知识精英对"阴阳之术"的理解，并不局限于五德终始的历史观，《吕纪》《礼记·月令》"序四时之大顺""阴阳四时各有教令"，完全符合秦汉时人对阴阳家思想的描述。西汉晚期刘向《别录》也将《礼记·月令》归入"明堂阴阳记"，《吕纪》《礼记·月令》的阴阳家属性无需怀疑。第二，先秦时期，《吕纪》《礼记·月令》一类不是官方文书。汤先生以《礼记·月令》多称"王命"而谓之为"政令"，有以偏概全之嫌。《礼记·月令》所载"王命"，确有很大可能出现在先秦周天子或诸侯的政令之中，但这只能说明月令文本是对先秦君王部分政令的收录与剪裁，不能就此论证《礼记·月令》整篇都是官方颁布的行政文书。如前述，与时令相关的禁令往往出现在《田律》中，然而我们尚未在西汉中期以前的《田律》及其他律令中见到成篇的、与《礼记·月令》内容一致的律文。简言之，《礼记·月令》与政令分属不同的文献系统，前者是思想理论作品，后者才是官方文书。对《吕纪》《礼记·月令》文献性质的考察，不能割裂五行配置、月政与违令灾异三者，仅就其中一项而遽下结论。总之，《吕纪》《礼记·月令》仍应归入阴阳家，此类文献是上古时期"宇宙论"哲学体系高度发达的产物。

当《月令》成为《礼记》中的一篇，"王官月令"的文献性质便发生了变化。接下来的问题是，《月令》何时被收入《礼记》？通行的看法是，东汉马融在校定《月令》后将其编入。《隋书·经籍志》称：

> 又得《明堂阴阳记》三十三篇、《孔子三朝记》七篇、《王史氏记》二十一篇、《乐记》二十三篇，凡五种，合二百十四篇。戴德删其烦重，合而记之，为八十五篇，谓之《大戴记》。而戴圣又删大戴之书，为四十六篇，谓之《小戴记》。汉末马融，遂传小戴之学。融又定《月令》一篇、《明堂位》一篇、《乐记》一篇，合四十九篇；而郑玄受业于融，又为之注。②

对此，清人王鸣盛直指"不知何所本"，并提出有力辩驳：

> 考《后汉·桥玄传》："七世祖仁从同郡戴德圣学，著《礼记章句》四十九篇，号曰桥君学。成帝时，为大鸿胪。"仁，即班固所云"小戴授梁人桥仁季卿"者也。疏于《乐记》下云："按《别录》，《礼记》四十九篇，《乐记》第十九。"然则桥仁当成帝时亲受业于小戴，其篇已四十九，刘向当成帝时校秘书，著《别录》，所载《小戴礼记》亦已四十九篇，三篇非马融所增入明矣。③

① 汤勤福：《〈月令〉祛疑——兼论政令、农书分离趋势》，《学术月刊》2016年第10期，第137页。

② 《隋书》卷32《经籍志》，中华书局1973年版，第925~926页。

③ 王鸣盛：《蛾术编》卷6《说录六》"小戴非删大戴，三篇非马融所增"条，上海书店出版社2012年版，第97页。

概言之，《月令》一篇在《小戴记》成书时就已编入其中。至此，《吕纪》一系的"王官月令"由阴阳而入礼，完成了儒家经典化的路径。

《月令》被纳入《礼记》的时间大约在武帝以后、元成以前，这既是儒术独尊初启的时代，也是儒生与方士合流的时代。董仲舒、公孙弘所倡"公羊学"甚嚣尘上，《公羊春秋》的核心思想之一即"大一统"，而实现"大一统"的必要途径就是"改正朔、易服色"，① 整齐时间秩序。太初元年，武帝颁布新历，改行夏正，对秦朝以来的时间制度进行了一场意义深刻的变革，加速了时间大一统的进程。《月令》成为儒家经典文献，就是时间大一统进程中的片段。

《月令》的儒家经典化，是它参与行政运转的前提。《月令》进入《礼记》之际，诏令越来越多地提到"时禁""四时月令""时月之令"。② 至元始五年，《月令诏条》颁行，《月令》真正成为法令。

《月令》确立经典地位之后，与之文字相似的版本也在流行，这些文本统称"今月令"。郑玄注《礼记·月令》时，多次将经文与"今月令"对比。二者文字上的差异，如表6所示：

表6　　　　　　　　　　　　　　《月令》与"今月令"

	《月令》	"今月令"	郑注
1	鸿雁来	候雁来	今月令"鸿"皆为"候"
2	田猎罝罘、罗罔毕翳	田猎罝罘、罗罔毕弋	今月令无"罘"，"翳"为"弋"
3	淫雨蚤降	众雨蚤降	今月令曰"众雨"
4	王瓜生	王萯生	今月令云"王萯生"
5	毋休于都	毋伏于都	今月令"休"为"伏"
6	处必掩身，毋躁	处必掩身，欲静	今月令"毋躁为欲静"
7	百官静，事毋刑	百官静，事毋径	今月令"刑"为"径"
8	命渔师伐蛟	命榜人伐蛟	今月令"渔师"为"榜人"
9	命四监大合百县之秩刍	命田监大合百县之秩刍	今月令"四"为"田"
10	寒热不节，民多疟疾	寒热不节，民多疾疫	今月令"疟疾"为"疾疫"
11	执弓挟矢以猎	执弓挟矢以射	今月令"猎"为"射"
12	乘玄路	乘畛路	今月令曰"乘畛路"，似当为"袗"字之误也
13	命大史衅龟筴占兆	命大史衅祠龟筴占兆	今月令曰"衅祠"
14	固封疆	固封玺	今月令"疆"或为"玺"

① 苏舆：《春秋繁露义证》卷7，中华书局1992年版，第185页。
② 《汉书》卷9《元帝纪》，中华书局1962年版，第290页；《汉书》卷10《成帝纪》，中华书局1962年版，第312页；《汉书》卷75《李寻传》，中华书局1962年版，第3188页。

	《月令》	"今月令"	郑注
15	天子命有司祈祀四海、大川、名源、渊泽、井泉	天子命有司祈祀四海、大川、名源、深泽、井泉	今月令"渊"为"深"
16	冰方盛，水泽腹坚	冰方盛，水泽腹	今月令无"坚"
17	乃命四监收秩薪柴，以共郊庙及百祀之薪燎	乃命四监收秩薪柴，以共郊庙	今月令无"及百祀之薪燎"

本文赞同杨宽的结论，郑注所谓"今月令"是汉代通行的各种月令文本的泛称，而不是特指某篇文献。① 可略作补证的是，《后汉书·陈宠传》记载，陈宠在奏疏中称："《时令》曰：'诸生荡，安形体。'……《月令》曰：'孟冬之月，趣狱刑，无留罪。'……又，'仲冬之月，身欲宁，事欲静'。"②陈宠引述的《时令》之文，与《礼记·月令》相似，后者作"安形性"，二者仅一字之差。但所引《月令》孟冬之文，却与今本《礼记·月令》有关键性差异，后者将"趣狱刑，无留罪"一句系于季秋。陈宠生活的时代，饱读经典之士满朝，一旦错引，必受指摘，况且陈宠当时所处的辩论情境本就被动，若是出错，更无胜算。然而竟无一人指出问题，可见陈宠看到的《时令》《月令》，即属东汉时期流行的"今月令"，与《礼记·月令》稍有出入。

《礼记·月令》与诸本"今月令"共存的情状，与秦汉之际"王官月令"和地域性时令文本共存的现象有本质不同。后者在文字内容、篇章结构上差异显著，而《礼记·月令》与"今月令"之间属于同一系统，不存在竞争关系，而像银雀山汉简、孔家坡汉简中的地域性时令文献，已随时间大一统的推进而销声匿迹。

四、结 论

先秦时期不同版本的时令文献背后，是对时间秩序的不同理解。广义的"时令"包含"五行时令"与"十二月令"两类。《管子》诸篇时令属于前者，《夏小正》、楚帛书与《吕纪》等属于后者。

"五行时令"与"十二月令"并非始终分道独行，《吕纪》的成型打通了两大系统。从时间划分看，《吕纪》属于"月令"，但文本结构却承袭《管子》，五行配置、月政时禁及关于违令灾异的描述，也以《管子》"时令"为底本。然而，为帝制张目的《吕纪》并未成为秦朝时间制度的蓝图。早期中国的首次时间统一，是对固有"秦制"的推广，"齐学"影响下的《吕纪》没有发挥显著作用。

汉初，地域性的时令文本仍在故地流传，但《吕纪》一系已确立"王官月令"的地位，《淮南子·时则》《礼记·月令》都是抄自《吕纪》而成的主流月令文献。汉武帝的太初改历是秦汉时期一次时间制度的重大变革，包括尊儒术、改正朔在内的一系列举措，都意在实

---

① 杨宽：《〈今月令〉考》，《杨宽古史论文选集》，上海人民出版社 2003 年版，第 511~518 页。
② 《后汉书》卷 46《陈宠传》，中华书局 1965 年版，第 1551 页。

现"大一统"的愿望。在此进程中，与《吕纪》内容相似的《月令》被编入《礼记》，由阴阳而入礼，跻身儒家经典，并日益对行政运转产生影响，甚至一度成为真正的法令。

东汉时期流传着一些与《礼记·月令》文字略有出入的月令文本，时人统称为"今月令"。"今月令"与《礼记·月令》之间不存在时间秩序上的对抗，类似于"嫡庶"之别，而非"敌我"对立。西汉初年曾经流行的地域性时令，则在月令文本整合与时间大一统的进程中逐渐凋零。

（作者单位：武汉大学历史学院）

儒家"礼之三本"的礼义精神及道德意义*

□ 陈 中

　　礼是中国传统哲学文化中最重要的德目之一。作为儒家"五经"之一，礼学在经学史上占有重要地位。三代以降，礼在中国传统国家政治中占有极为重要的地位。从根本上来看，儒家认为，礼本身不是目的，礼的归根目的是教化感化社会人心归于朴实厚道、引导规范社会生活及其风气走向纯正和谐，并由此促进天下的修齐治化大业。因此，儒家是取礼之义而非礼之形，正如《论语》中孔子所谓："礼云礼云，玉帛云乎哉？乐云乐云，钟鼓云乎哉？"(《阳货》)"人而不仁，如礼何？人而不仁，如乐何？"(《八佾》)礼乐的精神本质不在于外在的器物形式与排场规格，重点在于人们出于仁义忠信的真实内心，并由此促成对世道人心的仁义道德面向的长久性化成。正如《礼记》所谓："礼义也者，人之大端也。"(《礼运》)"凡人之所以为人者，礼义也。"(《冠义》)《礼记》一书有七篇以义为标题，即《祭义》《冠义》《昏义》《乡饮酒义》《射义》《燕义》《聘义》，其本意在于强调仪节后面的义即礼义的精神内涵和终极指向。孔子在《论语》中对礼及其在修身与治世中的重要性备加强调，也反映出孔子对礼义精神的培养与塑造的远大情怀和坚贞志向。孔子认为："君子博学于文，约之以礼，亦可以弗畔矣夫。"(《雍也》)颜回向孔子请问何谓仁，孔子回答："'克己复礼为仁。一日克己复礼，天下归仁焉。为仁由己，而由人乎哉？'颜渊曰：'请问其目？'子曰：'非礼勿视，非礼勿听，非礼勿言，非礼勿动。'颜渊曰：'回虽不敏，请事斯语矣。'"(《颜渊》)可见，"克己复礼"是成仁的重要途径，孔子强调一个人常做到非礼勿视听言动的礼义精神的内在涵养，则庶几近于仁德。

　　礼对于良善的社会道德观养成以及在国家治理中的重要性，同样，通过一部朴实无华的《论语》可以看出，正所谓"不知礼，无以立也"(《尧曰》)，人不立，国家社会何以兴，世道何以平治？所以孔子认为："道之以政，齐之以刑，民免而无耻；道之以德，齐之以礼，有耻且格。"(《为政》)孔子主张通过德礼的礼义精神与文化，更能从根本上使天下人心归善归厚、自觉于荣辱廉耻之间，由此以人为本地催促长久的人文化成。因此，"或问

　　* 本文为贵州孔学堂重大项目"当代道德观构建与传统美德转化研究"(项目编号：kxtzd201503)阶段性研究成果。

禘之说。子曰："不知也。知其说者之于天下也，其如示诸斯乎！"指其掌"（《八佾》）。在孔子看来，如果能领受真正的禘祭大礼关于对天地及先祖的无限敬畏与虔诚的心灵世界及其意义，那么由此礼义精神作底子，对天下治理甚至了如指掌。所以，当"子贡欲去告朔之饩羊，子曰：'赐也！尔爱其羊，我爱其礼'"（《八佾》）。孔子认为礼的形式可能会被人破坏和践踏，但礼的精神即礼义却不可以被亵渎和消解。孔子曾经积极称赞过管仲的丰功伟业，并指出："管仲相桓公霸诸侯，一匡天下，民到于今受其赐。微管仲，吾其被发左衽矣。岂若匹夫匹妇之为谅也，自经于沟渎而莫之知也。"（《宪问》）然而在礼义精神与功勋面前，孔子仍然毫不客气地批评指出："'管仲之器小哉！'或曰：'管仲俭乎？'曰：'管仲有三归，官事不摄，焉得俭？''然则管仲知礼乎？'曰：'邦君树塞门，管氏亦树塞门；邦君为两君之好，有反坫。管氏亦有反坫，管氏而知礼，孰不知礼？'"（《八佾》）在孔子看来，管仲之所为正与季氏之所为性质相同，所谓"八佾舞于庭，是可忍也，孰不可忍也！"（《八佾》）所以，孔子对破坏社会正常礼仪礼制，并由此导致社会风气的腐化、社会正义的沦陷者，不论是自己的学生还是公卿显贵，其立场都是坚定不移的。对孔子而言，一个人和一个国家如果不讲礼而导致全社会道德文化与正义美善的败坏，哪怕再大的功勋和再多的物质都不足以弥补其缺陷。由此，无论是个人的修身还是家国天下的治理，礼及其内在礼义精神文化须臾不可或缺。可以说，如何更良善地引导世道人心走向仁义道德、美政美俗、仁政德治之道这一根本上来，正是儒家礼义精神的本质属性和内在动能。按现代的话说，"如果说礼的宗教属性表现出人类最原初的理性生活和情感生活，那么，礼的道德属性使人的理性进一步成为内化于人们心灵中的具有自我约束力的生活准则和良知，并在既定的社会关系和结构中发挥效用"。①

一、礼事天地与道德的终极敬畏

儒家自孔子之后，有"亚圣"之称的孟子更加突出地开显了孔子思想的道德仁义一路，成为心性儒学的重要奠基者，而荀子则更加突出地发挥了孔子沿袭三代尤其是周代以来的礼之一路。隆礼的一面在荀子那里极为凸显，荀子为此提出"礼之三本"，即："礼有三本：天地者，生之本也；先祖者，类之本也；君师者，治之本也。无天地，恶生？无先祖，恶出？无君师，恶治？三者偏亡焉，无安人。故礼，上事天，下事地，尊先祖而隆君师，是礼之三本也。"（《荀子·礼论》）此外，出自汉人之手的《大戴礼记》也同样有礼三本之说，与荀子所论并无大的出入。

荀子认为，贯于天人之际的礼有三大根本和来源，即天地为首，先祖次之，君师为三。荀子强调指出，天地为生之本，是生化万物的母体。先祖则为人类繁衍生存的宗本，君师则是社会国家得以治理有序的根本。并而言之，在荀子看来，礼之三本既存在生化和先后的顺序，同时又存在三者不可一时偏亡的同在性和共生性。因此，荀子一方面指出："无天地，恶生？无先祖，恶出？无君师，恶治？"即没有天地，包括人类先祖在内的众生及万物从何而生？没有先祖，人类从何而生？没有君师，身家国天下又何以得治？由此，荀子进一步指出："三者偏亡焉，无安人"，荀子认为礼之三本如若有所偏颇亡失，起码

---

① 姜广辉主编：《中国经学思想史》第一卷，中国社会科学出版社 2003 年版，第 301 页。

人类社会是无所得而安稳生存。所以，荀子总结指出："故礼，上事天，下事地，尊先祖而隆君师，是礼之三本也。"举凡人类社会的所有礼法制度，在荀子看来，无外于上下以事天地，尊崇先祖以及隆礼君师，这是所有礼制的三大根本。

正如荀子所论，如果说西方宗教意义上的上帝创世说给人一种渺茫在外捉摸不定之感，那么中国哲学意义上的"无天地，恶生"则显得更加平实易懂。天地在中国哲学文化中的重要性已毋庸赘言。说天地，更似易于理解，而在本源意义上，天就已包含天地。如荀子所谓："天行有常，不为尧存，不为桀亡。"（《荀子·天论》）因此，说天，更多时候既包含了形上终极性的生发义与本源义，而说天地，则在涵括以上意义的同时，似乎更显实在。也就是说，作为礼之本的天地，既包含了礼的形上理据，也包含了礼的自然天序层面。例如，作为孔子回答颜回所指的"克己复礼"之礼，在孔子那里，当然可以说主要指周代之礼，而如果不断追问和返本溯源，则一切的所谓礼，以及所谓的"克己复礼"而成就仁的道德修养，莫不源本于天地。因此说，由礼入门，不失为很好的教育与治化之道。当然，在重视礼的道德教化与治理功能的同时，并不意味着要降格礼"事天地"的本源性意涵，否则，就有可能落于礼的形式而弱化礼的精神即礼义之道。

就现代而言，如果违背种种成文或不成文的礼节礼仪，既是一种不合礼、不讲礼的行为，当然认真起来也可以说是缺乏道德涵养的行为。然而若在中国传统社会，总归可以纳入不道德之列。道德与礼，在传统哲学文化及社会中，几乎是混而为一的。正所谓："国无德不兴，人无德不立。"①孔子在《论语》开篇教导人们"学而时习之"，在结尾则强调"不知礼，无以立也"！人无德不立，道德修养必须知礼，而礼之大本，在儒家而言，正源出于天地。因此，最终只有在知礼事天地的根源上，才可以建立真正遵礼而致道德的终极敬畏，实现礼义精神的根本开显，否则，道德或许会徒有他律的条文规定，却难有发自内心自觉与自律的敬畏之基，那么，礼不但不会促成道德，反而会拘束窒碍道德的活现与生命意志的自在，这并不是原始儒家的礼义精神。

因此，孔子曰："夫礼，先王以承天之道，以治人之情。故失之者死，得之者生。《诗》曰：'相鼠有体，人而无礼；人而无礼，胡不遄死?'是故夫礼，必本于天，殽于地，列于鬼神，达于丧祭、射御、冠昏、朝聘。故圣人以礼示之，故天下国家可得而正也。"（《礼记·礼运》）孔子认为，礼是先王承天之道而来，目的在治人之情，因此，人得之则生、失之则死，何其严重。孔子强调，礼并非先王想当然的创制，更不是哪位古圣先贤凭空而作，而其根源在"承天之道"，因此，即便古代皇帝谕令也称"奉天承运"，也是秉承源出天道之意。孔子说其为得生失死，恍惚听来甚觉出奇过重，然而如若从天生万物，万物自必遵从天生之伦序律则而言，却并非奇谈与不可理喻，这正是遵从礼的道德属性即礼义的内在精神，这既是天然属性，更是天道的神圣律则，这甚至与科学规律一般不可出入。所以，"克己复礼"而成就道德美善的人与天下国家，既是必须性、必然性、亦是神圣性之道。

所以，按孟子所说："诗曰：'天生烝民，有物有则。民之秉彝，好是懿德。'孔子曰：'作此诗者，其知道乎！故有物必有则；民之秉彝也，故好是懿德。'"（《孟子·告子》）正如古老的智慧之书《诗经》所说，上天化生万物万民，则必然生之有道，与物成之有则，

---

① 习近平：《凝聚起全面深化改革的强大正能量》，人民网，2013年11月28日。

此是天然本性如此，众生觉悟领受遵循如此天之道律，则可谓根本意义上的"学而时习之，不亦说乎"，亦唯如此而得以成就优良光辉的道德品性。孟子引用了不是别人而正是孔子对此诗的赞叹，可以想见孔子见此诗时，可谓如获知音，直呼"作此诗者，其知道乎"！并兹兹重复"故有物必有则；民之秉彝也，故好是懿德"。可以说，孟子只转引《诗经》原文，并只转述最伟大的注释者孔子之言，就此对于儒家礼义精神的强调，已足见其意。礼之本之首的事天地，其对于由此成就道德仁义的大本大宗之极端重要性，已可见一斑。

实际上，礼本天地而循之成德之礼义内涵，在古经典里比比皆是。如《周易·文言》所谓："夫大人者，与天地合其德，与日月合其明，与四时合其序，与鬼神合其吉凶"，也可以给我们展示大人明觉天地之大道而遵循即"合"之，也正体现了由礼而德的道德神圣性。此外，如《论语》所载："陈亢问于伯鱼曰：'子亦有异闻乎？'对曰：'未也。尝独立，鲤趋而过庭。曰："学《诗》乎？"对曰："未也。""不学《诗》，无以言。"鲤退而学《诗》。他日，又独立，鲤趋而过庭。曰："学礼乎？"对曰："未也。""不学礼，无以立。"鲤退而学礼。闻斯二者。'陈亢退而喜曰：'问一得三：闻《诗》，闻礼，又闻君子之远其子也。'"（《季氏》）孔子教育孩子"不学《诗》，无以言""不学礼，无以立"，后世常言"诗言志"，何谓志，言何志？如果回顾上述孔子赞叹"作此诗者，其知道乎"，便不难而知，孔子所言之"知道"，与"有物有则""秉彝""懿德"，等等，以及与孔子自谓"志于道，据于德"（《述而》）何其关联！因此，中国的《诗经》不是后世诗词歌赋可与相提并论的。孔子教育伯鱼"学《诗》""学礼"，并将"学《诗》"放于前，"学礼"置于后，正是凸显儒家基于教育的根本精神即明礼之大本即天地，并进而明"天地之大德曰生"的志道据德之德礼的神圣性根源，包含着神圣的教育精神与生命价值。分而论之，如果只"学《诗》"，或许亦能成就浩浩如天的德性智慧，但可能会流于空大气象而落空，难于在世俗社会立身行世；而如若只"学礼"，也完全可能会落入小人儒的拘束淤滞，而缺乏大礼大德通天达地的伟大人格的德性成就，弱化乃至阉割了礼义的伟大志向与精神品质。因此，儒家最重礼，但原儒也反对庸俗异化、功利夹杂、愚忠愚孝、拘谨无明、有形无神的扮戏子式的形式主义之礼，儒家讲求注重礼义的根本精神。正如王阳明所说："孟氏'尧、舜之道，孝悌而已'者，是就人之良知发见得最真切笃厚、不容蔽昧处提醒人，使人于事君处友仁民爱物，与凡动静语默间，皆只是致他那一念事亲从兄真诚恻怛的良知，即自然无不是道。"①因此说，礼正如事君处友仁民爱物，关键在相互发自内心的真诚恻怛的精神品格，而不是作揖跪拜与逢场作戏的外在修饰。所谓礼教杀人，是人自杀人，以礼杀人，这恰恰是儒家在根本上所反对和不容的，一切偏离了仁义道德本身即礼义精神本身目的指向的所谓礼，都只能是所谓的封建性、阶级性、愚民化的误国误民的政治把戏和文化敷衍而已。

因此，正如孟子所说"诗曰：'天生烝民，有物有则。民之秉彝，好是懿德。'孔子曰：'作此诗者，其知道乎！故有物必有则；民之秉彝也，故好是懿德。'"在孔子看来，礼事天地，真正的礼义精神正在于"秉彝"与"懿德"，并由此而实现安人与治世的根本目标。由此，也许会逐渐消除对孔子及儒家之承礼成德之道即礼义精神的迂腐烦难的成见，而不断觉悟并对其充满"有物有则""秉彝""懿德"的天地智慧或说天道智慧的赞赏。由此而

───────────────

① 《王阳明全集》（新编本）第一册，吴光、钱明等编校，浙江古籍出版社 2011 年版，第 93 页。

言，一个国家民族应该不断回归和提升道德文化的大本大根，以更好培养自强不息、厚德载物、充满人文人性关怀与终极敬畏的社会文化教育，并夯实立人兴国的道德礼义精神之基。

二、礼尊先祖与道德的返朴归厚

正所谓"一个人的一生之中有两件大事，一件是生，一件是死。死是生的终结，但却是人生中的大事"。① 中国传统对祖先祭祀的神圣、临终丧葬的庄严隆礼，不应仅视其为对过去事物的留念，也不应只说是情感化的对象性膜拜，当然亦不应仅以封建性内容概而论之。从根源深处追思，它是关于人之为人最根本的生与死的生命感悟与表达。正如荀子所说："先祖者，类之本也"，"无先祖，恶出"。人类之所以能繁衍生息至今，所谓祖宗之德不可忘，没有先祖，人类无法生存延续，也不可能有博大精深的各种文化宗教及哲学系统。无先祖，恶出者至少有二：一为人类生物性生命即肉身，另一为人类文化道德智慧生命即慧命。就儒家而言，严格上说，如果淡漠对生与死的深切观照，尤其是对人的终极性一事即死的深切观照，其间有一种极其不安和飘散不定的文化心理和现实观感，是对个体生命及类生命的不敬与不道行为，并极其缺乏人性人文关怀。因此，正如《礼记·昏义》所说："夫礼者，始于冠，本于婚，重于丧祭，尊于朝聘，和于乡射"，就其间的"重于丧祭"，正是强调对尊先祖的观照。尊先祖，无论是从肉身还是慧命而言，都是人类生存繁衍以及厚道厚德的重要本根。在儒家看来，尊先祖，并由此培养涵化其中的礼义精神，是人类个体及社群道德教化与建立丰厚道德土壤最重要的基础之一，是人类个体及其社群道德返朴归厚的一大本根。

由此，不难理解儒家何故这般重视尊先祖，对祖宗的祭祀如此庄重，亦不难理解其对人的临终与丧葬后事的庄严肃穆。正如孔子所说："生，事之以礼；死，葬之以礼，祭之以礼。"（《论语·为政》）亦如《礼记》谓："礼有五经，莫重于祭。夫祭者，非物自外至者也，自中出生于心也；心怵而奉之以礼。是故，唯贤者能尽祭之义。""养则观其顺也，丧则观其哀也，祭则观其敬而时也。"（《祭统》）《礼记》强调礼"莫重于祭"，而要点是"自中出生于心"，而绝非外在的种种目的手段和形式主义，即强调礼义的内在精神。因此，如《礼记》关于丧礼谓："居丧之礼，毁瘠不形，视听不衰。升降不由阼阶，出入不当门隧。居丧之礼，头有创则沐，身有疡则浴，有疾则饮酒食肉，疾止复初。……吊丧弗能赙，不问其所费。问疾弗能遗，不问其所欲。见人弗能馆，不问其所舍。赐人者不曰来取。与人者不问其所欲。适墓不登垄，助葬必执绋。临丧不笑。揖人必违其位。望柩不歌。入临不翔。当食不叹。邻有丧，舂不相。里有殡，不巷歌。适墓不歌。哭日不歌。送丧不由径，送葬不辟涂潦。临丧则必有哀色，执绋不笑，临乐不叹；介胄，则有不可犯之色。"（《曲礼》）现代人可能会觉得古人何其繁琐乃至造作多事，但事实则不然。如从古人而言，即便再繁琐而细致入微，乃至三年之守孝，如从宗教哲学或道德化而思之感之，人生一世，仅此最后一事，亲人亦仅此最后一事待之！郑重不为过。事实上，对于忙乱的现代人而言，恐连自己亦常忘之九霄，谈论尊先祖，言之何其飘渺。即便处丧葬之礼时，少些聚会

---

① 冯友兰：《三松堂全集》第九卷，河南人民出版社 2001 年版，第 88 页。

烟酒麻将而多几分真诚恻怛与哀戚肃穆已属不易，如常感怀"子食于有丧者之侧，未尝饱也"（《论语·述而》），已属不易了。

孟子曾谓天下之学不归杨则归墨，历史证明，墨家显学一时，然而却千百年来一蹶不振，这与其淡薄先祖，对临终与丧葬祭祀大节的消解与功利物化对待，关系甚大。因此，正如"曾子曰：慎终追远，民德归厚矣"（《论语·学而》）。"慎终追远"，既体现了对生命的尊重与关怀，也体现了对先祖的追思缅怀与祭祀精神，这是培植民众道德，使民德归于厚重最重要也最有效的方法之一，是儒家礼义精神的重要实现途径与表达形式。

对先祖的尊重，无论是慎终，还是追远，孔子皆极其庄重待之。仅就《论语》之中，亦所见不少。如"子曰：'禹，吾无间然矣。菲饮食而致孝乎鬼神，恶衣服而致美乎黻冕，卑宫室而尽力乎沟洫。禹，吾无间然矣。'"（《论语·泰伯》）孔子对禹的赞叹，除了农田水利之事外，其他两方面都涉及祭祀，其中所谓"恶衣服而致美乎黻冕"，即与先祖祭祀与丧葬祭奠关联，由此可见孔子及儒家对尊先祖之重视程度。又如"孟懿子问孝。子曰：'无违。'樊迟御，子告之曰：'孟孙问孝于我，我对曰，无违。'樊迟曰：'何谓也？'子曰：'生，事之以礼；死，葬之以礼，祭之以礼。'"（《论语·为政》）又如"卫灵公问阵于孔子。孔子对曰：'俎豆之事，则尝闻之矣；军旅之事，未之学也。'明日遂行"（《卫灵公》）。所谓"俎豆之事"，即为祭祀内容，孔子如此坚决，他不赞成卫灵公穷兵黩武，而更希望其学习礼事天地而尊先祖的文化精神，并身体力行、上行下效，注重礼乐教化，才能更好走上平治国家社会的正道。因此，当"宰我问：'三年之丧，期已久矣。君子三年不为礼，礼必坏；三年不为乐，乐必崩。旧谷既没，新谷既升，钻燧改火，期可已矣。'子曰：'食夫稻，衣夫锦，于女安乎？'曰：'安。''女安，则为之。夫君子之居丧，食旨不甘，闻乐不乐，居处不安，故不为也。今女安，则为之！'"（《论语·阳货》）孔子出于深厚的礼义精神看来，礼乐耕作之务固然重要而不可废弃，但作为父母子女的骨肉之情，临终的丧祭人生一世只有一次，好自为之，正是事关天下人心厚德朴实、庄重诚敬的"安"心大事，世道人心得安，对修齐治平之大业显然易简功大、事半功倍。

当然，对于现代人而言，深刻异化物化的人类终极存在意义上的无赖和窘迫之境或许正在进一步笼罩而来，在愈发散裂于器物世界、愈加偏离人性的生活世界，对孔子以丧祭之礼实现民德归厚的安心之道的礼义精神，理解起来可能不尽容易。总之，儒家对先祖之尊重敬仰，对临终的庄敬隆重，其不仅成就了一种高深终极的宗教哲学情怀与人文精神及礼仪文化，同时也铸就了深沉悠久而又淳朴厚重的道德文化底蕴及其肥沃土壤。儒家通过丧祭所透显的礼义精神，对"慎终追远"于民风民德散薄的治化，并非功利权宜之举，这更不是以废弃祭祀、掘地平坟可敢为之的许多现代人易于领悟明白的。对于部分地方政府及单位主观地设置丧葬规定并美其名为现代文明，而不顾及千百年来历史文化积淀而成的民风民俗，以及其中更为深刻厚重的具有终极性的人文人性关怀与宗教哲学文化意义，值得现代人认真反思。

三、礼隆君师与道德的现实关怀

正如荀子所言，作为"礼之三本"的第三大本，即"君师者，治之本也"。先儒认为，君师，是天下国家得以治理有序的大本，换用今天的话来说，真诚谦虚地效法先王之道，取法于古圣先贤的德治仁政精神文化和方法途径，并在全社会树立教育为本、尊师重道的风气，不失为治世的大本大根之计。所谓礼"隆君师"，从反面而言，如若不尊重历史，不尊重先王之道，不尊重师长，不尊重文化智慧传统及其知识经验积累，非但不合乎仁义道德，更不可能有效地实现修齐治平。可以说，礼"隆君师"，是儒家礼义精神现实关怀的重要体现。儒家的道德智慧及其哲学精神，不仅追求身心性命的终极关怀与安顿超越，同样追求世俗社会的身家国天下与修齐治平大业，这正是原儒智慧及其宗教哲学文化的光辉宝贵之处。说到此，由礼"隆君师"所涉及的传统中国家庭堂屋所供奉的"天地君亲师"神龛牌位，也许有人会指斥并视其为封建迷信与愚忠愚孝，然而，如若追溯其文化与信仰根源，天地，为万物生之本即母体，可不敬乎？君者，如尧、舜、禹、文、武、周公等先王及其成功之治世之道，广而言之，即古今中外的圣贤豪杰，何有不敬重取法之理？亲者，毋庸置疑，六亲不认者，非遭诛即遭灭，所谓失道寡助、亲戚叛之、历史昭昭。师者，正如韩愈所谓传道授业解惑也，尊师重道、教育为本，放之于古今中西，莫有敢违背者，而师之本意，代表着人类传续积淀的优良哲学文化与道德智慧及知识经验，岂有不尊之理？因此，"隆君师"，何其言简意赅，何其大本大宗。略述一二，想必对于传统社会百姓家家户户虔诚供奉"天地君亲师"的神龛牌位，便不但不会嗤之以鼻而视为封建迷信与愚昧无知，相反，可能会为中国传统哲学智慧及其文化教育的博大精深而感叹，为传统上真正的中国人、中国黎民百姓的智慧、文化、道德、宗教、虔诚、信仰而尊重之，赞叹之，仰慕之，同化之。

常言道，以史为鉴知治道兴衰，殊不知"君"为本；"百年大计，教育为本"，殊不知一"师"字已涵括大义。正如《礼记》所谓："是故古之王者建国君民，教学为先"（《礼运》），其中的"教学"，便是今天所谓的科教，也就是上述所谓的"隆君师"之"师"，而《论语》开篇孔子所谓"学而时习之，不亦说乎"，也正与"师"之义相关。由此可见，儒家何其重视由"君师者，治之本也"所衍生的礼"隆君师"之重要礼义精神与实践智慧，这当然更是对现实社会德业修为与治世成就的强烈观照。《论语》所载"子曰：'我非生而知之者，好古，敏以求之者也'"（《述而》），孔子所说的"好古"，当然包括"隆君师"意义上的先代圣王及王道之治，以及自古以来的一切宗教哲学与文化道德智慧。这一点，可以从孔子屡屡对尧、舜、禹及文、武、周公等先君先王及其治世的赞叹，不难而知。孔子的推崇，当然，对于所谓"礼崩乐坏"的周之末世，具有一种强烈的现实关怀，而且众所周知，孔子本人只要有名正言顺的正当正义契机，便不忘践履推行实践先王之道，这正是孔子对礼"隆君师"的礼义精神的又一强烈现实关怀的重要体现。孔子及儒家的德礼，不是高高在上的空大气象，其同样具有实实在在的人间法则的现实力量与不朽智慧。从此意义上而言，孔子在《论语》中以"学"开篇，以"知言"结尾，所学除了当下之指外，也同样指向孔子所言的"好古"，而所谓的"知言"，除了今天所谓的言辞话语外，也可以解读为"君师"之言。由此，更加深了对宋人所谓"半部《论语》治天下"内涵深意的理解。所以说，礼"隆君师"岂止道德礼教，它更是礼义精神深刻强烈的现实关怀与实践精神与智慧。

正如孟子所说："离娄之明，公输子之巧，不以规矩，不能成方员；师旷之聪，不以六律，不能正五音；尧舜之道，不以仁政，不能平治天下。今有仁心仁闻而民不被其泽，不可法于后世者，不行先王之道也。故曰，徒善不足以为政，徒法不能以自行。诗云：'不愆不忘，率由旧章。'遵先王之法而过者，未之有也。"（《孟子·离娄》）由此，孟子强调："不信仁贤，则国空虚。"(《孟子·尽心》)"仁贤"者，近于"君师"之谓。换言之，在孟子看来，如果一个国家不能很好地继承和弘扬其优良的传统哲学文化及取法于古圣先贤的成功治世之道，不注重教育文化这一根本，不树立尊师重道的社会价值，这样的国家即使一时拥有雄厚的物质经济，也可能会走向空虚与危险的境地。总之，儒家提出"礼之三本"，即天地、先祖、君师，并由此强调"三者偏亡焉，无安人"，这样的思想文化是值得今人认真领悟的。如果"无安人"，由此而论身家国天下的德业进程，当然也就很难得以长治而久安之。儒家所说"礼之三本"及其内涵的礼义精神，虽言之浅近，然而其中所包含的深刻哲理与思想智慧及其现实意义，却值得今人去深刻感悟与化用。"礼"是中国传统哲学文化资源中最为重要的内容之一，我国历来被称为"礼仪之邦"，"传统中国没有今天分科的学问，如社会、政治、法律、伦理、宗教、艺术、哲学等，这些内容其实都在'礼'之中"，"礼学资源的创造性转化对当代中国具有重大的意义"。① 然而，创造性转化的前提在于正确性理解与真实性继承。因此，不断发掘开显以儒家为主的礼学及其内在礼义精神，对于世道人心的贞定与安顿，对于现实道德文明的建设以及促进修齐治平事业的实在功效，都是十分重要的。

（作者单位：贵州大学马克思主义学院）

---

① 郭齐勇主编：《儒家文化研究·弁言》第三辑，三联书店 2010 年版。

哲学·思想

先秦名家"反论"再释(之一)[*]

□　左亚文　孙秋雁

先秦名家作为诸子百家中的重要一派,其理论以思辨见长,并以"反论"的形式呈现。但长期以来,学界却视其为"诡辩论"而对之加以简单批判,这种做法极不公正也不科学。本系列论文拟对名家"反论"中最具争议的辩题进行重释,希冀得到学界同仁的指教。

一、"指不至,物不绝"

《庄子·天下》中保留的这 21 个命题被称之为"21 事",其中最具思辨性的是第 11 题"指不至,物不绝"。对于这个命题,历来注家之诠释各不相同。据《世说新语·文学》载:"客问乐令'旨不至'者,乐亦不复剖析文句,直以尘尾柄确几曰:'至不?'客曰:'至'。乐因又举尘尾曰:'若至者,那得去?'于是客乃悟服。乐辞约而旨达,皆此类。"余嘉锡《世说新语笺疏》解释此条谓:"公孙龙子有《指物论》,谓物莫非指,而指非指。《庄子·天下篇》载惠施之说曰'指不至,物不绝',此客盖举《庄子》以问乐令也。"这里提到的"乐令",即为晋清谈名士乐广也,因曾任尚书令,故被后人称为"乐令"。他用近乎禅机的方式对"指不至,物不绝"作了解释。对于这种暗喻我们可以作多种解读。

一种解读是:尘柄至,尘尾去,表示指物又离物,喻示人类的认识不会停留在某一个事物上,而要不断地去认识新的事物,如此永无穷尽。

另一种解读是:尘至尘离所要表达是桌几的概念不仅仅是指一个桌几,而是天下无限多样的桌几。

当然,还可以作其他的解读,如尘柄至,而尘尾却未至,表示我们对某一事物的接触或描述,还只是现象形态的,而未触及其本质;而对事物本质的认识却是永无穷竭的。

至于乐广先生究竟意喻为何?我们无从知晓,只能进行猜测。但我认为,这种意喻恰恰为人们理解这个命题提供了广阔的空间。

当代哲人对这个命题又是作何解析呢?

任继愈先生的解释是:"共相不是感觉的对象,可以说'指不至';但万物又都是由共

* 本文为国家社会科学基金重点项目"中国特色社会主义理论体系的逻辑建构研究"阶段性成果(项目编号:12AKS002)、马克思主义理论与中国实践协同创新中心理论成果。

相组成的，所以说'物不绝'。"①冯友兰先生的解释是："共相是不能被感觉的；人所能感觉的只是个体。所以说'指不至'。共相虽不可感觉，但共相所'与'现于时空之物，则继续常有；所以说'物不绝'。"②上述两位先生的解释意思是一样的，只是后者的解释更具体一些。

笔者认为，由于"指"在先秦文献中有多重含义，既是"所指"，即具体事物；又是"能指"，即一般概念（如《庄子·齐物论》及公孙龙的《指物论》中都是如此），所以，"指不至，物不绝"也可作多重解释：

（1）从"所指"的意义上，这一命题的含义是：我所触及和描述的事物并未能抵达事物的本质，只是对其表面形态的一种认知；而对事物本质的认识是不可穷尽的，人们永远不可能把握事物的终极本体。

（2）从"能指"的意义上，这一命题的含义是：事物的抽象概念是其单个的事物所不能代表的，或者说，事物的抽象概念不是以个别的事物呈现出来的；它只能在无限多样的事物中表现出来。

这两重含义存在着内在的关联，这就是关于"能指"所反映的事物的本质与现象形态有别，它深藏于现象形态之中，其终极本质是我们所永远不能穷尽的。同时，它也揭示了语言概念与事物之间的矛盾关系。

这一命题的意义也是多重的，需要我们进行现代的开掘。

其一，它初步认识到了我们对于事物的判断（即"所指"）只是一种经验的感觉，事物的终极本质是我们所永远无法完全把握到的。例如，"这朵玫瑰花是红的"，这种"所指"不一定正确。实际上，玫瑰花的颜色是我们所永远不能穷尽的。

其二，语言概念对于事物的表达也是有局限性的，无论从抽象的意义上还是从具象的意义上，它都不可能毫无遗漏地反映事物的全部本质属性。

其三，一般概念不仅仅只是一个名称而已，其所表征的是事物的本质属性。这种认识与柏拉图的"理念论"相契合。

这些都表明，当时名家的论辩已达到了相当高的智慧水平。可是，长期以来，我们却将其当作唯心主义的诡辩论命题加以批判，即便现在不把它们当作唯心主义看待了，但对其合理性和深刻性的认识仍严重不足，因而有必要重新对其进行整理和解读，使之在现代条件下焕发出新的时代价值。

二、"犬可以为羊"

与此命题相近有"狗非犬"。

有著者释："犬与羊的名称是人叫的，是约定俗成的，相对的。如果大家都叫犬为羊，犬也就成了羊。"③我认为，这种解释不太符合原意。其理由是，这个命题是一个哲学命题，而不能用语言学的观点去加以解读。

---

① 任继愈主编：《中国哲学史》第一册，人民出版社1979年版，第182页。
② 冯友兰：《中国哲学史新编》上，人民出版社2007年版，第361页。
③ 曹础基：《庄子浅注》，中华书局1982年版，第512页。

"犬可以为羊"的本意应是，犬与羊均为动物，进一步说，犬与羊均为物，在为动物、为物上，它们是没有差别的。这一观点源于惠施的"万物毕同毕异"辩题。根据这一论题，万物若以同观之，皆同；若以异观之，皆异。因万物皆为"物"，在作为"物"的共相上，天下所有的事物都是齐一的。因万物均有差异，如从"异"的角度看，天下所有事物都是完全不同的。对此，庄子在《齐物论》中作了更具体的论证，并提出了更大胆的论断。他说：

> 以指喻指之非指，不若以非指喻指之非指也；以马喻马之非马，不若以非马喻马之非马也。天地，一指也。万物，一马也。

"以指喻指之非指"是公孙龙提出的命题，其意是说，以所指称的具体事物来说明其不是一般概念所指称的事物，如以白马来指称白马不是马，即"以马喻马之非马"。前一个"指"和第二个"指"是指具体的物，最后一个"指"是作为一般概念的所指。

公孙龙提出的这个命题的特点是：将同一类事物中的个别与一般绝对对立起来，以论证个别不是一般。照此推理，不仅白马非马，而且苹果非果，毛笔非笔，张三非人，哈巴狗非狗，玫瑰花非花……这些都是从公孙龙"以指喻指之非指也""以马喻马之非马"的逻辑所必然要得出的结论。

但庄子的视野似乎更加开阔，他在公孙龙"白马非马"的基础上作了一个本体论的推演，这就是突破同类事物之间的对比，将其扩展到万物之间的差异上，然后又反面得出万物"齐同"的观点。

庄子的逻辑是：与其以所指称的具体事物来说明其不是一般概念所指称的事物，不如以其他的事物来说明其不是该一般概念所指称的事物；与其以白马来说明白马不是马，不如以其他的事物来说明白马不是马。

按此逻辑，我可以说桌子非马，钢笔非马，石头非果，狗非人……这些都是"以非马喻马之非马也"，在一般的意义上，也就是"以非指喻指之非指也"。庄子作这样的推导，是要得出这样一个结论：万物是毕同毕异的。

可见，庄子在这里表达了与惠施相同的观点，并以此为根据，得出了"齐万物"的结论。所谓"天地，一指也；万物，一马也"，就是这种观点的一种极端的和幽默的表达。依此推理，我们也可以说：天地，一牛也；万物，一狗也。

当然，庄子"齐同论"的观点还有更深层的含义，这就是把万物的差异性都放到"大道"里面去看，这样万物之间的差异性就成了"道"的一体性的表现，于是，一切差异和对立在这里都不存在了。正是在这样的形而上学的意义上，庄子提出了"天地，一指也；万物，一马也"这样惊世骇俗的命题。

当我们了解了庄子的上述观点后，再来看名家的"犬可以为羊"的命题，就不足为奇了。这一命题所要表达的无非就是万物"齐同"的观点。若以此观物，不仅"犬可以为羊"，犬也可以为狗、为牛、为马、为万物，而且同样可以得出与庄子类同的结论：天地，一犬也；万物，一羊也。

至于"狗非犬"。有学者引《尔雅·释畜》"未成豪狗"，认为小狗为狗，大狗为犬，因其大小、长幼不同，故"狗非犬"。这种解释未脱常识的范畴，肯定不合原意。我认为，这一命题与"犬可以为羊"同类，只是以否定的句式出现而已。

三、"白狗黑"

"白狗黑"这一命题蕴涵很深，但通常的解释却流于肤浅，所以，有再释的必要。

冯友兰先生对该命题的解释是："《经典释文》引司马彪的话说：'白狗黑目，亦可为黑狗。'说白狗是白的，是就毛说，因其所白而白之。若就其眼说，因其所黑而黑之，则白狗也可说是黑的。"[1]

曹础基先生亦持此解。他说："白狗身上有黑，如眼珠。根据毛白可叫白狗，根据眼黑亦可叫黑狗。"[2]显然，这种解释还是囿于经验常识，不是哲学的解析。

那么，"白狗黑"的真实含义是什么呢？

这实际上涉及一个重大的哲学问题：我们的感觉包括颜色的感觉果真是事物客观属性的正确反映吗？例如，当我看到这只狗的毛色是白的时候，其客观的本来的颜色就是白色的吗？还是我的一种主观的构建？或者说，它根本就没有一种终极的不变的颜色？

在哲学史上，不少中西学者都探讨过这个问题。阳明的"心外无物"(《书王纯甫》)说即与之类似。据《传习录》下："先生游南镇，一友指岩中花树问曰：'天下无心外之物，如此花树在深山中自开自落，于我心亦何相关？'先生曰：'你未看此花时，此花与汝心同归于寂；你来看此花时，则此花颜色一时明白起来，便知此花不在你的心外。'"王阳明先生的这段解释是富有深意的。他是说花树的颜色并不是本来就固有的，而是人的眼睛看到它的时候呈现出来的，而且其颜色也受到光线的影响。这就是说，不同的眼睛和在不同的光线条件下去看这棵花树，其颜色是有所不同的。可见，花的颜色的形成与光线以及感受器有关，它是色素、光线和感受器三者相互作用的结果，其中色素并不是一个固定不变的绝对，而是在不同的主客观条件下产生千百万种变化。在形成颜色的这三个要素中，其中色素、光线是客观要素，感受器是主观要素，所以说一种颜色的形成是主客与客观、主体和客体交互作用、双向建构的结果。对于这一点，现代科学和现代哲学基本上获得了共识。

如果我们用这一观点来解析名家的"白狗黑"的话，那么，这一命题的意义就非同寻常了。实际上，这些名家在二千多年前就已认识到一种颜色的形成与光线以及人的主观有关了。对于这一点，公孙龙在《坚白论》中实际上作了论证。他在解释"目不见"这一命题时说："且犹白：以目、以火、见。而火不见；则火与目不见，而神见。神不见，而见离。"这就是说，我们看到白的颜色，是因为有目和火，才能见到；只有火，没有物，也是看不到颜色的；仅有火和目这两个因素也是看不到颜色的。这里提到"神"，我的理解，就是颜色的概念，它所反映的实际上是相当于我们今天所说的"色素"，它是一种颜色当中的终极的东西。它也是我们永远看不到的，只能通过不同的感受器和光线条件去认识其无限多样的表现形式。这说明像公孙龙这样的名家在当时就已认识到作为"神"的终极颜色是我们所不知道的，一种光的形成还需要"目"和"光"这样的主客观条件。正是根据这

① 冯友兰：《中国哲学史新编》上，人民出版社 2007 年版，第 359 页。
② 曹础基：《庄子浅注》，中华书局 1982 年版，第 513 页。

样的认识,名家们提出了"白狗黑"的命题,其意就是要说明"白狗"之"白"不是本身固有的,而是在"光"和"目"两个要素参与的条件下形成的,在另外的条件下,它可以呈现出包括"黑"在内的其他的颜色,如"白狗黄""白狗灰""白狗红"等也是可能的。

至于"目不见",公孙龙对此有解释。其意是说在没有"火"光和"神"的作用下,仅有"目"是看不到颜色的。这一命题的哲学意义在于初步认识到一种物质属性的形成与主体的建构有关,不能脱离人来理解"物"及其属性。

四、"火不热"

与此类同的还有"龟长于蛇""郢有天下"。

冯友兰先生的解释是:"'火不热'。可从认识论及本体论两方面说,从本体论方面说,火之共相只是火,热之共相只是热,二者绝对非一。具体的火虽有热这性质,而火非即是热。若从认识论方面说,则可以说火之热乃由于人的感觉,热是主观的,在我而不在火。"[1]

曹础基先生的解释是:"热和冷都是相对的,对火的感觉,物各不同,有感到火不热的。"[2]这种解释与冯友兰先生的"本体论"以及"认识论"解析都有所不同。

任继愈先生的解释也另成一家之言。他认为,像"火不热""轮不辗地""矩不方,规不可以为圆"等,主要是割裂了个别与一般或部分与整体之间的内在联系。在他看来,说"火不热",是因为辩者把感性的"物质之火"置换成了概念的"抽象之火"了。这样的"火"当然也就不会产生什么"热度"了。[3]

其他一些注释大致也逃不脱上述这四种解释的范畴。问题是,究竟哪一种解释更接近名家的原意呢?或者有更准确更深刻的解释呢?这就需要我们去具体分析惠施的"历物"十事、《公孙龙子》、"二十一事"所用的思维方法、当时论辩语境以及其他思想家提出的同类问题等,然后从中得出正确的解读。

其一,惠施和公孙龙的思辨方式。学界一般认为,惠施的思辨特点是"合同异",公孙龙的特点是"离坚白"。前者强调事物"同一"的方面,后者注重事物"差异"的方面。前者强调事物的相对性,后者注重事物的绝对性。其实,这种区分是相对的。惠施也提出过"离坚白"的问题,如他认为"万物毕同毕异",其"毕异"就是将"差异"绝对化。公孙龙也提出过"合同异"的问题,如"鸡三足",就是将鸡的"抽象之足"与"感性之足"绝对等同。可见,由于二者以极端的方式表达问题,所以,"两极相通",其最终又"殊途同归",都得出了割裂事物联系的绝对化的结论。例如,惠施提出"天与地卑,山与泽平""日方中方睨,物方生方死"等命题,意在突出高低、尊卑、生死、中睨的相对性,但由于将其推向极端,就把这种事物间的"同一性"绝对化了。这与公孙龙把"白马"的个性与"马"的共性绝对对立起来,其错误的性质又是相通的。

其二,当时的论辩语境。当时的思想界,论辩成风,尤其是一些名家凸显辩证思维中

① 冯友兰:《中国哲学史新编》上,人民出版社 2007 年版,第 360 页。

② 曹础基:《庄子浅注》,中华书局 1982 年版,第 512 页。

③ 任继愈主编:《中国哲学史》第一册,人民出版社 1979 年版,第 183 页。

的某一个方面，提出了一些非常规或反常规的命题。从当时的一些辩题来看，这些奇异的命题要么抓住事物"同一性"的方面，要么抓住事物"差异性"的方面。应该说，这些名家都绝顶聪明，思辨能力极高，在中国哲学史上，他们是一批最早且最透彻地理解了道家所提出的辩证法的人。也许为了标新立异，也许为了显示辩才，也许为了宣传效果，他们以夸张或极端的方式提出一些"反论"，以突出辩证法的某一个方面。

其三，其他思想家的看法。由于惠施、公孙龙等名辩家所生活的时代，是一个社会大变革大动荡的时代，其名实淆乱，名不副实，甚至用名乱名，用名乱实，用实乱名的情况非常普遍。(《荀子·正名》)在思想文化领域，百家争鸣，诸说蜂起，出现了从未有过的思想大解放的局面。正是在这样的时代背景下，名家在名实之争的基础上，进一步从本体论、认识论、逻辑学、语言哲学的角度，着重对事物的共性和个性、同一性与差异性、无限性与有限性、概念与事物等之间的辩证关系进行了探讨，以"反论"的形式提出了一系列看似奇辞怪论的命题。虽然这些命题受到了来自儒家、道家、墨家等的批判，但是，非常有趣的是，这些批判者几乎无一例外地都受到了名家思想的影响。特别是作为道家继承者的庄子，在批判名家思想的同时，又大力宣传其相对主义的思想，写了《齐物论》这样的名篇，其中的观点与名家无相区别。在现实生活中，庄子与惠施是好友，经常在一起探讨问题、辩论学术。尽管在总体上庄子不同意名家的思想和做法，但其观点又明显受其影响。

在《齐物论》中，庄子大力地发挥了其相对主义的思想，具体地论证了其齐是非、齐大小、齐美丑、齐善恶、齐万物、齐物我的观点。他说：

> 天下莫大于秋豪之末，而大山为小；莫寿于殇子，而彭祖为夭。天地与我并生，而万物与我为一。

> 民湿寝则腰疾偏死，鳅然乎哉？木处则惴栗恂惧，猨猴然乎哉？三者孰知正处？民食刍豢，麋鹿食荐，蝍蛆甘带，鸱鸦耆鼠，四者孰知正味？猿猵狙以为雌，麋与鹿交，鳅与鱼游。毛嫱丽姬，人之所美也，鱼见之深入，鸟见之高飞，麋鹿见之决骤，四者孰知天下之正色哉？

> 至人神矣！大泽焚而不能热，河汉沍而不能寒，疾雷破山、飘风振海而不能惊。若然者，乘云气，骑日月，而游乎四海之外，死生无变于己，而况利害之端乎？

根据庄子的上述观点，不仅大小、寿夭、物我是齐一的，而且干湿、甘苦、美丑、热寒等都是齐一的。其原因是这些差别都是相对的，"自其异者视之，肝胆楚越也。自其同者视之，万物皆一也"。秋毫之末好像是最小的了，但是，相对于"至小无内"的"小"来说，它简直就大如宇宙；泰山可谓大矣，但是，相对宇宙来说，它实在是太渺小了。殇子的生命是短暂的，但相对于朝菌和蟪蛄来说，却是长寿的了；彭祖即使活了八百岁，但相对于天之长地之久来说，却是短得不能再短的夭亡了。人们睡在潮湿的地方就会腰疼偏瘫，泥鳅却把它当作最好的住处；人喜食鱼肉，但麋鹿食草、蜈蚣食蛇、猫头鹰和乌鸦嗜食鼠；毛嫱和丽姬，是人人称羡的美女，但鱼见了就沉入水底，鸟见了就振翅高飞，麋鹿见了就拔腿而逃；人畏寒热，但至人即使大泽焚烧也不觉得烁热，黄河、汉水冰冻而不感到寒冷。

可见，万物是相对的，世界上没有绝对的事物。这一观点在当时的思想界应该说达到了基本的共识。庄子的《齐物论》对此作了最为生动和深入的论证。

名家的"火不热"不过对这种相对主义的哲学观作了一个简明而又奇特的反证。他们运用这种"反论"的方式提出问题，实质上是试图说明世界上的事物包括寒热、长短、大小等都是相对的。对于人的感觉来说，火无疑是热的，但金属锻造却以火为炉；水无疑是寒的，但鱼虾以水为生。一般来说，龟短蛇长，但龟相对于蝼蚁为长，蛇相对于海鲸为短。楚国郢都相对于天下为小，但相对于一家一村为大；天下相对于郢都为大，但相对于宇宙为小。正是在这样的意义上，名家又提出了"龟长于蛇""郢有天下"的命题。

综上可知，冯友兰先生对"火不热"的"本体论"和"认识论"解释以及任继愈先生的"抽象之火"的说法，都离开了名家相对主义的意蕴，恐不合名家意旨。曹础基先生的解释大体符合名家思想，当然还需要作具体分析。

从辩证法的观点看，"火不热""龟长于蛇""郢有天下"这类命题，以极端的方式突出了辩证法中相对性、同一性、变动性的一面，这对于反对形而上学的绝对主义和独断主义是一剂良药；但它却从反对一个极端滑向了另一个极端，最终得出了否定差异性、绝对性和统一性的相对主义结论，这又是其局限性之所在。①

然而，我们不能以此否定其对人类辩证法发展的贡献，把它视为"诡辩论"或"形而上学"而打入另册。

（作者单位：武汉大学马克思主义学院、马克思主义理论与中国实践协同创新中心）

---

① 关于"郢有天下"，曹础基先生的解释是"中国只是天下一部分亦可称为天下，那么郢也可以称为天下"。任继愈先生认为这一命题是"从语言文字上的歧义来曲解事实的"，这种解释都离开了其相对主义的思想方法，有待商榷。曹础基先生对于"龟长于蛇"也以大龟长于小蛇作解，也是一种离开相对主义的流于常识的解释。

孔子"为己之学"中的主体性原则[*]

□ 谢远笋

一、引　言

孔子说："古之学者为己，今之学者为人。"(《论语·宪问》)他主张"为己之学"，认为学习的目的在于成就自己的道德人格。此处的己，即个人人格之谓，而完全的人格即是仁。[①] 与"为己之学"相对的是"为人之学"，其目的则是向别人炫耀自己的学问，而与自己的人格完善不相干，学习并不是出于完善自己人格的内在要求。

"为己之学"是中国传统教育的基本理念，也是中国读书人的最终关怀。《论语》以《学而》开篇，《学而》首句为"子曰：学而时习之，不亦说乎?"[②]孔子所说的"学习"不仅是一种知性活动，同时也是一种实践活动。虽然"学"的直接对象是古代的文化遗产，但是其目标则是道德实践。道德实践是第一位的，知识教育是第二位的。

源自西方的现代教育注重知识传授，以成为专家(成才)为目的；中国传统教育则以德性教育为本，以成就人格(成人)为目的。孔门虽分四科，但以德行为首，言语、政事、文学皆其次。以"学以为己"为根本宗旨的传统儒家式教育，是一种人文主义的博雅教育，它以培养一己品格的完美为其目的，专门性人才的造就并不是其核心关切。

二、"学而知之"

孔子提倡"有教无类"，主张人人都可以受到教育。春秋以前，学在官府，学校教育权为世袭贵族所把持，只有贵族及其子弟才能受教育，教育是"有类"的。春秋时期，"天子失官，学在四夷"(《左传·昭公十七年》)，学术文化下移，孔子设坛授徒，开启私人讲

* 本文为武汉大学自主科研项目(人文社会科学)研究成果，得到"中央高校基本科研业务费专项资金"资助；武汉大学人文社会科学青年学者学术发展计划项目"概念史视域中的中西日文化互动研究"之阶段性成果。

① 参见王炳照、阎国华主编：《中国教育思想通史》第一卷，湖南教育出版社1994年版，第58页。

② 本文所引《论语》均据杨伯峻《论语译注》(中华书局1980年版)，以下不再一一注明。

学的传统。他主张人不分贵贱、智愚、地域，均可入学受教。"有教无类"思想的实施，不仅打破了贵族对文化教育的垄断，同时也加速了学术下移的进程，扩大了教育范围，促进了华夏文化传播和发展。孔门是第一个打破贫富、贵贱、智愚、善恶等因素的限制，将教育平等的思想贯彻于教育实践之中的大教育家。

孔子说："性相近也，习相远也。"(《论语·阳货》)他看重教育对人性的培养与发展所起的作用。人的本性是相近的，由于习染不同才有了差别。这是孔子教育思想的人性论根据。"性相近"说明人皆有成德的可能性，"习相远"则凸显教育的重要性。因此孔子主张"学而知之"，他认为只有学习才能让人性得到完善和发展。孔子一生的教育教学活动，正是在"学而知之"思想指导下进行的。① 以下几则引文集中讲到了孔子"学而知之"之论。

　　①子曰："生而知之者，上也；学而知之者，次也；困而学之，又其次也；困而不学，民斯为下矣。"(《论语·季氏》)
　　②或生而知之；或学而知之；或困而知之：及其知之，一也。(《中庸·第二十章》)
　　③子曰："我非生而知之者，好古，敏以求之者也。"(《论语·述而》)

第①则引文是说：生来就知道的是上等；学习然后知道的是次等；经历困境后才知要学的，又次一等；遇到困难仍然不学，则是下等。第②则引文则表示，虽然人的资质有高下之分，但是通过不同的途径，掌握到的知识却是一样的。在第③则引文中，孔子说自己并非生而知之，而是爱好古代文化，勤奋学习而得到知识的。

孔子"学而知之"的主张，与其"生而知之""唯上知与下愚不移"(《论语·阳货》)等说法，看似扞格不入，两相抵牾。其实，在儒家的语境中，才德全尽的圣人方为"生而知之"者。圣人是"人伦之至"(《孟子·离娄上》)，乃人格的典范。虽然儒家主张"即凡而圣"②，但圣人并非直接就是现实生活中的人。孔子说"若圣与仁，则吾岂敢"(《论语·述而》)，他从不认为自己是圣人。此外，孔子所谓"困而不学"，在笔者看来，并不是说此类人天生就没有学习能力，而是说他们即使处在困顿之中也不愿意学习。这是他们的主观意愿的问题，而非客观资质的问题。关于"唯上知与下愚不移"的说法，笔者认为孔子是就当时的社会现实而言的，孔子认为"礼"是社会秩序的集中体现，社会上不同的人不可僭越他所在阶层的礼制，就遵从本阶层的礼制这一点而言，孔子无疑是主张不移的。这类似"不在其位，不谋其政"(《论语·泰伯》)的说法。③

孔子有著名的"六言""六蔽"说，主张以"学"来防偏救蔽。所谓"六言""六蔽"是指六种品德和六种"蔽"病，由正面的品德沦为负面的弊病正是不学导致的。据《论语·阳货》：

---

　　① 参见王炳照、阎国华主编：《中国教育思想通史》第一卷，湖南教育出版社 1994 年版，第 80 页。
　　② 详见芬格莱特著，彭国翔、张华译：《孔子：即凡而圣》，江苏人民出版社 2002 年版。
　　③ 毛礼锐、沈灌群主编的《中国教育通史》第一卷(山东教育出版社 1985 年版)论及此一问题时认为：孔子的生知说无疑受到西周天命观的影响，他在思想信仰上承认有生知的上智，但在现实生活与教育实践中从未明确指出过谁是上智，孔子在生活实践中对它是"虚玄一格"的，因此孔子所说的教育是针对"中人"而言的。(参见是书 219、220 页)是为一说。

　　子曰："由也！女闻六言六蔽矣乎?"对曰："未也。""居,吾语女。好仁不好学,其蔽也愚；好知不好学,其蔽也荡；好信不好学,其蔽也贼；好直不好学,其蔽也绞；好勇不好学,其蔽也乱；好刚不好学,其蔽也狂。"

孔子此说大意为,爱好仁德却不爱学问,其弊病是易遭人愚弄；爱耍聪明却不爱学问,其弊病是放荡不羁；爱好诚信却不爱学问,其弊病是容易被人利用,反而伤害自己；爱好直率却不爱学问,其弊病是说话尖刻,刺痛人心；爱好勇敢却不爱学问,其弊病是胆大妄为。"学"并不限于知识探求,它一定要转化为道德实践。严格说起来,儒学不是外在性、对象性的客观知识。中国先圣先贤的哲学思想与他生命活动是合一的,他的一生都在践履他的思想,或者说他的哲学需要他生活于其中。对受教者而言,学习不仅是知识的获取,也是人格的践履。

　　人的本性相近,但人与人之间难免会有个体差异,因此孔子主张"因材施教",即根据弟子们的不同材质,施予不同的教育方法。即使是对待同一问题,孔子也会根据每个学生不同情况和提问时的不同境遇,随机点拨,作出不同回答。以下几则引文颇能说明孔子"因材施教"的理论及其实践。

　　①柴也愚,参也鲁,师也辟,由也喭。(《论语·先进》)
　　②季康子问："仲由可使从政也与?"子曰："由也果,于从政乎何有?"曰："赐也可使从政也与?"曰："赐也达,于从政乎何有?"曰："求也可使从政也与?"曰："求也艺,于从政乎何有?"(《论语·雍也》)
　　③闵子侍侧,訚訚如也；子路,行行如也；冉有、子贡,侃侃如也。子乐。"若由也,不得其死然。"(《论语·先进》)
　　④子路问："闻斯行诸?"子曰："有父兄在,如之何其闻斯行之?"冉有问："闻斯行诸?"子曰："闻斯行之。"公西华曰："由也问闻斯行诸,子曰,'有父兄在'；求也问闻斯行诸,子曰,'闻斯行之'。赤也惑,敢问。"子曰："求也退,故进之；由也兼人,故退之。"(《论语·先进》)

前三则引文颇能说明孔子对其弟子不同材质的深切认识。第①则引文说,子羔愚直,子舆迟钝,子张偏激,子路鲁莽,四人性格迥异,这是从个性差异着眼。第②则引文中,季康子问子路、子贡、子有三人能否治理政事,孔子说子路果敢决断,子贡通情达理,子有多才多艺,三人各有所长,他们管理政治事务没有任何困难,这是从个人素质着眼。

　　第③则引文是从个人内在的道德修养及由此展现的外在的容止风度的角度来谈弟子们的差异。子骞侍立在孔子身旁,是恭敬而正直的样子；子路是勇毅刚强的样子；冉有、子贡是温和而快乐的样子。三人气质不同,各有所长。孔子很高兴,但又担心子路可能因此而不得善终。子路性情粗朴,喜欢逞勇斗力,曾经陵暴孔子。孔子用礼乐慢慢地诱导他,后来子路穿着儒服,带着拜师的礼物,通过孔子的门人请求作孔子的学生,最终成为孔门高足。也正是基于对子路好勇个性的深刻认知,孔子引导他要将伸张正义的大勇与一般的逞勇好斗区分开。

在第④则引文中，子路与冉有的问题相同，孔子的答复却相反。公西华对此颇为不解，孔子解释说："冉求总是退缩，所以我鼓励他；仲由好勇过人，所以我约束他。"这段对话充分地体现了孔子因材施教的思想。因冉求行事胆怯，孔子就激励他大胆行事；而仲由做事好冲动，所以就压压他。《论语·先进》篇中弟子问仁，孔子从不同侧面给予回答，也是孔子"因材施教"的生动说明。重视人的材质的差异，是"因材施教"原则的理论基础。

三、"为仁由己"

儒家之教重在教人成德，强调将个人有限生命扩充至无限圆满，所以称为"成德之教"。"学"可以获得知识，发展智力，所谓"好学近乎知（智）"。但"学"不仅是一种知性活动，它同时也是一种实践活动。"学"并不是为了求知而求知，其最终的目的是成就仁德，所谓"力行近乎仁"。（均见《中庸·第二十章》）教育的确可以增长我们的知识，但完成从知识到德性的转化则取决于我们自身。所以孔子说："为仁由己。"（《论语·颜渊》）又说："我欲仁，斯仁至矣。"（《论语·述而》）仁德内在于每一个人的生命之内，所以仁的自觉是非常现成的，当下即是。仁德的实现只能依靠自身的努力，不能仰仗外在的力量。

关于知识和德性，后来孟子有"耳目之官"与"心之官"的区分。前者不会思考，它获取的是一般所谓的知识，相当于后来宋儒所说的"闻见之知"；后者职在思考，"心之官"是"天之所与我者"，它所拥有的即宋儒所谓"德性之知"。人的善性一经自觉便可得着，因此要"先立乎其大者"（《孟子·告子上》）。先将"心之官"树立起来，"耳目之官"便不能将此善性夺去。不过从知识到德性的转化并不容易，它必须通过内心的觉悟，因此古人之训释"学"为"觉"极有意义。"觉"等于德性之开启或悟发，当然不是凭空地开启，而是从经验知识的获得开始。① 儒家的教育即强调启发人内在的道德自觉。

对于"善端"，我们当然要"扩而充之"（《孟子·公孙丑上》），究其极致，可达"沛然莫之能御"（《孟子·尽心上》）的状态，但从根本上说，"良知"是先天的，它并未因求知而增添一分。知识只是恢复先天的善性外在助缘，受教育并非是将外在的善性加给我们，为学的目的不过是复明人元初的善良本性。当然，这非简单排斥外在仪礼的规范，而是说规范之所以起作用，它背后的根基仍是人的先天良知。进一步说，仁作为一种自觉的精神状态，它包含两层的含义：一是对自己人格的建立及知识的追求，发出无限地要求；二是对他人毫无条件地感到有应尽的无限的责任。简言之，它不仅要求成己，也要求成物。② 基于主体的觉醒，经过成己、成物这一仁心推扩过程，人便可达致与天地参的境地。

钱穆说："中国教育特所注重，乃一种全人教育。所谓全人教育，乃指其人之内在全部生命言。贯彻此内在全部生命而为之中心作主宰者，乃其人之心情德性。"③知识技能在外，心情德性在内。儒家重视"学"，但所谓"学"，并不限于知识之学，学习的过程也是成德、成人的过程，为学的最终目的是为了成就人格。孔子所谓"匹夫不可夺志也"，孟

① 参见牟宗三：《中国哲学的特质》，上海古籍出版社 2007 年版，第 32 页。
② 徐复观：《中国人性论史·先秦篇》，上海三联书店 2001 年版，第 81 页。
③ 钱穆：《中国教育制度与教育思想》，《国史新论》，九州出版社 2012 年版，第 261 页。

子所谓"大丈夫"，荀子所谓"成人"，都是对人安身立命的内在价值而言的，是对人不受外物所役的独立精神、自由思想的肯定。与基督教不同，儒家并未将道德的基础放在外在超越的存在上，而是立足于人的内在心性。由此内在心性，人自觉为一道德主体。儒学是生命的学问，人格境界的提升，只能通过躬身践履，不能依靠外在的力量。"君子求诸己""为仁由己""我欲仁，斯仁至矣""人能弘道，非道弘人"云云，都是说成德最终只能靠自己去实现，这些说法是孔子对"人"也即"仁"的发现紧密相关。

孔子对三代以来的历史文化传统作了反思，其贡献在于使外在的礼内化，或者说为礼寻得内在的根基。礼是当时的社会制度、等级秩序与生活规范。孔子生当春秋末期礼崩乐坏之际，他要维护的并非形式教条、虚伪的仪节，这种外在于人之生命的繁文缛节，甚至会变成支配性的社会强制；他力图拯救的是形式化的礼背后的内在精神，也即"仁"。孔子认为没有人的觉解，没有人的精神投入其中，"礼""乐"都是外在于人的，亦无意义，所以他说："人而不仁，如礼何？人而不仁，如乐何？"(《论语·八佾》)又说："礼云礼云，玉帛云乎哉？乐云乐云，钟鼓云乎哉？"(《论语·阳货》)仁德是礼乐文化的真实内涵。如果失去内在的精神，繁琐的礼仪、行礼所用的玉帛钟鼓，就成了徒具形式的仪式，失去了礼的社会价值和道德意义。

如上所述，孔子的反思集中体现在"仁"的思想上，"仁"是其学说的核心要义。春秋时代代表人文世界的是礼，而孔子则将礼安放于内心的仁。这是从客观的人文世界向内在的人格世界转化的重要标志，后者即是以此一"仁"字为代表。① 在孔子之前，虽然已经有了道德观念，但智愚贤不肖等道德评判，均是通过外在的知识、行为，在客观世界的相互关系中比定出来的，内在的人格世界并未凸显。而"所谓内在的人格世界，即是人在生命中所开辟出来的世界。在人生命中的内在世界，不能以客观世界中的标准去加以衡量，加以限制；因为客观世界，是'量'的世界，是平面的世界；而人格内在地世界，却是质的世界，是层层向上的立体的世界"。② 仁正是指这一内在的人格世界，它是不能在客观世界中加以量化的。人只有发现内在的人格世界，然后才能够自己塑造自己，将自己从一般动物中，不断地向上提高，因而使自己的生命力作无限的扩张与延展，而成为一切行为价值的无限源泉，这便开启了人类无限融合及向上之机。

与作为外在形式的"礼"不同，"仁"是人的内在的道德自觉，是可以随时用来衡量自己和他人的内在原则。据《论语·阳货》，宰我不赞成三年之丧，孔子反问他心安不安。他从心安不安来指点仁，就是要人从"心"上有所觉，也就是人内在的道德自觉。牟宗三解释这段话时说："你说'安'就是不仁，那么如果是'不安'，这仁不就显出来了吗？这就是自觉。用现在的话说就是道德的自觉。道德的自觉心当然是主体，你讲道德意识怎么可以不讲主体呢？就是因为道德意识强，所以主体才会首先透露出来。"③孔子强调人的道德主体的觉醒，而道德主体的觉醒即是"仁"。但"开主体并不是不要天，你不能把天割掉。主体和天可以通在一起，这是东方文化的中一个最特殊、最特别的地方，东方文化和西方

---

① 参见徐复观：《中国人性论史·先秦篇》，上海三联书店2001年版，第61页。
② 徐复观：《中国人性论史·先秦篇》，上海三联书店2001年版，第61页。
③ 牟宗三：《中国哲学十九讲》，上海古籍出版社2005年版，第62页。

文化不同最重要的关键就是在这个地方"。①

"为仁由己"凸显的是人的道德主体，而非政治主体、认知主体，当然它是二者的根源。按牟宗三的说法，中国的儒释道三教都重主体性，但儒家将主体性加以特殊的规定。它着眼于人的内在道德性，以仁代表真实的生命，代表真正的主体，因此强调的是人的道德主体性。② 道德是真正显示人之自作主宰的行为，而非听任他律的制约或他力的驱使，善恶的标准、实践的根据均源自人的道德主体。但这种"主体性"并不意味着个人中心主义或人类中心主义，它是与超越的天道相贯通的。与现代西方以启蒙运动为代表的凡俗的人文主义不同，儒家传统是一种精神性的人文主义，它强调身心的融洽整合、个人和社会的健康互动、人类与自然的持久性和谐、人心和天道的相辅相成。每一个具体的人，都是人与人之间关系网络的中心点。从网络中心点了解人，了解每一个人的尊严，便是不放弃个人又兼顾群体的精神，也是"为己之学"所要突出的精神。③ 一个真正的"人"，应当是自我人格完善、与社会他人和谐、与天地万物为一体的。孔子将对超越之天的敬畏与主体内在的道德律令结合起来，这正是"天人性命相贯通"的内在超越义。

孔子主张"下学而上达"，即通过知识的积累，并在道德实践中证知天命。其"五十知天命"之说，实际上正是对蕴藏于自己生命内的道德性的自觉。"他的知天命，乃是对自己的性，自己心的道德性，得到了彻底地自觉自证。孔子对于天、天命的敬畏，乃是由'极道德之量'所引发的道德感情，而最高的道德感情，常是与最高的宗教感情，成为同质的精神状态。"④只有当孔子在自己的生命中有了这种体证，感觉到自己的生命是与天命连接在一起的，他才会说"天生德于予，桓魋其如予何"（《论语·述而》），"天之未丧斯文也，匡人其如予何"（《论语·子罕》）之类的话。天赋予人的道德性，一经自觉便会呈露，即能对于人的生命给予以基本的规定，而成为人之所以为人之性。这便是天命与性的合一。⑤ 孔子天道性命的思想具有超越义，涵盖终极关怀的层面，儒者积极有为的担当意识和超越生死的洒脱态度正源自于此。

四、"君子不器"

孔子所提示的人格是君子人格。⑥ 他主张："君子不器。"（《论语·为政》）朱子注曰："器者，各适其用而不能相通。成德之士，体无不具，故用无不周，非特为一才一艺而已。"⑦君子并非只有一定用途的器皿，而是博学多识的成德之士，通过学问思辨、修身践

---

① 牟宗三：《中国哲学十九讲》，上海古籍出版社 2005 年版，第 62 页。

② 参见牟宗三：《中国哲学的特质》，上海古籍出版社 2007 年版，第 4 页。

③ 参见杜维明：《全球性存在危机与儒家的仁、义、礼、智、信价值——在贵州大学中国文化书院的演讲》，《阳明学刊》第 2 辑，贵州人民出版社 2006 年版。

④ 徐复观：《中国人性论史·先秦篇》，上海三联书店 2001 年版，第 79 页。

⑤ 参见徐复观：《中国人性论史·先秦篇》，上海三联书店 2001 年版，第 102 页。

⑥ 就人格境界而言，从高到低依次为圣人、贤人和君子。详见郭齐勇：《中国儒学之精神》，复旦大学出版社 2009 年版，第 263~267 页。但圣人是"自诚明"，乃本性使然；普通人是"自明诚"，方有教育可言。故本文仅就《论语》讲"君子"及相关的"士"与"成人"。

⑦ 朱熹：《四书章句集注》，中华书局 1983 年版，第 57 页。

行而上达天命，君子通才达识，不囿于一技之长，不局限于某一方面，所谓"下学上达"是也。孔子说："不怨天，不尤人，下学而上达。知我者其天乎!"(《论语·宪问》)天不仅是一切价值的源头，也是人可以上达的境界。天命下贯而为人的"性"，人本着自己的天性，在道德实践的工夫中可以内在地达到这一境界。作为有限的存在，人能否尽人事、达天命，自然会受到时空条件的限制。但人只要遵从天性，坚持不懈地努力，终究能接近终极目标，上天总是会理解我的。

"下学"的学即是孔子所说的"学而时习之"的学。它与追求专门知识的学，虽都从实际经验开始，但二者有本质的区别：前者是以成专家为目的，并无德性修养的意味；后者纵然也重视经验积累，可是它以上达天德为最终目标。后者的作用是将知识消化于生命，转化为生命所具有的德性。虽然"下学"的范围极为广泛，礼、乐、射、御、书、数之类均包含在内，但在学习期间却无成为某方面专家的企图，念兹在兹的是转智成德，即将经验知识转化为内在的德性。① 质言之，"为己之学"以成德为目标，但不简单地排斥知识之学，不过它不以成为专门的学问家为目的，而是以成就道德人格为依归。

朱子的解释正是要强调"君子"的道德属性。"君子"一词，广见于《易经》《诗经》《尚书》等经典，原本指地位高的人，常与"小人""野人"对举。到了孔子的时代，君子一词开始具有道德品质的属性，慢慢转成一个特定的人格表率，强调德行的完美。后来将人格、道德、品行高尚的人统称为君子。孔子说君子之道有三个方面："仁者不忧，知者不惑，勇者不惧。"(《论语·宪问》)仁德的人不忧愁，睿智的人不迷惑，勇毅的人不畏惧。成为仁人君子，固然应以仁为根本，但孔子认为作为一个真正的君子，只有内在的品德还不够，还须有外在的文采和审美的情趣。他说："文质彬彬，然后君子。"(《论语·雍也》)君子既温文尔雅，又朴实自然，文质彬彬，表里如一。

"士"常与君子连在一起称为"士君子"，指有学识渊博且品德高尚的人。"士"原本属于周制中的贵族阶层，在严格的社会等级序列中，他们的社会身份、政治职位被限定在封建贵族等级秩序之内，"思不出其位"(《论语·宪问》)。所以，他们对社会现实的批评只是局部的、具体的讥讽，如在《诗经》中所展示出来的那样。但是，"士"一旦摆脱了封建等级制度下社会身份的羁绊，得以持有一个更高的精神凭借——"道"，进而越过个人职事和地位的限制，而以超越性的"道"自任，关怀整个社会的价值秩序。孔子所最先揭示的"士志于道"(《论语·里仁》)，便规定了"士"是基本价值的维护者。② 孔子说："志士仁人，无求生以害仁，有杀身以成仁。"(《论语·卫灵公》)志士仁人，没有因苟全性命而损害仁德的，只有勇于牺牲以成就仁德的。士要以道德上的羞耻心来规范自己的行为，即所谓"行己有耻"。(《论语·子路》)

"士"应该如何看待道义与个人利益的关系呢？孔子说"君子谋道不谋食"(《论语·卫灵公》)、"士而怀居，不足以为士矣"(《论语·宪问》)、"君子喻于义，小人喻于利"(《论语·里仁》)，子张说"士见危致命，见得思义"(《论语·子张》)。这些说法都强调，对士君子而言，"道"在价值秩序上有绝对优先性。换言之，士君子作为道的担当者，能

① 参见牟宗三：《中国哲学的特质》，上海古籍出版社 2007 年版，第 32 页。
② 笔者曾撰文集中讨论"士""君子"及其与"道""政"的关系，详见拙文《传统政治结构中的儒家知识分子》，《武汉大学学报》(人文社会科学版)2009 年第 6 期。

够超越他自己之个体，甚至群体的利害得失，而关怀整个人间秩序，因此他们持有比王侯更高的权威。这使得他们能够"斥诸超越原则，如天命或每个人道德意愿的指令，调动大众心理力量的能力"，发出超过其社会角色的激烈抗议。①

《论语》中与"君子""士"相关的还有另外一个概念"成人"。"成人"是指德才兼备、完美无缺的人，犹完人。子路问怎样才是一个完美的人，孔子说："若臧武仲之知，公绰之不欲，卞庄子之勇，冉求之艺，文之以礼乐，亦可以为成人矣。"（《论语·宪问》）如果具有臧武仲的智慧，孟公绰的清心寡欲，卞庄子的勇敢，冉求的多才多艺，再用礼乐来增加文采，就可以算完人了。又说："今之成人者何必然？见利思义，见危授命，久约不忘平生之言，亦可以为成人矣。"（《论语·宪问》）现在的完人又何必这样呢？见到利益时能想到道义，遇见危险愿付出生命，长期处于贫困的境遇也不忘平日的诺言，也就可以算做完人了。"成人"显然是教育的产物，现实社会中并没有天生的"成人"。就像孟子说的"善端"，人有先天的善性，但并不是说人在实然面都是善良的人。

五、余　论

冯友兰说："有各种的人。对于每一种人，都有那一种人所可能有的最高的成就。例如从事于实际政治的人，所可能有的最高成就是成为大政治家。从事于艺术的人，所可能有的最高成就是成为大艺术家。人虽有各种，但各种的人都是人。专就一个人是人说，所可能有的最高成就是成为什么呢？照中国哲学家们说，那就是成为圣人，而圣人的最高成就是个人与宇宙的同一。"②如果说"成为某种人"对应的是成才教育，那么"成为人"对应的是成人教育。毫无疑问，儒家的成德之教是"成人"的教育。

在传统社会，受教育者人数毕竟有限，教育不可避免地具有一定的精英主义色彩，那些有幸受到教育的人，本来就处在社会的精英阶层，他们根本用不着为自己的生计操心，当然不需要如一般民众那样学习一技之长。可在现代社会，受教育不再是少数人的专利，教育普及化程度已经非常高，而且社会分工愈来愈细，这导致现代教育愈来愈偏重专门的知识教育，源自西方的分科式教育大行其道，分科范围越来越狭小，因此造成了分科的单一化、知识的平面化等诸多问题。

说现代教育忘掉了"人"绝非耸人听闻之言，但我们在成为某种人之前，毕竟先要成为人。这里的"先"显然是逻辑上而非时间上的先。当然，这并不意味着我们只成为人，而不成为某种人。毫无疑问，二者是不可偏废的，只是成人教育与成才教育的本末、主从的顺序不能颠倒。

（作者单位：武汉大学台湾研究所、武汉大学中国传统文化研究中心）

---

① 杜维明：《杜维明文集》第三卷，武汉出版社 2002 年版，第 520 页。
② 冯友兰著，涂又光译：《中国哲学简史》，《三松堂全集》第 6 卷，河南人民出版社 2001 年版，第 9、10 页。

永明延寿的戒律思想研究

□ 孙劲松

永明延寿(904 年 12 月 26 日—976 年 1 月 29 日)是五代吴越国高僧，现留存有百余万字的著作，影响较大的有《宗镜录》《万善同归集》《心赋注》《受菩萨戒法并序》等，延寿是禅宗重要分支之法眼宗的传人，被尊为法眼宗三祖，延寿还推广万善同修、同归净土之观点，又被后世尊为净土宗六祖。在《宗镜录》等著作中，延寿多角度地论述了他的戒律观。

佛教有五乘教法之说，即人乘、天乘、声闻乘、缘觉乘、菩萨乘(佛乘)。人乘与天乘一般合称为人天乘，属于学佛的准备阶段，而声闻、缘觉通常合称为小乘，菩萨乘亦称大乘。戒律是为修行服务的，对于不同的层次有不同的戒律要求。人乘、天乘的戒律是为了保住人身、乃至升天服务的；声闻乘、缘觉乘的戒律是为了不再入轮回、证得无余涅槃服务的；菩萨的大乘戒律是为了成佛服务的。

一、五乘佛教戒律观的差异

五戒即不杀、不盗、不邪淫、不妄语、不饮酒，是佛教为在家男女所受持之五种制戒。五戒中的杀生、偷盗、邪淫、妄语四戒称性戒，是社会普遍承认之罪恶，是在生死轮回中保持人身、不落三恶道的根本保证，也是一切大小乘戒律的基础。十善则是对五戒的进一步细化，由三种身业(不杀生、不偷盗、不邪淫)、四种语业(不妄语、不恶口、不两舌、不绮语)及三种意业(不贪欲、不嗔恚、不邪见)所组成的。十善业是死后不堕三恶道并往生天道的条件。如《杂阿含经》卷三十七云："十善业迹因缘故，身坏命终得生天上。"[1]

永明延寿也强调五戒十善的重要性，他在《万善同归集》中指出："坚持五戒即人业，精修十善即天业。"[2]延寿还引用南朝刘宋的官员"何侍中"与宋文帝刘义隆的对策来说明五戒十善对于治理国家的重要性。侍中对曰："夫百家之乡，十人持五戒，则十人淳谨，千室之邑，百人修十善，则百人和厚。传此风训已遍宇内，编户千万，则仁人百万，夫能

---

[1] 求那跋陀罗译：《杂阿含经》卷 37，《大正藏》第 2 册，台湾新文丰出版公司 1983 年版，第 273 页上。

[2] 延寿：《万善同归集》卷上，《大正藏》第 48 册，台湾新文丰出版公司 1983 年版，第 969 页上。

行一善，则去一恶。去一恶则息一刑，一刑息于家，万刑息于国，陛下所谓坐致太平也。"①何侍中从社会和谐安定的角度，阐述了五戒十善可以实现德治的理想社会。

声闻、缘觉二乘都属于解脱道的修行。声闻乘是闻佛声教、从佛陀教导的"五蕴、十二处、十八界"的无常、苦、空、无我来出离三界生死轮回、证得阿罗汉果位、取证无余涅槃的方法与法门。缘觉乘是辟支佛的修法，在无佛住世的时候，世间就会有缘觉，所以缘觉又称为独觉。缘觉乘的行者是经由缘起性空的现观而证解脱果。缘觉与声闻的主要差异是其智慧不是依靠听闻法音而入，另外缘觉乘偏于因缘观者，比起四圣谛、四念处观要来得深细，但缘觉所思所观不异佛陀所教导的声闻乘之蕴处界空、无常、苦、无我、缘起性空，其所证的"无余涅槃"与"声闻乘"无异。若是弟子并非自己体察而证悟小乘菩提，是听从佛陀解释"十二因缘观"的言教而证得，实际上仍然属于"声闻"，修证次第亦符合阿罗汉四果之次第。所以依照佛教经典解说而修的声闻、缘觉，实则都属于声闻乘。

根据声闻乘的修行目的，佛教在五戒十善的基础上，更加细化，设立小乘沙弥、比丘、沙弥尼、比丘尼的各种戒律。其核心是尽快排除各种粗重和微细的执着烦恼，断除对五蕴、十八界等世间法的所有贪爱，寿尽之后不在受后有之身，舍报而入无余涅槃。所以，永明延寿在《受菩萨戒法并序》中指出："为声闻持戒，除烦恼故，如救头然烧衣，心速为求寂灭涅槃，坚持戒行……以声闻人不发菩提心，受戒但求出离事戒，才犯持心即断，以从生灭边论故。"②

佛教修行的目的就是断除无明烦恼，也依照断除烦恼无明的深浅而有三乘佛法的差别。阿赖耶识中所有烦恼有一念无明与无始无明两大类。小乘解脱道所断的烦恼为一念无明，亦称烦恼障。一念无明从我见、我执为根本而生。真心第八识本性寂然，在无量的种子流注之中，无明种子突然现行，此一念无明烦恼产生，妄心妄境相应而起，迷失真我并以妄心妄境为真实，就逐步开显了五蕴、十八界，导致众生的受生而轮回生死，所以称为一念无明。一念无明无始劫来一向与生生世世的见闻觉知心不断相应，能生一切世间法中的烦恼。一念无明可分为四种住地烦恼：即"见一处住地""欲界爱住地""色界爱住地""无色界爱住地"。其中"见一处住地"属于"见所断烦恼"，后三者均属于"修所断烦恼"。所谓无始无明，就是众生不了解法界中一切万法的根源是第八识，不了解法界万法根源第八识心的体性。无始无明又称为智障、所知障，意思是对于法界实相的体性无所知，因此而障碍成佛之道的见道与修道。这个无明是无始以来就一直存在的，所以名为无始无明。从无始劫来，众生都不曾相应到无明住地。小乘乃至外道众生常常思考如何免受世间的生死苦，不再轮回。但都从来没想过法界的真实相是什么，没有探讨我们的五阴十八界是从何而来。所以自无始劫以来，众生的觉知心从来不曾跟这个无明相应过，也就是没有探讨过、思考过无始无明的本质。所以《胜鬘经》中称为"心不相应无始无明住地"。小乘阿罗汉、辟支佛虽然打破一念无明，证无余涅槃，但是也不明白涅槃的本际第八识的体性，不明白法界的根源，也没有发起探究法界本源的愿望，所以还属于没有打破无始无明的人。大乘菩提道不仅可以断除一念无明，也可以断除无始无明。菩萨种性众生在大乘见道位，明了第八识之总相，方断除无始无明之一分。菩萨初次见道而断无始无明之一分时，了知

---

① 延寿：《万善同归集》卷下，《大正藏》第 48 册，台湾新文丰出版公司 1983 年版，第 991 页上。

② 延寿：《受菩萨戒法并序》，《卍续藏》第 105 册，台湾新文丰出版公司 1983 年版，第 20 页上。

五蕴十八界皆是依第八识而有的生灭法，一念无明之"见一处住地烦恼"自然而然地也随之断除了。然初明心菩萨只明了第八识的总相，对第八识的体性尚未完全了知，虽断无始无明而不究竟。因为第八识无始劫来恒不断灭而集藏有情所造一切业种以及所熏一切无明种，属于无始无明之所含藏的"尘沙惑"，此"尘沙惑"需要在悟后起修之中逐步断除。须至最后身菩萨得成佛之时，无始无明之尘沙惑方能断尽。小乘的解脱道，利根之人一生可证阿罗汉四果，极其懈怠的人，在证得初果之后，经历七次人天往返，也可以证阿罗汉四果，取证涅槃。而大乘佛果的取证，需要三大阿僧祇劫，菩萨在见道之后，本来可以迅速断除一念无明的四种烦恼。但是为了修行无上佛道，刻意留惑润生，延缓断除一念无明所属之其他三种无明的时期，直到两大阿僧祇劫之后，证得八地菩萨，在断除大部分的无始无明、尘沙惑的同时，其一念无明所属之欲界爱住地、色界爱住地、无色界爱住地的烦恼才会断尽。八地菩萨一念无明断已，离十八界的变异生死，但其无始无明未断尽，无名住地未断尽故尘沙惑未断，第八识之种子流注性未灭，仍有法我执。再进修一大阿僧祇劫，无始无明方能断尽无余，一切诸法通达无碍，方可成究竟佛。

二、永明延寿弘扬的是以菩提心为核心的大乘戒律

延寿所弘扬的是大乘戒律，大乘菩萨之戒法被称作三聚净戒，即摄律仪戒、摄善法戒和饶益有情戒。摄善法戒重在"行善"，是大乘菩萨所修之律仪戒，以修身、口、意之善、行六波罗蜜回向无上菩提。饶益有情戒又作摄众生戒，重在"利他"。此三聚净戒之中，摄善法戒和饶益有情戒是僧俗通行的，而"摄律仪戒"则僧俗之间有所差别，而利他、行善的精神，则是在家出家都平等的。延寿站在大乘佛教的立场上，对人天乘和小乘佛教的戒律观展开对比和评价，他在《受菩萨戒法并序》一文中指出："经云：若以十善化人，如将毒药与人，虽一期得人天之报，不免生死毒发，终不出轮回，翻增业垢。若以小乘开化，即是大乘冤雠，解脱深坑可畏之处。《经》云：宁起狐狼野干心，不起声闻辟支佛意。所以云：但说大乘无咎。"①很明显，他认为单纯的遵守五戒、十善，虽然可以有人天福报，但是这是有漏之福，一旦福尽，还要受轮回之苦。对于小乘佛教，虽然可以了脱生死，但是住于绝对寂静的无余涅槃，则断除了利乐有情、增进菩提、取证佛果的可能性。所以，延寿在《宗镜录》卷三十二指出："如《大宝积经》云：'佛告优波离，声闻乘人乃至不应起于一念更受后身，是名声闻持清净戒，然于菩萨名大破戒。乃至菩萨摩诃萨修行大乘，能于无量阿僧祇劫，堪忍受身，不生厌患，是名菩萨持清净戒，于声闻乘名大破戒。'今《宗镜》所录，总诸大乘经了义妙旨，只为悟宗行菩萨道故，阐观音普门之慧，迹任方圆，入普贤无尽之宗，运心无际。"②小乘声闻人为了断除一念无明而持清净戒，以达到一生之内取证涅槃果，不受轮回后有之身的目的。但是在大乘人看来，一念无明只是无明烦恼的极小部分，急于断除一念无明会让无始无明没有被激发出来加以断除的机会，障碍了成佛之道，所以小乘持戒对于大乘来说恰恰是犯戒。反之，菩萨这种不惧生死、不厌轮回、不入涅槃的精神，将使小乘人最求断除一念无明的目标再两大阿僧祇劫之后才能实

---

① 延寿：《受菩萨戒法并序》，《卍续藏》第 105 册，台湾新文丰出版公司 1983 年版，第 17 页中。
② 延寿：《宗镜录》卷 32，《大正藏》第 48 册，台湾新文丰出版公司 1983 年版，第 613 页上。

现，这对于小乘人来说也是破戒之举。

大乘佛教强调在无量劫中利乐有情，成就佛道。所以，其对于初学者一时一处防非止持的戒相并不像小乘佛教要求得那么严格，大乘佛教更加强调利乐有情的精神，更加强调菩提心的根本作用。《宗镜录》卷三十五指出："《智度论》云：从《初转法轮经》至《大涅槃》，结修多罗藏，此只是约心生灭说四圣谛，即是法归法本之义也。观心出一切毗尼藏者，佛制戒时。问诸比丘，汝何心作，若有心作，即是犯戒。有犯故有持也，若无心作，则不名犯，犯义不成，不说持也，故重心发戒，无心则不发戒。"①比起小乘注重戒相，大乘更加注重发心，只要没有犯戒的主观故意，则不名犯。永明延寿《受菩萨戒法并序》："《决定毗尼经》云：佛言：优婆离，何故修大乘行菩萨戒，宽容无犯，何故声闻禁戒窄狭严切。优婆离，当知若初修大乘行菩萨戒，晨朝有犯，应当结罪，至午若菩提心无间断，戒聚成就，则非所犯，乃至中夜有犯至于后夜菩提心无间断，戒聚成就，则非所犯。优婆离，当知初修大乘，行菩提心，戒行宽缓，若有菩萨，结罪有犯，不应悔惧。复次，若声闻犯戒，戒相则灭，无复更全，何故？为声闻持戒，除烦恼故，如救头然烧衣，心速为求寂灭涅槃，坚持戒行，以知菩萨为发菩提无上心故受戒，虽暂有犯，乃从事而论，一期所制，若菩提心四弘愿不断，即不名犯。若永舍菩提心，违四弘誓，即名犯戒。以声闻人不发菩提心，受戒但求出离事戒，才犯持心即断，以从生灭边论故。若菩提心菩萨戒约尽未来际无有间断故。……又如出家比丘，谁是微细精持戒人，二地分持，惟佛能净，所以经云，惟佛一人持戒清净，其余尽名破戒者。"②延寿指出，小乘佛教只要求断除烦恼在十八界的现行，不要求断除烦恼的种子根源，所以他们更强调戒相的持守，为了在一生之中取证涅槃，他们像救护着火的头发、衣服一样守护戒律。大乘弟子只要发起了菩提心，其所发"众生无边誓愿度、烦恼无尽誓愿断、佛道无上誓愿成、法门无量誓愿学"四宏愿还继续存在，那么触犯一些轻微戒相可以通过忏悔来解决。若从心地上来说，只有八识田中的烦恼种子的彻底转化，没有了一念无明与无始无明，才是完全的持戒。只要有烦恼种子没有断尽，就是有愚痴，也就不是持戒清净，真正可以部分持戒的是二地以上的菩萨，圆满持戒的只有佛陀。对于初学菩萨，只要坚持行菩提心，戒行宽缓则是可以接受的。

三、永明延寿的乘戒观

1. 乘急重于戒急

"乘戒"之说出自《大般涅槃经》，华严宗澄观的《华严经随疏演义钞》以及天台宗智顗《摩诃止观》都据此提出了"乘戒缓急"之说，《摩诃止观》云："今明十戒持犯不定，若通论动出悉名为乘，故有人天等五乘，通论防止悉名为戒。故有律仪定共道共等戒，若就别义，事戒三品名之为戒，戒即有漏不动不出。理戒三品名之为乘，乘是无漏，能动能出。约此乘戒四句分别：一乘戒俱急，二乘急戒缓，三戒急乘缓，四乘戒俱缓。"③天台智顗以

① 延寿：《宗镜录》卷35，《大正藏》第48册，台湾新文丰出版公司1983年版，第620页上。
② 延寿：《受菩萨戒法并序》，《卍续藏》第105册，台湾新文丰出版公司1983年版，第20页中。
③ 智顗：《摩诃止观》，《大正藏》第46册，台湾新文丰出版公司1983年版，第39页上。

理戒与事戒来分别乘与戒，理戒即为智慧。"乘"指包含人天乘、大小乘在内的所有智慧，如证得小乘观智、四谛、十二因缘以及大乘般若智慧等。从大乘佛教的角度来说，专志于成佛之道而研习智慧，是"乘急"之人；严持戒法而后研智慧，是"戒急"之人。由此产生乘急戒缓、戒急乘缓、乘戒俱急、乘戒俱缓之四种类型。乘急戒缓之人，如《维摩诘所说经》中的维摩居士；戒急乘缓之人，如小乘之比丘；乘戒俱急之人，如出家之菩萨；乘戒俱缓之人，则不足言。《大涅槃经》卷六云："于乘缓者，乃名为缓，于戒缓者，不名为缓。"①延寿认为，如果只是守事戒而不明宗乘的"戒急乘缓"之人，不能脱离六道轮回，只是可以在善道的人天受生，享受人天福报，但是果报若尽，还堕三途。比之于"戒急乘缓"，延寿则赞扬"乘急戒缓"。《心赋注》云："法华会上龙女献珠，此是实报畜生女，以不得人身，是戒缓，得悟大乘心宗，是乘急。"②延寿用畜生道的龙女悟道的典故来说明乘急的优胜。在《宗镜录》卷二十六中，延寿指出："是故因闻般若深经以为乘种，遂得乘急，常聆妙音，可以身座肉灯，归命供养，皮纸骨笔，缮写受持，如《大涅槃经》云：'佛言，善男子，于乘缓者，乃名为缓，于戒缓者，不名为缓，菩萨摩诃萨，于此大乘，心不懈慢，是名本戒，为护正法，以大乘水而自澡浴，是故菩萨虽现破戒，不名为缓。'"作者在此强调钻研大乘佛教义理并护持正法是"乘急"，只要有乘急，则虽然示现破戒也不明为"戒缓"，指出"乘教关系"以"乘"为核心。在《万善同归集》卷中云："《涅槃经》云：'助人发菩提心者，许破五戒。'故知损己为他，是大士之行。"这就是"乘急重于戒急"。

2. 乘戒兼急、乘急戒圆

延寿在强调乘急重于戒急的同时，也针对当时的僧俗四众轻视戒律的现状提出了批评。《万善同归集》指出："又如今末代宗门中，学大乘人多轻戒律，称是执持小行，失于戒急。"③五代以后，禅门的末流往往错会宗门正义，又误解教下之典，轻视戒律，导致了佛教界的乱相丛生。《万善同归集》云："夫戒为万善之基，出必由户，若无此戒，诸善功德皆不得生。《华严经》云：'戒能开发菩提心，学是勤修功德地，于戒及学常顺行，一切如来所称美。'《萨遮尼乾子经》云：'若不持戒，乃至不得疥癞野干身，何况当得功德法身。'《月灯三昧经》云：'虽有色族及多闻，若无戒智犹禽兽，虽处卑下少闻见，能持净戒名胜士。'《智论》云：'若人弃舍此戒，虽山居苦行食果服药，与禽兽无异，若有虽处高堂大殿好衣美食，而能行此戒者得生好处，及得道果。又大恶病中，戒为良药；大怖畏中，戒为守护；死暗冥中，戒为明灯；于恶道中，戒为桥梁；死海水中，戒为大舡。'"④延寿在此特别强调了戒律的意义，指出戒为万善之基。

《万善同归集》卷上云："《大涅槃经》佛临涅槃时，扶律谈常，则乘戒俱急，故号此经，为赎常住命之重宝。"⑤《万善同归集》卷下指出："今时则劫浊时讹，志微根钝，我慢

---

① 昙无谶译：《大涅槃经》卷六，《大正藏》第 12 册，台湾新文丰出版公司 1983 年版，第 400 页下。

② 延寿：《心赋注》卷一，《卍续藏》111 册，台湾新文丰出版公司 1983 年版，第 23 页上。

③ 延寿：《万善同归集》卷中，《大正藏》第 48 册，台湾新文丰出版公司 1983 年版，第 980 页下。

④ 延寿：《万善同归集》卷上，《大正藏》第 48 册，台湾新文丰出版公司 1983 年版，第 965 页上。

⑤ 延寿：《万善同归集》卷上，《大正藏》第 48 册，台湾新文丰出版公司 1983 年版，第 965 页中。

垢重懈怠障深，一行无成百非恒习，乘戒俱丧，理事双亡，堕无知坑，坐黑暗狱。不达即事即理之旨，空念破执破病之言，智顗深嗟愚人仿效，既成途辙顿夺尤难。"①延寿对于当时大乘佛教内部即不在理上明真心所在，也不在事上持守戒律表示了忧虑，他针对当时的流弊，特别突出强调"乘戒兼急、乘急戒圆"的思想，延寿在《永明智觉禅师自行录》的最后，用了这样的话来总结自己的佛学思想和佛教实践："右总前每日所行一百八件佛事，乘戒兼急，权实双行，体用相收，理事无碍。"②由此可见，"乘戒兼急"是延寿戒学的核心思想。

《宗镜录》卷第二十六指出："事戒理乘，双行双照，身律心慧，俱习俱持。以戒急故，受人天之身；以乘急故，绍祖佛之位。如是则方谐本愿，不负初心，可以上合慈风，下同悲仰。难逢良便，恐虑缘差，深劝诸贤，莫成后悔。又我此《宗镜》所录之文，但为最上根人，不入余众生手，唯令佛种不断，闻于未闻，誓报慈恩，不孤本愿，若涉名利，非被此机。"③延寿在此要求事戒理乘，双行双照，身律心慧，俱习俱持。在《心赋注》中，延寿还提出了"乘急戒圆，因成果满"的说法："乘急者，于一心大乘种性，志力淳熟，解心明利。戒圆者，于大乘戒法，坚持无犯，故《璎珞经》云：一切戒以心为体，心无尽故，戒亦无尽。"④"乘急戒圆"和"乘戒兼急"的提法基本相同，但是"戒圆"比"戒急"更加强调理事合一，强调"果"上的圆满，将"戒行"归于"心体"。

(作者单位：武汉大学国学院)

① 延寿：《万善同归集》卷下，《大正藏》第48册，台湾新文丰出版公司1983年版，第987页中。
② 延寿：《永明智觉禅师自行录》，《卍续藏》111册，台湾新文丰出版公司1983年版，第166页中。
③ 延寿：《宗镜录》，《大正藏》第48册，台湾新文丰出版公司1983年版，第604页上。
④ 延寿：《心赋注》卷三，《卍续藏》111册，台湾新文丰出版公司1983年版，第105页上。

论《宋元学案》对张载《西铭》《东铭》及《正蒙》的诠释[*]

□ 连 凡

　　清代浙东学派学者黄宗羲、黄百家、全祖望等人编纂的"学案体"宋元儒学思想史著作《宋元学案》中共收录有八十六个学案、两个党案和三个略案。其中出自黄宗羲、黄百家父子等人所编纂"黄氏原本"的五十九个学案中，编纂者致力于宋代道学创始人"北宋五子"学术思想的诠释与评价，留下了大量案语，其中有很多值得注意的观点。目前学术界的相关成果主要是围绕着哲学诠释与思想论争，结合案语来探讨《宋元学案》中学者的哲学思想与编纂者的观点立场。其中关于《宋元学案》中学案的专题研究还不多。刘兆玉围绕《宋元学案》卷十七"横渠学案上"与卷十八"横渠学案下"所收录思想资料，从天道观、人性论和工夫论三个方面探讨了编纂者对《正蒙》的诠释，认为《宋元学案》发展了张载的气本论，同时批判了张载分人性为"天地之性"与"气质之性"的思想，在主张性气一元的同时，又将张载哲学中的"心"从认识论和工夫论上升到本体论的高度。在对《西铭》和《东铭》的诠释上，刘兆玉认为《宋元学案》所辑录的注释充分反映了黄宗羲的心学立场及其对王学末流空疏学风的批判。① 其观点虽基本可信，但通贯宋明理学的整体发展脉络，结合编纂者的思想立场，对《宋元学案》中张载思想诠释的论述还不够充分。因此本文以《宋元学案》卷十七、卷十八"横渠学案上、下"为中心，围绕编纂者的案语及其所引刘宗周、高攀龙等人的评语，从《西铭》《东铭》及太虚论三个方面探讨"横渠学案"中关于张载思想的诠释。

一、《西铭》的哲学诠释——追求万物一体之仁的人生境界

　　《西铭》与《东铭》原本是张载书房的两篇铭文，《西铭》原称"订顽"，《东铭》原称"砭愚"，因为原篇名锋芒太露，恐招人非议，所以张载接受程颐的建议改为今名。两篇之中，《西铭》的旨趣纯粹宏大，得到二程的交口称赞。二程将其视作张载思想之精华和道

　　* 本文为教育部人文社会科学重点研究基地重大项目(项目编号：16JJD720014)及国家社科基金后期资助项目"《宋元学案》综合研究"(17FZXD13)阶段性成果。
　　① 刘兆玉：《论〈宋元学案〉对张载关学的诠释》，陕西师范大学硕士学位论文，2013年。

学的入门教材，对于《正蒙》则颇有微词。黄百家根据程门的这种评价，在卷十七"横渠学案上"将《西铭》与《东铭》作为张载思想的精华排列在前，其后才是《正蒙》（《西铭》与《东铭》也收录在今本《正蒙·乾称篇》中）。

黄百家在辑录了《西铭》的全文之后，① 首先引张九成的《西铭解》，主要对《西铭》进行了字句上的训解，进而又引用刘宗周《圣学宗要》诠释了《西铭》的思想主旨。在刘宗周看来，《西铭》的要旨实际上是阐述"求仁"之学。为什么这么说呢？实际上《西铭》的原名"订顽"的由来是医书上称病人的手足麻痹为"不仁"，就好比一个人只知自己而对他人之痛痒麻木不仁漠不关心一样。这与程颢及其弟子谢良佐所主张的"以觉言仁"是一个意思。即仁者以天地万物为一体，就好比头和足同为身体的一部分。这是依据儒家的天人合一的最高境界而来。其理由是天命赋与之初，我们的肉体与性体即是天地，包括天地万事万物。所谓"民胞物与"即指所有的人与物原本同以天地为大父母。君主与宰相在这个大家族中担任家督之职责，圣人与贤人是同姓同族中的杰出人物，所有的人都是与我处在一个大家族（一体）中的同类。因此假若此时有一人不得其所，就会不由自主地产生一体之苦痛。然而，我们怎样才能寻求一体之脉络而通达民物呢？这就必须反身而求，将天地赋予我们的德性——一体认践履过来，随着内心体认之即是穷神，随着外事体认之即是知化，其工夫则从不愧屋漏的慎独开始，由此才有存养，接着还有必要加以省察，进而由己推广至他人直至天下万世。天之生民即是使先知先觉者觉悟后知后觉者，只有这样才称得上是天地之肖子，这就是所谓"立命之学"。如果真能达成的话，君子便可由诚贯通天地万物而与之为一体。这也就是"求仁"的最高准则。② 程颢在《识仁篇》中指出"《订顽》意思，乃备言此体，以此意存之，更有何事"，③ 基于儒家性命天道相贯通的立场，依据本心之良知良能，由对天道之流行（即"天地生生之德"与"万物之生意"④）的直觉体认到达"仁者浑然与物同体"的天人合一境界。其"识仁"的本体工夫与《西铭》"民胞物与"的思想主旨相合。刘宗周进而将追求万物一体之仁的求仁工夫视为《西铭》之主旨，其观点与程颢的"识仁"说可谓一脉相承。

与上述程颢、刘宗周将《西铭》的主旨解释为求仁不同，程颐基于其理本论，将《西铭》的主旨诠释为"理一分殊"。具体来说，二程的高徒杨时曾致信程颐，认为《西铭》言体（本体）而不及用（工夫），其"民胞物与"的泛爱思想恐易流为墨子之兼爱说。这其实也是间接批评了程颢的《识仁篇》。程颐则用"理一分殊"概括了《西铭》的主旨，并进而明确了儒家与墨子的区别，即儒家之仁爱思想源于天道（"理一"），并由己及人及物而推扩出去，依伦理关系亲疏而有别（义），是有差等（"分殊"）的爱。墨子之兼爱虽也有其天道依据，

———————————

① 黄宗羲原著，全祖望补修：《宋元学案》第 1 册，陈金生、梁运华点校，中华书局 1986 年版，第 665~666 页。

② 参见黄宗羲原著，全祖望补修：《宋元学案》第 1 册，陈金生、梁运华点校，中华书局 1986 年版，第 667~668 页。

③ 黄宗羲原著，全祖望补修：《宋元学案》第 1 册，陈金生、梁运华点校，中华书局 1986 年版，第 540 页。

④ 参见黄宗羲原著，全祖望补修：《宋元学案》第 1 册，陈金生、梁运华点校，中华书局 1986 年版，第 555 页。

但却不主张差等之爱(无义),因此在以家族伦理为本位的儒家看来是不合乎人情道理的。① 杨时接受程颐的"理一分殊"说,并将其与儒家的内圣外王之道相结合,认为知其"理一"则可以为仁(内),知其"分殊"则可以为义(外),而天下万物之道理其实是一致的(理一)。② 程颐和杨时主要从道德践履层面发明理一分殊、体用不二的思想。其后朱熹继承程颐之说,以乾坤(天道)作为生育万物之根源,认为万物之本源原本为一,故可说"理一",但人与物各有其分殊之伦理关系,此为"万殊",指出理一分殊说一方面避免了陷入墨子的兼爱利他主义,一方面又避免了陷入杨朱的为我自私主义。③ 朱熹进而还从其道先器后、道本器末的立场出发,认为《西铭》的主旨其实超越了"民胞物与""长长幼幼"的伦理规范(器)层面,因此必须从立于器之上作为抽象根源的形上天道本体那里探究其主旨。这样就把《西铭》的主旨引申为"求理"了。④ 这种超出《西铭》所说伦理道德层面的"理一分殊"说也成为朱熹理学中规定天道(天理)与性命(人物之性)之关系的一般原则。即总天地万物之理为一太极(天理),而事事物物中又各具一太极(分殊之理、禀性)。由此直接导出其性气二元论,将性区分为秉受天理而来的"义理之性"("性即理")及其与气质相混杂而形成的"气质之性",认为义理之性(仁义礼智)是先天赋予的本性,在逻辑上先于后天禀受而来的气质之性。这是朱熹基于其理气、道器二元论得出的结论。总之,朱熹继承程颐的"性即理"和"理一分殊"思想,将儒家倡导的人性中固有之伦理道德提升为宇宙本源与本体(天理),进而以天理作为天地万物之性的本源。刘宗周则从其理气、道器合一论的立场出发,认为父子等人伦关系(器)出现之后五常等伦理道德(道)方才成立,⑤ 批判了朱熹将伦理道德置于人伦关系之上的道本器末论,因此将《西铭》的"民胞物与"思想解释成从伦理关系入手追求万物一体之仁的天人合一境界。综上所述,黄百家引述刘宗周之说,从道不离器的合一论立场出发重新诠释了张载的《西铭》,从而批判了程朱基于理气、道器二元论的诠释。

二、《东铭》的哲学诠释——"自明诚"与"自诚明"的为学径路

《西铭》之后,"横渠学案上"又收录了《东铭》,⑥ 黄百家仍引刘宗周《圣学宗要》中的评语对其进行了论述。《西铭》主要着眼于从天道来阐明人应遵守的伦理规范,即从天道贯通至人道,《东铭》则主要着眼于人所应遵循的行为规范。依据刘宗周的看法,《东铭》中张载发明了其心学。即对于张载所说的"戏言戏动",人们往往容易认为其非出自本心,

① 程颐、程颢:《二程集》上册,王孝鱼点校,中华书局 2004 年版,第 609 页。
② 杨时:《杨时集》,林海权点校,福建人民出版社 1993 年版,第 269~270 页。
③ 朱熹:《西铭解》,朱杰人、严佐之、刘永翔主编:《朱子全书》第 13 册,上海古籍出版社、安徽教育出版社 2002 年版,第 145 页。
④ 朱熹:《西铭解》,朱杰人、严佐之、刘永翔主编:《朱子全书》第 13 册,上海古籍出版社、安徽教育出版社 2002 年版,第 145~146 页。
⑤ 参见侯外庐、邱汉生、张岂之等主编:《宋明理学史》下卷,人民出版社 1984 年版,第 620~621 页。
⑥ 黄宗羲原著,全祖望补修:《宋元学案》第 1 册,陈金生、梁运华点校,中华书局 1986 年版,第 668 页。

其实也是从心中流出的。"思"与"谋"是基于人心的（"心之本乎人者"），而对于超过实际的"过言过动"，人们往往视其为心，却不知其非心。这里所指的"心"不是通常所说的意识，而是指真实无妄之本心——"诚"，即本于天（道）之心（"心之本乎天者"）。这大体相当于后来程朱所说的依天理而来之"道心"。学问工夫则在于省察本于人的"心"（"心之本乎人者"）并进而克制之。这大体相当于后来程朱所说的依人欲而来的"人心"。在刘宗周看来，这一学问过程即是《中庸》的"自明诚"，即通过遵守外在的教化和规范来发明其内在之诚（本心）。① 张载所说的"由穷理而尽性"即指此。相应地，《西铭》中所讲述的本体工夫论则相当于《中庸》的"自诚明"，即通过发明天赋之良知良能（本心）而自然明理。张载所说的"由尽性而穷理"即指此。

事实上，张载结合《易传》与《中庸》的思想指出："'自明诚'，由穷理而尽性也；'自诚明'，由尽性而穷理也。"②又说："须知自诚明与自明诚者有异。自诚明者，先尽性以至于穷理也，谓先自其性理会来，以至穷理；自明诚者，先穷理以至于尽性也，谓先从学问理会，以推达于天性也。某自是以仲尼为学而知者，某今亦窃希于明诚，所以勉勉安于不退。"③结合《中庸》与《易传》提出了性、教二分的为学径路。其所谓"由尽性而穷理"即由"尊德性"以"道问学"的工夫路数，而"由穷理而尽性"即由"道问学"以"尊德性"的工夫路数。但其重心则在于"自明诚"的"由穷理而尽性"的教化路数上。对此，当时二程与张载之间已产生了分歧。④ 具体来说，张载认为为学应当从学习探究礼乐规范之理（穷理）入手，先变化气质以彰明己之性，再彰明人之性，推而广之以彰明万物之性，循序渐进方能上达于天道，从而与天合一。针对关学这种"穷理→尽性→至命"三阶段的渐修工夫论，二程从其天理论出发，认为理、性、命指称的是同一天道流行的三个不同方面（而非张载理解的三个阶段），⑤ 穷理、尽性、至命是没有先后顺序而可一并完成的，⑥ 因而强调"诚即明矣"，⑦ 即发明天赋之道德理性（善性）便是明理了。站在道德践履（伦理）而非认识论（知识）的层面来看，二程（尤其是程颢）当下体认出天理（仁体、天地生生之德），其工夫由上（天道）直贯到下（人道），确实没有必要像张载那样先穷理后尽性才能至于天命（天道）。其后朱熹从其理一分殊论出发，强调下学（分殊）而上达（理一）的循序渐进工夫，甚至将程颢及其弟子谢良佐等人那样当下体认仁体（天理本体）的直截路线视为走入禅学而加以批评，因此自然倾向于张载的"自明诚"与"由穷理而尽性"的渐修工夫，认为虽然从道理上讲二程强调天下之理本一（"理一"）和当下体认天理的主张并没有错，但落实到具体事物上来说则必须像张载那样——理会穷究分殊之理，即所谓"盖以理言之，则精粗本末，初无二致，固不容有渐次，当如程子之论；若以其事而言，则其亲疏近远，深浅先

———————————

① 黄宗羲原著，全祖望补修：《宋元学案》第 1 册，陈金生、梁运华点校，中华书局 1986 年版，第 668 页。

② 张载：《张载集》，章锡琛点校，中华书局 1978 年版，第 21 页。

③ 张载：《张载集》，章锡琛点校，中华书局 1978 年版，第 330 页。

④ 程颐、程颢：《二程集》上册，王孝鱼点校，中华书局 2004 年版，第 115 页。

⑤ 程颐、程颢：《二程集》上册，王孝鱼点校，中华书局 2004 年版，第 410 页。

⑥ 程颐、程颢：《二程集》上册，王孝鱼点校，中华书局 2004 年版，第 15 页。

⑦ 程颐、程颢：《二程集》上册，王孝鱼点校，中华书局 2004 年版，第 308 页。

后，又不容于无别，当如张子之言也"，① 从而折中了程、张之分歧。朱熹又指出张载的诚明说是区分性、教的两条为学径路，不是像二程那样以之区分圣贤工夫的不同品级，所以才说由诚至明，其立场自与二程不同，并对二程"诚即明矣"的顿悟主张则提出了质疑，认为当系弟子记录有误。② 而前述刘宗周在诠释《东铭》时也强调"夫学，因明至诚而已矣"③，显示出对朱熹工夫论诠释的吸收。

三、"太虚"的哲学诠释——虚气相即、体用不二的宇宙本体论

《正蒙》的篇名是模仿《论语》从每篇的开头部分提炼出两字来命名的。《太和篇》当然也不例外。其开篇即说"太和所谓道"。按照黄百家引高攀龙之说的解释，所谓"太和"是指阴阳二气和合而来之气（元气）。《周易·系辞传》说"一阴一阳之谓道"，张载在其基础上提出了器（气）即道的道器（道气）合一论，以太和之变化为天道。太和即是阴阳，易（变易）即是道，阴阳之外别无所谓道。黄百家又引高攀龙之说，从理气合一的立场出发，指出阴阳二气自然相感之理（性）即是太和之体，二气之往来即是太和之用。这一点集中体现在"一物两体"说中。④ 按照黄百家引高攀龙之说的解释，"一物两体"即指太极两仪（阴阳）。太极是理，同时也是气。理不能离开气而存在，必由实体之气以载理。气原本是一物，"无在无不在"故神，可见两体因一物而神妙。气有阴阳两体，所以产生一阴一阳之变化，可见一物（气）由两体（阴阳）而变化。⑤ 从哲学史的发展来看，汉唐以来，太极一般被视为天地未分之前的混沌元气。张载以太和元气冠于《正蒙》之首，表明其思想中有元气宇宙论的成分，进而从其"一物两体""太虚即气""虚气不二"的太极（太虚）元气说到"太虚无形，气之本体"的太虚本体论来看，张载的思想体系在继承汉唐以来太极元气说的宇宙生成论的同时，又显示出向天理本体论发展的倾向，因此可说兼具生成论（太极元气说）与本体论（天理本体论）两方面的内容，具有理气合一的思想倾向。这一点从下面对张载宇宙本体论的根本范畴"太虚"的诠释可以看得更清楚。

黄百家之前关于"太虚"的诠释主要有以下三种观点：宇宙、气、理。"太虚"一词最初见于《庄子·知北游》，"是以不过乎昆仑，不游乎太虚"。这里的"太虚"是指道家所谓空寂玄奥之境，具体又指天或天空。推而广之，"太虚"也泛指包含天地万物在内的整个

① 朱熹：《四书或问》，朱杰人、严佐之、刘永翔主编：《朱子全书》第 6 册，上海古籍出版社、安徽教育出版社 2002 年版，第 596 页。

② 朱熹：《四书或问》，朱杰人、严佐之、刘永翔主编：《朱子全书》第 6 册，上海古籍出版社、安徽教育出版社 2002 年版，第 595 页。

③ 黄宗羲原著，全祖望补修：《宋元学案》第 1 册，陈金生、梁运华点校，中华书局 1986 年版，第 668 页。

④ 黄宗羲原著，全祖望补修：《宋元学案》第 1 册，陈金生、梁运华点校，中华书局 1986 年版，第 672、674、730 页。

⑤ 黄宗羲原著，全祖望补修：《宋元学案》第 1 册，陈金生、梁运华点校，中华书局 1986 年版，第 674 页。

宇宙时空。从《正蒙》中"太虚不能无气，气不能不聚而为万物，万物不能不散而为太虚"①来看，张载以宇宙为太虚，提出了在太虚中由弥漫之气而生物聚散的气化论思想。张载所谓"由太虚，有天之名"②则更明显是承袭了前代的太虚说。以"太虚"为"气"的诠释依据是"太虚即气"，③ 即认为太虚本身就是指气或元气。按照这种看法，张载的思想体系被视作以气为宇宙本体的"气本论"或"气一元论"。明代以来主张气一元论的学者多主此说，而且这种说法可以说是现代以来学界最有影响的一种解释。④ 以"太虚"为"理"的依据是"太虚无形，气之本体"，⑤ 即认为太虚是立于形而下的气之上作为形上根源的理（天理）。程朱理学持这种观点。这当然是程朱依据其理本论来解释张载的太虚。⑥ 程颐的理本论可说是对张载将形而上（道）与形而下（器）合一的气化宇宙论感到不满，进而从形上层面抽象出来的一种本体论，⑦ 同时表明程朱一系将张载视为其理学发展中的一环。但此说自明代以来一直存在异议。⑧《宋元学案》的编纂者黄百家也不例外。

综观《宋元学案》全文，黄百家基于理气合一论以"气之本然"诠释了"太虚"。黄百家主要继承刘宗周及黄宗羲之说，又受明代中期以来元气实体论的实学思潮影响，批判了程朱的理本论，以气为天地万物之本体（实体），以理为气之属性（条理、法则）。基于此，黄百家高度评价了张载"虚空即气"的思想，指出"天地之间，只一气之循环而已"，认为气是宇宙间的唯一实体。⑨ 黄百家赞成张载所说的"释氏不知天命，而以心法起灭天地"，⑩ 以儒家所说的天命流行作为道之本源，又指出这种天命流行其实只是气的作用，理不过是气之本然，无气则理亦不能存在。黄百家进而指出，像道佛二教那样将虚（无）与气（有）割裂为二的话，则理与气、心与性、体与用、动与静等都将被割裂为二，这也就是异端以无为真实，以有为虚幻的主要原因。《易传》说"一阴一阳之谓道"，阴阳之运行其实不过就是气的作用罢了，其运行之条理（规律法则）即是理，并不是别有一理来到

① 黄宗羲原著，全祖望补修：《宋元学案》第 1 册，陈金生、梁运华点校，中华书局 1986 年版，第 670 页。

② 黄宗羲原著，全祖望补修：《宋元学案》第 1 册，陈金生、梁运华点校，中华书局 1986 年版，第 672 页。

③ 黄宗羲原著，全祖望补修：《宋元学案》第 1 册，陈金生、梁运华点校，中华书局 1986 年版，第 671 页。

④ 参见张岱年：《中国哲学大纲》，中国社会科学出版社 1982 年版，第 3~4、26~27 页。

⑤ 黄宗羲原著，全祖望补修：《宋元学案》第 1 册，陈金生、梁运华点校，中华书局 1986 年版，第 669 页。

⑥ 参见朱熹著，黎靖德编：《朱子语类》第 4 册，王星贤点校，中华书局 1986 年版，第 1432 页。

⑦ 程颐、程颢：《二程集》上册，王孝鱼点校，中华书局 2004 年版，第 21、34、118 页。

⑧ 参见张岱年：《关于张横渠的唯物论思想——对〈张横渠是一个唯心主义者〉一文的答复》，《张岱年全集 第 5 卷，河北人民出版社 1996 年版，第 61~62 页。

⑨ 黄宗羲原著，全祖望补修：《宋元学案》第 1 册，陈金生、梁运华点校，中华书局 1986 年版，第 670~671 页。

⑩ 黄宗羲原著，全祖望补修：《宋元学案》第 1 册，陈金生、梁运华点校，中华书局 1986 年版，第 703 页。

气中作为主宰。① 这样黄百家就发挥张载的虚气合一论批判了道佛体用分离的虚无本体论及程朱的理气二元论。正如研究者所指出的，将张载所谓"太虚即气"理解成"太虚即是气"或"太虚就是气"的看法是值得商榷的，"太虚即气"的"即"字并不是现代汉语中表肯定判断的"就是"的意思，而应当是"相即不离"的"即"。② 从字源上看，即字为会意字。甲骨文作坐人形（后讹为卩）面对食器（皀）会意。本义是走近去吃东西。基本义是接近、靠近、走向，与"离"对举。事实上，张载正是基于"太虚即气""虚空即气"说，强调虚与气（无与有、理与气）相即不离，又在虚与气之间作了无形与有形、清虚与昏浊、神与形的区分。因此太虚与气之间并不是佛道异端所认为的"无"（虚无）与"有"（实有）的关系，实际上只不过是幽与明、隐与显、无形与有象的区别，或者说只是一气流行过程中的两种不同状态，从而批判了道家、道教的"虚能生气""有生于无"及佛教的"虚物相离"思想。③ 总而言之，在编纂者黄百家看来，张载以太虚为气之本体（本然），将太虚与气视作体用关系的同时，太虚与气又如冰与水一样相互转化，气聚而为有形之万物，物散而复归无形之太虚。太虚与气只是一气流行中的不同状态。因此张载的太虚说是一种虚气不二、体用合一的宇宙本体论。黄百家的解释阐明了张载太虚说的思想背景及其理论本质，并且批判总结了上述宋明理学中以太虚为气或理的诠释，应该说比较符合张载太虚说的本意。同时黄百家本人的理气合一论思想可说是对张载虚气不二思想的继承和发展。

（作者单位：武汉大学哲学学院）

---

① 黄宗羲原著，全祖望补修：《宋元学案》第 1 册，陈金生、梁运华点校，中华书局 1986 年版，第 670~671 页。

② 如丁为祥即以"虚气相即"不离作为其论述的主旨对张载的太虚进行了细致的分疏。参见丁为祥：《虚气相即——张载哲学体系及其定位》，人民出版社 2000 年版。

③ 黄宗羲原著，全祖望补修：《宋元学案》第 1 册，陈金生、梁运华点校，中华书局 1986 年版，第 670~671 页。

论陆象山的"学苟知本，六经皆我注脚"

□ 肖 雄

在现代语境中，我们将如何理解陆象山的"学苟知本，六经皆我注脚"这句话所包含的诠释学意涵呢？或者说，我们将对其进行怎样的诠释学衡定？对此，学界已有不少讨论。彭启福以"实践论诠释学""心学诠释学"来概括象山的诠释观，强调了理解目标即成德及其问题意识对于象山诠释经典的引导作用。① 最近，林维杰亦有撰文从诠释学的角度来剖析象山的诠释倾向，认为象山有"存有论的诠释"倾向，其"立志、先立其大式的'尊德性'要求，落实为掌握纲领、意旨的诠释原则而支配了整个理解过程"。② 彭、林两位皆肯认"尊德性"的要求对陆象山的诠释倾向之主导，尤其林文使得象山的诠释性格得到一更加明确的当代诠释学定位，但无论是林文，还是彭氏的说法，对于修身工夫在具体诠释上的作用似乎皆关注不够。

相较而言，牟宗三这方面的论述似乎值得重视。针对象山自云："窃不自揆，区区之学，自谓孟子之后，至是而始一明也。"③牟宗三评论说："明之亦不易，古今来有几人真能相应而明之乎？"④这种"不易"是文字上面的吗？还是工夫层面的呢？又牟宗三说："古人无不自幼而熟读四书五经。然习焉而不察，不必能了解其中之实义。一个道理之实得于心须赖自己之独悟。当其一旦独悟而自得之时，其前所素习者好像不相干然。惟由于独悟才是一生中之大事。此中国往贤所以常喜说实理所在，千圣同契，不是经由研究某某人而得也。"⑤从这段文字来看，"真相应而明之"之所以"不易"，是因为需要"独悟而自得"的

① 彭启福：《朱熹的知识论诠释学和陆九渊的实践论诠释学》，《安徽师范大学学报》2008年第3期。彭启福：《陆九渊心学诠释学思想研究》，华东师范大学博士学位论文，2011年。

② 林维杰：《陆象山学问的诠释学性格》，《中国文哲研究集刊》(台北)第45期，2014年9月，第113页。

③ 陆九渊：《陆九渊集》，钟哲点校，中华书局2008年版，第134页。

④ 牟宗三：《从陆象山到刘蕺山》，《牟宗三先生全集》第8册，台湾联经出版事业公司2003年版，第14页。

⑤ 牟宗三：《从陆象山到刘蕺山》，《牟宗三先生全集》第8册，台湾联经出版事业公司2003年版，第181~182页。

工夫,这才是"一生中之大事"。而如果没有这层工夫,则只是"习焉而不察,不必能了解其中之实义"。同时,从牟宗三的话来看,他认为"实理"乃是"千圣同契"的"共同主观"(inter-subjectivity)。受牟宗三的启示,笔者在以前写过的关于象山的文章中,对此亦有所展示。① 现在则想进一步探讨,并对此予以更为明晰的定位,而这需要我们首先对诠释的各个层面进行划分,然后再结合象山的具体诠释观来进行论述。

一、诠释层次之划分

傅伟勋曾创立"创造的诠释学"(creative hermeneutics),认为诠释有五个层次,即:实谓(版本考订,what did the original thinker actually say)、意谓(文本思想,what did the original thinker mean to say)、蕴谓(历史解释,what could the original thinker's sayings imply)、当谓(本应说,what should the original thinker said)、必谓(原创性)。② 傅伟勋所说的前面三个层次都比较容易达到且客观性较强,而第四、五个层次则需要他所谓的"创造的诠释学洞见",据李明辉的说法,它们类似于康德所谓"理性的知识"。③ 这里的问题是如何区分第四、五两个层次,据傅伟勋自己对庄子的描述——庄子既有"当谓"又有"必谓",此两层仿佛是相连的,同时他还说,孟子与宋明大儒该作如是观;但另一方面他又说,陆象山只不过是跟随孟子而没有超过孟子多少,而王阳明对于儒家的内在批判也不够。④ 这就未免有点自相矛盾了。如果以他后面的判断为准,则陆王其实只达到了第四层"当谓"的境界,而未至"必谓"的地步。从他对庄子批判地继承老子哲学的描述来看,他以庄子能探寻老子哲学的深层结构为"当谓"之前提,而以能够解决老子哲学面临的矛盾而批判地超越之为"必谓"之象征。如此一来,陆王确实很难说是批判地超越了孔孟儒学而达到了"必谓"的层次。不过,放在传统儒家的评价中,这并非是一种贬低,反而是种赞美。因为儒家认为,如果在根本的哲理处有创新,这可能只是一种"歧出"或"学不见道",就像陆象山与牟宗三对朱子的评断那样。不过,"批判地超越"之"必谓"层次之设立确有其合理性,只是应该对它的适用范围进行限定,或许,我们应该区分理论理性与实践理性两个领域来谈创新的问题,就前者而言,创新是种赞美,而就后者而言则未必——因为一个精神传统或方向的创新意味着该传统的被扬弃。恰好本文所探讨的是对儒学传统的诠释,因而重在"当谓"层。

按照傅伟勋的五层诠释说,对照牟宗三对陆象山的孟子学之定位,我们可以得出结论说,象山的孟子学诠释只是达到了"当谓"的层次,而未至批判的超越之"必谓"层次。然

① 肖雄:《陆象山对〈孟子〉心性论的解读》,武汉大学硕士学位论文,2012 年,第 20~27 页。肖雄:《陆象山对孟子"本心"概念的诠释》,《国学学刊》2014 年第 3 期,第 74~75 页。

② 傅伟勋:《大陆讲学三周后记》,刘志琴编:《文化危机与展望——台港学者论中国义化》(下),中国青年出版社 1989 年版,第 118~126 页。李翔海:《批判的继承与创造的诠释——傅伟勋哲学方法论述评》,《北京社会科学》1995 年第 3 期。

③ 李明辉:《牟宗三先生的哲学诠释中之方法论问题》,《中国文哲研究集刊》(台北)第 8 期,1996 年 3 月,第 189 页。

④ 傅伟勋:《大陆讲学三周后记》,刘志琴编:《文化危机与展望——台港学者论中国文化》(下),中国青年出版社 1989 年版,第 126、140 页。

而，"当谓"层次实可再予以进一步的细化。一个探寻了孟子哲学深层结构的哲学家可以只是一个现代哲学系的理论工作者，也可以是一个圣贤(有明心见性的工夫)。前者还可以细化为有道德追求的诠释者、有现实关怀的诠释者与有其他哲学视野的诠释者，当然，这三重身份可以重叠。照林维杰与彭启福的说法，象山主要是个有道德追求与现实关怀的诠释者；而照牟宗三的说法，象山主要是一个有自得工夫的诠释者。

关于后者，可以得到黄俊杰与倪培民相关说法的支持。黄俊杰认为，王阳明的孟学诠释属于"表述个人精神体验的诠释学"类型，① "个人精神体验"即是一工夫论语，这种诠释学类型即是基于工夫的诠释学。与黄俊杰类似，倪培民亦有撰文更为细致地讨论了"功夫诠释学"："首先，它意味着把儒家学说当作修齐治平的功法指导，而不是描述世界的理论系统。其次……最后，它意味着儒家经典的某些内容必须要通过修身实践才能充分理解。"②尤其最后一点明确突出修身工夫对于我们理解、诠释经典的重要作用，本文可以说是这最后一点的一个注脚。

最后就工夫论诠释学谈个判准的问题，因为个人精神体验或工夫乃是非常个人化的东西，传统儒者都有实践工夫，但是不能说每个人基于自己的工夫而对经典所作的诠释都对，或者说，没有高下之分，否则就有陷入相对主义的危险了。黄俊杰以朱、王的孟学诠释为两种不同的思想史典范(paradigm)，并且是由于不同的"脉络性"即各自的哲学系统背景而造成。③ 对于这种差异，黄俊杰似乎并未有谁更忠实于经典以及谁的诠释更加高明的分判。这与牟宗三的判教态度并不相同。在笔者看来，经典固然没有一个完成了的意义，而是可以随时予以更新，但是这种更新并非是随意的，而是具有一个明确的方向性，所谓"未始出吾宗"(《庄子·应帝王》)，这也就是前面说的"实理所在，千圣同契"的"共同主观"(inter-subjectivity)。孟子所谓"左右逢其原"(《孟子·离娄下》)也是这个意思。

二、陆象山诠释观中的实谓、意谓与蕴谓

"实谓"即原典考订，观象山与朱子辩论周濂溪的《太极图说》而知其亦重视版本考订的问题。④ "意谓"包括了解字义、文义，这是我们阅读的一项最基本的要求，对此，象山予以承认，但又认为不能停留于此："读书固不可不晓文义，然只以晓文义为是，只是儿童之学，须看意旨所在。"⑤在此，象山认为，文义只是基层的，而意旨才是高阶的，诠释显然不能只停留在文义上。象山还批评那种局限于文义而沾沾自喜，从而忽视意旨的解释行为。另一方面，他又反对"牵文从己"的做法，他说："解书只是明他大义，不入己见于其间，伤其本旨，乃为善解书。"⑥由此可见，"意旨"乃是文本本身所包含的，而又需要我们去开显的诠释空间，对此，我们将在后面详细讨论。

---

① 黄俊杰：《中国孟学诠释史论》，社会科学文献出版社 2004 年版，第 223 页。
② 倪培民：《什么是对儒家学说进行功夫的诠释？》，《哲学分析》2013 年第 2 期。
③ 黄俊杰：《中国孟学诠释史论》，社会科学文献出版社 2004 年版，第 247~248 页。
④ 陆九渊：《陆九渊集》，钟哲点校，中华书局 2008 年版，第 21~31 页。
⑤ 陆九渊：《陆九渊集》，钟哲点校，中华书局 2008 年版，第 432 页。
⑥ 陆九渊：《陆九渊集》，钟哲点校，中华书局 2008 年版，第 503 页。

我们已谈到象山的诠释观中包含了"实谓""意谓"两个层次，那么"蕴谓"这个环节是否包含在象山的诠释观中呢？笔者以为，答案是肯定的。象山说：

> 后生看经书，须着看注疏及先儒解释，不然，执己见议论，恐入自是之域，便轻视古人。至汉唐间名臣议论，反之吾心，有甚悖道处，亦须自家有"征诸庶民而不谬"底道理，然后别白言之。①

前人的解释已经超出了我们直面的经典文本，可以形成对我们的诠释的一种参照。这种前人的解释即傅伟勋所谓的"蕴谓"，而从象山的表述来看，他显然也有这层意思。不过，他还要求我们最终诉诸吾心之道。

综上所述，象山的诠释观中，包含了实谓、意谓与蕴谓这三条基本的诠释规范，我们只能超过而不能绕过它们，否则诠释就失去了判准，而沦为任意的曲解了。然而，这些层次主要都还只能归于林维杰所谓的"认识论诠释学"。② 不过象山的诠释观显然不止于此，他的另外一些话头明显有"工夫论诠释学"的性格，如他的"学苟知本，六经皆我注脚"，"知本"当然是种"前理解"，但显然不限于林维杰所述，而是额外明显的展现出一种对于工夫、境界的诠释贡献的重视，也就是说，林氏的划分有待于进一步细化。

三、当谓（一）：成德目标主导下的诠释——"求血脉"

在上文中，我们提到了"意旨"问题，这与本小点将要谈论的"求血脉"有异曲同工之妙。象山批评他那个时代的学者说："今之学者读书，只是解字，更不求血脉。"③这大概也是他那个时代的通病吧。对此，林维杰的概括非常准确——象山以"尊德性"来主导"道问学"，这使得其在经典诠释上亦将"求血脉"置于"解字"之上而主导之。

关于"求血脉"何谓，以及其与"解字"是什么关系，我们可以根据"文献途径"来求取。象山云："试取孟子全章(指'牛山之木尝美'章)读之，旨意自明白，血脉自流通。古人实头处，今人盖未必知也。"④按此语，"血脉"即旨意，并且还引出了"实处"一词。又《语录》载：

> 伯敏云："如何是尽心？性、才、心、情如何分别？"先生云："如吾友此言，又是枝叶。……今之学者读书，只是解字，更不求血脉。且如情、性、心、才，都只是一般事物，言偶不同耳。"……先生云："……'牛山之木'一段，血脉只在仁义上。……只与理会实处，就心上理会。……须是血脉骨髓理会实处始得。凡读书皆如此。"⑤

① 陆九渊：《陆九渊集》，钟哲点校，中华书局2008年版，第431页。
② 林维杰：《陆象山学问的诠释学性格》，《中国文哲研究集刊》(台北)第45期，2014年9月。
③ 陆九渊：《陆九渊集》，钟哲点校，中华书局2008年版，第444页。
④ 陆九渊：《陆九渊集》，钟哲点校，中华书局2008年版，第91页。
⑤ 陆九渊：《陆九渊集》，钟哲点校，中华书局2008年版，第444~445页。

此段将"解字"与"求血脉""理会实处""心上理会"对举，"解字"即汉代以来的文字训诂、章句注疏，后三者不指此。然而，我们若不能紧扣"血脉""旨意""实处"等语，则难免停留于"解字"的"意谓"层面。"血脉"落实了讲，还是象山所说的"只在仁义上"，仁义才是血脉。象山云："《论语》言'伯夷叔齐求仁得仁，泰伯三以天下让，殷有三仁焉'，却从血脉上说来。"①即是此意。

何谓"实处"？象山曾说：

> 古人自得之，故有其实。言理则是实理，言事则是实事，德则实德，行则实行。②
>
> 宇宙间自有实理，所贵乎学者，为能明此理耳。此理苟明，自有实行，有实事。实行之人，所谓不言而信……③
>
> 介甫慕尧舜三代之名，未曾踏得实处，故所成就者，王不成，霸不就。本原皆因不能格物，模索形似，便以为尧舜三代如此而已。所以学者先要穷理。④

由此数处观之，象山所谓之"实处"皆是德行义，是就本心说。综上所述，"血脉""旨意""实处"等词并不是指某种知识，更不是文字训诂，而是义理，由此可见，"求血脉"即"明义理"。

象山前面说"不入己见"，这里说"求血脉""理会实处"。所谓"己见"即"私见"，与"实理"相对，解读经典时"不入己见"当然好，但是会不会"入实见"呢？象山自称读书"求血脉"，"不伤其本旨"，但是他对《大学》"管归一路"的讲法⑤不就"入实见"了吗？从广义上讲，"入实见"也是"入己见"，这一点从客观了解的立场上来讲便是如此。当然，象山的诠释观所主张的与他实际所做的必须分开，即他虽然承认客观性的重要，但是这不妨碍他可能偶尔会不自觉地逾越这个藩篱。

"求血脉"的解读方法似乎并不涉及太高深的践履工夫，然而象山云：

> 书亦政不必遽尔多读，读书最以精熟为贵。……必令文义明畅，欲不劳其思索，不起其疑惑，使末不害本，文不防实。常令文义轻而事实重，于事实则不可须臾离，于文义则晓不晓不足为轻重，此吾解说文义之妙旨必先，亦不可不知也。然此亦岂可强为之哉？非明实理，有实事实行之人，往往乾没于文义间，为蛆虫识见以自喜而已。⑥

---

① 陆九渊：《陆九渊集》，钟哲点校，中华书局 2008 年版，第 435 页。
② 陆九渊：《陆九渊集》，钟哲点校，中华书局 2008 年版，第 5 页。
③ 陆九渊：《陆九渊集》，钟哲点校，中华书局 2008 年版，第 182 页。
④ 陆九渊：《陆九渊集》，钟哲点校，中华书局 2008 年版，第 442 页。
⑤ 牟宗三：《从陆象山到刘蕺山》，上海古籍出版社 2001 年版，第 41 页。
⑥ 陆九渊：《陆九渊集》，钟哲点校，中华书局 2008 年版，第 186 页。

象山认为"事实"重于"文义",但是若不明"实理",则常常淹没于文义之间,乃至以一孔之见而自好。象山读书有一明显的目标,即涵泳义理,而非只是"为求知而求知",当然这也是儒家学者的共同追求。林维杰认为这种价值追求形成了一种"前理解",并主导了整个诠释,饱含诠释学的存有论性格。当然,不同于海德格尔、伽达默尔的"时间存有论",象山是"道德存有论"。① 这种价值引导固然有造成曲解之可能,然而它亦可以使我们能够在"旨意"与"意谓"之间维持平衡,在不违背经典原意的同时又揭示其可能含有的意义。在此,价值引导的因素即"求血脉"已经参与到诠释中来了,同时"明实理"的工夫亦有助于我们更好的做到"求血脉",而这"明实理"的工夫若达至高阶的"左右逢源"之"自得"时,其诠释将会更加充盈。举一例便知:

> 复斋尝于窗下读程《易》,至"艮其背"四句,反复诵读不已。先生偶过其前,复斋问曰:"汝看程正叔此段如何?"先生曰:"终是不直接明白。'艮其背,不获其身',无我;'行其庭,不见其人',无物。'复斋大喜。"②

象山之兄复斋没有象山那样的洞见,根源还是在境界上不如象山"左右逢源"之"自得"。由此可见,自得工夫在诠释经典的过程时之不可替代性。

四、当谓(二):基于自得工夫的诠释

一般而言,我们对象山的印象是,其解释学是"六经注我"式的,但其实他也离不开"我注六经(四书)",如他在向弟子们解释《孟子》时即是,虽然他并未像朱子那样,着意于遍注群经。而关于象山与其弟子们对于经典理解的差异,我们决不可认为他们只是"认识论诠释学"层面(相应于傅伟勋所说的前三层)的不同,而是要更进一步,注意到他们因工夫境地之不同而造成的经典诠释之不同。

对于象山的"工夫论诠释学",黄俊杰比较能注意:"中国诠释学呈现以下两项特征:一是经典诠释成为一种'体验'之学;二是经典经由这种类型的诠释而成为活泼而有生命力的存在。"③黄氏在阐释阳明的孟子学时,就特别强调生命体悟的重要性,但是此种生命体悟是否就是象山所谓的"知本"践履工夫呢?恐怕还有待商量,毕竟个人经历还不就是践履工夫,而黄俊杰并未明确区分这一点。牟宗三曾说:"其初也,依语以明义。其终也,依义不依语。"以与康德的"历史的知识"与"理性的知识"相对应。④ 又说:"须知凡是'内容的真理'(intensional truth),都是极富有弹性的。只要知其端绪,则辗转引申,花烂

---

① 林维杰:《陆象山学问的诠释学性格》,《中国文哲研究集刊》(台北)第 45 期,2014 年 9 月,第 114、111 页。

② 陆九渊:《陆九渊集》,钟哲点校,中华书局 2008 年版,第 483 页。

③ 黄俊杰:《中国孟学诠释史论》,社会科学文献出版社 2004 年版,第 235 页。

④ 牟宗三:《现象与物自身·序》,《牟宗三先生全集》第 21 册,台湾联经出版事业公司 2003 年版,第 11 页。

映发，皆是'未始出吾宗'(《庄子·应帝王》)也。"①这种"依义不依语"之"理性的知识"，若充盈的发展，就是本小点所言之"基于自得工夫的诠释"。

(一) 六经注我与我注六经

论及象山解读经典的方法，首先不得不提他那著名的"六经注我"说，然而即便是出现这句名言的文本中，也有"我注六经"的因素。象山说：

> 《论语》中多有无头柄的说话，如"知及之，仁不能守之"之类，不知所及、所守者何事……非学有本领，未易读也。苟学有本领，则知之所及者，及此也；仁之所守者，守此也……如高屋之上建瓴水矣。学苟知本，六经皆我注脚。②

象山曾在不同地方说过类似的话，相较而言，这一句最清晰地呈现了"六经注我"之旨。象山的意思其实是说，如果你不"知本"，经典是读不懂的；反之，如果能够"知本"，则六经所言无非是你的本心所函，经典诠释如高屋建瓴之顺势。象山的"旨意"是要学者从这种章句注疏之习中超拔出来，反求诸己而做实践工夫。程伊川曾云："学者当以《论语》《孟子》为本。《论语》《孟子》既治，则六经可不治而明矣。"③然而与象山相比，伊川仍然不够鞭辟入里，因为学者仍可注疏《论语》《孟子》而"向外求理"。只有"直指本心"才能有效地从注疏之习中超拔出来，也才能更有效地做工夫。

在别的地方，象山还说过"六经注我，我注六经""六经当注我，我何注六经"的话，这两句有点相互矛盾，当是记录之误，如陈来干脆将前者"我注六经"改成"我安注六经"。④《陆九渊集》原文为：

> 或问先生何不著书？对曰："六经注我，我注六经。"韩退之是倒做，盖欲因学文而学道。⑤
> 尝闻或谓陆先生云："胡不注六经？"先生云："六经当注我，我何注六经。"⑥

对比两处记录，所问相同，而所记录的回答不同，后者回答符合逻辑，前者则文句不通，盖因"六经注我"与"我注六经"代表顺逆两种为学方法，且只有"我注六经"代表逆向，象山才可说"韩退之是倒做"。当然，如果脱离具体文本语境，"我注六经"在象山心学大背景中也还是讲得通的。须注意的是，此中的"我"并非一般意义的我，其可以是从本体上讲的"真我"，也可以是从现实中讲的"明理"后的我，总之只是"德性我"。如有人说这是一种唯我论的任意诠释方法，则象山曾说："解书只是明他大义，不入己见于其间，伤其

① 牟宗三：《现象与物自身·序》，《牟宗三先生全集》第21册，台湾联经出版事业公司2003年版，第12~13页。
② 陆九渊：《陆九渊集》，钟哲点校，中华书局2008年版，第395页。
③ 程颢、程颐：《二程集》(上)，王孝鱼点校，中华书局2011年版，第322页。
④ 陈来：《宋明理学》，辽宁教育出版社1992年版，第203页。
⑤ 陆九渊：《陆九渊集》，钟哲点校，中华书局2008年版，第399页。
⑥ 陆九渊：《陆九渊集》，钟哲点校，中华书局2008年版，第522页。

本旨，乃为善解书。"①可见，将"六经注我"理解为一种庸俗的"唯我论"的诠释方法是不值一驳的。

（二）自得工夫是相应的理解往圣的前提

对于作为"血脉"的"仁义"二字的把握，是不能完全靠掌握与之相关的理论知识而求得的，而要有践履工夫，这也正是象山提出先要"知本"而遮拨"我注六经"的原因，所以"六经注我"背后预设的是：唯有实践工夫才能自得，而唯有自得才能相应地理解往圣与经典。

要认识圣人，工夫是不可免的。

> 济道云："文王圣人，诚非某所能识。"曰(象山)："识得朱济道，便是文王。"②

象山心学谓"人皆具是心，心皆具是理"，"识得朱济道"之意为"识得此理"，圣人（文王）不过纯乎此理，"识得此理"自能识得圣人，而且还可以成为圣人。

要"识仁"也要通过践履工夫，在这里笔者想特别提下陆象山的弟子詹阜民以及他对张南轩"求仁之方"的看法，南轩的办法颇近"文献途径"——将圣人言仁处类聚而观之，但詹阜民在分别尝试看南轩"所类洙泗(指孔子)言仁书"和做"静坐澄心"的工夫后，认为前者"终不知仁"，效用明显不如后者。③ 詹阜民的例子印证了象山的观点。詹阜民的例子同时意味着：要想读懂经典，须借"发明本心"④才能完成之。

对于当时只是"解字"的风气，象山的工夫使得其对《孟子》的诠释别开生面，但其实象山只是揭示了《孟子》所可能含有的意义。更明显的例子就是陆象山与杨简师徒俩关于"本心"何谓的对话：

> 四明杨敬仲时主富阳簿……三月二十一日，先生过之，问："如何是本心？"先生曰："恻隐，仁之端也……此即本心。"对曰："简儿时已晓得，毕竟如何是本心？"凡数问，先生终不易其说，敬仲亦未省。偶有鬻扇者讼至于庭，敬仲断其曲直讫，又问如初。先生曰："闻适来断扇讼，是者知其为是，非者知其为非，此即敬仲本心。"敬仲忽大觉，始北面纳弟子礼。故敬仲每云："简发本心之问，先生举是日扇讼是非答，简忽省此心之无始末，忽省此心之无所不通。"⑤

杨简熟读《孟子》，自然知道"本心"的字面意思与文义，因此当象山"背"《孟子》时，并不能增进他的理解。如果象山也只是停留于文义上，他当然没资格成为杨简的老师。象

---

① 陆九渊：《陆九渊集》，钟哲点校，中华书局 2008 年版，第 503 页。
② 陆九渊：《陆九渊集》，钟哲点校，中华书局 2008 年版，第 406 页。
③ 陆九渊：《陆九渊集》，钟哲点校，中华书局 2008 年版，第 471 页。
④ 陆九渊：《陆九渊集》，钟哲点校，中华书局 2008 年版，第 491 页。"二陆之意，欲先发明人之本心，而后使之博览。"
⑤ 陆九渊：《陆九渊集》，钟哲点校，中华书局 2008 年版，第 487 页。

山所超越于杨简者，在他的自得工夫，"因读《孟子》而自得之"，① 关键在这"自得"二字上。詹阜民与杨简的例子均说明，在理解与诠释经典中，践履工夫是不可替代的。

这样的例子在《陆九渊集》中很多，又如关于"万物皆备于我"这一"本体宇宙论"语的理解：

> 徐仲诚请教，使思孟子"万物皆备于我矣，反身而诚，乐莫大焉"一章。仲诚处槐堂一月，一日问之云："仲诚思得孟子如何?"仲诚答曰："如镜中观花。"……因说与云："此事不在他求，只在仲诚身上。"②

关于孟子"万物皆备于我"章到底如何诠释，即便是我们现代人也未必能得其确解，因为我们没有"自得"工夫。即便牟宗三有"物自身是个价值意味的概念"之说，③ 但这只是基于其他哲学视野的一种诠释，而非基于自得工夫，如陆王那样所做出的诠释。当然，笔者在此并非要主张一种神秘主义。而是想说明，向每个人开放的工夫是一种理解途径。

> 蔽解惑去，此心此理，"我固有之"，所谓"万物皆备于我"，昔之圣贤先得我心之所同然者耳，故曰"周公岂欺我哉"？④
> 只"存"一字，自可使人明得此理。此理本天所以与我，非由外铄。明得此理，即是主宰。真能为主，则外物不能移，邪说不能惑。⑤

"蔽解惑去""存"皆是工夫论语，而"周公岂欺我哉""明"则是工夫印证语。无需多举例子，象山认为工夫有助于我们理解本心，以及一些"本体宇宙论"的论断，这是很明显的。此即本文所说的"工夫论诠释学"。

五、结　语

象山之兄复斋说："留情传注翻蓁塞，着意精微转陆沉。"⑥不但就成德而言，实践工夫比注疏之学重要，而且即便是对于注疏来说，真正要更好地诠释经典，实践工夫也是不可替代的，因为单纯的注疏工作只是"影子的影子"，而视域的融合虽可开启文本更丰富的意义，但往圣与经典仍难相契。这就是中国传统的"言意之辨"，象山云："言固难以尽意，而达之以书问尤难。盖学之不讲，物未格，知未至，则其于圣贤之言未必能昭晰如辨

① 陆九渊：《陆九渊集》，钟哲点校，中华书局 2008 年版，第 471 页。
② 陆九渊：《陆九渊集》，钟哲点校，中华书局 2008 年版，第 428 页。
③ 牟宗三：《现象与物自身·序》，《牟宗三先生全集》第 21 册，台湾联经出版事业公司 2003 年版，第 8 页。
④ 陆九渊：《陆九渊集》，钟哲点校，中华书局 2008 年版，第 13 页。
⑤ 陆九渊：《陆九渊集》，钟哲点校，中华书局 2008 年版，第 4 页。
⑥ 陆九龄：《陆九渊集》，钟哲点校，中华书局 2008 年版，第 427 页。

苍素、数奇偶之审也。"①正是因为"此心此理同",使得我们理解往圣与经典成为可能;而实践工夫则使之成为现实。自得工夫为我们所开启的乃是一超越的(transcendental)价值诠释空间。

(作者单位:湖北大学哲学学院暨湖北大学中华文化发展湖北省协同创新中心)

---

① 陆九渊:《陆九渊集》,钟哲点校,中华书局 2008 年版,第 91 页。

王阳明"良知"说的感通之维*

□ 刘乐恒

　　王阳明心学以"致良知"为中心线索。对于"致良知"的机理、意涵、意义，中西哲学界研探者众，胜义纷披。而在这当中，笔者认为阳明良知学中有一人所习见但却不易讨论的维度，而我们如果揭示和呈现出这个维度，那么我们对阳明良知义的理解将更为深入。这个维度就是良知之"感通"义。

　　"感通"（ontological-feeling）一词出自《易传》。《周易·系辞上》云："《易》，无思也，无为也，寂然不动，感而遂通天下之故。"朱子《周易本义》解释说："《易》指蓍卦。无思无为，言其无心也。寂然者，感之体；感通者，寂之用。人心之妙，其动静亦如此。"①笔者认为这个解释是恰当的。《易传》是解释《周易》的书，《周易》原为卜筮之书。人在卜筮的过程中，心灵首先进入一个虚明寂静而无所牵挂的状态。卜筮者只有进入这个状态之后，他的卜筮的过程和结果才是有保证的，这就是所谓心诚则灵。所以，卜筮之初，卜筮者的心灵处于一个无思、无为、寂然的状态，这个状态使得他通于天地之间的道理并与这些道理同归于寂。而当卜筮的过程结束，卦爻既定，占辞已显，其辞所象的事物就从寂然中显豁出来，这时候卜筮者的无思无为之心则因有所感触，而成为有思有为之心。心灵通过其思与为的作用，就可以对卦爻所指的物象的道理有所理解与把握，这就是"感而遂通天下之故"。"故"指的是天下间的各种变化之道。所以，"寂然不动"与"感而遂通"原指卜筮者心灵状态的变化过程。但是，正如朱子所说，"人心之妙，其动静亦如此"。后世思想家也可以脱离具体的卜筮活动和《周易》文本，直接体会和阐发出人的心灵含有阴阳寂感之道。在这个过程中，寂感与感通之义逐渐成为展示心性之学的重要维度。传统中国哲学特别是儒家哲学中，大凡系统的心性论思想，都与感通之义有着内在的关联。在先秦儒学中，孔子的仁的思想蕴涵着仁心感通之道，孟子的恻隐之心也揭示出人的道德冲动包含了某种感通的机制。在宋明理学中，周濂溪、张横渠重视通过寂感之道展示出儒学的宇宙论，而二程则侧重在以寂感之道建立理学的心性体用论与心性形上学，朱子则将两者熔于一炉并呈现出庞大的理学系统；而陆王心学因为强调本心良知，所以心学更通过寂感、

---

　　* 本文为高校人文社会科学重点研究基地重大项目"阳明心学的历史渊源及其近代转型"（项目编号：16JJD720014）阶段性成果。
　　① 朱熹：《周易本义》，《朱子全书》，第 1 册，上海古籍出版社、安徽教育出版社 2010 年版，第 132 页。

感通之义来揭示出本心良知之蕴。由此可见，寂感、感通之义被广泛运用在先秦儒学和宋明理学的各种思想形态当中，而这些思想形态对于心之感通之维的发掘可谓各有侧重，难以一概论。不过无论怎样，在中国传统儒学中，感通之维是与心性论关联在一起的。

中国传统儒学的心性论在人类各种哲学形态中是十分独特的。我们不能将西方哲学中以认知、逻辑、思辨为主的理型论、观念论、形上学，与儒家的心性论等量齐观，就算康德一派以实践理性为主的形上学也与之有一定的距离，甚至中国佛学的佛心佛性之说，也与儒家的心性论有着毫厘千差之辨。笔者认为，中国儒学的心性论之所以如此独特，是因为儒家的心性之义是与感通之维关联在一起的，而这感通之维则是西方哲学乃至东方佛学所忽视、缺乏的。概言之，所谓感通，指的是心与境、情与理、当然与实然、理想与现实等，有一种内在的动态的关联性与沟通性，这种动态的关联性与沟通性是人的心灵所自然蕴涵的状态与能力，而这一状态与能力则可用孔子的德性之"仁"来概括之。儒家的心性论就建立在这样的感通机制的基础上。而西方哲学中的理型论、观念论、形上学乃至佛教的心识等说，则多不从这种感通之仁出发来思考和疏导其哲学问题。而正因为感通与心性有着内在关联，因此我们大可从感通之维出发，对儒家的心性之学作出界说、理解、把握。本文的主旨，便是要通过心灵的感通之道，深入发掘阳明心学良知论的义涵，从而明确阳明心学在宋明理学、中国哲学中的位置与价值。

可以说，感通一义在阳明良知学中具有关键性的位置与意义。而对于阳明良知学中的感通之维，现代新儒家唐君毅与牟宗三都有深入的揭示、辨析、发明。唐君毅侧重揭示出阳明学中良知的几个与感通之义相关的思想，如良知之即体即用、即虚即实、应物现形之义，并指出这些思想是对朱子理学的某种继承与转进；另外，唐君毅还着重发掘阳明后学的本体与工夫之辩中的寂感之蕴。[①] 牟宗三则特别阐发了王阳明及阳明后学中良知的"明觉感应"一义，另外牟氏还通过与阳明良知义相关的"寂感真几"一说来证成其儒家的道德的形上学。[②] 本文在吸收和借鉴唐、牟二氏相关研究的基础上（其中本文多受唐君毅的相关观点启发并认同这些观点），对阳明学中良知与感通的内在关联，作出更为系统的梳理与展示。

一、良知感通与天理

在阳明学中，良知是与"本心"和"天理"关联在一起的。良知即"本心之良知"，[③]"知是心之本体"，[④] 是本心所具的知是知非的作用。而同时，此本心即是天理的体现，因此良知不但是本心之良知，而且亦是天理之良知，所谓"良知即是天理"。[⑤] 在这里，我们要问的是，良知为何是本心、天理的良知？良知为本心、天理之良知，其理由和根据

---

① 具体内容参见唐君毅：《中国哲学原论·原教篇》，《唐君毅全集》，第 22 卷，九州出版社 2016 年版，第 234~269、292~353 页。

② 参见牟宗三：《心体与性体》，上册，上海古籍出版社 1999 年版，第 148~162 页。

③ （明）王守仁：《传习录》，卷 2，《王阳明全集》，上海古籍出版社 2011 年版，第 58 页。

④ （明）王守仁：《传习录》，卷 1，《王阳明全集》，上海古籍出版社 2011 年版，第 7 页。

⑤ （明）王守仁：《传习录》，卷 2，《王阳明全集》，上海古籍出版社 2011 年版，第 81 页。

何在？这当中，我们可以从良知之感通机制来疏导这个问题，没有良知的感通机制，则此良知并不能成为本心、天理、形上之知。

首先，良知之"良"包含两方面涵义。第一方面是良知并非后学学习而得。一个人只要是人，此人只要有心，那么其心灵就自然蕴涵着良知。第二方面，人心所蕴涵的良知，其根据在"天"而不在"人"。这里所说的"人"，是指人后天的学习过程以及人经过后天学习而所习得的知识。这里所说的"天"，也有两层意涵。天首先指此良知是善的，良知体现为人的不学而知的善性；其次，天亦指此善之良知具有形而上的根据，故良知本于天。良知的上述两方面义涵，在《孟子》一书中体现得很明显。《孟子·尽心上》云："人之所不学而能者，其良能也；所不虑而知者，其良知也。孩提之童，无不知爱其亲者；及其长也，无不知敬其兄也。亲亲，仁也；敬长，义也。无他，达之天下也。"孟子认为，人从小开始就有亲爱父母、尊敬兄长的感情，这种情感与后天的教育和学习无关，而人之所以有这样的爱亲敬兄的情感源源不断的流淌出来，是因为他本来就具有仁义之心，仁心流出来就是爱亲之情，义心流出来就是敬长之情。另外，孟子指出："尽其心者，知其性也。知其性，则知天矣。"（《孟子·尽心上》）他认为，我们如果能够充盈、推致我们的爱亲敬长的感情与心志，那么我们就自觉地感知、体会、理解到我的源源不断的爱情敬长之情之心，乃是我的仁义之性能够不息不止地生长和兴起的体现；而正因为我自知我的仁义之性是不止不息在生长和兴起的过程当中，那么我就很自然地体会到我的仁义之性具有一个无穷无尽的意义之源，这个源头因为是个无尽藏，所以必然是形上、无尽之境，此境只能以"天"来形容了。

我们清楚了良知之"良"的两方面义涵之后，便会问：为何良知会有这两方面的意涵？也即为什么良知是不学而知之知？为何良知的根据在于天而不在于人？对于这个问题，孟子隐约有个说明。这个说明就在于"今人乍见孺子将入于井"（《孟子·公孙丑上》）的故事中。孟子说，有人见到一个小孩将要掉进井里，那么他自然地生起恻隐、不安、不忍的情感，此即恻隐之心。这个人所生出的恻隐之心，是没有任何的外在条件的计较与考虑的，它体现为一种不容自已、由内充外的情感。为什么人有这种不容自已的恻隐之心？孟子认为，这当中必然是人心中蕴涵着不容自已的仁德、仁性所致，恻隐之心就是仁德仁性显现的端倪，所以孟子直接指出，"恻隐之心，仁之端也"（《孟子·公孙丑上》）。在这里，孟子其实预设了人的心灵一开始就处在一个"仁"的状态当中。而这种仁的状态，首先体现为人的心灵与天地之间的一切人与物的浑然一体的感通的状态，人心的这种感通状态使得人对于他人、他者在一开始并不是漠不关心的。所以，当我见到他人遇到危险乃至生命受到威胁的时候，我的原始的感通之仁便自然地生出不忍、不安于他人丧失生命的恻隐之心之情，这恻隐之心的背后就是仁之感通的作用。同样道理，"是非之心，智之端也"（《孟子·公孙丑上》）。仁之感通的作用既然使我有恻隐之心，那么也肯定使我有是非之心。恻隐之心的生起，其实就意味着我以感通之仁为是，以无感不通之不仁为非；这同时亦意味着我会好仁而恶不仁，以仁为是，以不仁为非。而我的这一好仁恶不仁、以仁为是以不仁为非的情感与判断，其实就是我的良知。由此可见，良知的根据就在于人心的原始的感通之仁。正因为有这个感通的机制作为基础，因此人的良知是不学而知之知，因此人的良知本于天而不本于人，因为良知背后的仁德仁性是无限无穷的感通作用。人的良知是不学而知之知，因此良知即是本心之良知；人的良知本于天而不本于人，因此良知即是天理之良知。这是我们从孟子良知论中所申发出来的脉络，而王阳明明确提出了良知是本心之良知、天理之良知，可见他直接继承和把握了孟子的良知论的意涵。

孟子的良知说背后蕴涵了仁的感通的作用，王阳明也同样通过"感通"来展示出良知为本心、天理之良知。不过，他在孟子的基础上，通过良知的"即虚即实""即寂即感"之义，将良知的感通之维展示得相当丰富和微妙，从而进一步揭示出良知为本心、天理之良知，并超化了朱子理学的某些有待解决的局限和问题。朱子理学特别注重辨析心和理的关系。朱子理学其实也试图要达致心与理相通而一的状态，但朱子对这个问题并未完全通透。因为在朱子的宇宙论看来，天之生物的过程是理先气后的过程，但反过来人物之受生过程则是气先理后的过程。人先是受气而生而后才有心，据此，人之心是一虚明灵觉、虚灵不昧之气或气之灵。心作为虚明灵觉的气之灵，其自身是没有内容的；相对之下，理则是有内容的。这样一来，朱子就要处理一个问题，即无内容的心和有内容的理如何相融为一的问题。对于这个问题，朱子终未能真实地显出心与理的真正的内在相通性，虽然他试图体认和呈现出这个机制。而朱子之所以未能真正证立心与理一，是因为他始终将心视作无内容的虚明灵觉的气之灵，而不能对心有更为深入的体认。对此，王阳明通过心的良知的即虚即实、即寂即感的机制，疏导和解决了朱子在心理关系上的难题。在阳明看来，心之良知或良知之心如朱子所说，乃是一虚明灵觉之心。而此虚明灵觉之良知"如明镜，只是一个明，则随感而应，无物不照，未有已往之形尚在，未照之形先具者"。① 此良知之明因为是随感而应、应感而动的机制，所以当心之良知未与物交接之前，此心寂然不动，归于虚寂；而当心之良知与物交接之时，此心即感而遂通，应感而动。阳明云：

> 目无体，以万物之色为体；耳无体，以万物之声为体；鼻无体，以万物之臭为体；口无体，以万物之味为体；心无体，以天地万物感应之是非为体。②
>
> 心之本体即是天理，天理只是一个，更有何可思虑得？天理原自寂然不动，原自感而遂通，学者用功虽千思万虑，只是要复他本来体用而已，不是以私意去安排思索出来；故明道云："君子之学莫若廓然而大公，物来而顺应。"③

由此，当良知之心应感而动的时候，良知自虚而实，由寂而感，对于具体的人与事表现出是其所是、非其所非的作用；而当良知之心自实归虚，退藏于密，而没有具体的人与事与之交接时，其是是非非的作用亦从显入隐，进入无所是无所非的寂然之境。由此，则当良知表现出其是非非的作用的时候，此良知之是非作用即是天理之呈现；而当良知退藏于密，成为无所是无所非的境地的时候，此良知之是非作用与天理同归于隐寂。这样一来，良知之心与天理可以说是相即为一的关系。良知起即天理起，良知隐即天理隐。如此，则此良知之心本即是天理则可以无疑矣。故谓"有事而感通，固可以言动，然而寂然者，未尝有增也；无事而寂然，固可以言静，然而感通者，未尝有减也"，④ 良知之心乃

---

① （明）王守仁：《传习录》，卷1，《王阳明全集》，上海古籍出版社2011年版，第13页。
② （明）王守仁：《传习录》，卷3，《王阳明全集》，上海古籍出版社2011年版，第123页。
③ （明）王守仁：《传习录》，卷2，《王阳明全集》，上海古籍出版社2011年版，第65~66页。
④ （明）王守仁：《传习录》，卷2，《王阳明全集》，上海古籍出版社2011年版，第72页。

是即感即寂、即实即虚的：

良知之寂感不动	无是可是，无非可非	天理由显归隐
良知之感而遂通	是其所是，非其所非	天理自隐而显

正因为心之良知是即寂即感、即虚即实的，所以心与理肯定是如如不二的。心与理俱显俱隐，俱寂俱感，俱虚俱实，因此此良知之心本即是天理本身。故阳明谓"心之本体即是天理""良知是天理之昭明灵觉处，故良知即是天理"。① 这良知之心既是天理，又是本心，良知、天理、本心如如相即。通过对于良知自身的即寂即感、即虚即实的感通作用的展现，王阳明将朱子的气之灵的心提升为与天理相即不二的本心，从而确证了心即理、心与理一的真实境界，同时也通过心学的脉络与问题，深度确证了孟子良知义所蕴涵的两方面意涵。

二、良知感通与知行合一

阳明良知之学的另一相关论题是其知行合一说。知行合一与阳明的致良知之教是相通的。为什么致良知必然引致知行合一？而知行合一的意涵又何在？如果我们借助良知的寂感、感通之维，将会对此有深入的疏导和理解。

我们知道，阳明知行合一说首先是对朱子格物论的回应与转进。朱子将格物解释成为"即物而穷其理"。② 例如事亲之亲是一物，而事亲的过程及其由此知事亲之道即是格物；而通过这格物的过程，我们就可以穷理而致知。朱子这一格物之论，其本意是要让人明白外物的理和自己心中之理是相通的，从而达致内外融通、表里豁然的穷理致知的境界。但是，不善体会朱子格物论的人，往往误解朱子是要在外物中求其理，这物是外在的，所以外物之理当然也是外在的。例如，亲是外在之物，事亲就是要从亲人身上寻找事亲之理。为了避免朱子学末流向外物求理、以理为外的倾向，王阳明对"物"有一个界定，即将物界说为动态性的"事"。其云：

> 意之所用，必有其物，物即事也。如意用于事亲，即事亲为一物；意用于治民，即治民为一物；意用于读书，即读书为一物；意用于听讼，即听讼为一物：凡意之所用无有无物者，有是意即有是物，无是意即无是物矣。物非意之用乎？③

在阳明看来，亲、民、书、讼并非一物，事亲、治民、读书、听讼才是物，因此物是动态之事，而不是心灵所对的静态之物。故牟宗三将阳明所说之物界定为"行为物"或"存

---

① （明）王守仁：《传习录》，卷2，《王阳明全集》，上海古籍出版社2011年版，第81页。
② （宋）朱熹：《大学章句》，《四书章句集注》，中华书局1983年版。
③ （明）王守仁：《传习录》，卷2，《王阳明全集》，上海古籍出版社2011年版，第53~54页。

有物"。① 这里，为什么王阳明要将物界说为动态的事呢？这是因为，王阳明理解到人心对于客观的外在对象，首先体现在一种感与应的行事活动当中。例如，我们要研究色，那么就需要首先有一个见色的活动；我们要研究声，也首先需要有一个闻声的活动。这里，色与我之见、声与我之闻便构成了一种感与应、感与通的行事活动的过程。另外，阳明释物为事的更重要的根据，乃是人在天地间的一切行事活动都是本心良知之所统摄的，这是因为如前文所论，本心良知即是天理本身。这样一来，天地间一切之物都离不开其与心的感应、感通的活动过程，因此一切物皆是事；而天地间一切之事则皆为本心良知之所统摄。这样的话，物之感通即是事之感通，事之感通即是良知之感通，物之感通皆是良知之感通的体现。物之感通因良知之感通而感通，物之隐显因良知之隐显而隐显。因此，物从根本上说即是良知之感应、隐显所显出的事态之活动流行，故阳明谓"以其发动之明觉而言则谓之知，以其明觉之感应而言则谓之物"。② 在《传习录》的第三卷中，这样的文字随处可见：

> 良知之虚，便是天之太虚；良知之无，便是太虚之无形。日、月、风、雷、山、川、民、物，凡有貌象形色，皆在太虚无形中发用流行，未尝作得天的障碍。圣人只是顺其良知之发用。天地万物，俱在我良知的发用流行中，何尝又有一物超于良知之外，能作得障碍？③

> 先生游南镇，一友指岩中花树问曰："天下无心外之物，如此花树，在深山中自开自落，于我心亦何相关？"先生曰："你未看此花时，此花与汝心同归于寂。你来看此花时，则此花颜色一时明白起来。便知此花不在你的心外。"④

由此，天地万事万物皆统摄于天理良知的感应与感通流行之中。因此良知之发动，其本身便体现为良知与事态的没有隔阂的感应与感通。这样的话，良知之知本身便是一种行事活动，这就是王阳明之知行合一的根据所在。而这当中的关键，就在于阳明将物界定为动态的行事活动，这动态的行事活动离不开心与境的感通之道，而同时此心本即是良知之心。因此，行事活动之感通便与良知之感通有着内在的关联，前者是后者的体现。通过以事释物，王阳明便超化了朱子末流格物说所造成的求理于外、心理为二的问题，这是对朱子格物义的一个转进。

以事释物是知行合一的根据，那么知行合一的内在机制如何？王阳明在这问题上，仍是通过良知的感应、感通之维来作出疏导。在理想的状态中，良知感通之发动与事态活动是一体通透而没有阻隔的；但是在现实生活中，心体良知与事态活动则未免有所阻隔。所以，王阳明强调致良知，也即良知是需要推致的。良知不能推致，则人道未免有所遗憾。良知不能推致、良知与事态之所以有阻隔，其原因何在？原因在于，人心不但有知，而且

① 参见牟宗三：《从陆象山到刘蕺山》，《牟宗三先生全集》，第8册，台湾联经出版事业公司2003年版，第191页。
② （明）王守仁：《传习录》，卷2，《王阳明全集》，上海古籍出版社2011年版，第86页。
③ （明）王守仁：《传习录》，卷3，《王阳明全集》，上海古籍出版社2011年版，第121页。
④ （明）王守仁：《传习录》，卷3，《王阳明全集》，上海古籍出版社2011年版，第122页。

还有情和意。良知之所以为良知，就在于人心能自觉地让心之知、情、意达致一体的感通的状态。所以在王阳明看来，良知不但具有知善知恶、是善非恶的判断，而且还具有好善恶恶、好是恶非的情感，同时亦具有向善去恶、取是弃非的意向。良知之所以是知情意三位一体的，乃是因为良知本即是与事态相感相通之知。而在现实生活中，人如果缺乏真切的修养工夫，那么良知的感通机制往往会受到遮蔽和扭曲，从而知与情、意三者不能感通流行，这样良知便不能推致。如果我们要让良知得到推致，就需要从情、意上下工夫，让心之情、意与心之知保持真实的感通流行，因此这就引出了阳明的"诚意"之教。所以，诚意之教包括落实良知之情与落实良知之意两个方面。

所谓良知之情，是指知善知恶之良知显发为好善恶恶的感情。而知善知恶的良知之所以能够显发为好善恶恶的感情，原因就在于良知本身就是知、情、意的一体感通状态。所以，良知之发动即是好善恶恶之情的发动，此知与此情无二无别。故阳明谓"良知只是个是非之心，是非只是个好恶，只好恶就尽了是非，只是非就尽了万事万变"。① 而所谓良知之意，其实即良知之情所形成的心之意向。因此好善恶恶既是情感，同时也是意向。作为情感的好善恶恶如进一步落实下来，就需要让好善恶恶成为心中真实不虚的意向。同时，因为良知无时不在感通的状态中，因此好善恶恶之意实即体现为良知感通的显发作用，因此良知之意亦蕴涵良知感通的机制，故谓"其虚灵明觉之良知，应感而动者谓之意"。② 综上可见，良知之发动，体现为良知之情与良知之意；而落实良知之情与意而使得良知之知情意一体相通，此即合而为阳明的诚意之教。而人之所以要诚意的根据，则在于良知与现实事态的感通与感应关系。良知因为是虚明灵觉的感通之知，所以良知对于现实的具体的人或事一定是有感的。故如果面对善事而不好善，面对恶事而不恶恶，那么良知必定会不安，不安于良知与现实事态之隔阂分裂，从而内在地要求自身要真切的好善恶恶，而这真切的好善恶恶即是诚意或意诚的体现。由此可见，良知与现实事态的感通感应关系，使得人的诚意之道有一个内在的根据。

而正因为诚意之道是良知之知与现实事态之行的感应感通关系的内在要求，所以诚意本身亦即好善恶恶之情与好善恶恶之意本身，既是知亦是行。诚意作为好善恶恶之情，是良知自身之正情感的活动过程；诚意作为好善恶恶之意，是良知自身之正意向的活动过程。因此在良知感通的机制与脉络下，知与行是如如相即的关系，因此有阳明的知行合一之说。其云：

> 我今说个"知行合一"，正要人晓得一念发动处，便即是行了。③
>
> 未有知而不行者。知而不行，只是未知。圣贤教人知行，正是要复那本体，不是着你只恁得便罢。故《大学》指个真知行与人看，说"如好好色，如恶恶臭"。见好色属知，好好色属行。只见那好色时已自好了，不是见了后又立个心去好。闻恶臭属知，恶恶臭属行。只闻那恶臭时已自恶了，不是闻了后别立个心去恶。④

① （明）王守仁：《传习录》，卷3，《王阳明全集》，上海古籍出版社2011年版，第126页。
② （明）王守仁：《传习录》，卷2，《王阳明全集》，上海古籍出版社2011年版，第53页。
③ （明）王守仁：《传习录》，卷3，《王阳明全集》，上海古籍出版社2011年版，第109页。
④ （明）王守仁：《传习录》，卷1，《王阳明全集》，上海古籍出版社2011年版，第4页。

在良知感通的机制下，诚意作为好善恶恶之行，是良知与现实事态的感通机制所内在要求的。而良知要达致与现实事态的全幅感通，即需要在好善恶恶的基础上，进一步引申并落实为为善去恶的行为。在良知感通的机制下，好善恶恶是肯定会体现为为善去恶的，因为只有通过为善去恶的行为活动，良知与事态的全幅感通才得到落实。而在阳明看来，这为善去恶之行，就是格物的过程。诚意是正情感、正意念的过程，因此格物也即是正不正之事使其归于正的活动。故谓"格者，正也。正其不正以归于正也"。① 可以说，格物的活动是良知与事态达致全幅感通的活动，每一次格物活动意味着这个致良知活动的完成。如果良知本体是"寂然不动"的话，那么格物活动即是良知本体之"感而遂通"，而诚意活动即是一个寂感之间的环节。而"天理原自寂然不动，原自感而遂通"，② 因此致良知或知行合一过程中的心、意、知、物皆是感通一体关系。在这个机制下，心与理肯定是相即相通的。这就可以避免朱子学末流的向外求理的问题。

综上，我们可以将阳明致良知或知行合一的机制表示如下：

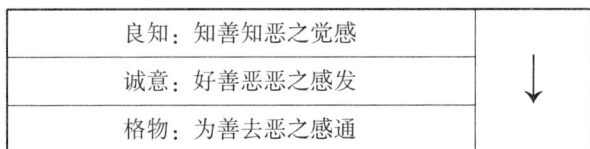

良知：知善知恶之觉感	
诚意：好善恶恶之感发	↓
格物：为善去恶之感通	

因为良知本体蕴涵着寂感、感通之维，因此良知是蕴涵寂感之道的虚明灵觉之知，所以笔者将良知概括为"知善知恶之觉感"；而良知所体现出来的诚意的作用，即是良知之感发并发为好善恶恶之感情与好善恶恶之感应；而此诚意之好善恶恶的活动则进一步引申为为善去恶的格物的活动，此活动使得良知与现实事态达致全幅感通的状态，因此格物之道即是良知之感而遂通。阳明四句教云："无善无恶是心之体，有善有恶是意之动，知善知恶是良知，为善去恶是格物。"③ 心之体即良知之本体，良知之本体是无善无恶的，这无善无恶并非是没有善没有恶的意思，而是善恶未显的寂然不动的状态。此状态可以说是无善无恶之纯善的状态。因在此状态中善恶未显，故同于无善无恶。而知善知恶是良知，则是良知本体在应对现实事态的过程中所形成的有所觉感的状态。而心与物事在感通互动的过程中，人心的意念则可能有善有恶，因此致良知即通过好善恶恶的诚意与为善去恶的格物的活动使得良知本体与现实事态达致全幅的感通。这就是阳明的致良知或知行合一的机制，而这机制之所以得以展开的关键，实在于阳明释物为事，从而激活了心体良知与现实事态之间的动态性的感通关系。

三、良知感通与修养工夫

致良知或知行合一之说既是阳明心学的义理结构和关键，同时也是其工夫论的核心。

---

① （明）王守仁：《传习录》，卷1，《王阳明全集》，上海古籍出版社2011年版，第29页。
② （明）王守仁：《传习录》，卷2，《王阳明全集》，上海古籍出版社2011年版，第65~66页。
③ （明）王守仁：《传习录》，卷3，《王阳明全集》，上海古籍出版社2011年版，第133页。

所以阳明的工夫论亦可以"致良知"三字概括之。同时，因为良知具有感通之维，因此致良知工夫亦蕴涵着寂感、感通之道。而如果我们能够揭示出致良知工夫中的感通义，亦可以对阳明的工夫论有一个深度的把握与理解。

王阳明致良知的修养工夫也是对朱子的工夫论的转进。朱子的工夫论是与其心性情之论相关联在一起的。朱子心性情论的总纲在"心统性情"。心通贯未发与已发。心之未发为性，心之已发是情。未发之性处于寂、静的状态，已发之情则处于感、动的状态。同时，因为修养工夫是心的修养工夫，所以朱子的工夫论必定是两行的。在心之未发时，心需要居敬存养，使得心之虚明灵觉得到摄聚保持；在心之已发时，心则需要戒惧省察。未发时的居敬存养的工夫即《大学》之正心，已发时的戒惧省察工夫即《大学》之诚意工夫。在朱子，居敬涵养与戒惧省察这两行的工夫是不可以混滥的，因为两者分属心的不同状态，并针对各自的状态来下切实的对治。笔者认为，朱子这两行工夫，是两行而并非二分，因为这一方面是同一心在不同状态下所做的工夫，而另一方面则居敬涵养的摄聚保持工夫是其后的戒慎省察工夫的基础。但是，亦正因为朱子的修养工夫是两行的，所以不善体会者往往难以达致相融一贯之境，从而走向支离。

对此，王阳明为了超化朱子两行之工夫论所形成的问题，于是揭出致良知的工夫论。在他看来，心之未发与已发，实即意之未发与已发，而此意之未发和已发，同可摄归于本心良知或良知本心。既然未发与已发同为良知所摄，而如前文所说，良知乃即寂即感、即体即用、即动即静、即虚即实的感通机制，因此心无论是已发还是未发，同是良知之寂感、感通之道所摄。据此，则朱子的两行工夫皆摄归于良知的寂感、感通之道而相即为一。在本心良知的寂感、感通机制的涵摄下，已发与未发、动与境、感与寂、用与体皆无需牵强分别。其云：

> 未发之中即良知也，无前后内外而浑然一体者也。有事无事，可以言动静，而良知无分于有事无事也。寂然感通，可以言动静，而良知无分于寂然感通也。动静者，所遇之时，心之本体固无分于动静也。……有事而感通，固可以动，然而寂然者未尝有增也。无事而寂然，固可以言静，然而感通者未尝有减也。"动而无动，静而无静"，又何疑乎?①
>
> 侃问："先儒以心之静为体，心之动为用，如何?"先生曰："心不可以动静为体用。动静，时也。即体而言，用在体，即用而言，体在用：是谓'体用一源'。若说静可以见其体，动可以见其用，却不妨。"②

正因为体与用、动与静、未发与已发皆统摄于本心良知的寂感、感通之道中，因此阳明的工夫论相当简易直接，此即我们时时处处皆自觉地使得良知的寂感、感通状态保持开放、通畅、透彻即可，这就是致良知之道。所以，在良知之寂感、感通之道的涵摄下，无事时的工夫与有事时的工夫只是一回事，居敬涵养与省察明理也只是一回

---

① （明）王守仁：《传习录》，卷2，《王阳明全集》，上海古籍出版社2011年版，第72页。
② （明）王守仁：《传习录》，卷1，《王阳明全集》，上海古籍出版社2011年版，第36页。

事，正所谓"省察是有事时存养，存养是无事时省察"。① 这当中唯一要做的，是心之良知无时无处不处于戒惧、思省、惺惺、自觉、自我主宰的虚明灵觉、即寂即感的本然状态之中，使得此状态无一息一念之间断与隔阂，而不使之有所遮蔽。这就是至简至易的致良知工夫。

良知亦正因为无时无处不处于寂感、感通的状态之中，因此良知本身皆是当下、当机的随事应物的良知，所谓"良知无前后，只知得见（现）在的几，便是一了百了"。② 良知不接事物之时，天地万事万物与我心同归于寂，无是可是无非可非；良知应接事物之时，本心即应感而显、感而遂通，以是其所是而非其所非。故阳明云："圣人致知之功至诚无息，其良知之体皦如明镜，略无纤翳。妍媸之来，随物见形，而明镜曾无留染，所谓'情顺万物而无情'也。"③良知的寂感、感通之道使得良知成为当机应物之明，而良知之当机应物则使得阳明的工夫论蕴涵洒落、活泼、生生之趣，而与朱子的严肃、端整、庄重的工夫构成对比。可以说，阳明的工夫近曾点，朱子的工夫近曾参。两者各有侧重，各有对治，然未尝不可互补。而就阳明的致良知的工夫来说，因为此良知是即寂即感、即体即用、即未发即已发的当机应物、随物现形、随感而应的是非明觉，所以致良知既是工夫，也是本体，亦是境界，故是即本体即工夫、即工夫即本体的。唐君毅对此义有精彩的阐发，其云：

> 此中实外无他人、内无过去之我与未来之我，只有此现在之我致良知之事。而此现在之我，不与人对，无过去我与未来我之想，亦不与过去未来之我相对。则此现在之我，即是一绝对，更无其外之限定之我，而此我亦即无"我之想"；而于此现在中，便只有一致良知之事自流行、自充塞于天地之间，以为一涵天盖地之灵明；时时知是知非，时时是是非非，而是无所是，非无所非，方可言良知真机之透露。则阳明之良知之极旨，而待于智者旦暮得之者也。④

综上可见，王阳明致良知的修养工夫论，其关键就在于自心能够自觉地使得良知所本具的寂感、感通之道处于开放、通畅、透彻的本然状态当中，无论省察还是存养的工夫，皆以此为归趣。通过致良知的工夫，良知之即寂即感、即体即用的当机应物之明得以实现出来，由此致良知之说得以超化朱子的两行工夫论所带来的某些局限。

四、小 结

本文从良知感通与天理、良知感通与知行合一、良知感通与修养工夫三大方面，揭示出良知之感通之道对我们深入理解阳明致良知义有直接的帮助。通过良知的感通之道，我

---

① （明）王守仁：《传习录》，卷 1，《王阳明全集》，上海古籍出版社 2011 年版，第 17 页。
② （明）王守仁：《传习录》，卷 3，《王阳明全集》，上海古籍出版社 2011 年版，第 124 页。
③ （明）王守仁：《传习录》，卷 2，《王阳明全集》，上海古籍出版社 2011 年版，第 79 页。
④ 唐君毅：《中国哲学原论·原教篇》，《唐君毅全集》，第 22 卷，九州出版社 2016 年版，第 269 页。

们对致良知之论有更为深入合理的把握。首先，本文指出王阳明继承了孟子良知本于天的观点，通过良知的即寂即感、即虚即实的感通机制，疏导和超化了朱子理学在心与理关系问题上的局限，从而充分揭示出心即理、良知之心即本心与天理的意涵及理据，最终深化和推进了孟子的良知论。其次，本文阐发指出，通过良知的感通机制，亦可以更深入地理解王阳明"致良知"或"知行合一"之说。阳明"知行合一"说的一个基础，在于他将"物"解释为动态之"事"，从而激活了心体良知与现实事态的感应感通的关系，并使得朱子的格物说有一转进。正因为有此感通关系，所以良知的一念发动必然是与行事活动内在关联在一起的。在这个基础上，本文将良知界定为知善知恶之觉感，将诚意界定为好善恶恶之感发（包括好善恶恶之感情与好善恶恶之感应意向），将格物界定为为善去恶之感通。而在这样的感通机制与脉络下，知与行必然是一贯而无间的。最后，本文指出阳明"致良知"的工夫论，实际上即是保持良知之寂感、感通机制的工夫。在致良知工夫的保证下，本心良知体现为即寂即感、即体即用的当机应物、随物见形的明觉作用。据此，阳明致良知工夫超化和转进了朱子的两行的工夫论所形成的问题。由此可见，"感通"确实是打开阳明致良知之义的一个关键、一把钥匙。

正如前文所提及，孔子之德性之"仁"就已经蕴涵着感通，仁之道实际上即是感通之道。而孔子之后的儒家心性论（包括孟子的心性论与宋明理学的心性论）也从不同的角度与层面，强调了儒学背景下心性的感通之道，从而深化了"仁"的意涵。王阳明的致良知之论也并不例外。但其学说的独到之处，乃在于它将感通与本心良知关联在一起，以良知感通之义展现出宋明理学中的大系统，由此孔子的仁的意蕴得到更为深入充分的揭示。

（作者单位：武汉大学哲学学院）

从王阳明的戒慎恐惧工夫看良知学的形成*

□ 郑泽绵

在宋明理学的工夫论中，"涵养未发""戒慎恐惧"或许是最具特色、最难以描述的儒家精神修炼方式。《传习录》上卷载："刘观时问：'未发之中是如何?'先生曰：'汝但戒慎不睹，恐惧不闻，养得此心纯是天理，便自然见。'观时请略示气象。先生曰：'哑子吃苦瓜，与你说不得。你要知此苦，还须你自吃。'"①可见这是一种切己体会的、微妙难言的工夫。本文分析王阳明的"戒慎恐惧"（按照宋明理学的用语习惯，简称"戒惧"）以及相关的概念如"未发""已发""慎独"等，梳理阳明对朱子学的批判性转化，以及他的良知学的形成。

在现有研究成果中，唐君毅、陈立胜等都将戒惧与慎独问题看作从朱子学向阳明学转化的关键。朱子诠释《中庸》时区分戒惧与慎独分别为"防之于未然"和"察之于将然"的工夫，而阳明认为两者只是一个工夫。唐君毅认为这表明阳明以良知统贯朱子的工夫论。②陈立胜指出，朱子将"慎独"的"独"解释为"人所不知而己独知之"的意念，而不是解释成独居独处之地，这里暗含着肯定人对意念发动有省察与自知的能力，阳明的"良知即是独知时"的思想其实遥契朱子学。③ 这些观察非常精辟，但不是对阳明戒惧义的专题论述。

由于王阳明统一戒惧与慎独为一工夫，论慎独则必旁及戒惧，所以陈立胜的《王阳明思想中的"独知"概念》一文的前半部分与本文的前半部分的论题有相近之处。他指出朱子与阳明的"独知"范畴在内容和范围上皆不同，阳明不再将"独知"限制于"念之将萌"的状

---

　　* 本文是 2016 年度教育部人文社会科学重点研究基地重大项目"阳明心学的历史渊源及其近代转型研究"（项目编号：16JJD720014）的阶段性成果。

　　① 《传习录》，第 128 条，《王阳明全集》，上海古籍出版社 2011 年版，第 42 页。案：本文《传习录》引文页码以《王阳明全集》为准，条目编序则依照陈荣捷著《王阳明传习录详注集评》（台湾学生书局 2006 年版）。

　　② 详见下文，参考唐君毅：《中国哲学原论》（原教篇），台湾学生书局 1990 年版，第 317 页。

　　③ 参考陈立胜：《作为修身学范畴内的"独知"概念之形成——朱子慎独工夫新论》，《复旦学报》（社会科学版）2016 年第 4 期，第 71~81 页。

态，朱子的独知工夫侧重于提防、防御，而"阳明之独知工夫则兼静存动察于一身"。①
本文的后半部分则与陈立胜的关注点不同，陈立胜文章第二部分关注致知与诚意的关系，
而本文则侧重于分析戒惧与"思""念"之间的关系。尽管阳明将戒惧与慎独看作一事，但
是他仍然需要回应来自不同侧面的问题，在论戒惧时，须回答如何达到心灵的宁静的问
题。在这个维度上，陈来在《有无之境》中探讨戒慎与和乐、敬畏与洒落、戒慎恐惧与何
思何虑。② 在此基础上，本文首先区分"思"与"念"，分析了阳明的"戒惧亦是念"的立场
所引出的工夫间断问题与纷扰问题，梳理阳明对此问题的回应。最后，本文批判性地考察
了王阳明的良知之"思"的表述，指出阳明的"良知愈思愈精明"的思想使之有别于简单的
极端直觉主义，但是在如何区分良知之"思"与私意安排之"思"的问题上，阳明的回答并
不全面。不过，阳明认为"能戒慎恐惧者"是良知，并将"不睹不闻"理解为良知本体，是
思想的一大突破。对此，本文篇末尽量结合日常生活的经验予以解释。

  总之，本文梳理了阳明的戒惧工夫论的前后变化，以此观察阳明良知学的根源，希望
既能点明王阳明的进步之处，又能适当澄清阳明对朱子学的简单化的曲解。

一、王阳明反对朱子的"戒慎恐惧"与"慎独"二分的理据

  我们首先简要地介绍朱子的戒惧与慎独工夫论，作为阳明学的背景以及澄清误解的准
的。朱子对戒惧和慎独的诠释建立在"未发""已发"等基本概念之上。他将心理活动区分
为"未发"与"已发"两种状态。其中和新说以"事物未至，思虑未萌"之时为未发状态，反
之则为已发状态。③ 他通过界定"未发"而指出：未发时应有涵养居敬的工夫，并批评湖
湘学派只知动中省察，忽略了静中涵养。

  未发时的工夫容易被读者误解为一种神秘的、无对象的意识活动。实际上，朱子说：
"喜怒哀乐未发，只是这心未发耳。"④"事物未至，思虑未萌"不表示无耳目的对象，而是
无思虑或喜怒的对象。朱子在中和新说中用"静中之动"形容未发之知觉。《朱子语类》中
更直接批评伊川说："此恐伊川说得太过。若云知个甚底，觉个甚底，如知得寒，觉得
暖，是知觉一个物事。今未曾知觉甚事，但有知觉在，何妨其为静？不成静坐便只是瞌
睡！"并认为伊川"所谓'静中有物'者，只是知觉便是"。⑤ 总而言之，朱子一方面把"未
发"界定为"事物未至，思虑未萌"之时，另一方面强调未发时的心之主宰知觉不昧，这就
使他的涵养用敬工夫有着力处。

  在已发的状态中，朱子特别重视那种处在发生之际的隐微的状态，也就是"慎独"的
"独"。他说："独者，人所不知而己所独知之地也。言幽暗之中，细微之事，迹虽未形而

① 陈立胜：《王阳明思想中的"独知"概念——兼论王阳明与朱子工夫论之异同》，《中山大学学报》(社会科学版)2016 年第 5 期，第 84 页。
② 陈来：《有无之境——王阳明哲学的精神》，人民出版社 1991 年版。
③ 《答张钦夫》(诸说例蒙印可)，《晦庵先生朱文公文集》，卷三十二，《朱子全书》，第 2 册，上海古籍出版社、安徽教育出版社 2010 年版，第 1419 页。
④ 朱熹：《朱子语类》，卷六十二，中华书局 1986 年版，第 1508 页；朱熹：《朱子语类》，卷五，中华书局 1986 年版，第 87 页。
⑤ 朱熹：《朱子语类》，卷九十六，中华书局 1986 年版，第 2470 页。

几则已动，人虽不知而己独知之。"①朱子对《中庸》首章进行了分层次的诠释。他说："'戒慎'一节，当分为两事，'戒慎不睹，恐惧不闻'，如言'听于无声，视于无形'，是防之于未然，以全其体；'慎独'，是察之于将然，以审其几。"②他认为，未发的工夫对应的是"君子戒慎乎其所不睹，恐惧乎其所不闻"，而已发的工夫的关键则在于"莫见乎隐，莫显乎微，故君子慎其独也"。这样安排，则未发的工夫有所着落，而已发的工夫亦极细密，即遏制邪念于将萌。

这一系列的区分细致精确，却引起了王阳明强烈的反对。这一反对在《答汪石潭内翰》中表达得最为明确。这封书信写于辛未（1511，阳明四十岁），其时阳明尚未揭良知之教，尚且肯定有"未发"和朱子的基本心性论框架。与《传习录》下卷大谈良知而否认"未发""已发"之分的必要性大相径庭。这封书信创作时期的居间状态很值得留意。他说：

> 独其（案：指朱子）所谓自戒惧而约之，以至于至静之中；自谨独而精之，以至于应物之处者，亦若过于剖析，而后之读者遂以分为两节，而疑其别有寂然不动、静而存养之时，不知常存戒慎恐惧之心，则其工夫未始有一息之间，非必自其不睹不闻而存养也。吾兄且于动处加工，勿使间断，动无不和，即静无不中，而所谓寂然不动之体当自知之矣。③

王阳明不满于朱子将未发与已发界定为两种时间状态。他将"寂然不动"界定为"体"而不"时"。也就是说，动与静不是平列的两种时间状态，"寂然""静"只是对心之本体的理想的宁静状态的描述。心境的宁静无分于动静皆可存养，所以他说"动无不和，即静无不中"。不必在静中另寻"寂然不动"。

阳明对朱子学的批评似乎并不公平。因为在朱子的工夫论中，"敬"虽然是静中涵养，但并不局限于静时，动中亦有居敬工夫。所谓"敬贯动静"，亦能保证工夫不间断。我们很难同意阳明的如下观点："不知常存戒慎恐惧之心，则其工夫未始有一息之间，非必自其不睹不闻而存养也。"因为，我们固然可以说在动中"常存不息"是工夫，甚至"动无不和，即静无不中"，却不能因此否定"动无不和"之外别有静时的工夫。单凭这封书信来看，阳明仍未彻底否定"静中存养"的可能性。

观年谱可知，这封书信处在阳明教法的转折期。阳明三十八岁首倡知行合一，三十九岁时"悔昔在贵阳举知行合一之教，纷纷异同，罔知所入。兹来乃与诸生静坐僧寺，使自悟性体，顾恍恍若有可即者"。④阳明强调静坐不是为了坐禅入定，而是为了如同磨镜一样廓清心体。但静坐只是一时的权法，容易使学生形成"喜静厌动"的习气，而且静中体

---

① 《中庸章句》，《四书章句集注》，中华书局 1983 年版，第 17~18 页。
② 朱熹：《朱子语类》，卷六十六，中华书局 1986 年版，第 1502 页。虽然朱子将戒惧与慎独分开为两个层次，但是按照陈立胜的分析，戒惧义有专言和偏言两种，专言时"戒惧"是贯穿心灵生活的各时段的工夫，而作为"偏言"的工夫则是指未发时的静中涵养的工夫。参考陈立胜：《作为修身学范畴内的"独知"概念之形成——朱子慎独工夫新论》，《复旦学报》（社会科学版）2016 年第 4 期，第 71~81 页。
③ 《答汪石潭内翰》，辛未，《王阳明全集》，卷四，上海古籍出版社 2011 年版，第 165 页。
④ 《王阳明年谱》，卷一，《王阳明全集》，卷三十三，上海古籍出版社 2011 年版，第 1357 页。

会未必如动中磨练所得那么深刻。阳明说："须在事上磨，方立得住，方能静亦定，动亦定。"①四十岁时写《答汪石潭内翰》这封信，否定静中存养的必要，认为"动无不和，即静无不中"，可以说是对之前的工夫论探索的总结。

以上内容只否认了独立的"自戒惧而约之以至于至静之中"的工夫的必要性，并没有否认它的可能性。但是王阳明接下来答黄弘纲（字正之）问时②，则不但明确反对戒慎与慎独之二分，而且论证朱子的戒惧工夫之不可能性。他的立足点是"己所不知，是谁戒惧？"和"戒慎亦是念"。本段对话是理解阳明的工夫论、澄清他对朱子的误解的关键。试全录如下：

> 正之问："'戒惧是己所不知时工夫，慎独是己所独知时工夫'，此说如何？"先生曰："只是一个工夫，无事时固是独知，有事时亦是独知。人若不知于此独知之地用力，只在人所共知处用功，便是作伪，便是'见君子而后厌然'。此独知处便是诚的萌芽，此处不论善念恶念，更无虚假，一是百是，一错百错，正是王霸义利诚伪善恶界头。于此一立立定，便是端本澄源，便是立诚。古人许多诚身的工夫，精神命脉全体只在此处。真是莫见莫显，无时无处，无终无始，只是此个功夫。今若又分戒惧为己所不知，即工夫便支离，亦有间断。既戒惧即是知，己若不知，是谁戒惧？如此见解，便要流入断灭禅定。"曰："不论善念恶念，更无虚假，则独知之地更无无念时邪？"曰："戒惧亦是念。戒惧之念无时可息。若戒惧之心稍有不存，不是昏聩，更已流入恶念。自朝至暮，自少至老，若要无念，即是己不知，此除是昏睡，除是槁木死灰。"③

此处正之与阳明都误解了朱子的戒惧。《中庸章句》对"戒惧"一句的注释如下："是以君子之心常存敬畏，虽不见闻，亦不敢忽，所以存天理之本然，而不使离于须臾之顷也。"④《朱子语类》说："所不闻、所不见，不是合眼掩耳，只是喜怒哀乐未发时。凡万事皆未萌芽，自家便怵惕地戒慎恐惧。"可见，当人戒惧于其"所不闻""所不见"时，只是尚未察觉偏离了道的邪念，此时人的意识是清醒而且可能警觉潜伏的邪念。正之把朱子之意翻译成"己所不知"，会引起听者的误解。⑤ 王阳明反驳说："既戒惧即是知，己若不知，是谁戒惧？"恐怕是由于问者的转述过于简略而曲解了朱子。"己若不知，是谁戒惧？"是说，如是

① 《传习录》卷上，第23条，《王阳明全集》，上海古籍出版社2011年版，第14页。
② 正之从阳明学于虔台（1517），参考陈荣捷《王阳明传习录详注集评》，台湾学生书局2006年版，第143~144页；黄宗羲：《明儒学案》，卷十九，中华书局1985年版，第449页。该语录为《传习录》上卷，属于阳明提出致良知教之前的思想。
③ 《传习录》，第120条，《王阳明全集》，上海古籍出版社2011年版，第39~40页。
④ 《四书章句集注》，中华书局1983年版，第17页。
⑤ 朱子认为戒惧是"防之于未然"（第1502页），"此只是略省一省"（第1503页），"时常准备着"（第1505页），所谓"己所不知"，不是朱子的用语，朱子最接近的表述是说"只谓照管所不到，念虑所不及处。……方不闻不睹之时，不惟人所不知，自家亦未有所知。"（第1505~1506页，以上引文皆出自《朱子语类》，卷六十二，中华书局1986年版）戒惧正是要提高对"己所不知"的警觉，而非如阳明所曲解的：反而丧失戒惧意识的主体。

道德主体没有意识的话，那自己怎么还能算是戒惧的主体呢？阳明接着说："若要无念，即是己不知，此除是昏睡，除是槁木死灰。"可见阳明把"己所不知"误解为"己不知"（主体没有意识活动）。这种批判难以令人接受。①

撇开阳明的误解，唐君毅指出，由阳明此处说"己若不知，是谁戒惧？"可见从朱子学到阳明学的逻辑线索："……朱子之谓己所不知之工夫之中，自亦有此一知在，亦即有阳明所谓良知之知在。则此良知之知，便为通朱子所谓'己所不知'与'己所独知'者，而此朱子之二工夫，即皆当统于一致良知之工夫矣。"②从阳明所说的"戒惧亦是念"，我们亦可以重构出王阳明对朱子学的较为合理的批评。若"戒惧"也是"念"，"念"又属于"已发"，则将戒惧作为未发时的工夫是不可能的。王阳明深谙一个从程颐以来一直流传的悖论："既思即是已发"，因此通过"思"和"求"去达到未发之中，都是不可能的。例如阳明在《答汪石潭内翰》里面曾说："程子所谓'既思即是已发'、'既有知觉即是动'者，皆为求中于喜怒哀乐未发之时者言也，非谓其无未发者也。"③当时尚且承认有"未发"状态。如果承认，则沿袭朱子学的思路，当然可以问此"未发"时的工夫应当如何？或者如何修养以接近这种"未发"状态。但是到了阳明答正之问时，态度已经转变为否定"未发"状态的存在，其理据则是"戒惧亦是念"，其实接近于程颐的悖论。

在答正之问中，王阳明有意否认戒惧工夫的独立性，而合戒惧与慎独为一，因而极度重视"慎独"工夫。此外阳明在此运用了"独知"的概念。④ 鉴于此问答发生在阳明揭良知教之前，而且阳明后来阐发良知时经常将"独知"作为"良知"的实质内容，例如："工夫到诚意，始有着落处。然诚意之本，又在于致知也。所谓'人虽不知，而己所独知'者，此正是吾心良知处。"⑤又如："无声无臭独知时，此是乾坤万有基。抛却自家无尽藏，沿门持钵效贫儿。"⑥又如："良知却是独知时，此知之外更无知。谁人不有良知在，知得良知却是谁。"⑦可见，从戒惧到慎独、再从独知到良知，是良知学产生的根源之一。

二、"戒惧"与"念"

阳明在戒惧义上突破朱子学藩篱的起点在"戒惧亦是念"一语。在提出"致良知"之后，

---

① 《朱子语类》中有一条明确表明"戒惧"之静中有个"觉"处。问："'戒慎不睹，恐惧不闻'与'慎独'虽不同，若下工夫皆是敬否？"曰："敬只是常惺惺法。所谓静中有个觉处，只是常惺惺在这里，静不是睡着了。"（《朱子语类》，卷六十二，中华书局 1986 年版，第 1503 页）

② 唐君毅：《中国哲学原论》（原教篇），台湾学生书局 1990 年版，第 317 页。

③ 《王阳明全集》，卷四，上海古籍出版社 2011 年版，第 165 页。

④ 陈立胜指出阳明在独知的概念上继承了朱子学。在《中庸》的"慎独"之"独"字的解释上，朱子一反汉儒的"独居"或"独处"，而将其解释为"人所不知而己所独知之地"（《四书章句集注》，中华书局 1986 年版，第 18 页）。如果反推"几既动，则己必知之"的能力的话，则良知蕴涵在"独知"的能力之中。参考陈立胜：《作为修身学范畴内的"独知"概念之形成——朱子慎独工夫新论》，《复旦学报》（社会科学版）2016 年第 4 期，第 79 页。

⑤ 《传习录》，第 317 条，《王阳明全集》，上海古籍出版社 2011 年版，第 135 页。

⑥ 《咏良知四首示诸生》之四，《王阳明全集》，卷二十，上海古籍出版社 2011 年版，第 870 页。

⑦ 《答人问良知二首》之一，《王阳明全集》，卷二十，上海古籍出版社 2011 年版，第 871 页。

阳明时常被问到"思"与"念"在内在精神修炼工夫中的作用问题。下面我们有必要分别"思"与"念"逐一进行梳理，因为"思"与"念"不同："思"有思虑和求索的意味，而"念"可以是简单的一念发动，"念"是比"思"更简单而基础的心理活动要素。并非阳明明确作过这种区分，但两者的不同从语境中依稀可辨。

戒惧之所以与"念"联系在一起讨论，是因为阳明的学生往往以戒惧为涵养未发之静的工夫，所以又与静坐相联系，而静坐是否须"无念"，即成为问题：

> 九川问："近年因厌泛滥之学，每要静坐，求屏息念虑。非惟不能，愈觉扰扰，如何？"先生曰："念如何可息？只是要正。"曰："当自有无念时否？"先生曰："实无无念时。"曰："如此却如何言静？"曰："静未尝不动，动未尝不静。戒谨恐惧即是念，何分动静？"曰："周子何以言'定之以中正仁义而主静'？"曰："无欲故静，是'静亦定，动亦定'的'定'字，主其本体也。戒惧之念是活泼泼地。此是天机不息处，所谓'维天之命，於穆不已'，一息便是死。非本体之念，即是私念。"①

阳明认为，念"一息便是死""实无无念时"，因此，戒惧并不是无念，而是"正念"，只要正念则无欲（无欲并非没有任何欲望，而是指没有人欲，即没有不合乎天理的欲望），"无欲故静"，此处的"静"相当于程颢（明道）的"动亦定，静亦定"中的"定"字，"静"并非描述实然的心理活动状态，并非动静相对的静，而是超越于动静心理状态之上的宁静的心理境界。阳明采取这个立场，是因为他强调工夫不离乎事为："吾儒养心，未尝离却事物，只顺其天则自然，就是功夫。"②

这种立场也会引起疑虑：如果戒惧亦是念，那么它岂不是与其实的念处于同质的、平行的地位？那么，戒惧之念与普通的日常生活之念岂不是处于此起彼伏的交替状态之中？这会产生两个问题：第一，这种交替状态导致功夫难免间断；第二，戒惧之念需要时时介入日常生活之念的流行之中，反倒干扰了心灵的宁静，念虑在心中交战，形成纷扰。综上所述，这种"戒惧亦是念"的说法有可能引起听者的双重疑问：间断问题与纷扰问题。相信这两个疑问也困扰着阳明的学生，例如陆原静在书信中问：

> 【陆原静】来书云："佛氏又有'常提念头'之说，其犹孟子所谓'必有事'，夫子所谓'致良知'之说乎？其即常惺惺，常记得，常知得，常存得者乎？于此念头提在之时，而事至物来，应之必有其道。但恐此念头提起时少，放下时多，则工夫间断耳。且念头放失，多因私欲客气之动而始，忽然惊醒而后提。其放而未提之间，心之昏杂多不觉。今欲日精日明，常提不放，以何道乎？只此常提不放，即全功乎？抑于常提不放之中，更宜加省克之功乎？虽曰常提不放，而不加戒惧克治之功，恐私欲不去，若加戒惧克治之功焉，又为思善之事，而于本来面目又未达一间也。如之何则可？"
>
> 【阳明：】"戒惧克治"，即是"常提不放"之功，即是"必有事焉"，岂有两事邪？

---

① 《传习录》，第202条，《王阳明全集》，上海古籍出版社2011年版，第103~104页。

② 《传习录》，第270条，《王阳明全集》，上海古籍出版社2011年版，第121页。

此节所问，前一段已自说得分晓；末后却是自生迷惑，说得支离，及有"本来面目，未达一间"之疑，都是自私自利将迎意必之为病。去此病，自无此疑矣。①

间断问题对应的是原静所说的"但恐此念头提起时少，放下时多，则工夫间断耳"，而纷扰问题对应的是其所说的"若加戒惧克治之功焉，又为思善之事，而于本来面目又未达一间也"。这里面的"本来面目"源于佛教禅宗的、不思善不思恶而识本来面目的说法。陆原静的意思是：如果戒惧亦是念，则人必须随时随地使心灵处在一种防范和对治状态之中，永远无法达到本然的宁静状态。②

细观原静与阳明的问答，可知两人所说的"静"属于不同层面：道德境界（区分善恶）和精神境界（追求心灵宁静），后者不必都是道德相关的，如审美与宗教体验中皆有精神境界的宁静。原静所追求的是后者，而阳明则认为通过道德境界的"定"可以达到精神境界的"静"：只要"思善"而念正，则戒惧克治、常提不放等道德修养工夫不影响心灵的宁静。

这种宁静的前提是人的心理世界的二分：上层是超越于动静的宁静的良知本体，而下层是善念、恶念与善恶无记之念交替往来的意念世界，而戒惧之念则是居间的，它由良知发动但是直贯于意念世界。戒惧的工夫要领只是常惺惺、常醒觉、常提撕。

这个二分结构的文本依据是：阳明经常混用"意"与"念"③，并且"意"与"良知"构成两层结构。阳明说："意与良知当分别明白。凡应物起念处，皆谓之意。意则有是有非，能知得意之是与非者，则谓之良知。"④"念"字与"意"字的区别似乎在于："意"字侧重于念头发动的动势与善恶倾向，而"念"字侧重于描述这个心理活动的内容及其持续过程，例如"只念念要存天理，即是立志。……此天理之念常存……"⑤"善念存时，即是天理。……此念如树之根芽，立志者长立此善念而已。"⑥可见，"念"是一个最基本的心理活动要素，善念的持续常存则为"立志"，如果是念上加念，例如发一念在好名好利上，此上又加一念在追求好名好利上，即是"思""虑"与"求"，因此，我们进一步分析戒惧与

① 《传习录》，第163条，《王阳明全集》，上海古籍出版社2011年版，第76~77页。

② 同样的质疑亦见于舒国用之问："敬畏之增不能不为洒落之累。……敬畏为有心，如何可以无心而出于自然、不疑其所行？"阳明答舒国用云："夫心之本体即天理也。天理之昭明灵觉所谓良知也。君子之戒慎恐惧，惟恐其昭明灵觉者或有所昏昧放逸、流于非僻邪妄而失其本体之正耳。戒慎恐惧之功无时或间，则天理常存，而其昭明灵觉之本体无所亏蔽、无所牵扰、无所恐惧忧患、无所好乐忿懥、无所意必固我、无所歉馁愧作、和融莹彻、充塞流行、动容周旋而中礼、从心所欲而不踰，斯乃所谓真洒落矣，是洒落生于天理之常存天理常存，生于戒慎恐惧之无间。孰谓敬畏之增，乃反为洒落之累耶？"见《答舒国用》（写于癸未，1523），《王阳明全集》，上海古籍出版社2011年版，第212~213页。

③ 例如"意念所在即要去其不正以全其正"（《传习录》，第7条，《王阳明全集》，上海古籍出版社2011年版，第7页），有许多表述中的"念"字其实即是"意"字，如"心外无物，如吾心发一念孝亲，即孝亲便是物。"（《传习录》，第83条，《王阳明全集》，上海古籍出版社2011年版，第28页），如果结合"意之所在便是物"（《传习录》，第6条，《王阳明全集》，上海古籍出版社2011年版，第6页），则"念"字即"意"字。

④ 《答魏师说》（作于丁亥，1527），《王阳明全集》，上海古籍出版社2011年版，第242页。

⑤ 《传习录》，第16条，《王阳明全集》，上海古籍出版社2011年版，第13页。

⑥ 《传习录》，第53条，《王阳明全集》，上海古籍出版社2011年版，第22页。

"思"的关系。

三、"戒惧"与"思"

《周易》的《系辞》中出现了"天下何思何虑?"的说法,宋明理学一般将它诠释为:圣人境界是没有私意的计度谋划的,对于是非善恶,圣人能做到"无思无虑"而直观地把握。对于"思虑",阳明有一套的功夫程序:(1)对于思虑过多的初学者,可以先令其静坐,息思虑。(2)此后,为避免其悬空静守,又"须教他省察克治。省察克治之功,则无时而可间,如去盗贼,须有个扫除廓清之意。无事时将好色好货好名等私欲逐一追究搜寻出来,定要拔去病根,永不复起,方始为快"。(3)如果做到理想状态则"到得无私可克,自有端拱时在。虽曰何思何虑,非初学时事。初学必须思省察克治,即是思诚,只思一个天理。到得天理纯全,便是何思何虑矣"。①

在阳明的语录中,强调第二阶段的说法最多。例如:

> 天理即是良知,千思万虑,只是要致良知。良知愈思愈精明,若不精思,漫然随事应去,良知便粗了。若只着在事上茫茫荡荡去思,教做远虑,便不免有毁誉得丧人欲搀入其中,就是将迎了。周公终夜以思,只是戒慎不睹、恐惧不闻的功夫,见得时,其气象与将迎自别。②

此处有三种关于"思"的状态:第一种是由良知本身所发出的"思","良知愈思愈精明";第二种是不加思虑地"漫然随事应去";第三种是有名利计较的"着在事上"的"思"。唯有第一种情况是理想的。在第一种情况中,所谓"思"只是戒惧的工夫,以确保一心一意皆在天理上。如阳明说:

> 《系》言"何思何虑",是言所思所虑只是一个天理,更无别思别虑耳,非谓无思无虑也。……心之本体即是天理,天理只是一个,更有何可思虑得?天理原自寂然不动,原自感而遂通,学者用功虽千思万虑,只是要复他本来体用而已,不是以私意去安排思索出来;故明道云:"君子之学莫若廓然而大公,物来而顺应。"若以私意去安排思索,便是用智自私矣。何思何虑正是工夫,在圣人分上便是自然的,在学者分上便是勉然的。③

此处区分了心之本体(即天理)所发出来的"思"与"私意安排"的"思"。这封《启周道通书》后来被欧阳崇一引用并质问:"但思索亦是良知发用,其与私意安排者何所取别?恐认贼作子,惑而不知也。"④

---

① 《传习录》,第39条,《王阳明全集》,上海古籍出版社2011年版,第18页。
② 《传习录》,第284条,《王阳明全集》,上海古籍出版社2011年版,第125页。
③ 《传习录》,第145条,《王阳明全集》,上海古籍出版社2011年版,第65~66页。
④ 《传习录》,第169条,《王阳明全集》,上海古籍出版社2011年版,第81页。

将"思"与"良知"联系在一起会引起进一步的困难。通常而言，"良知"与道德直觉或直接的道德情感联系在一起。但是"思"不只是一念闪动或者真实情感流露，"思"总是念的持续，并且带着求索未知、计划行动的心理。如何区分私意安排的思索与良知的思索？

尽管困难重重，阳明的努力令人敬佩：如"良知之思"的说法成立，则修行者不能只依赖现成的道德直觉和直接情感作为良知的呈现，还应当积极地去"思"，"良知愈思愈精明"。① 良知可以在"思"的求索之中不断丰富。这使阳明的良知学说有别于极端的道德直觉主义。

阳明对欧阳崇一的回答如下：

> "思，曰睿，睿作圣。""心之官则思"，思则得之。思其可少乎？沉空守寂与安排思索，正是自私用智。其为丧失良知，一也。良知是天理之昭明灵觉处，故良知即是天理。思是良知之发用。若是良知发用之思，则所思莫非天理矣。良知发用之思自然明白简易，良知亦自能知得。若是私意安排之思，自是纷纭劳扰，良知亦自会分别得。盖思之是非邪正，良知无有不自知者。所以认贼作子，正为致知之学不明，不知在良知上体认之耳。

阳明的解答未必令人满意。对于如何区分天理与良知所发之"思"与私意安排之"思"，他并不是直接从思的内容(关于应当如何行动的谋划的规范性)上给出判断标准，而是从思的发生的根源、思的心理活动状态两个角度给出间接的回答：(1)从发生的根源讲，发于天理之公的思不同于发于形气之私的思，但是这种区分并不能落实为经验内容、不能形成道德判断，因此对行动者的甄别活动没有指导意义：当思者在求索之中时，他尚未能确定应当如何行动之理，焉知所求所思必发于理？(2)从思的心理活动状态上看，良知之思自然明白简易，而私意安排之思固然往往"纷纭劳扰"。但是不能排除以下情况：一个惯于私意计度的老奸巨猾的人，其心可以从容不迫地只为私欲而思，并不"纷纭劳扰"；相反，一个努力想依良知而行的初学者，也可能在求索中显得"纷纭劳扰"，或者错误地依从了某些习俗的道德规范，习以为常而不知其弊，反以为"明白简易"。这说明良知之思不能通过心理活动的状态来确认。

问题的关键是：阳明所说的"所思所虑只是一个天理"，到底是指"所思所虑"只在于恪守一个已知的天理呢，还是指"所思所虑"在于求索一个未知的天理(未必如朱子学的向外求索物理，亦可以是向内求索)？如果是前者，则与此前所说的"良知愈思愈精明"相矛盾，否认了良知可以发展和扩充；如果是后者，则人既然未完全知道天理，则求索之中仍然有认意见为理的危险，或者如欧阳崇一所说，有认贼作子的危险。

---

① 张学智指出：王阳明对于是非之心发生判断的方式有两种说法，一方面侧重于理智的分析，如言"良知愈思愈精明"，另一方面，随着阳明一生的事上磨练，晚年更倾向于把良知作为直觉能力。参考张学智：《明代哲学史》，北京大学出版社 2000 年版，第 107 页。

四、阳明诠释"不睹不闻"为本体而非戒惧的对象

若按阳明的说法，良知无分于体用，则可以说，戒惧之念为良知之用，而天理为良知之体。若套用阳明在《答陆原静》第二书的看法，则戒慎恐惧的"照心"是良知的发用，而"能戒慎恐惧者，是良知也"。① 这就确认了"君子戒慎乎其所不睹，恐惧乎其所不闻"的主体的能力是良知。

除此之外，阳明又突破了朱子对"不睹不闻"的诠释：朱子认为"不睹不闻"是戒惧的对象，即未萌芽的邪念。而阳明则把"不睹不闻"诠释为戒慎的主体的良知本体。他说：

> 人之心神只在有睹有闻上驰骛，不在不睹不闻上着实用功。盖不睹不闻是良知本体。戒慎恐惧是致良知的工夫。学者时时刻刻常睹其所不睹，常闻其所不闻，工夫方有个实落处。②

阳明认为良知体用不二，就其活动而言则谓之"戒慎恐惧"，就其本来样态而言则谓之"不睹不闻"，其实只是同一事物。因此，

> 问："'不睹不闻'是说本体，'戒慎恐惧'是说功夫否?"先生曰："此处须信得本体原是不睹不闻的，亦原是戒慎恐惧的。戒慎恐惧，不曾在不睹不闻上加得些子。见得真时，便谓戒慎恐惧是本体，不睹不闻是功夫，亦得。"③

至此，阳明说到戒惧的最微妙之处。如果套用王阳明高足邹守益的区分，则阳明此处所说的戒惧是"本体戒惧"，而不再仅仅是"戒惧于事"或"戒惧于念"。④ 虽然心之本体、意念与事为是同一个整体结构中的不同要素，不宜作这样机械的三分，但是在这个整体结构中，一个道德行动者的意识可以有不同的专注点：专注于事为的戒惧最浅层；若专注于邪念之除，功夫则愈深，但依旧有对待、有间断、有烦扰；若专注于本体，则直接悟入本体的超越性，而以之为工夫的根据。意识的专注点越高，则越超然而独立，不为外在的偶然性因素所干扰。

此处阳明学的戒惧与朱子学之间的微妙差异无法通过戒惧工夫的要领(如"常惺惺""敬畏"等)加以解释，因为这些指点语为朱子学与阳明学所共用。两者的差异更多的是戒惧的精神姿态的差异：朱子的戒惧是令人清醒地意识到邪念萌动的可能性，而"防之于未然"，虽然这有利于维持未发的宁静状态，但是在精神姿态上依旧隐含着某种自疑、自我的二分与对峙；而阳明强调戒惧者是良知，是真己，因此在戒惧活动中强化了一种自我认

---

① 《传习录》，第159条，《王阳明全集》，上海古籍出版社2011年版，第74页。
② 《传习录》，第329条，《王阳明全集》，上海古籍出版社2011年版，第139页。
③ 《传习录》，第266条，《王阳明全集》，上海古籍出版社2011年版，第120页。
④ 黄宗羲：《明儒学案》，中华书局1985年版，第343页。可参考李会富：《邹东廓本体戒惧思想探析》，《船山学刊》2017年第1期，第70~76页。

同感，在敬畏之中自有和乐。以这种认同感为基础，阳明将"不睹不闻"上升为良知本体而不是戒惧活动所要对治的对象。

由此认同感和本体戒惧的工夫，阳明的戒惧在保持警戒之功的同时，更多地重视对本体的参悟和一种豁然开朗的心境。例如，当陆原静问道："且君子之心常存戒惧，是盖终身之忧也，恶得乐?"阳明曰："乐是心之本体……虽在忧苦迷弃之中，而此乐又未尝不存。但一念开明，反身而诚，则即此而在矣。"①这种"一念开明，反身而诚"的工夫，呼应了程颢《识仁篇》中的"须反身而诚，乃为大乐"。② 这种进路不拘拘于除外诱，克己私，而是当下先参透一种豁然开朗的本体之乐，然后再相应地为善去恶。鉴于阳明对程颢的"万物一体"与《定性书》的"动亦定，静亦定"思想的推崇，我们不妨引用程颢的例子说明阳明的工夫进路。程颢在《定性书》中说："夫人之情，易发而难制者，惟怒为甚。第能于怒时遽忘其怒，而观理之是非，亦可见外诱之不足恶。"③假设有一个道德高尚的人受到不当的侮辱，通常而言，他会愤怒，但希望克制愤怒以合理应对。此时最佳的方法并非强行抑制怒火，更不是未经反思地反击愤怒的对象，而是"忘其怒"，彻悟自身处境受外界所牵制的荒诞感，通过这一"忘"，人才能相对自由而超脱地"观理之是非"，并且恰当地应对怒的对象。同样的道理，戒惧克己工夫固然不能松懈，但是人如果能在戒惧的过程中体会到"能戒慎恐惧者"乃自己的良知，则这种认同感会带来一种豁然开朗的本体领悟，凭借这种视角作修养工夫，则相对简易。

五、结　论

本文首先介绍了朱子的戒慎恐惧与慎独工夫所凭借的道德心理学基本范畴：未发和已发，然后梳理王阳明一步步批判朱子学而建立自己工夫论学说的过程。阳明起初不反对未发、已发之分，只是认为戒惧与慎独工夫不能截然分开，但已经偏向于将未发与已发理解为体用一源的关系，而不是平列的动静两种状态。后来通过对静坐工夫的反省，认为戒惧亦是念、"实无无念时"，强调戒惧时的自我意识的警觉作用是活泼泼的。按照唐君毅的解读，这种知觉不昧的警觉作用实际上即是良知，此知能贯穿朱子的意念未发与已发两种状态，统一朱子的戒惧与慎独工夫。

紧接着，笔者分析了阳明的书信中所反映的、学生在戒惧工夫中所遇到的问题：如果戒惧亦是念，学生容易误解成：戒惧之念与普通的日常生活之念处于此起彼伏的交替状态之中。从而产生(1)间断问题：这种交替状态导致功夫难免间断；(2)纷扰问题：戒惧之念需要时时介入日常生活之念的流行之中，使念虑在心中交战，形成纷扰。阳明将戒惧之念提升一层，区分"良知"与普通的"意念"之"念"，知得意念之是非善恶者是良知，"能戒慎恐惧者是良知"。

相对于"念"，"思"带有求索、思虑的意味，阳明区分了良知发用之"思"与私意安排之"思"，前者自然简易明白，后者自然纷纭劳扰。此处体现出阳明良知学说的张力：一

---

① 《传习录》，第166条，《王阳明全集》，上海古籍出版社2011年版，第78~79页。
② 程颢：《识仁篇》，《二程集》，中华书局1981年版，第17页。
③ 程颢：《答横渠张子厚先生书》(即《定性书》)，《二程集》，中华书局1981年版，第461页。

方面他强调"良知愈思愈精明",可见良知可以通过"思虑"而深化并丰富道德之知,由此区别于极端的道德直觉主义者;另一方面,他又将良知之"思"与私意之"思"的甄别方法简单化为心理效验上的简易与纷扰,而无法从"思"的内容上给出判定的方法。

最后,朱子将"戒慎乎其所不睹,恐惧乎其所不闻"的"不睹不闻"解释为未发之中萌发邪念的可能性,而阳明则将"不睹不闻"提升一层,认为"不睹不闻"描述的是良知本体。相对于朱子,阳明学在保持所有道德警戒的工夫的同时,增加了一种道德自我的认同感,这种认同感使之获得一种豁达开朗的本体领悟和自由超脱的视角,"一念开明,反身而诚",则心之本体之乐即在此矣。自此,阳明将儒家的戒惧发挥到极致。

总而言之,一方面,阳明合"戒惧"与"慎独"为一,又以"独知"论良知,这是良知学发展的一条明确的线索;另一方面,阳明以体用一源为根本立场,不采取朱子工夫论的动静、未发已发二分,认为"动无不和,即静无不中",戒惧亦是念,但不是善恶混杂之念,而是良知发动之念,此念存续不断,即为立志,念念在致良知,即是良知之思,自不同于私意安排之思。此种"念"与"思"的根源既然是"良知",人在戒惧之中应当逆觉其"所以戒慎恐惧者是良知也",此良知即不睹不闻之体。由此认同感而生发出活活泼泼、豁达开朗的本体领悟。这是理解阳明良知学发展的两条线索。

(作者单位:武汉大学哲学学院)

王阳明诠释《大学》八条目及其道德根据*

□ 朱小明

　　《大学》的"三纲领八条目"是一个圆融一体的有机体系。如果说"三纲领"中的"明明德"是《大学》之道的道德起点、"亲民"是《大学》之道的生活实践、"止于至善"是《大学》之道的最高目标的话，那么，"格物""致知""诚意""正心""修身""齐家""治国""平天下"为德目的"八条目"则是实现"三纲领"的具体成德路径。在这"八条目"中，"修身"是核心环节，"修身"以上的"格物""致知""诚意""正心"是修身之方，属"明明德"的范畴，修身以下的"齐家""治国""平天下"则是修身之用，属于"亲民""止于至善"的范畴。王阳明对于《大学》有着独到的解释，他一反当时被奉为权威的朱子《大学》新本说，而坚持从《大学》古本出发，从心学的角度重新阐释《大学》之道，创造性地对"格物""致知"等德目提出了崭新的诠释。他以良知说贯通"三纲八条目"，以"良知"作为"格、致、诚、正、修、齐、治、平"的心性前提、根本动力和道德目标，在"良知"与"致良知"的互动中为八条目的成德路径奠定了心性学的道德根据，充分体现了儒学的德业并修和内圣外王之道。

一、格物——"去其心之不正，以全其本体之正"

　　对于王阳明而言，"格物"既是其哲学困惑的焦点，又是其思想超越的突破口。早年的王阳明笃信朱子"格物"之学，却始终无法契悟朱子"格物穷理"的诠释路径，并在"格竹致疾"以及随后的循序读书而致心理二分的事件中陷入了思想和实践的困境，最终在龙场悟道中实现思想的突破，在居夷处困中彻悟《大学》"格物致知"之旨。龙场悟道是王阳明思想的飞跃与突破，也是其哲学思想开始独立形成的真正转折点。在龙场的顿悟，使王阳明一方面对朱子的格物穷理之说提出批判；另一方面也开始构建起自己的心学体系，对"格物"提出了全新见解。王阳明说道："先儒解格物为格天下之物，天下之物如何格得？

　　* 本文为贵州大学引进人才科研项目（贵大人基合字［2014］017号）；贵州省教育厅高等学校人文社会科学研究基地项目（项目编号：JD2014007）阶段性成果。

且谓'一草一木亦皆有理'。今如何去格？纵格得草木来，如何反来诚得自家意？"(《传习录下》)①王阳明这里的"格草木"与"诚自家意"指向的主要是知识与德性的问题。在王阳明看来，知识与德性是两种不同的范畴，如果只是强调"格得草木"而不重视"诚得自家意"，便会造成知识与德性之间的脱节、心与物之间的隔阂，而难以通入圣域。故此，王阳明指出，圣人之道，吾性自足，理不存在于外在之物，而是存在于每个人的内心。因此，真正的格物不应该即物穷理，向外求索，而应该反求诸己，向内求索。以这种思想为主线，王阳明提出了自己的格物之说。

王阳明说道："物者，事也，凡意之所发必有其事，意所在之事谓之物。格者，正也，正其不正以归于正之谓也。正其不正者，去恶之谓也。归于正者，为善之谓也。夫是之谓格。书言'格于上下'、'格于文祖'、'格其非心'，格物之格实兼其义也。"(《大学问》)王阳明对于"格物"这一德目的解释与朱子所谓的格物穷理有着根本的区别。首先，心物关系是理解阳明格物说的基本前提，他解"物"为"事"，即所谓"意所在之事谓之物"。"意"即意念、意识、意向之义，"意之所"指的是意识指向的对象。由此可见，阳明哲学所谓的"物"，并不泛指自然之物，而是指意念所在之物、心中之物，所谓"格物"即"格其心之物也，格其意之物也，格其知之物也"(《答罗整庵少宰书》)。所以，王阳明是从心上说事，以事指物，他所关注的不是作为实然的客观事物，而是意念之物。换言之，王阳明"意之所在便是物"这个命题更多地是从价值的、审美的、道德的角度来看待事物本身。它不是在意识之中构造一个物质的世界，而是通过意识的参与形成和构建主体的意义的世界、价值的世界、人化的世界。正如杨国荣先生所指出的那样："意之在物既是一个意向(意指向对象)的过程，又是主体赋予对象以意义的过程。"②其次，王阳明解"格"为"正"，并引用孟子"大人格君心"等经典文献来予以佐证。这里的"正"即"正其不正以归于正之谓也"(《大学问》)，从道德意义上即为善去恶之意。将"格"与"物"结合起来看，王阳明所谓的格物不再是朱子的格物穷理，而是"格事""格心"，"是去其心之不正，以全其本体之正"(《传习录》上)。事物之理不在外物，而在内心。心之本体无往而不正，然而常人之心却往往"动于欲，蔽于私"而失去了本体之正。因此需要"格心"，依良知而行，使心重新恢复到本体之正。

二、致知——"致吾心之良知于事事物物也"

王阳明说："致者，至也，如云'丧致乎哀'之'致'。《易》言'知至至之'，'知至'者，知也；'至之'者，致也。'致知'云者，非若后儒所谓充广其知识之谓也，致吾心之良知焉耳。"(《大学问》)王阳明反对后儒"扩充知识"的致知说，而是从心学的角度以致吾心之良知作为致知的主要内涵。何为致良知？王阳明的致良知主要包括两重内涵：一是良知的存养扩充，即良知的自我实现；一是良知的推行和实践，即良知的实践运用。这两重内涵之间也是相互联系、彼此依存的关系。

---

① 本文引用《传习录》，皆出自吴光等编校的《王阳明全集》，上海古籍出版社 2011 年版。以下不再注出。

② 杨国荣：《心学之思：王阳明哲学的阐释》，中国人民大学出版社 2009 年版，第 72 页。

就良知的自我实现而言，王阳明说道："人孰无是良知乎？独有不能致之耳。"(《书朱守乾卷》)王阳明指出，良知人人皆有，是人之"不待虑而知，不待学而能"的道德禀赋。然而，虽然人人皆有良知，但是却并不是每一个人都能够依从良知而行，不能保证良知的自发的扩充。一方面，良知的实现需要一个不断培育和型塑的过程，良知惟有通过致良知的培育工夫才能真正实现自身。用潜能与实现的哲学术语来解释，良知作为人先天具有的道德潜质，最初只是一种潜能，是人的一种潜在的道德能力，这是良知的本然状态。然而潜能不等于实现，本然不等于实然，良知要真正自我实现，离不开一系列致良知的工夫。先天的良知唯有通过致良知的过程才能为道德主体所自觉把握，使良知从潜能走向实现，从自在走向自觉，从而实现良知实有诸己的性格。另一方面，良知从潜能到实现的过程中也会因为私欲的障蔽而出现自我的迷失或遮蔽。王阳明说道："良知之在人心，不但圣贤，虽常人亦无不如此，若无有物欲牵蔽，但循着真知发用流行将去，即无不是道；但在常人多为物欲牵蔽，不能循得良知。"(《答陆原静书》)在他看来，虽然知善知恶是良知，然而，如果人们不能听从良知的召唤，不能充分扩充存养良知的话，就会导致良知的放失。之所以如此，其中一个重要的因素就是因为私欲的障蔽和窒塞，这也就是孟子所言的"放心"。因此，人要"求其放心"，重新拾回本来的良知，让良知真正成为生命的指引者。所以说，致良知的工夫，既是良知的充拓存养的过程，又是去省察克己、去除私欲的过程。

就实践意义上的致良知而言，致良知也同样体现了王阳明知行合一的思想宗旨。在王阳明看来，"良知也者，是所谓天下之大本也；致是良知而行，则所谓天下之达道也"。(《书朱守谐卷》)良知是致良知之本，致良知则是良知之行，二者密不可分。他说道："若鄙人所谓致知格物者，致吾心之良知于事事物物也。吾心之良知，即所谓天理也。致吾心良知之天理于事事物物，则事事物物皆得其理矣。"(《答顾东桥书》)这里的"致"即实行、推行之义，所谓"致良知于事事物物"，即是在具体的生活实践中依从良知而行。如果说良知是一种道德意识的话，那么，这里的致良知则是一种化道德意识为道德行为的过程，通过良知的外化，实现良知的现实品格，并进而达到和谐社会人伦关系和稳定社会道德秩序的目的。只有通过具体的实践活动，实实落落依从良知去行事为人，良知才能逐渐从潜能转换为实现，才能将道德意识转换为道德行为。否则，如果只知善恶是非却不能依从良知去行，便会造成良知的遮蔽。这就是王阳明所言的"致知之必在于行，而不行之不可以为致知也"(《答顾东桥书》))的道理。在这里，致良知与知行合一的思想是不谋而合的。

致知是掌握阳明哲学的核心德目，也是从根本上把握其对《大学》心学诠释的根本所在。综合来看，王阳明对于《大学》之道的认识经历了一个以诚意为本转向致知为本的过程。可以说，平濠之前，王阳明以"诚意"为《大学》主旨，而平濠之后，特别是致良知的思想形成之后，王阳明对于《大学》诠释则转移到了致良知上来。王阳明以致良知为"孔门正眼法藏"，致良知既是王阳明晚年思想的总结，也是阳明心性的最后归宿，所以，在《大学》诠释中，王阳明也最终将《大学》的宗旨归于致良知。

三、诚意——"诚意只是慎独工夫"

诚意在阳明早期的《大学》诠释中占有重要的位置。如他在正德十三年所作《大学古本原序》中所言："大学之要，诚意而已。"他在《大学古本旁释》中也常以"诚意"来解释并贯通《大学》各纲领条目。因此，诚意也是掌握阳明《大学》之道的重要德目。

何为诚意？"心之发动处谓之意"（《传习录》上），意即意识、意念之义。王阳明说道："盖心之本体本无不正，自其意念发动，而后有不正。故欲正其心者，必就其意念之所发而正之，凡其发一念而善也，好之真如好好色；发一念而恶也，恶之真如恶恶臭；则意无不诚，而心可正矣。"（《大学问》）他指出，就心之本体而言粹然纯正，通体透明，但是本体良知进入到现象界，在经验的领域与外物建立某种关系情景时，便会脱离其本然状态而滑入经验状态，使其不能保持本体之纯正，并由此"应物起念"，这就是"意"之所以产生的原因所在。王阳明指出，诚意的关键在于"就其意念之所发而正之"，即从意念发端处出发，发一善的意念，就应该像喜爱美色一样去喜爱它，发一恶念，就应该像厌恶臭味一样厌恶它，如此，才是诚意之功。《大学》文本以"慎独"来诠释诚意，曰："所谓诚其意者，毋自欺也。如恶恶臭，如好好色，此之谓自谦。故君子必慎其独也。"这里"毋自欺"即心意要回到自身，真实地呈现自己，是就是，非就非，不要遮蔽或欺骗自己。这样才是诚意，才是"慎独"。朱熹认为慎独之"独"乃"人所不知而己所独知之地也"①，即道德主体在闲居独处、没有第三者监督下的道德自律。与之不同的是，王阳明对于"慎独"并没有只是局限在"谨慎独处"，而是从良知处说"慎独"。他说道："诚意只是慎独工夫，在格物上用，犹《中庸》之'戒惧'也。"（《大学古本旁释》）在王阳明看来，慎独之"独"指的乃是道德主体的独知之处，即其道德良知的自知自明。"慎独"是道德主体在良知观照下的自我监督和自我要求，之所以谨慎戒惧，不是来自于外在的监督或指责，而是来自良知的内在命令，它所凸显的是德性修养的主体化和内在化。正如李景林先生所言，此"独"代表了一种充分的个体化和内在化，意味着一种内在精神世界的开拓。②

王阳明关于诚意还有另一种解释，即"着实用意"。他说道："为学工夫有浅深。初时若不看实用意去好善恶恶，如何能为善去恶？这着实用意，便是诚意。"（《传习录》上）这里的"着实用意"即好善恶恶的践行工夫。王阳明《传习录》下指出："如一念发在好善上，便实实落落去好善；一念发在恶恶上，便实实落落去恶恶，意之所发，既无不诚，则其本体如何有不正的？故欲正其心在诚意。"（《传习录》下）这里的"实实落落"与前言"着实用意"意思相近，指的都是将为善去恶落到实处。"诚意"要在因物起念之际为善去恶，有一善的意念，便要实实在在地按照此善念去行，有一恶的意念，便当机立断地铲除此恶念于萌芽之中。王阳明在与顾东桥的对话中也说道："盖鄙人之见，则谓意欲温清、意欲奉养者，所谓'意'也，而未可谓之'诚意'：必实行其温清奉养之意，务求自慊而无自欺，然后谓之'诚意'。"（《答顾东桥》）这里，王阳明以温清奉养为例子指出，"意"是道德主体的一种意念、意欲、想法，只有将这种意念、想法、意欲付之于行动，使之成为一种实际的道德的行为，才能称之为"诚意"。王阳明这里的"诚意"充分体现了"知行合一"的思想，与"致良知"的思想也是不谋而合的。

其实，王阳明关于"诚意"的解读潜藏着一个良知的概念，因为，之所以能够知意念之善恶，乃是因为良知是知善知恶的。所以诚意之所以可能，乃是以良知作为心性根据和

---

① 朱熹：《四书章句集注》，中华书局 2011 年版，第 8 页。

② 李景林：《帛书〈五行〉慎独说小议》，《人文杂志》2003 年第 6 期。

道德前提的。王阳明集中阐释了"良知"与"意"的相互关系，他指出："意与良知当分别明白。凡应物起念处，皆谓之意。意则有是有非，能知得意之是与非者，则谓之良知。依得良知，则无有不是矣。"（《答魏师说》）良知本体知善知恶、恒定专一，不滞于物，而意念则应物而起，随物而动，缺少内在确定性，并表现为是非善恶。在王阳明看来，要做到诚意，就要使意念依从良知而行，使良知对意念起到统摄性的作用。人应该听从良知的内在召唤，将自己的意念、思想、意识放在良知的天平上加以衡量，良知认为是善的、好的，就应该努力去做，反之，如果良知认为是恶的、错的，就禁止去做。这其实也即是一个不断自我内省、自我观照的过程。至此，王阳明所谓的"诚意"从某种意义上就转变成了"致良知"。

四、正心——"身之主宰便是心"

正心是《大学》八条目的另一个范畴，《大学》曰："所谓修身在正其心者：身有所忿懥，则不得其正；有所恐惧，则不得其正；有所好乐，则不得其正；有所忧患，则不得其正。心不在焉，视而不见，听而不闻，食而不知其味。此修身在正其心。"这里所言的"修身在正其心者"，强调的乃是心对于身的统帅性作用。正心的真正内涵即在身心和谐的基础上以心统身，使心复归于正。阳明哲学中关于"正心"的诠释与《大学》的这种主旨思想具有内在的一致性。王阳明所言的心，含义较为丰富，可指知觉、思维、情感、意向，等等，他特别提出了心体的概念，要求人们求学问道应该在心体上用功。王阳明言下的心，不只是一种感性的存在，而是以理为内在依据的本体之心，如其所言："所谓汝心，亦不专是那一团血肉。若是那一团血肉，如今已死的人，那一团血肉还在，缘何不能视听言动？所谓汝心，却是那能视听言动的。这个便是性，便是天理。"（《传习录》上）在他看来，"心也者，吾所得之于天之理也"（《答徐成之》），心先于经验而具有先天性，同时又具有普遍性，是古今中外每个人都拥有的道德法则。

在阳明哲学中，心既为道德主体的修身养性提供了道德准则，又为道德主体的具体行为提供了道德支柱。他说道："耳、目、口、鼻、四肢，身也，非心安能视、听、言、动？心欲视、听、言、动，无耳、目、口、鼻、四肢亦不能。故无心则无身，无身则无心。"（《传习录》下）王阳明指出，耳目口鼻四肢等身体感官能够视听言动，是一种感性的存在。这些感官及其感官活动是与心这个主宰者密不可分的，心是那"能视听言动的"的，是耳目口鼻四肢之所以视听言动的指挥中枢，因此，无心则无身。同时，无身则无心，心也并非能够隔绝于耳目口鼻四肢等感性的存在，否则心的主宰性作用将无所依附，无从体现。可见，王阳明这里所体现的身心关系不是二元的，而是一元的。身与心之间是一种相互融摄、彼此依存的内在联系，其中，相对于身而言，心具有统帅性、主宰性的作用。作为感性存在的身，总是涉及经验性的内容，并由此产生各种情绪和感受。王阳明对此说道："喜、怒、哀、惧、爱、恶、欲，谓之七情，七者俱是人心合有的：但要认得良知明白……七情顺其自然之流行，皆是良知之用，不可分别善恶；但不可有所着。七情有着，俱谓之欲，俱为良知之蔽。然才有着时，良知亦自会觉，觉即蔽去，复其体矣。"（《传习录》下）王阳明将七情视为人心的自然呈现，是良知之用，无所谓善恶之分。他同时又指出，七情"不可有所着"，这里的"着"，即偏执、执着之义。若有所执着，则变成了人欲，将良知遮蔽了。因此，要"正心"，就要使身所发之情依从良知，做到"发而皆中节之谓和"。

王阳明说道："心者身之主宰，目虽视而所以视者心也，耳虽听而所以听者心也，口与四肢虽言、动而所以言、动者心也，故欲修身在于体当自家心体，常令廓然大公，无有些子不正处。主宰一正，则发窍于目，自无非礼之视；发窍于耳，自无非礼之听；发窍于口与四肢，自无非礼之言、动；此便是修身在正其心。"(《传习录》下)王阳明指出，心是身之主宰，因此修身不能在身上用功，而是应该在心上用功，使一切行为活动依从良知本心而行，使心体廓然大公。如果心之主宰保持自身的纯正性，那么，道德主体自会非礼勿视、非礼勿听、非礼勿言、非礼勿动。王阳明据此提出了"心统五官"的思想，他说道："人君端拱清穆，六卿分职，天下乃治。心统五官，亦要如此。今眼要视时，心便逐在色上。耳要听时，心便逐在声上。如人君要选官时，便自去坐在吏部。要调军时，便自去坐在兵部。如此，岂惟失却君体？六卿亦皆不得其职。"(《传习录》上)他以政治治理为喻指出，心应该像人君一样起到一种统帅和领导的作用，应该用心统帅五官，使其依从本心而行，而不能反过来，使心听命于五官。

可见，正心在阳明心学的哲学视域中就是以心为真己，保守心之本体，在身心合一的基础上实现心对于身的主宰性和统帅性作用。而王阳明这里的"本心"其实也就是良知。本心与良知在阳明心学中的内涵是相互一致的，即"良知者，心之本体"(《传习录》中)、"心者，身之主也，而心之虚灵明觉，即所谓本然之良知也"(《答顾东桥书》)之谓。因此，王阳明的正心从某种意义上与致良知是相互一致的，"正心"即"正良知"或"致良知"，即实现良知对于感官及其活动的主导性作用，使一切行为活动都能够依从良知的引导。

五、修齐治平——内圣外王之道

如前所言，"修身"是《大学》的中心主旨，是八条目的中心一环，修身是"格物""致知""诚意""正心"的逻辑目的，同时修身也是"齐家""治国""平天下"的逻辑起点。《大学》一开篇便一语道明"自天子以至于庶人，壹是皆以修身为本"，把"修身"作为其整个道德修养的根本目标和价值导向。众所周知，儒学自先秦时期就形成了为己之学，为己之学与为人之学的根本区别在于，前者指向自我德性的完善和道德人格的形成，而后者则迎合外在的赞誉。王阳明也继承了儒家一贯的为己之学的思想，他说道："今之学者须先有笃实为己之心，然后可以论学。不然，则纷纭口耳讲说，徒足以为为人之资而已。"(《与汪节夫书》)王阳明直承孟子一系的思想，将良知视为人之所以能够成贤成圣的先天道德依据。他说道："天命之性，粹然至善，其灵昭不昧者，此其至善之发见，是乃明德之本体，而即所谓良知也。"(《大学问》)他同时指出："良知之在人心，无间于圣愚，天下古今之所同也。"(《答聂文蔚》)他认为，良知是"天植灵根"，良知兼有先天性与普遍性，每个人，无论圣愚，在良知面前都是平等的。此良知正是明德之本，也即人之所以修身养性和实现理想人格的心性根据。王阳明指出"圣人之学，惟是致此良知而已"(《书魏师孟》)。他指出，修身是一个持续不断的过程，这个过程也即是不断致良知的修养过程。

《大学》通篇所阐述的是儒学一贯的内圣外王之道，如果说修身指向的是内圣，那么

"齐家""治国""平天下"则指向的是外王。修身主要就"己"而言，是对自我的道德要求，目标是修身以德，而"齐家""治国""平天下"则就"他者"而言，是自我在社会中的作用和价值，目标是实现"安人"，这也就是儒家哲学中的"修己安人"之道。齐家、治国、平天下是修身之后的外用之道。王阳明也秉承了儒学的这种内圣外王、修己安人的思想，并从圣学与禅学的对比中指出儒学治国平天下的社会责任感。他说道："乎夫禅之学与圣人之学皆求尽其心也，亦相去毫厘耳。圣人之求尽其心也，以天地万物为一体也。吾之父子亲矣，而天下有未亲者焉，吾心未尽也；吾之君臣义矣，而天下有未义者焉，吾心未尽也；吾之夫妇别矣，长幼序矣，朋友信矣，而天下有未别未序未信者焉，吾心未尽也……盖圣人之学无人己，无内外，一天地万物以为心；而禅之学起于自私自利，而未免于内外之分，斯其所以为异也。"(《重修山阴县学记》)他指出，禅学一味地追求独善其身，执着于人己之分、内外之分，逃避人伦关系和社会责任，不免陷入自私自利，是一种"外人伦，遗事物"的做法。圣人之学则坚持"穷则独善其身，达则兼济天下"，拥有以"天地万物为一体"的博大胸怀，做到"老吾老以及人之老，幼吾幼以及人之幼"，在家国天下的整个社会结构中积极承担起自己的道德责任与社会义务。这种圣人之学充分体现了儒家哲学的群体认同感和社会担当意识。在王阳明看来，修己与安人、内圣与外王、自我与他者、德性与德行总是密切地联系在一起，自我的德性的完善和人格的型塑，总是拒斥自我的中心化和自我的封闭化，只有在与他者的共在中，在家国天下的整个社会结构中，个人的德性才能真正获得实有诸己的现实性，继而实现修己以安人，内圣而外王。

这种内圣外王之道在王阳明心学中的表述就是"致良知"，即良知从潜能到实现、从本然之知到明觉之知的过程。王阳明说道："若鄙人所谓致知格物者，致吾心之良知于事事物物也。"(《答顾东桥书》)良知既要内化心，又要外化于行。这里所谓的"致吾心之良知于事事物物"，即良知在日用常行中的践行。"事事物物"主要指向生活的世界，是由各种人际关系和伦理关系组成的社会结构和人情世界。致良知于事事物物，就是将内在德性外化于社会关系和人伦世界中，使良知在道德实践活动真正地呈现自己，继而通过良知的外化建立理性化、道德化的社会秩序。这种致良知的工夫也就是《大学》所言的"齐家""治国""平天下"的道德工夫。在王阳明看来，致良知与知行合一的工夫密不可分，他多次强调"工夫不离本体，本体原无内外"(《传习录》下)，认为良知需先"致"而后才能"至"，致知不是悬空而致，必须是"在实物上格"，如其所言："君子之学，何尝离去事为而废论说？但其从事于事为论说者，要皆知行合一之功，正所以致其本心之良知，而非若世之徒事口耳谈说以为知者，分知、行为两事，而果有节目先后之可言也。"(《答顾东桥书》)在他看来，徒有口耳谈说不是真知，若非知行合一，这种"知"只是一种"粗知"，只有"在事上磨炼"的道德实践中证成知行合一的工夫，才是真知。在此过程中，良知从一种本然形态的"知"，经过道德践履的"行"，逐渐获得了现实的性格而成为一种明觉形态的"知"。这种"致良知"或"知行合一"的道德实践也就是在家国天下的整个社会结构中不断实现"齐家""治国""平天下"的过程。正如王阳明所言："君臣也，夫妇也，朋友也，以至于山川鬼神鸟兽草木也，莫不实有以亲之，以达吾一体之仁，然后吾之明德始无不明，而真能以天地万物为一体矣。夫是之谓明明德于天下，是之谓家齐国治而天下平，是之谓尽性。"(《大学问》)这种以一体之仁为精神宗旨的修齐治平之道充分体现了儒学仁民爱物的人文情怀和博施济众的社会责任。

六、结　语

综上所述，王阳明对于《大学》赋予了心学的创造性诠释，这种诠释路径不同于朱子即物穷理的超验路径，而是一种反观自省的内在路径。他对于《大学》八条目的重新解读，始终以良知为内核，他以"良知"作为"格物""致知""正心""诚意""修身"之所以可能的心性依据，又以"致良知"涵容了"齐家""治国""平天下"的道德实践，在"良知"与"致良知"的内在互动中体现了传统儒学的修己安人、内圣外王之道。在王阳明这里，八条目则在良知的涵摄下融为一体。他说道："理一而已：以其理之凝聚而言则谓之'性'，以其凝聚之主宰而言则谓之'心'，以其主宰之发动而言则谓之'意'，以其发动之明觉而言则谓之'知'，以其明觉之感应而言则谓之'物'：故就物而言谓之'格'，就知而言谓之'致'，就意而言谓之'诚'，就心而言谓之'正'。"（《答罗整庵少宰书》）可见，在王阳明看来，所谓格、致、诚、正、修，其实只是同一事情不同角度的不同称谓而已。归根结底，八条目其实就是一个依从良知去为善去恶的身心工夫。他总结指出："夫'必有事焉'只是'集义'，'集义'只是'致良知'。说'集义'则一时未见头脑，说'致良知'即当下便有实地步可用功；故区区专说'致良知'。随时就事上致其良知，便是'格物'；着实去致良知，便是'诚意'，着实致其良知，而无一毫意必固我，便是'正心'。"（《答聂文蔚》）可见，王阳明始终以致良知为八条目的精神主旨，所谓的格物，即是"格心""正心"，"随时就事上致其良知"；所谓诚意，即是"着实去致良知"，是道德主体在良知观照下的自我监督和自我要求；所谓正心，即以心之良知为真己，实现心之本体对于身的主宰性作用。所谓的修齐治平，即是"致吾心之良知于事事物物"，在家国天下的社会结构中实现良知的扩充和存养。故而，从某种程度上来讲，八条目归根结底都可以视为不同层面的致良知。王阳明这种以良知作为核心的《大学》诠释，极高明而道中庸，极大地高扬了主体精神和内在精神，在当时起到了思想解放的巨大作用。王阳明站在心学的视角对《大学》的全新阐释，扩大了经典文本自身的丰富性，为理解文本提供了多元化的视域。王阳明以良知为核心的《大学》诠释不仅在当时具有重要的社会影响，而且对于现代社会仍然具有重要的价值启迪作用。

（作者单位：贵州大学中国文化书院）

从唐顺之到邢云路 *

——易道下的明中后期历学

□ 朱浩浩 王 淼

    中国古代历学与易学的关系是天文学史及易学史研究的重要课题。[①] 易以道阴阳，与外在自然关系紧密，古代研究自然的学问多与易学相关，天文历算之学自不在其外。[②] 很多天文学家都将自己的历学研究和易学结合在一起。如汉代刘歆《三统历》结合汉象数易来造历，唐一行《大衍历》则"依易蓍之数，为立法之据"。[③] 而自唐代之后，宋图书象数易学兴起，为易学与历学关系注入了新的元素。这种关系也因此产生了变化，进入了新的阶段。

    在这一阶段中，明代中后期可谓极为重要。它是传统历学(以《授时历》为代表)作为主流的最后阶段，产生了多位历算大家，也是易历关系变革的前夕。在此之后，以《崇祯历书》为代表的欧洲天文学在崇祯改历中胜出，并在清初通过时宪历颁行全国，取代传统天文学。由于《崇祯历书》的编纂者徐光启等人对历学与易学关系的极力否定等原因，[④] 清代以后易历关系进入了新的阶段。因此，对于明中后期的研究，不仅有助于我们理解这一特殊时期传统历学与易学的关系，也有益于我们理解欧洲天文学在中国广为流传之后所引起的变化。

    下面，笔者便对明中后期主要天文学家历学与易学关系进行论述。前人已对朱载堉、

---

  * 本文受德国埃尔兰根-纽伦堡大学国际人文研究院 Fate, Freedom and Prognostication. Strategies for Coping with the Future in East Asia and Europe 项目资助。

  ① 中国古代天文学主要可以分为历法与星占两部分。历法主要是对日月五星等天体视运动的研究与计算，也可以广义地包括作为计算基础的相关观测及仪器制造等。星占则是根据天象占验人事吉凶。本文使用的历学一词主要指对历法研究的学问。

  ② 《四库全书总目提要》便说"易道广大，无所不包，旁及天文地理，乐律兵法……"《钦定四库全书总目》卷1，第1册，景印文渊阁《四库全书》，台湾"商务印书馆"1983年版，第54页。(本文所引景印文渊阁《四库全书》皆为台湾"商务印书馆"1982—1986年版，以下出注不再交代版本信息)

  ③ 朱文鑫:《历法通志》，商务印书馆1934年版，转引自卢央:《易学与天文学》，中国书店2003年版，第181页。

  ④ 如据黄道周《榕坛问业》记载，在北京时他曾对徐光启阐明易历律之义，认为三者之间有联系。而徐光启则认为"易自是易，律自是律，与历何干，而能证发?"翟奎凤:《以易测天——黄道周易学思想研究》，中国社会科学出版社2012年版，第366页。

邢云路等有简单涉及。① 本文则以这一时期五位主要天文学家——唐顺之、周述学、袁黄、朱载堉、邢云路为对象，② 以时代为先后，结合新发现的史料，系统考察此一问题。从中可以看出，明中后期天文学家基本上均通过易道获得对形而上之道的依托，使历学研究获得对传统学术中根本之道的归属。而他们历学研究与易学关系又呈现多样性特征，表明了当时及中国古代易学与历学关系的复杂性。

一、唐顺之、周述学

唐顺之(1507—1560)，江苏常州人，博学多才。除心性之学外，文学、天文、乐律、兵法、地理、数学、壬奇、禽乙等无所不通。此外，唐顺之对易学也颇有研究，主象数一派。

唐顺之著作极为丰富，其中天文学著作据称有《历算书稿》十二册，但可惜未见流传，只在周述学著作中保留了很少部分。不过，他关于历学研究与易学关系的认识，却在《书河图洛书》一文中有所论述。唐氏秉承宋象数易风格，非常重视河图洛书(见图1)。③ 在《稗编》"易类"开始部分，他便辑录了数量众多的论述河图洛书的文字。《书河图洛书》则是唐顺之的自作短文。唐顺之在此文中明确表达了数始于河图洛书的观点："卦未画，书契未作，而造物者已出此二图示人。盖天机之始泄，而数之所由肇也。"④而历学作为一种有关数的学问，在唐顺之看来，与"数"之本源的河图直接相关：

> 圆者星也，历纪之数其肇于此乎？方者土也，画州井地之法其仿于此乎？盖圆者河图之数，方者洛书之文，故牺文因之而造易，禹箕叙之而作范也。⑤

这句话并非唐顺之自作，而是来自邵雍，⑥ 是唐顺之在《书河图洛书》中唯一引用的非儒家经文语句，其重视程度可想而知。"圆者"即指河图，因河图的图象中四隅没有数字，所以是圆。圆者是星，历纪之数始于此，所以历学计算之数本于河图。

以历学计算之数本于河图，并非简单的附会，而是具有重要意义。河图作为宋代象数

① 黄黎星：《河图洛书：朱载堉十二平均律的理论原点——兼论依傍经典观念何以能实现其律学之创新》，《周易研究》2016 年第 5 期，第 58 页。李申：《周易之河说解》，知识出版社 1992 年版，第 79~81 页。另外，学者对这一时期主要以易学研究为主但涉及历学较多的黄道周还有较多关注。如翟奎凤：《以易测天——黄道周易学思想研究》，中国社会科学出版社 2012 年版。杨肇中：《天人秩序视野下的晚明儒学重建》，中国社会科学出版社 2013 年版。

② 这些人物在天文学上的造诣不同，且在其他方面也颇有建树(如朱载堉在律学方面)。但本文所关注的主要是他们天文学工作，且他们均是这一时期重要的天文学研究者，所以统称他们为天文学家。

③ 此处是朱熹：《易学启蒙》中图式，此河图数十、洛书数九的图式为后世所普遍接受，与刘牧所传相反。文中天文学家所谈也是此种河图洛书。

④ 唐顺之：《重刊荆川先生文集》卷 17，《四部丛刊》初编，集部第 1590 册，上海商务印书馆 1922 年版，第 13b 页。

⑤ 唐顺之：《重刊荆川先生文集》卷 17，《四部丛刊》初编，集部第 1584 册，上海商务印书馆 1922 年版，第 14a 页。

⑥ 邵雍：《皇极经世书》卷 13，景印文渊阁《四库全书》，第 803 册，第 1058 页。

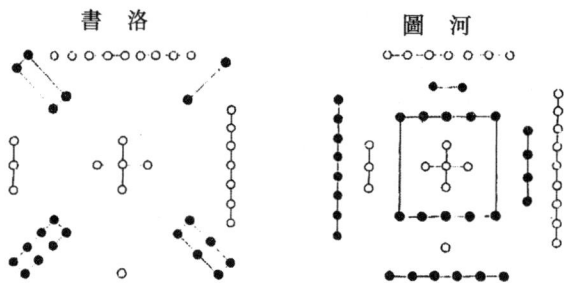

图 1　河图、洛书

易学的代表，被认为易之本，蕴涵造化之大道，具有形而上之道层面的特征。唐顺之受此影响，在《书河图洛书》中极论河图洛书所蕴涵的阴阳造化之道。如以"冲气"论河图洛书，而此"冲气"乃"人受天地之中以生者"。以虚一虚五之一五即河图洛书中五下一之一五，"此尤圣人代造化泄尽精义处"。① 他还在《荆川稗编》论易部分摘录了朱熹在《易学启蒙》中论述河图洛书的文字，名为"论河图洛书"，并将其置于篇首。其中便有以河图之数解释太极、两仪、四象、八卦的论述："河图之虚五与十者，太极也。奇数二十偶数二十者，两仪也。以一二三四为六七八九者，四象也。析四方之合以为乾坤坎离，补四隅之空以为兑震巽艮者，八卦也。"② 显然，在唐顺之看来，河图中的数已经超越了我们今天所理解的简单自然数，具有了形而上的特征，与易道联系在一起。那么，当历学计算之数以河图之数为本源时，实际上也就赋予了历学计算以易道层面的内涵与依托，而不再停留于简单的数艺计算的下学层面。所以唐顺之在《与顾箬溪中丞书》中表达了研究数所能达到的具有易道特征的功效："即其数而穷其义，则参伍错综之用，可以成变化而行鬼神，是儒者之所以游于艺也。"③ 而在唐顺之看来，历学就是一种由数穷义的学问。④

与唐顺之大概同时的周述学是明中后期另外一位重要天文学家。周述学，浙江绍兴人，字继志，号云渊子。于邵雍数学、太乙、地舆、遁甲、星占等靡不精研，尤精易学、历算。其易学著作今未见全本。国家图书馆藏万历年间刻本《云渊先生文选》中有"易宗贯义序"，乃周述学易学专著《易宗贯义》的序言。此序言说：

　　不有程朱辈出而阐明之，易道亦几乎息矣。然程传浩博而象或未尽合，朱义简洁而意或未尽显。后学不能无憾焉。予尝观辞以象，观象以心……以正对者而论其相

———————

① 唐顺之：《重刊荆川先生文集》卷 17，《四部丛刊》初编，集部第 1590 册，上海商务印书馆 1922 年版，第 13b~14b 页。

② 唐顺之：《荆川稗编》卷 2，景印文渊阁《四库全书》，第 953 册，第 18 页。朱熹：《易学启蒙》卷之一，《朱子全书》，第 1 册，上海古籍出版社、安徽教育出版社 2002 年版，第 215 页。

③ 唐顺之：《重刊荆川先生文集》卷 7，《四部丛刊》初编，集部第 1590 册，上海商务印书馆 1922 年版，第 20a 页。《周易·系辞》说"参伍以变，错综其数"，"此所以成变化而行鬼神也"。

④ 唐顺之：《重刊荆川先生文集》卷 7，《四部丛刊》初编，集部第 1584 册，上海商务印书馆 1922 年版，第 17b 页。

敌，以反对者而论其相颠，以中爻而论其互藏之理，以两爻而论其交变之道。更博议其同异而删定其正旨，总编曰易宗贯义。①

可知，周述学虽然推崇"程传""朱义"，但也重视以象解易。又《云渊先生文选》中有"太极论""太极""圆图说""方图说""先天后天卦变图说"，是对朱熹：《易学启蒙》中所涉及的宋象数易内容的解释，也可以看出他对宋象数易的重视。

周述学关于易学与历学关系的论述，被保留在了徐阶为周述学所作的传记中。此传记收录于何继高所编《云渊先生文选》之前，冠以"山阴云渊周子传"之名。何继高与周述学是同乡，曾亲炙周述学十几年，可以说对周述学相当了解。他在《云渊先生文选序》中即推许徐阶的传记："[云渊先生]易历占遁兵术最精，语具华亭徐少师传中。"②所以他将此传置于书首。因此，此传记的可信度很高。徐阶在其中写道："[云渊先生]居尝曰：易，天道也，历之元也。知历斯知天，知天斯知易。而历法乃寥寥莫传哉！"易道即是天道，是历学的本源根据。通过研究历法，可以了解形质之天的运行状态，而认识了形质之天的运行状态，也就可以认识天道或易道。也就是说，历学是被纳入易道之下，以易道为本元的，历学通过易获得了形而上层面的依托。而历学研究又是认识易道的重要途径，这也是历学所以非常重要的原因，所以周述学在这段话最后感慨"历法乃寥寥莫传哉"。

值得指出的是，除了历学之外，周述学还在《〈神道大编象宗华天五星〉引》中表达了将七政四余星命术本于"河图五行"的想法："予故本河图五行，更制华天五星，斯得造化之正，以推贵贱祸福如桴鼓。"③七政四余星命术是中国在印度、波斯传入的生辰占基础上，结合本土的阴阳五行等观念发展起来的一套庞杂的星占体系，与历法同属于古代天文学系统。周述学改变原来星命术体系，"本河图五行，更制华天五星"，对星命术进行改造。这与其将历学研究根源于易道的思路相近。

二、袁黄、朱载堉

袁黄（1533—1606）是在唐顺之、周述学之后研究天文学的另外一位重要人物，著有《历法新书》。又据《两行斋集》记载，他还有《天文略》之作。④

在《了凡杂著》本《历法新书》中，袁黄并未直接提及历学与易学的关系。但是，据梅文鼎《历学疑问》介绍，《历法新书》融合了三式占中的太乙之术。⑤太乙之术与易学有关，或许《历法新书》与易也有直接关系。不过，这一问题尚须进一步研究。实际上，袁黄直接论述易学与历学关系的文字是在其象数易学著作《河图洛书解》里。

《河图洛书解》是袁黄在融会了其师父与"经略宋先生"认识的基础上对河图、洛书中

① 何继高编：《云渊先生文选》卷6，国家图书馆藏万历年间刻本，第12页。

② 何继高：《云渊先生文选序》，何继高编：《云渊先生文选》，国家图书馆藏万历年间刻本，第1a页。

③ 周述学：《神道大编象宗华天五星》，《续修四库全书》，第1031册，上海古籍出版社2002年版，第215页。

④ 袁黄：《两行斋集》，《袁了凡文集》，线装书局2006年版，第1325页。

⑤ 梅文鼎：《历算全书》卷1，景印文渊阁《四库全书》，第794册，第10页。

所包含的阴阳生克等深奥大道的解说。全文篇幅较短，仅 1400 字左右。结构上分为三部分，依次介绍了河图、洛书、河图和洛书的关系。袁黄认为河图洛书很重要，开头便说河图洛书是"道之大原"。在经过一番介绍后，袁黄在全文的最后称："图书之奥最深，其所能言者如此。通之律吕，推之历数，揆之井田兵法，达之太乙、六壬、奇门遁甲，极之万物之数，无不吻合。邵子曰圆虽无文，吾终日言而未尝离乎是。谅哉！"①即袁黄认为河图洛书是道之大本大元，可以"推之历数"。这种认识，虽然与唐顺之将历学之数根源于河图有些差别，但本质上还是将历学根源于河图洛书，使得历学研究获得形而上之易道层面的依托。

朱载堉(1536—1611)与袁黄同时，乃明世子，精历律，主宋象数易学。在《圣寿万年历·卷首》中，他称自己弱冠时见邵雍《皇极经世书》、朱熹：《易学启蒙》和蔡元定及其父的《律吕新书》与《洪范皇极内篇》便心生喜悦，以至于"口不绝诵"。② 而朱载堉在著作中也经常提及以上诸人，虽然有时或有微词，但总体来看，他受邵雍、蔡元定等人的影响很深。

朱载堉的历学著作主要有《黄钟历法》(收入《律历融通》中) 与《圣寿万年历》。《黄钟历法》是其早期历法著作。③ 他在其中表达了与唐顺之、袁黄相近的认识，即将历学研究归本于河图洛书，以获得易道层面的依托。在他看来，天地间一切万物无非阴阳，河图洛书则已尽阴阳之妙："天地万物无非阴阳，而图书二者阴阳之妙尽矣。"④所以从画卦叙畴，到律历礼乐等，无不以河图洛书为准则："《易大传》曰河出图，洛出书，圣人则之。所谓则之者，非止画卦叙畴二事而已，至若律历礼乐莫不皆然。"⑤这是从总的方面来说。若是分开来说，朱载堉则认为河图与历学相通，洛书与律学相通："河图历也，故有四时迭运之象。洛书律也，故有三分损益之象。"⑥

朱载堉关于历学效法河图洛书的认识不仅仅局限于以上一般论述，他还倚河图洛书而"起数"。如朱载堉在《律历融通》中所取历元为万历九年，九即与洛书九数有关："黄钟之管长九寸，从黍为分之九寸也。寸皆九分，凡八十一分，洛书之奇自相乘之数也，是为历本。故以万历九年为元，义取诸此。上考往古，下推来今，皆距律元为算。"⑦

朱载堉在之后的另一历学著作《圣寿万年历》中也有对历学与易学关系的论述。他认为伏羲氏仰观俯察，乃因历而作易。所以"易以历为本"，而"历在易之先"，在远古即是如此："是故伏羲仰观而俯察，因历作易，分二以象两仪，挂一以象三统，揲四以象时……然则易以历为本，历在易之先，其来尚矣。"⑧需要指出的是，朱载堉此处以"易以历为本"，与前面将历学本于同样属于易学范畴的河图洛书并不矛盾。因为在朱载堉看

① 袁黄：《两行斋集》，《袁了凡文集》，线装书局 2006 年版，第 976b~977a 页。
② 朱载堉：《圣寿万年历》卷首，景印文渊阁《四库全书》，第 786 册，第 453 页。
③ 李亮：《明代历法的计算机模拟分析与综合研究》，中国科学技术大学博士学位论文，2011 年版，第 22 页。
④ 朱载堉：《律历融通》卷1，景印文渊阁《四库全书》，第 786 册，第 556 页。
⑤ 朱载堉：《律历融通》卷1，景印文渊阁《四库全书》，第 786 册，第 556 页。
⑥ 朱载堉：《律历融通》卷1，景印文渊阁《四库全书》，第 786 册，第 557 页。
⑦ 朱载堉：《律历融通》卷1，景印文渊阁《四库全书》，第 786 册，第 560 页。
⑧ 朱载堉：《圣寿万年历》卷首，景印文渊阁《四库全书》，第 786 册，第 451 页。

来，河图洛书并非人之所为，而是天地之所出："圣人治世，德动天地。天不爱道，地不爱宝，故凤鸟至，河图出。《易》曰河出图，洛出书，圣人则之。"① 所以河图洛书与朱载堉上述引文中所说一类内容不同，② 并非根据历学而来，恰恰相反，"夫河图洛书者，律历之本源，数学之鼻祖也"③。

三、邢云路

邢云路生于嘉靖二十九年（1549），卒于 1621 年到 1626 年之间，字士登，号泽宇，又号效天道人。④ 主要历学著作有《古今律历考》《太一书》《庚戌冬至正讹》《戊申立春考证》，另有《泽宇先生集》十卷⑤，《金鸡灵应》⑥等。其中《泽宇先生集》《金鸡灵应》今或不存，前者是邢云路的诗文集，后者当是占验类著作。

从《古今律历考》来看，邢云路更倾向于宋代象数易学，尤其是尊崇邵雍。他对汉象数易学人物京房、扬雄颇有微词。如称京房因易卦杀身，于道何有。⑦ 而对于邵雍，不仅在《古今律历考》中为其开脱，⑧ 而且在批评之处也口吻委婉，如说"邵康节以明理之儒，亦惑其说，亟称落下闳改颛帝历为太初"⑨。

关于邢云路对易历关系的认识，前人多关注《古今律历考》中他对一行将历数附会于大衍蓍法之数的批评。⑩ 但这是有欠全面的。邢云路虽然批评一行的附会，但并不表示他否定大衍数与历学有关，而且《古今律历考》中对易历关系的论述也分不同的层次。此外，邢云路对于易历关系的认识，更重要地体现在前人未曾留意的《太一书》中。

在《古今律历考》中，邢云路虽然认为一行的《大衍历》是汉唐时期历法中最精密的一种，但还是反对其将历数附会《系辞》中大衍蓍法之数，并批评了一行："自汉唐以来历家惟一行最密，但不必一一附大衍耳。"⑪不过，邢云路并不是说历学与大衍蓍法之数无关。他强调两者其实在"象"与"成数"上有关联："谓历数合于大衍之象则可，谓历数之分秒皆出于大衍则不可。""故《易》曰大衍之数象四时象闰，第象之而已。又曰乾坤之策三百六十当期之日，历三百六十有奇而止以三百六十当之，亦取其象耳。"⑫"然谓之曰象四时象

① 朱载堉：《乐律全书》卷 21，景印文渊阁《四库全书》，第 213 册，第 560 页。

② 朱载堉上述引文中内容根据《周易·系辞上传》："大衍之数五十，其用四十有九。分而为二以象两，挂一以象三，揲之以四以象四时，归奇于扐以象闰，五岁再闰，故再扐而后挂。"

③ 朱载堉：《乐律全书》卷 21，景印文渊阁《四库全书》，第 213 册，第.560 页。

④ 邢云路：《庚戌冬至正讹》，万历戊申孙玮保定《古今律历考》刊本，第 1b 页。

⑤ 陈田：《明诗纪事》，第 7 册，商务印书馆 1937 年版，第 2361 页。

⑥ 黄虞稷：《千顷堂书目》卷 13，景印文渊阁《四库全书》，第 676 册，第 369 页。

⑦ 邢云路：《古今律历考》卷 1，景印文渊阁《四库全书》，第 787 册，第 10 页。

⑧ 邢云路：《古今律历考》卷 8，景印文渊阁《四库全书》第 787 册，第 101 页。

⑨ 邢云路：《古今律历考》卷 8，景印文渊阁《四库全书》第 787 册，第 107~108 页。

⑩ 李申：《周易之河说解》。

⑪ 邢云路：《古今律历考》卷 16，景印文渊阁《四库全书》第 787 册，第 185 页。

⑫ 邢云路：《古今律历考》卷 16，景印文渊阁《四库全书》第 787 册，第 186 页。

闰，曰当期之日。象者象其奇偶，当者当其成数也。"①"象"是取象、类比之义，即大衍蓍法之数与历数有可类比之处。如《系辞》说"揲之以四象四时"，是取"四时"类比"揲之以四"。"成数"乃指大致整数，如一岁周即回归年大致是 365.24 日，其"成数"即 360 日。所以《系辞》中所提三百六十之数乃是"当期"即一回归年的成数。值得指出的是，在"成数"之外，邢云路还提出了"奇数"，即历法常数的实际数值，因其不是整数所以称为"奇数"。邢云路称历法之难正在于"奇数"的分秒，"奇数"的分秒当由实测得之，而与大衍无关："历法之难，正在奇数之分秒，实窥测所得，而非大衍所推也。"②这样，通过"成数""奇数"，邢云路一方面保持了大衍蓍法之数与历数的关联，另一方面保证了历数的实测性与准确性，可谓十分巧妙。

《古今律历考》中邢云路还进一步指出历学不出易的范围，即历学可以统摄在易道之下："夫是易也，显道祐神，何物不有，历故在其中矣……至于气朔之分秒，陟降消长，一而不一，则在人随时测验，以更正之。正其数，即神乎易也。"③在邢云路看来，易道广大精微，无所不包，所以历学不出易之范围。而且他还认为易学与历学相互联系，不仅不应该出现将历法常数附会易数使历法不准确的情况，而且对气朔分秒等历法常数的精确测量，正是"神乎易"的表现。

邢云路以历学归于易道，更直接地体现在他的另一部著作——《太一书》之中。该作是邢云路在《古今律历考》之后，于万历辛亥（1611）④完成。此书虽简短，但邢云路颇为重视，对后人了解他的思想也非常重要。关于此书的缘起，邢云路在《〈太一书〉自叙》中作了交代：

> 余不敏，修明历象，学务其博。于古今理数，校雠归正，不啻详矣。乃于今由博会约，直探其原，而得其所谓太一。⑤

可见，邢云路在博考了古今历象理数之后，直探本原，把握到了"太一"这一根本之道，所以写作《太一书》，以作为《古今律历考》基础之上的由博返约之作。

就全书结构而言，邢云路的确将历学计算方面的一切问题全部归结于"太一"。全文首先给出了由"太一"生化而来的一些常数，如"太一五行三才圆率""太一两仪四象方率""太一方圆动静生化率"等。接着论述"太一"的概念。之后，便应用由"太一"衍生的常数计算数学与天文问题。最后邢云路总结说："太一为万法之宗，以太一之周径率测天得天周，以太一之勾股率测日得岁周，岁周出而万法从矣"，"是昊天七政四余，万有不齐之数，亿万斯年，皆从一出，故曰太一"。⑥ 因此，在邢云路看来他做到了对本原的体认，获得了对道的把握。

---

① 邢云路：《古今律历考》卷 1，景印文渊阁《四库全书》第 787 册，第 14 页。
② 邢云路：《古今律历考》卷 16，景印文渊阁《四库全书》第 787 册，第 186 页。
③ 邢云路：《古今律历考》卷 1，景印文渊阁《四库全书》第 787 册，第 14 页。
④ 邢云路在《太一书》的序言中署期为万历辛亥。
⑤ 邢云路：《太一书》，万历戊申孙玮保定《古今律历考》刊本，第 1a 页。
⑥ 邢云路：《太一书》，万历戊申孙玮保定《古今律历考》刊本，第 16b、18b 页。

从邢云路的论述来看,"太一"实际上是由易学中太极发展而来。查阅《古今律历考》就会发现,邢云路在其中虽然没有讨论太一,但已经提及了太极为万化本原,万变所出:"其用四十有九者,虚其一以象太极也……故虚一不用,而万变出焉。"①在评价五代后周世宗时期王朴所造《钦天历》时,他还表达了如将历学根源于太极,就可以得到万世永久无弊历法的想法:"夫黄钟曰八十一,大衍曰三千四十,已属牵附。而朴陡出此数,若曰自太极阴阳五行来也。果尔,以推天步之分秒,宜永久勿坏,胡乃行五年即先天耶? 空令阴阳无准,太极负冤耳?"②而在《太一书》中,邢云路明确表达了"万物万事之变,悉妙会于太一之中"。③ 而且邢云路在《太一书》中将历法研究根源于"太一",并认为"太一"确立之后历学可得指归,钦天授时可得其所:"古今之言历者多矣,率皆有浅有深,有得有失,而卒不得其指归者,由太一之道不明也。""太一立而钦天授时各止其所,五辰抚,庶绩凝,顾不盛与? 是故太一之文,为无上上法。"④这正是将历学根源于太一便可无弊的思想。此外,他还在《太一书》中用《系辞》中所说太极、两仪、四象、八卦的关系描述"太一":"太一运而生两仪,两仪析而成四象,四象演而滋八卦,八卦倍而生太一六率,皆方于太一也。"⑤可见,"太一"正是从太极进一步演化而来,正是邢云路思想在《古今律历考》的基础上进一步发展的结果。

"太一"既然从易学中太极发展而来,那么他的计算中由"太一"生化而来的一些常数的名称,如"太一五行三才圆率""太一两仪四象方率""太一方圆动静生化率",具有浓厚的易学色彩也就可想而知了。而当邢云路将历学研究会归于"太一",并以具有浓厚易学色彩名称的常数进行计算并构建自己的体系时,他实际上是以自己的方式将历学纳入易道之下,使历学研究具有易道的形而上层面。这是一种与唐顺之等人不同的方式。

四、结 论

以上是我们对明中后期主要天文学家关于历学与易学关系认识的讨论。尽管这一讨论还需深化,但从中我们还是可以得到以下认识:

首先,唐顺之等人的历学研究与易学具有密切联系。他们均将历学纳入易道之下,通过易道使历学研究获得形而上的依托。使历学不再停留于数艺末流层次,而是可以上达于道。这表明,易学实际上在他们的历学研究中充当了上达于道的作用。这也提示我们,《崇祯历书》编纂者徐光启等人对历学与易学有关系的否定,并非单纯地否定了两种不同学问之间的关系,更深层次地则是将早期天文学研究上达于道的方式否定。那么,天文学研究在以《崇祯历书》为代表的欧洲天文学流行之后如何或者是否上达于道将是一个值得探索的问题,也是理解欧洲天文学影响的重要问题。

其次,尽管上述各人均将历学纳入易道之下,但还是有所不同。他们大致可以分为三

---

① 邢云路:《古今律历考》卷 1,景印文渊阁《四库全书》第 787 册,第 11 页。
② 邢云路:《古今律历考》卷 17,景印文渊阁《四库全书》第 787 册,第 195 页。
③ 邢云路:《太一书》,万历戊申孙玮保定《古今律历考》刊本,第 1a 页。
④ 邢云路:《太一书》,万历戊申孙玮保定《古今律历考》刊本,第 18b、19b 页。
⑤ 邢云路:《太一书》,万历戊申孙玮保定《古今律历考》刊本,第 2a 页。

类。一是以邢云路为主，通过历学的博学而反约到具有本原特征的易学范畴"太一"上，构建新的体系。二是周述学，以易道为历学的根据，并通过历学知天，知天来知易。三是剩余诸人，将具有"数"性质的河图洛书与历学相联，使历学获得形而上层面的依托。这些区别一方面说明了易历关系的丰富性，另一方面也反映出各人认识的不同。而至于产生这种不同的原因及其背景，以及这种区别所带来的对历学研究的影响，则是需要进一步研究的问题。

最后，与刘歆三统历比较就会发现，与刘歆以汉象数易为背景结合易历不同，唐顺之等人将历学与河图洛书结合实际是深受宋图书象数易学的影响。这显然与他们的宋象数易学背景有关。从以上的讨论中，我们也看到了他们基本上均重视宋象数易学。这说明随着易学的发展，易历关系也在产生着新的变化。不过，如果我们进一步考察，就会发现这种变化中也具有不变的层面。最新的研究已经指出，刘歆结合易学诠释三统历的努力，实际上将《周易》纳入元气宇宙论范畴之内，以借助《周易》论述其历法在天道层面的依托"。①也就是说，与唐顺之等人一样，刘歆也是通过易学使历学获得道层面依托的。至于他们所理解的道的区别，则是需要另外讨论的问题。

（作者单位：武汉大学哲学学院、浙江大学人文学院哲学系）

---

① 孙邑陶：《试论三统历对太初历所作的易学诠释转向》，《周易研究》2017 年第 1 期，第 53~60 页。

从《尚书引义·费誓》看王夫之对明代兵制的批评*

□　杨柳岸

《尚书引义》是船山借《尚书》中的问题引申出自己思想的著作。他大量引用后世的史事佐证自家观点，除了帮助读者更好地理解经书的深意外，更梳理出一条可供运思的历史脉络，其归结点则在于反思与总结明清鼎革的历史教训。《尚书引义·费誓》（简称《引义·费誓》）阐述了船山对三代兵制的理解，进而讨论了兵农合一兵制的局限及后世继承这种兵制的危害，矛头所指为明代的兵制。

一、"三代之兵可谓无兵"——船山对兵农合一的批评

《费誓》出自《今文尚书》。《孔传》："鲁侯伯禽宅曲阜，徐夷并兴，东郊不开，作费誓。"①其时徐地之戎、淮地之夷来寇，伯禽率诸侯征讨而在费地为誓，申诫士众。兹节录于下：

> 公曰："嗟！人无哗，听命。徂兹淮夷、徐戎并兴。"
> 今惟淫舍牿牛马，杜乃擭，敜乃穽，无敢伤牿。牿之伤，汝则有常刑！马牛其风，臣妾逋逃，勿敢越逐。祗复之，我商赉汝。乃越逐不复，汝则有常刑！无敢寇攘，逾垣墙，窃马牛，诱臣妾，汝则有常刑！

船山认为经文中的话题是，"其先不以论议于帷幕，申饬于训练者，何也"以及"兵且防民之侵也"。② 既然要做作战前动员，何以在爱惜牲口之类的次要事务上多费口舌。"兵且防民之侵也"指的是原文中的"祗复之，我商赉汝"，"无敢寇攘，逾垣墙，窃马牛，诱臣妾，汝则有常刑"。这两句的对话对象是费地民众，意思是如果偷窃军中牛马，诱拐

---

* 本文为中央高校基本科研业务费专项资金资助项目研究成果。

① 孔安国、孔颖达：《尚书正义》，中华书局 2007 年版，第 866 页。

② 王夫之：《尚书引义》，《船山全书》第二册，岳麓书社 1996 年版，第 428~431 页。本文引《尚书引义》如无注释与说明，皆出自此章。

"臣妾"将会获刑，如偶获走失的牛马"臣妾"，交还将有赏赐。船山认为读者可能对民能侵兵感到困惑，故而一并解释。

他将三代兵制总结为"寓兵于农"；进而对战争性质作了定性，即"以中国战中国，以友邦战友邦，以士大夫战士大夫，即以农人战农人"。船山认为三代的兵制决定了彼时并无职业军人，兵者其实就是农民。征兵其实就是服劳役，负责一些后勤事务，跟随战车到阵前壮声势，真正作战的是少数战车上的甲士。因此兵农难以区分，农民可以"日游于营垒之间"，对军产实行侵扰。

船山认为这种兵制与彼时的战争性质是相应的。彼时的战争只是意气之争，一旦"气泄词申"就可"各安其生计"。既非为灭国争利，所以都有节制，有一定的礼仪规则可循。虽征战频仍，民众却少横死。故而才有《牧誓》"乃止齐焉"的"雍容详谨之跬步为阵法"。这是农民可以胜任的，所以"农可兵也"。

船山认为后世读者之所以对《费誓》之辞感到困惑，在于他们不知古今战争之别。故而船山又对兵制、战争性质、作战方式的演变作一说明，分春秋、战国及"后世"三个阶段。

春秋之世尚与三代相近，征兵是七十二井出一人，做的也只是"示威"之类的事情。没有常备部队，需要作战时才动员，要进攻他国也会先行告知。那时的战争，作战时间短，农民自备粮草。

战国之世，战争规模扩大，征兵的数量大增，"既无不兵之农"；战争也走向专业化，"以兵为教，以战为学，以级为赏，以俘为功，一战之捷，骈死者数十万，盖寓农之制未改，而淫杀之习已成"。虽仍然"寓兵于农"，但已非农民所能胜任，故而死伤枕藉。从儒家的王道观点出发，船山对此当然极尽批评。

"后世"之兵则需要"与狄夷猾盗相逐于千里之外，辎重不相及，樵苏不能给，禁令虽严而弗能止戢，克胜追奔，则马仗、衣履、布帛、金钱、狼戾为其所取"。战争规模更大，作战距离更远，前代兵制对土地的依存太大，已不能胜任后勤供给，故多有劫掠之举。战争对兵的要求已与农民固有习气大相径庭。

船山以春秋、战国、"后世"的战争形态、兵制与三代作比较，得出了结论——"三代之兵，可无兵也"。他认为三代之兵是农而非兵，其判断依据是人情以及人的习气。三代之农之所以可以为兵，兵之所以可以还田，是因为那时的战争并不需求真正的兵。那时的兵"专静淳庞"，农民当兵并不需要任何气质上的改变。而后世的战争性质发生转变，战争规模扩大，兵走向专业化，兵与农的角色定位也随之分离。兵有"不保之生"，作战要"气狂"，而且不从事生产就能获得给养；兵的气质一旦养成，解甲归田便无法从事生产。农民惜命，爱护生产资料，乡土之情厚，故而不能胜任战争。船山批评战国之世的战争"驱耕夫于必死之地"，而后世欲效法《费誓》等三代军制的做法，其症结就在于对兵与农的本质差异视而不见，对古今战争性质的区别不甚了了，故必然走向失败。他还提出了"屯田而兵如无兵"的见解，是对屯田制的批评。

《引义·费誓》讨论的核心问题是"兵民关系"。船山评价兵民关系有一条主要的道德原则，即"夫兵戎之事大矣，不习而临戎，弟子舆尸之凶也"。"不习而临戎"近于《论语》之"以不教民战，是谓弃之"（《子路》），《孟子》之"罔民"（《梁惠王上》）与《荀子》之"不教而诛"（《富国》），历来为儒者所戒。对兵民不加区分就妄加驱使可能导致两种祸害。一是"毒民",即以农为兵,最终的结果是"无兵"。二是"病国",即以兵为农,最终会导致"无农"。后世治军应该正视"民与兵之不可合也久矣"这一现实,托言古制之说更是荒谬。

从今人的视角看,船山对于三代征兵制度、战争性质、战争规模的理解大体上是中肯的。战国之前的确少见"灭国斩祀",彼时的战争性质、作战规模、作战方式的确与后世大为不同。兵制要与其时战争情况相适应的看法也是富有卓识的。

但船山对《费誓》文本问题的回应却有所偏颇,在战争性质上,至少《费誓》就不是"以中国战中国"。经文已明言"淮夷、徐戎并兴",故而誓师是为了征讨夷狄。船山当然有此自觉,他岔开话题,转而讨论《牧誓》(武王伐纣时的誓词)"乃止齐焉"的阵法问题,而得以继续讨论"以中国战中国"的战争定性。他在文本诠释上的这一"婉转",颇具深意。

再则,船山以车中甲士为主的作战分工之说也不可靠。关于三代战法的记载在经典史传中多见,且说法各异。每乘配七十二卒的说法见于《左传》杜预注:"四丘为甸,甸六十四井,出长毂一乘,戎马四匹,牛十二头,甲士三人,步卒七十二人。"①但杜预所说的是春秋时期的制度,并非西周制,且只是按地服兵役的人数和物产,并非战法;兵车一乘,甲士三人,步卒七十二人未必是战斗序列。《史记·周本纪》记载武王伐纣"遂率戎车三百乘,虎贲三千人,甲士四万五千人",和船山所言的战斗序列不同。由此可见,仅以车中甲士作战的"无兵"之战,只是船山的设想。船山对其他说法视而不见,其用意应是为了凸显三代战争在残酷性上的局限,以与三代战争性质相对应,并与后世之"灭国绝祀"形成鲜明对照。

从以上两点可以看出,船山在《引义·费誓》乃至整部《尚书引义》中,其实是在勾勒一个民风淳朴、制度严谨、征伐有道的理想型社会,以此作为讽喻后世得失的样板。但船山对历史又是持变化观的,并不提倡恢复古制。其立论旨趣在于申明古今之别,即所谓"势殊而道异"。时代不同,治道也应发生改变,后世不可模仿古制,否则就会"病国而毒民"。强调"世移俗易"之后对治道的"因革损益"是船山论史一以贯之的。于是,船山就构建了两套评价标准:一套是道德理想型的,作为参照的是三代之世;一套是现实功效型的,标准为是否合乎一世的历史现实。此二者不可混同。《引义·费誓》真正批判的就是身处"后世",却以古制的"寓兵于农"去应对残酷的战争现实。

二、船山论府兵制、募兵制与卫所制

"兵与农不可合"是船山评论后世兵制的一贯看法。在兵制上船山主张募兵,即军事人员的专门化、职业化,反对府兵制、屯田制等兵农不分的制度。《读通鉴论》中船山评价府兵制与募兵制时说:

> 后世论者,泥古而不知通,犹曰兵制莫善于唐……详考府兵之制,知其为戏也,太宗之以弱天下者也。欲弱天下以自弱,则师唐法焉可而。②
> 所患者,法敝已极,习相沿而难革,虽与更张,害犹相袭。故自说罢边兵而边

① 《春秋左传正义》,北京大学出版社2000年版,第785页。
② 王夫之:《读通鉴论》,《船山全书》第十册,岳麓书社1996年版,第773页。

空，长从、彍骑制未定而不收其用，边将承之，畜私人，养番兵，自立军府，以酿天宝之乱。盖自府兵调戍之日，早已睥睨天下之无兵，而一旦撤归，刍粮赢余，唯其所为，而朝廷固莫之能诘也。①

唐之府兵，世著于伍，垂及百年，而违其材质，强使即戎，于是而中国无兵。

宰天下者，因其可兵而兵之，因其可农而农之，民不困，兵不桡，材武之士不为将帅所私畜，而天下永定。②

《读通鉴论》中的这三处材料，可看作《引义·费誓》对兵制讨论的延续。船山反对将唐亡的教训归结为募兵制，相反，正是因为府兵制的积弊导致"天下无兵"，才致使唐亡。府兵制的问题和三代的寓兵于农相同，都在于兵农不分，因而战斗力受限。船山在这里对兵农合一兵制的批评分判较细。其一，府兵制之仿古是统治者（唐太宗）试图"弱天下"的把戏，目的是为了削弱将帅的兵权以巩固皇权。其二，府兵"世著于伍"，导致兵源不能因才选用，结果是战乱频发后府兵不足胜任。其三，"府兵调戍"，导致军资供给混乱，反而为将帅所窃占。其四，无府兵资质的剽悍之士无处可去，只能依附于将帅，成为地方、私人武装，中央因战争需要不得不默许。这四点环环相扣，最后导致军阀割据，天下大乱。总而言之是府兵制不堪为后世战争所用，才产生种种问题。至于唐代中后期虽然改弦更张采用了募兵制，那也只是"法敝习沿"之后不得已而改之，不是唐亡的根本原因。

船山的这些分析当中也有问题。一是府兵制并非唐代刻意效法古制，而是沿袭魏晋以来的传统。二是唐代府兵制并非世兵制，军籍世袭并非常态。三是唐代实行府兵制是否有意于"弱天下"，也可商榷。

反思历史，募兵制相较于府兵制的确更先进，能适应更激烈的战争需要。但在彼时实行府兵制未必如船山所抨击的那样糟糕，府兵制固然有兵与土地高度依存难于调度，战事频繁会导致籍存人无而兵源实际匮乏等问题。但其好处也很明显，如国家财政开销小，易于管理。募兵制固然调动性强，军队战斗力旺盛，但财政开销大，国家难于供养。

船山在《读通鉴论》中一味抨击府兵制是《引义·费誓》中反对后世效法古制"寓兵于农"的延续。在此，有强烈的现实关怀参与其中，就是批评有明一代的兵制。他在《噩梦》中说：

军卫之制，行百余年而大坏。成、弘间军尚可用……正、嘉而后，不可复理，势所必然也。唐变府兵为彍骑，而特重边帅之寄，故虽有渔阳之祸而终得朔方之益，捏吐蕃、回纥而进之而终诎于中国之强。宋与本朝仍旧相沿，惮为改饬。宋之禁军、厢军与卫军略同。禁军，团营也，厢军，卫所也，皆散武备于腹里也。夫唯军卫聚屯于边，其身家诧焉，而又沐浴于刚劲之气，则莫之劝惩而自练习于勇武。③

明代与唐代在兵制的采用和演进上有相近之处，明初实行卫所屯田制，与府兵屯田相

---

① 王夫之：《读通鉴论》，《船山全书》第十册，岳麓书社 1996 年，第 841 页。
② 王夫之：《读通鉴论》，《船山全书》第十册，岳麓书社 1996 年，第 853～854 页。
③ 王夫之：《噩梦》，《船山全书》第十二册，岳麓书社 1996 年版，第 558～559 页。

类似；而后战事频发，卫所制顾此失彼，于是引入了招募制，与唐代中后期改募兵制相似；招募制形成了将帅擅权与腐败，与唐代情况也相似。船山注意到了这点，他批评府兵制，反对"寓兵于农"意在批评"本朝"兵制。他误认为唐代府兵是"世著于伍"，正好暴露了这一意图，恰恰明代的卫所制是军籍世袭。

作为明朝遗臣，有明先亡于陇首，后亡于外族，故船山十分抵制那些虚弱武备的举措和思想。他认为有明之亡，不堪其用的卫所屯田制是重要原因；统治者未必不知其弊端，但一定要分将帅之权而巩固皇权。例证之一是"散武备于腹里"，屯田制必然导致兵源与内地农田高度依存，边地兵源因而不足；战时"调戍"，又颇靡费。其动机本来是强干弱枝，便于管制。他例举本来不甚相关的宋代兵制，意在影射明代的京营制与卫所制屯兵于无战事之地，使兵将两分正是为了削弱将帅对皇权的威胁。他批评唐太宗"弱天下"也是这样看的。其恶果是直接导致了军力下降，宋明因而两次"亡天下"。

给予将帅、地方以兵权，的确可能导致将帅、地方专权，从而制衡中央，但相比于中国整体的军力不济，却是相对可以承受的结果，此即船山所谓"虽有渔阳之祸而终得朔方之益"。这与船山公天下，不以天下为一家一姓之私产，反对集权，高悬华夷之辨的思想相吻合，而这正是船山本于明亡教训提炼出的思想精髓。

在这几段材料中，船山勾勒出了兵农合一的兵制自产生、沿袭，以至于被效仿的历史脉络——从总结寓兵于农的兵制与三代"中国战中国"的战争性质相适应，到批评唐代效仿古制实行府兵制以"弱天下"，到宋明两朝沿袭陋制而两"亡天下"，意在反思明清鼎革的历史教训。

后世效仿与沿袭兵农合一的兵制的一个重要借口就是效法三代古制，这正是船山在《引义·费誓》当中所要打破的。他区分三代与后世在战争性质、规模、方式等方面的差别，申明世移俗易，一代有一代之治道，正是要堵住那些借效仿古制而行弱天下之政之人的口，同时也为他在其他著作中因革损益古制而提出新见打下了理论基础。

三、船山对兵制的反思

兵制问题在明末是个热门论题，黄宗羲在《明夷待访录》中就综述了当时颇为流行的观点：

> 议者曰：卫所之为召募，此不得已而行之者也，召募之为大将屯兵，此势之所趋而非制也。原夫卫所，其制非不善也。一镇之兵足守一镇之地，一军之田足赡一军之用，卫所、屯田，盖相表里者也。其后军伍销耗，耕者无人，则屯粮不足，增以客兵，坐食者众，则屯粮不足，于是益之以民粮，又益之以盐粮，又益之以京运，而卫所之制始破坏矣。
>
> 为说者曰：末流之弊，亦由其制之不善所致也，制之不善，则军民之太分也。①

所引的这些观点，他们问题意识与船山其实是相通的，只是所持立场与观察角度有差

①　所引黄宗羲论兵制文，出自《黄宗羲全集》，浙江古籍出版社 1985 年版，第 31~35 页。

异。这就导致了对兵农合一制度评价的大不相同。"论者"肯定了其制之善者,这点船山未置可否,而制不善者正与《引义·费誓》所说的"无兵""无农"的毒民病国之说相合。论者是站在兵制简易可行的角度看问题,而船山则站在华夷必然长期对立的视角,主张"安不忘战"。① 另外船山还看到了其善者何以必然导致不善的原因,这是高明之处。此外,船山关于"农与兵之不可合"与"为说者"的"制之不善,则军民太分也"具有互补性,后者指出卫所制军籍世袭导致兵与民形成两种截然不同的出身,是王船山所忧虑的"无兵""无农"问题在具体时代环境中的例证。

黄宗羲在综述别家观点之后提出了自己的看法,他认为:

> 兵分于农,然且不可,乃又使军分于兵,是一天下之民养两天下之兵也。召募之弊也,如东事之起,安家、行粮、马匹、甲仗费数百万金,得兵十余万而不当三万之选,天下已骚动矣。大将屯兵之弊也,拥众自卫,与敌为市,抢杀不可问,宣召不能行,率我所养之兵反而攻我者,即其人也。有明之所以亡,其不在斯三者乎?

于黄宗羲而言,寓兵于农的卫所制相对于募兵与大将屯兵更为稳妥,开销更少,无拥兵自重之弊;至于募兵制取代卫所制,进而发展成大将屯兵,则归之于"势之所趋";明亡的教训不能简单地归之于兵制的歧异,而应综合考虑。黄宗羲与王船山在兵制问题上的看法差异在于黄宗羲对明制是持包容、维护的态度;而船山对明制持批判性态度,他更深入地分析了"势之所趋"的原因,认为正是"寓兵于农"的兵制不能适应时代,从而导致了变乱,其说法更为强调历史的逻辑性。

黄宗羲还构想了一幅更理想的兵制愿景:

> 余以为天下之兵当取之于口,而天下为兵之养当取之于户。其取之口也,教练之时五十而出二,调发之时五十而出一;其取之户也,调发之兵十户而养一,教练之兵则无资于养。

这是一种介于府兵制与募兵制,卫所制与招募制之间的兵制。它既回避了卫所制军籍世袭的问题,又避免了募兵制完全脱离生产的弊病,是集兵役与预备役为一体的征兵制。在《噩梦》中,船山对屯田制也提出过调适性的办法,即在边境之地实行军垦。这既能减少军费开支,又能使兵"练习于武勇",对境外势力形成震慑。② 但这只是船山为明代卫所制的弊病提出的改进办法,并非其理想的制度建构。

船山自行建构的愿景见于《黄书·宰制》:"圣人官府之,公天下而私存,因天下用而用天下。故曰'天无私覆,地无私载,王者无私以一人治天下',此之谓也。今欲宰制之,莫若分兵民而专其治,散列藩辅而制其用。"③船山不以天下为一家,主张公天下,他将寰宇划分为十三区,重视地方享有治权与军权,反对过度的中央集权。从君臣关系、君民关

---

① 王夫之:《宋论》,《船山全书》第十一册,岳麓书社 1996 年版,第 268 页。
② 王夫之:《噩梦》,《船山全书》第十二册,岳麓书社 1996 年版,第 558~559 页。
③ 王夫之:《黄书》,《船山全书》第十二册,岳麓书社 1996 年版,第 508 页。

系的大视野出发来看，他的设想相较之于梨洲的构思更具革命性。他的立论点是中华之天下，而黄宗羲的立论点仍是有明一朝之天下。但从具体内容上看，船山取于封建制之"公诸侯"，又与顾炎武的思路相似。船山企图通过对君主、中央的分权，以及地方、专务的专权来实现增强国力、提高武备的目的。这是鉴于有明一代历史教训的沉痛反思。

从封建制中攫取资源以求因革损益时政，这并不仅是王夫之的个人学术思考，也是明清之际思想家们反思中央、地方政治制度时常见的思路。顾炎武说："今之君人者，尽四海之内为我郡县扰不足也。……民乌得不穷，国乌得不弱？"郡县制是为了实现治权之集中，而这必然导致"民穷国弱"。批评郡县制，学者必须找到与郡县制互为参照者，比如三代之封建，亭林就有"寓封建之意于郡县之中"①的改制架构；梨洲在讨论制度变革时亦说"三代之法，藏天下于天下者。……后世之法，藏天下于筐箧者也"②。封建制是中央与地方分权，其中的关键点就是军权的归属，军权归于中央看似便于调度，实际上会导致边防空虚，中央为了防范将帅与地方拥军自重，也多行掣肘，反而不利于边防。船山将其构想的寰宇十三区分为"武地"和"文地"③，各地均有险可守，而又以"文地"供给"武地"，不失为一种较周全的设想。与地方拥军自治的设想相近的是对"藩镇"问题的讨论，亭林从治理的有效性问题上考察，认为"藩镇"的存在，虽然分中央之权，却有利于政局的稳定，④ 这点也与船山对唐代中后期募兵制、藩镇制的见解相通。

四、结　语

船山通过对《费誓》文本的创造性解读，总结出了"上古之兵非兵"的观点，认为兵农合一的兵制不能适应大规模的残酷战争，只能与三代的社会现实相适应。除了以此为标准批评后世战争的残酷，更意在指出后世任何试图复兴这一兵制的做法都是别有用心的，其后果必然是弱国毒民。以此为基点，在其他著作中评点唐宋兵制，落脚到对明代兵制的批评，并最终提出自己的设想，这是船山在《引义·费誓》中讨论三代兵制的深层用意。

船山在经典诠释中创发理论依据，并证之以史事，在史论著作中通过梳理历史最后落脚到时事，是他的史评、政论的一贯叙事方式。这也是明清之际思想家试图通过经史实学以求经世致用的范例。

船山殁后，其学百年间不彰于世，直到清末才被湘军将领发掘出来。他关于兵制的理解与设想合于清末八旗军没落，地方团练武装兴起的历史现实，这可能是他的思想在清末焕发光彩的原因之一。

（作者单位：湖南大学岳麓书院）

———————————

①　顾炎武：《顾亭林诗文集》，中华书局 1959 年版，第 12 页。
②　黄宗羲：《明夷待访录》，《黄宗羲全集》第一册，浙江古籍出版社 1985 年版，第 6 页。
③　王夫之：《黄书》，《船山全书》第十二册，岳麓书社 1996 年版，第 510 页。
④　顾炎武：《日知录集释》，岳麓书社 1994 年版，第 338~339 页。

胡秋原对阳明思想现代意义的文化史解释*

□ 介江岭

胡秋原(1910—2004)是 20 世纪中国思想史上的重要人物,属于广泛意义上的现代新儒家。①他的思想多变,但其基本问题是如何复兴以儒学为主干的传统文化。在思考这一问题时,他对王阳明推崇备至,认为王阳明及其思想实有划时代的重要意义,甚至说"复兴中国文化,当由王阳明及明末诸儒出发"。② 他著有《王阳明——中国第一个民主主义者》《王阳明到颜习斋》《王阳明诞生五百年》《复社及其人物》等,对王阳明的生平、思想和影响加以述评,抉发其现代意义。而目前所见,在学界对胡秋原的研究与对王阳明的研究中,还几乎未有关于胡秋原的阳明思想的论述,③ 故本文试述胡秋原对阳明思想现代意义的探问,以体会阳明思想的现代意义。

一、胡秋原探问阳明思想现代意义的原因

阳明思想是中国文化贡献于世界的思想资源,其在近现代东西方文化的摩荡中,成为中、日、韩等国应对现代化浪潮、创造新文化的重要依凭之一。据张崑将对东亚阳明学的类型考察,日本自明治维新始,有作为"反洋风或反洋学"的阳明学,有作为国民道德的阳明学,有作为民权论与宗教的阳明学;而在近现代中国,有作为维新或革命形象的阳明学,有作为保存国粹的阳明学,有作为哲学深化的阳明学;在韩朝,其被日本侵占后,有

---

* 本文为湖北省教育厅人文社会科学青年项目"胡秋原儒学思想的现代意义研究"(项目编号:16Q198)阶段性成果。

① 关于现当代新儒家,郭齐勇认为,从广义新儒家来看,现当代新儒家阵营中应包括陈荣捷、陈大齐、谢幼伟、张其昀、胡秋原等。本文采信郭先生的观点,胡秋原以复兴中国传统文化为己任,与狭义的现当代新儒家有密切交往,可被视为广义的现当代新儒家。详见郭齐勇:《综论现当代新儒家思潮、人物及其问题意识与学术贡献——兼谈我的开放的儒学观》,《探索》2010 年第 3 期。

② 胡秋原:《哲学与思想·自序》,《胡秋原选集》第二卷,台湾东大图书公司 1994 年版,第 20页。

③ 目前所见,仅有蔡仁厚在其著作《王阳明哲学》中,称胡秋原对阳明之学,"别有会心","言多警策,而开廓读者之心胸"。详见蔡仁厚:《王阳明哲学》,九州出版社 2013 年版。

实学与革命精神的阳明学,有"阳朱阴王"的内发式阳明学。① 这些多样类型的阳明学,构成了阳明思想在近现代的复兴之势。如果我们对这些不同类型的阳明学加以总结,可以发现,他们大致有一个共同的特点,即在探讨阳明思想的现代意义时,都是在文化的现代化危机中,重新发现并肯定阳明思想。胡秋原对阳明思想的研究也具有同样的特点。

胡秋原比较中、日的现代化危机时,认为:"十九世纪中叶,西方文明挟其优势向远东冲击之时,中、日两国反应之不同,判别了两国之命运。日本迅速接受西方文化,成为富强的国家。而中国则糊涂鬼混,胡思乱想,变成今天地步。这一国运之悬殊,主要的原因有三:一,由于国际的局势。由于帝俄野心,使英美有意扶助日本。而清廷与帝俄之勾搭,也是造成这形势的一个重要原因。二是由于两国国内的形势。日本王权旁落,维新志士下级武士,因外侮刺激,反促成统一国家之建立。而中国则有满汉对立,清廷第一个问题是防止'家奴'而不是应付世局。第三,最根本的还是文化的原因。中日都落后,但日本没有'过去的负担',他们刚刚学习王阳明哲学,而由阳明哲学到近代文化,原不困难。中国过去沉重的负担,却使中国人的思想解放,困难得多了。"②

胡秋原认为,现代化的根本危机在于文化的危机。面对现代化浪潮的冲击,日本学习阳明思想而能消化西方现代文化,从而走上了富强之路,中国虽然产生了阳明思想,却因"过去沉重的负担"而始终处于衰落中。胡秋原在这里所说的"过去沉重的负担"主要指明代以来、鸦片战争以前的中国文化已经出现的内在危机。他说:"明代以来,我们有两个传统:一是朱元璋的'祖训',专制、闭关、八股。二是王阳明为代表的自由思想之传统。四百五十年来中国思想的历史,实以此两种传统对立为特征。前者造成中国之停滞与落后,后者则努力加以救济。"③在胡秋原看来,明代开始日趋严重的皇权专制,造成中国文化的病痛,而阳明思想作为一剂良药出现。但在思想尚未提出新制度之时,明末满族入主中原,以更加收紧的皇权专制加深了这一危机。而在此危机尚待解决之时,西方文化又强势冲击而来。由此,东西方文化整体失衡,中国文化陷入"双重文化危机"或"二重文化危机",即已患重病的中国传统文化面对西方现代文化,节节败退,同时当中国开始反省自己、学习西方之时,西方现代文化也出现自我毁灭式的危机。

面对中国文化遭遇的"双重文化危机",胡秋原认为,文化危机是文化发展中常会遇到的现象,是文化新生之兆象。他说:"中国的春秋战国时代,就是一大文化危机时代。孔孟诸子百家由此而起,秦人解决失败,汉人解决成功,使中国历史前进一步。"④以此为鉴,追溯、解决现代危机,他认为,中国文化既然是自明代以来日渐衰落,所以"复兴中国文化,当由王阳明及明末诸儒出发"。⑤

---

① 详见张崑将:《阳明学在东亚:诠释、交流与行动》,台湾大学出版社 2011 年版。

② 胡秋原:《中国的悲剧》,《文化复兴与超越前进》,台湾学术出版社 1980 年版,第 262 页。

③ 胡秋原:《关于近代中国之西方认识并论近代中国思想史问题》,《大陆杂志》第 23 卷第 7 期,1961 年。

④ 胡秋原:《西方文化危机与二十世纪思潮·中下册前记》,台湾学术出版社 1981 年版,第 4 页。

⑤ 胡秋原认为,明末诸儒表面上是阳明学的反对者,但其实质是阳明学的精神继承者,与阳明学同为一脉相承的孔孟精神的光大者。详见胡秋原:《哲学与思想·自序》,《胡秋原选集》第二卷,台湾东大图书公司 1994 年版,第 20 页。

二、从文化史的视角界定阳明思想具有现代意义

胡秋原对阳明思想的现代意义的追寻，虽然是从文化现代化危机出发，是基于中国遭遇的"二重文化危机"而发问，但其既不属于维新或革命的阳明学，又不属于保存国粹的阳明学，同时也很难将之完全归为哲学深化的阳明学，其原因在于他是从文化史的角度，通过中西文化的比较而界定阳明思想具有现代意义的。对于中西文化，胡秋原认为，两者本质相同，他说：

> 文化是人性之提高与进步。自尊，爱人，合作，讲理，是一切学问道德事业之根本。人格尊严，与理性主义，是中西一切正统文化之灵魂。
> 地有东西，文化无东西。此心同，此理同。同者何？即人格观念，理性观念是。此一切文化之根，国家之命，进步之乘，人兽所由分，中西文化所同出，而盛衰兴废，又视其枯荣穷达而定焉。……此心者，即人格观念理性观念，是我固有者，扩而充之可也。……不由此乘以行，亦皆缘木而求鱼也。①

胡秋原认为，对文化的理解离不开对人的理解，文化是人类发挥人性积极主动应对环境，追求自由的产物。他认为，人性相同，故中西文化并无本质上的不同。而对于中西文化之异，他说："我觉得一部人类历史有如运动会，各国竞争，时有先后。""文化之性质相同，然各民族文化并无本质之异，历史不同，各有特色，时有高下，亦各有兴衰。"②中西文化之特殊性不是本质之异，而是在一定历史时期内"尽性"程度上的差异。换言之，中西文化均具有普遍性的意义，我们可以对两者进行同一历史时期内的比较，将成就高者视为人类文化发展到该阶段的典型。

在胡秋原看来，文化在发展中，遂有古今之别，有现代、现代文化之名。现代化肇端于西方文化，在现代，西方文化所达到的成就远超其他地区文化。因此，他一方面认为，"所谓现代文化，大体指十六世纪以来由欧洲所发展的科学、民治、自由主义的一套体系"。③ 同时，他又说："现代西方文化不是西方人所专有的，而是整个人类文明的必然发展的路数，只是西方人得风气之先而已。"④

基于此，胡秋原特别反对将古、今与中、西分别对应。史学上，一般将1453年君士坦丁堡之陷落或文艺复兴与宗教改革视为世界近现代史的起点，将鸦片战争视为中国近现代史的起点。⑤ 他认为这种观点带有强烈的西方中心主义色彩，以为西方人所到之处才有现代史，是不符合历史事实的。那么，如何才是符合历史事实呢？胡秋原认为，应当从世

① 胡秋原：《文化复兴与超越前进论》，台湾学术出版社1980年版，第382、390页。
② 胡秋原：《西方文化危机与二十世纪思潮·中下册前记》，学术出版社1981年版，第3、5页。
③ 胡秋原：《文化复兴与超越前进论》，学术出版社1980年版，第188页。
④ 胡秋原：《文化复兴与超越前进论》，学术出版社1980年版，第236页。
⑤ 现代、近代的英文均为modern，胡秋原认为这两个概念是一样的，可以互换使用。详见胡秋原：《亚洲前途：现代化？还是以自己的方式发展》，《中华杂志》第7卷第3期，1969年。

界史的角度出发，用"东西之海上大通"和"资本主义之全球的形成与发展"作为现代史起点的两个标志。以这一标志衡量中国文化史，蒙古时代即为现代世界之胎动时期，中国现代史应从明代算起。① 换言之，元代打通欧亚，促进东西商业是世界现代史之开始，自此中西文化皆发展到现代文化阶段。

而关于现代文化的根本精神，胡秋原说："在工业基础上，建设了整个的现代文明文化的体系。在这一体系之中，不仅有工厂与火车，飞机与大炮，民族主义和民主主义，而且有现代的人生观念和工作方法。我们如果将复杂万分的现代文化加以分析和综合，我们可以说现代文化的根本精神，是理性精神或合理精神。所谓理性精神者，就是用我们理性之力，明白事物之本性及其法则，促进个体与全体之调和发展之意。"②

由此，对于胡秋原而言，阳明思想是否具有现代意义，以及具有何种现代意义，应从文化史的角度予以界定。换言之，要确定阳明的现代意义，首先在于从历史层面上看阳明思想是否处在现代史时期内，其次，从哲学层面，分析阳明思想与理性精神有何关系。

三、阳明思想的现代意义：良知即理性？

胡秋原依据他对现代史的时期划分，将中西现代文化史进行同期比较，认为王阳明是"中国思想史上最早的一个现代人"。③ 他说："王阳明的时代，正是现代欧洲觉醒的时候，即所谓文艺复兴时期，同时也是中西开始交通的时候。"④他认为，元代建立的蒙古帝国打通了欧亚交通，开启现代史之序幕。蒙古帝国的权力伸缩促成文艺复兴，使西欧由中古进入现代的转变时期，现代精神、现代文化、现代国家由此发轫。文艺复兴后，宗教改革、科学革命、启蒙运动使西欧步步飞跃前进，终有英国工业革命和法国大革命，奠定19世纪西方的工业化和民主政治。在这一时代，笛卡儿以知识之究竟根据在于理性，确立哲学上之知识论，为西方现代文化打开发展的道路。

而对照同时期的中国，胡秋原认为，继承元朝遗产的明朝，开国之初即有世界大都市和繁荣商业，精神物质皆远比西欧进步，文艺器物充分表现现世的、市民的精神，但其采取闭关政策、八股制度，步步限制自己发展，形成最孤陋的政府，造成政治、经济上的破坏，与士大夫之不学与无耻。清人入关后，加强闭关政策，以文字狱与八股压制学术研究，造成文化上的全面落后。在这一时代，他说："王阳明学说是针对此种孤陋政治和救治此种不学无耻之风的一种思想解放运动。此一思想解放运动使明代思想文化具有西方文艺复兴时期同等内容。其所以没有使中国文化继续前进打破政治之孤陋者，则因当时中国经济受闭关政策之束缚未能充分发展，给此思想运动以实质的支持，且使此一思想运动停在一种狂狷阶段。"⑤

---

① 详见胡秋原：《论近代与前近代，东方与西方》，《中华杂志》第2卷第9期，1964年；《关于中国历史分期与现代史问题》，《中华杂志》第7卷第2期，1969年。
② 胡秋原：《文化复兴与超越前进论》，学术出版社1980年版，第87页。
③ 胡秋原：《王阳明——中国第一个民主主义者》，民主政治社1948年版，第7页。
④ 胡秋原：《王阳明——中国第一个民主主义者》，民主政治社1948年版，第8页。
⑤ 胡秋原：《复社及其人物》，台北中华杂志社1968年版，第7页。

在对中西文化进行同期比较中，胡秋原将王阳明与笛卡儿分别定为中西现代哲学之父。他认为，王阳明与笛卡儿分别在中西思想史上第一次明确地以理性论确立知识论，强调知识之根据在人之"良知"。胡秋原将王阳明与笛卡儿定为中西现代哲学之父，显然是一种历史同期的比附。但值得肯定的是，胡秋原对良知予以了现代的理解。

胡秋原认为，阳明思想有四个要点：

> 一是天理即良心。天理在万物为自然之理，在人为天然之性，而性之主即人人自己之心。二，此心不仅是理智的，而且是感情的，意志的。人为天地之心。人之所以为人，在有良心。良心是人人有的，故曰：个个心中有仲尼。所以人皆平等，而人人亦当自尊其人格，以发展其固有之能。三，在一个心之世界中，天地万物成为一体，在一个人格世界中，大家休戚相关，所以将人不当人，亦即将自己不当人。四，为人之道，在致良知。如何致法呢？此亦四点可言。首为立志，去私欲之蔽，立圣贤之志。次为合理思考和行动。但求是非，不问权威。求诸心而是，即言出于庸常，不以为非。求诸心而不是，即出于孔子亦不以为是。道与学，皆天之公理。复次，致良知不是静坐读书而已，"必有事焉"，必致良知于事事物物，才有学问之结果。最后，即知即行。知而不行，不是真知。凡此所说，不仅给自由平等博爱以哲学基础，即在本体论上，知识论上，也是有生气学说，使人自觉其为宇宙之主人，每一个人自觉其独立之人格，并有一合理思考与行为之立足点。这是鼓舞自由思想之哲学。①

胡秋原对阳明思想的要点总结，总体而言，是恰当的，但进一步看他对良知的解释时，就会发现他并不是要简单重复阳明思想，而是要对良知予以现代理解。我们知道，阳明所说的良知是对孟子所说的良知的顺义引申，其指"生而有之"的"德性之知"，是"可应万变"的"是非之心"。同时，阳明强调，"良知不由见闻而有，而见闻莫非良知之用。故良知不滞于见闻，而亦不离于见闻"。② 德性之知与闻见之知严格区分。知性虽然为德性所统摄，但德性并不包含知性，德性在逻辑上优先于知性。而胡秋原认为，王阳明所说的良知"是纯粹理性和实践理性之共同胚胎"。③"致良知"即为："不仅在自觉人格尊严，保持良心自由，而且要以一个不为世俗利害所干扰的纯粹理性，以用于万事万物之思考。"④显然，胡秋原的良知说与阳明的良知说有很大不同。胡秋原认为良知包含德性之知和闻见之知，而王阳明的良知是与闻见之知有严格区分的德性之知。胡秋原所说的致良知也不是阳明向内收摄式的"致吾心之良知于事事物物也"，而是要以人的自由为目的，向前看，发挥人的历史预见能力。相比之下，阳明的致良知更为强调德性对知性的统摄，而胡秋原强调知性对德性发用的影响。⑤

---

① 胡秋原：《复社及其人物》，台北中华杂志社 1968 年版，第 9 页。
② 王阳明：《答欧阳崇一》，《王文成公全书》二，中华书局 2015 年版，第 64 页。
③ 胡秋原：《王阳明——中国第一个民主主义者》，民主政治社 1948 年版，第 18 页。
④ 胡秋原：《复社及其人物》，台北中华杂志社 1968 年版，第 8 页。
⑤ 有时胡秋原过于强调知性，将良知直接等同于"现代理性"，即人的认知能力，这是对良知的误释。他也认识到这一点，因此，在分析良知概念时，他有时说良知包括理性，有时又说良知近于理性。

正是基于这一点，胡秋原在肯定阳明的良知说的同时，认为王阳明没有将事物与良知相合的关系予以清楚地说明。他认为，王阳明"虽然未进一步分析心之条理、事物条理，以及如何统御，但肯定了人类知识之根据及最后标准毕竟在于主体之理性。这是现代理性论之基本原理"。① 他还认为，王阳明的良知虽然没有完全达到现代理性精神的水平，但其强调"良知之在人心，无间贤愚天下古今之所同"，强调"天下万物为一体"，即是说"世界一切，莫不循理性而行，人心即此理性之枢纽，故人之理性与他人之理性即世界万象都是相通的"。②

胡秋原认为，事物与良知的关系清楚了，良知说与现代文化的两大成就——科学与民主的关系也就清楚。对于科学，他说："现代文化的根本精神，是理性精神或合理精神。所谓理性精神者，就是用我们理性之力，明白事物之本性及其法则，促进个体与全体之调和发展之意。……人有人性，物有物性。研究物性以知物物关系，求其法则而增进人生幸福者，即是科学。"③良知天然地近于科学理性。对于民主，他认为，在良知的普遍可感通性中，"致良知"的工夫必然包含"亲民"，即"人民的困苦即是我的困苦，而解除他人之困苦，即是自我之满足"。④ 致良知为民主主义奠定了哲学基础。

通过以上论述可知，胡秋原探询阳明思想的现代意义的原因，与近现代以来人们思考阳明学的现代意义一样，是为了回应文化的现代化危机，但他又有自己的理解。通过中西文化史的同期比较，他对现代史的起点重新加以勘定，将王阳明及其思想划在了现代。同时，他将现代文化的核心精神定为理性精神，由之对阳明的思想进行评价，对良知与亲民予以新的解释，进而判定阳明思想的现代意义。这一判定虽然在不少地方显得矛盾，但应在近现代的阳明学类型中占有一定的地位。

（作者单位：湖北经济学院）

---

① 胡秋原：《王阳明——中国第一个民主主义者》，民主政治社 1948 年版，第 4 页。
② 胡秋原：《王阳明——中国第一个民主主义者》，民主政治社 1948 年版，第 16 页。
③ 胡秋原：《文化复兴与超越前进论》，台湾学术出版社 1980 年版，第 87 页。
④ 胡秋原：《王阳明——中国第一个民主主义者》，民主政治社 1948 年版，第 20 页。

文史考证

《慧琳音义》引《说文》省声字考

□ 郑 妞

  省声造字是汉字发展过程中的一种客观存在，但在长期的流传中，后人对省声多有篡改，从而形成了今天所见大小徐本中诸多省声字参差不一的情形，关于此点，笔者曾撰文，讨论了唐代学者对《说文》省声的勘定状况，认为今所见省声已远非《说文》原貌。①

  《慧琳音义》作为一部包罗宏富的佛教音义大典，广泛征引各类古籍，保留了很多唐代尚存的典籍数据。它在流传过程中经历了从写本到刻本的发展阶段，形成了大量的异文、逸文和衍脱文。可将它与传世本相互比勘，具有很高的文献价值。其中《说文》是最常引用的书目之一，据我们统计，《慧琳音义》直接标注《说文》的引文有一万四千多处，因其年代确定且早于二徐本，在《说文》的研究中具备很重要的参考作用。

  光绪年间，《慧琳音义》从日本流回国内，1912 年频伽精舍刊行于世，此后田潜《一切经音义引说文笺》就引用《慧琳音义》对二徐本作了考证，近年来大陆和中国台湾有不少学者都有专门的研究，如陈光宪《慧琳〈一切经音义〉引〈说文〉考》、姚永铭《慧琳〈一切经音义〉研究》、徐时仪《玄应和慧琳〈一切经音义〉研究》。② 这些研究或侧重于字音字形，或侧重于《说文》训释，对于《说文》省声却少有研究。有的只是简单地列出与大小徐本的差异，如田潜分析"頟"字，引卷一、卷四、卷三十六皆从格省声，卷四十五、卷八十三、卷九十四皆作各声，仅注明后者与二徐本同，并未对各卷中的差异作进一步解释。有的只关注了释义部分，如"僂"大徐"厄也"，小徐"尼也"，陈光宪据《慧琳音义》各卷证明与大徐本相合，但对其中"僂"卷二作"娄省声"，卷七十四作"婁省声"并未提及。或者未穷尽性搜索，没有发现《慧琳音义》本身的差异性，如"俳"字，陈书引《慧琳音义》卷六十八《大毗婆沙论》"俳优"引《说文》"俳"从"非声"，与二徐本同，却未列入卷四《大般若经》"俳优"注引《说文》"俳"从"排省声"。徐时仪书中第八章"《一切经音义》与古籍整理研究"中有"《一切经音义》引《说文》"一节，但也是偏重在对《说文》训释的比较研究，没有

---

  ① 郑妞：《从文本真伪性的角度再论〈说文〉"省声"》，《宁夏大学学报》2014 年第 3 期。
  ② 以上研究成果主要参考：田潜：《〈一切经音义〉引〈说文〉笺》，江陵田氏鼎楚室刻本，1924 年。陈光宪：《慧琳〈一切经音义〉引〈说文〉考》，台湾私立中国文华学院中国文学研究所研究生硕士学位论文，1970 年；又见于古典文献研究辑刊第九编，台湾花木兰文化出版社 2009 年版。姚永铭：《慧琳〈一切经音义〉研究》，江苏古籍出版社 2003 年版。徐时仪：《玄应和慧琳〈一切经音义〉研究》，上海人民出版社 2009 年版。

提到所引诸本在"省声"上的差异，即便文中列出了"蔗"字，在《慧琳音义》一为"从艹，庶声"，一为"从草，从遮省声也"。① 但在分析中也忽略不计。有的注意到了《慧琳音义》中省声字的前后不一，如姚永铭在论及《慧琳音义》的不足之处时，引用"惭、迭、瓯"等例批评其滥用省声，但也没有对这些省声字出现的原因多加探讨。

有鉴于此，本文以高丽藏本为底本②，收集整理了《慧琳音义》中标明《说文》"省声"的条目，共计 577 条，其中有不少大小徐本已有的省声字，但更多的却是不见于大小徐本的省声字。下文将对这两部分省声字分别进行分析。

一、《说文》已有省声字的考证

(一) 前人认为不可信省声字的考证

《说文》中一部分省声字的真实性历来一直颇受争议，清代有不少学者提出了质疑，如段玉裁："按许书言省声，多有可疑者。取一偏旁，不载全字，指为某字之省，若家之为瘕省，哭之从狱省，皆不可信。"姚孝遂《许慎与说文解字》言："《说文》凡言省声，十之七八是不可靠的。"何九盈经过考证，认为大徐本《说文》中有 158 条省声不可信，③ 但何文并没有参考《慧琳音义》中收入的省声字，经我们比照，这些不可信省声字，有一些确实可以在《慧琳音义》中找到根据。如：

(1) 阅。

大小徐本"从门，说省声"。何文认为当作"从门，兑声"。《慧琳音义》④卷四十九《大庄严论》"阅众"引作"从门，从兑声也"。同卷《摄大乘论》"该阅"，卷五十一《唯识论》"披阅"，卷五十四《优婆夷堕舍迦经》"阅哀"皆引作"从门，兑声"。未见有作省声者。

(2) 悦。

大小徐本"从心，况省声"。何文认为当作"从心，兄声"。《慧》卷三十八《佛说六字呪王经》"悦忽"，卷九十七《归正篇》"悦焉"引作"从心，兄声"。未见有作省声者。

(3) 迮。

大小徐本"从辵，作省声"。何文认为当作"从辵，乍声"。《慧》卷六十七《阿毗达磨集异门足论》"迫迮"引作"从辵，乍声"。卷六十八《阿毗达磨大毗婆沙论》"迫迮"引作"并从辵，白、乍皆声也"。未见有作省声者。

(4) 蹢。

大徐本作"从足，适省声"。小徐本作"从足，商声"。何文认为小徐为是。《慧》卷四十《观自在菩萨心陀罗尼念诵仪轨经》"跳蹢"引正作"从足，商声"。仅此一例。

(5) 斋。

① 参见徐时仪：《玄应和慧琳〈一切经音义〉研究》，上海人民出版社 2009 年版，第 543 页。
② 以台湾大通书局 1970 年影印出版的丽藏本为底本，参以上海古籍出版社 1986 年影印的狮谷白莲社本。
③ 何九盈：《〈说文〉省声研究》，《语文研究》1991 年第 1 期。
④ 条目中的《慧琳音义》以下简称《慧》，避免冗余。

大徐本作"从示，齐省声"；小徐本作"从示，齐声"。何文认为小徐为是。《慧》卷三十八《金刚光熖止风雨经》"茅斋"引正作"从示，齐声也"。仅此一例。

但有一些何文所认定的不可信省声字，《慧琳音义》有作省声者，亦有非省声者。如：

（6）厉。

大徐本作"从厂，蚰省声"；小徐作"从厂，蚰声"。何文认为当从"万声"，并认为"万、蚰"古本一字。《慧》卷十一《大宝积经》"猛厉"引作"从厂，从蚰省声"。卷十二《大宝积经》"猛励"引作"经文从力作励，误用也，《说文》从厂，万声也"。卷二十《宝星经》"厉声"引作"从厂，万声"。

（7）缺。

大小徐本作"从缶，决省声"。何文认为当从"夬声"。《慧》有多处引作"决省声"，如卷四《大般若经》"无缺"，卷五、卷七《大般若经》，卷十六《须摩提菩萨经》"缺减"等。也有多处引作"夬声"，如卷七《大般若经》"空缺"，卷十七《善住意天子经》"不缺"，卷十九《大集譬喻王经》"缺崖"，等等。

但也有一些却只引作省声，如：

（8）船。

大小徐本作"从舟，铅省声"。何文认为当作"从舟，㕣声"。《慧》卷六十二《根本说一切有部毗奈耶杂事律》"船舶"引作"从舟，从铅省声"。

（9）匋。

大小徐本作"从缶，包省声"。何文认为当从"勹声"。《慧》卷九十五《弘明集》"陶铸"言："《说文》作匋，云瓦器也，从缶，包省声。"

对于这样的例子，《慧琳音义》的效用就有限了，要证明《说文》原文是否为省声，还需要借助其他例子。这也说明，对于前人认为的不可信省声字，不可一概以《慧琳音义》所引《说文》为参考，也要视实际情况而定。

（二）大小徐有差异省声字的考证

大小徐本在《说文》省声字上存在一些差异，有的大徐为省声，小徐为非省声，如"讓"，大徐圜省声，小徐㑊声；也有的小徐为省声，大徐为非省声，如"嚵"，大徐朁声，小徐潜省声；也有的大徐为A省声，小徐为B省声，如"祭"，大徐荣省声，小徐营省声。对于这些省声字，我们同样也可以借助《慧琳音义》进行一番考察。

（1）唏、睎、欷。

唏，大徐本：从口，稀省声。小徐本：从口，希声。

睎，大徐本：从目，稀省声。小徐本：从目，希声。

欷，大徐本：从欠，稀省声。小徐本：从欠，希声。

《慧》卷五十四《佛母般泥洹经》"嘘唏"引作"从口，希声"，卷七十七《释迦谱》"嘘唏"引作"二字并从口，虚、希皆声"。

《慧》卷三十《相续解脱地波罗蜜了义经》、卷三十二《顺权方便经》、卷五十一《宝生论》"睎望"，卷八十《开元释教录》"依睎"，卷八十一《南海寄归内法传》"仰睎"引皆作"从目，希声"。

《慧》卷九十五《弘明集》"歔欷"，引作"二字并从欠，虚、希声也"。卷九十九《广弘明集》"殒欷"引作"从欠，希声"。

（2）橃。

大徐本：从木，发声。小徐本：从木，拨省声。

《慧》卷八《大般若经》"橃谕"，卷二十九《金光明最胜王经》"桥橃"，卷四十一《大乘理趣六波罗蜜多经》"船橃"，卷四十四《观察诸法行经》"欲渡者橃"，卷四十五《佛藏经》"为橃"，卷八十三《大唐三藏玄奘法师本传》"船橃"引皆作"从木，发声"。

（3）骛。

大徐本：从马，敄声。小徐本：从马，务省声。

《慧》卷二十四《大方广佛花严经修慈分经》、卷三十一《大乘密严经》、卷八十三《大唐三藏玄奘法师本传》、卷八十九《高僧传》"驰骛"，卷八十一《南海寄归内法传》、卷八十二《西域记》"长骛"，卷九十二《续高僧传》、卷九十七《归正篇》"并骛"，卷九十八《广弘明集》"轮骛"引皆作"从马，敄声"。

《慧》卷八十七《甄正论》"各骛"引作"从马，务声"。卷五十一《唯识二十论》"骛骧"引作"并从马，务襄皆声"。

按：《慧》中未有作省声者，从"务"得声的两处当作"敄"，"务"本字为"敄"，战国时期中山王𪐴壶："夫古之圣王，敄（务）才（在）得孯（贤）"，即用"敄"字。

（4）怍。

大徐本：从心，作省声。小徐本：从心，乍声。

《慧》卷八十八《集沙门不拜俗议》"愧怍"引作"从心，乍声"。

（5）窦。

大徐本：从穴，渎省声。小徐本：从穴，賣声。

《慧》卷六十二《根本说一切有部毗奈耶杂事律》"作窦"引作"从穴，賣声"。

（6）澄。

大徐本：从水，征省声。小徐本：从水，敳声。

《慧》卷六十三《根本说一切有部律摄》"澂漉"引作"从水，从征省声也"。

（7）熯。

大徐本：从火，汉省声。小徐本：从火，𦰩声。

《慧》卷九十六《弘明集》"熯晨"引作"从火，汉省声"。

（8）蜕。

大徐本：从虫，挩省。小徐本：从虫，税省声。

《慧》卷七十七《释迦谱序》"蜕化"，卷九十六《弘明集》"羽蜕"引作"从虫，兑声"。

（9）耿。

大徐本：耳箸颊也。从耳，烓省声。小徐本：从耳，炯省声。

《慧》卷四十七《中论序》"耿价"引作"光也，明也，从耳，火声"。卷八十二《西域记》"悲耿"引作"耳耿耿然，从耳，从炯省声"。

（10）嫐。

大徐本：有所恨也。从女，㘔声。今汝南人有所恨曰嫐。小徐本：从女，㘔省声。

《慧》卷四十五《文殊净律经》"嫐患"引作"从女，恼省声"。卷六十八《阿毗达磨大毗婆沙论》"烦嫐"引作"从女，㘔省声"。

前人在引用《慧琳音义》考证《说文》时，在释义方面引证《说文》解决了一些疑问，并将《一切经音义》所引用《说文》与唐写本《说文》木部残卷进行了比勘，基本认同玄应和慧琳引用的《说文》或多或少反映了唐时传抄的《说文》原貌。① 从以上例子看来，若是《慧琳音义》引《说文》"省声"内部具有一致性，我们可用以考证二徐本。如"唏、睎、欷"，《慧琳音义》多处引未作省声，与小徐本相合；而"橌"，多处引也未作省声，与大徐本相合。但在一些情况下，《慧琳音义》引《说文》"省声"本身存在分歧，如"耿、媼"两字，或者《慧琳音义》与大小徐都不相同，如"蜕"字。这种情况下，我们就不能一概而论，认为《慧琳音义》中引用的《说文》省声比大小徐本更有价值。

前人的研究中往往忽视了这一问题，在考证中出现了一些本可避免的失误。如陈光宪考证"谅"字，引证《慧琳音义》卷二十四："从言，京声。"证明今二徐本"从言，京声"不误，但他收集的资料并不完备，我们发现卷十三《大宝积经》"谅难"引《说文》："从言，从凉省声。"和二徐本不同。又比如"轨"字，田潜引卷一、卷四、卷五作"从车从宄省声"，注中引二徐本"从车九声"，似乎认为《慧琳音义》和二徐本不同。但对这同一个字，陈光宪又引卷七十四"从车九声"，与二徐本相合，却未列入卷一、卷四、卷五引从车从宄省声。究其原因，是对《慧琳音义》引《说文》同一字在省声中存在的差异性没有充分重视。可能限于当时的检索条件，未对语料进行穷尽性的考察，也可能是简单地从释义类推，错误地认为省声的引用情况一样具有存古性。

我们认为，在"省声"问题上，无论是用来证明前人认为的不可信省声字，还是用来证明二徐本孰优孰劣，《慧琳音义》的参考价值都是有限的。这个时候，我们应该从整体上作全面的考察，综合比较，而不是仅依据几条引文就遽下结论，对有些"省声"比较杂乱的情形，更需要细加辨别。

二、《慧琳音义》新增省声字考

《慧琳音义》中有很多不见于二徐本的省声字，这些字在二徐本中都分析为从某某声的普通形声字，据我们统计，共计 107 字，我们称这些省声字为"新增省声字"。这些"新增省声字"在《慧琳音义》中有一个特点，即不同的卷目引《说文》有的作省声，有的作非省声。分析这些省声字产生的原因，绝大部分都因声符和省声字语音存在古今的差别，少数几个字可能因字形的关系，论证如下：

(一)字形的差别

(1)拳、眷、豢。

大小徐本"拳"："从手，类声。"《慧》绝大多数引文都作"从手，从卷省声"。如卷十《理趣般若经》"金刚拳"，卷四十三《护诸童子陀罗尼咒经》"把拳"，卷四十七《宝积论》"作拳"，《中论》"有拳"，卷六十二《根本说一切有部毗奈耶杂事律》"拳殴"。但有一处作非省声，卷七十五《修行地道经》"卷打"："亦作拳，《说文》从手，类声。"

大小徐本"眷"："从目，类声。"《慧》卷八十七《十门辩惑论》"乃眷"，卷八十八《集沙门不应拜俗等事》"眷眄"引皆作"从目,卷省声"。卷九十四《续高僧传》"天睨":"字书正作眷……《说文》亦顾也,从目卷省声。"卷九十九《广弘明集》"左眷"引作"从目关,关亦声"。

大小徐本"豢":"从豕,券声。"《慧》卷八十五《辨正论》"刍豢"引作"从豕,从卷省声"。卷九十五《弘明集》"蒭豢"引作"从豕,卷省声"。卷九十七《广弘明集》"豢龙"引作"从豕,关声"。

按:"券"隶变后作为偏旁,楷书写作"关"。大徐本"券"字作"从力,卷省声",小徐本作"券声",何九盈认为省声乃因"券"为生僻字而后人误改。以上"拳、眷、豢"三字在《慧琳音义》有作"卷省声"者,同时也有不省者,参考大小徐本,作"卷省声"可能是后人所改,皆因不明字形演变所致。

(2)栾。

大小徐本"栾":"从木,絲声。"《慧》卷十《新译仁王经》"栾棘"引作"从木,鸾省声"。卷九十九《广弘明集》"檀栾"引作"从木,絲声"。

按:"絲"字作为声符,在《慧琳音义》中多次出现,如卷五十《摄大乘论释》"弯弓"中的"弯"字,卷五十一《大乘法界无差别论》"变易"中的"变"字,卷七十七《释迦方志》"蛮獠"中的"蛮"字,皆从絲声,以上"栾、絲、鸾"同音,"栾"字作"鸾省声"有可能是"絲"为生僻字,后人不识而改为省声字。

(二)字音的差别

1. 声母的变化

(1)洒。

大小徐本"洒":"从水,丽声。"《慧》卷四《大般若经》"洒地",卷二十《宝星经》"洒润",卷三十二《弥勒下生成佛经》"飘洒",卷七十七《释迦方志》"洒火",卷八十九《高僧传》"洒落"引作"从水,丽声"。卷六十《根本说一切有部毗奈耶律》"洒掍"引作"从丽,从沙省声"。

按:"洒"中古为山母马韵字,声符"丽"为来母霁韵字,"沙"中古为山母麻韵字,和"洒"语音相近。结合《慧琳音义》其他各卷引《说文》的情况,此处可能是后人所改,"洒"和"丽"声母读音相差较远。

(2)牍。

大小徐本"牍":"从秃,贵声。"《慧》卷六十《根本说一切有部毗奈耶律》"倾牍"引作"从秃,从隤省声"。卷八十《开元释教录》"牍焉"引作"从秃,贵声。"卷八十八《释法琳本传》"牍纲"引作"从秃,从牍省声"。

按:《慧琳音义》中有两处注明省声,"牍、隤、牍"中古都是舌音定母字,"贵"为牙音见母字,因声母读音相差较远,后人改为省声字。

(3)橡。

大小徐本"橡":"从木,象声。"《慧》卷四十七《中论》"梁橡",卷五十六《本事经》"橡梁"引作"从木,篆省声"。卷十四《大宝积经》"橡柱",卷五十一《百字论》引作"从木,象声"。

按："橡、篆"中古为澄母字，"彖"属透母字，古无舌上音，后人不明上古舌头音和舌上音的关系而改为省声。

（4）唾。

大小徐本"唾"："从口，垂声。"《慧》卷二、卷五《大般若经》"涕唾"引作"从口，从堆省声"。卷四十《千手千眼观世音菩萨无碍大悲心陀罗尼经》"三唾"，卷五十三《起世因本经》"洟唾"，卷六十三《根本说一切有部百一羯磨》"次唾"，卷七十五《修行地道经》"唾涎"，卷九十《高僧传》"哑唾"皆引作"从口，垂声"。

按："唾"中古为透母字，"堆"为端母字，都是舌头音，"垂"为正齿音禅母字，后人不明上古禅母字和舌音的关系而改为省声字。

（5）屠。

大小徐本"屠"："从尸，者声。"《慧》卷二《大般若经》"屠脍"引作"从都省声"。

按："屠"中古为定母字，"都"为端母字，均属舌头音，读音相近，"者"中古为章母字，为正齿音，后人因声母的差别而改为省声字。

（6）眵、哆。

大小徐本"眵"："从目，多声。""哆"："从口，多声。"《慧》卷二《大般若经》"眵盯"，卷十五《大宝积经》"眼眵"，卷三十六《苏婆呼经》"眵涕"引作"从目，从侈省声"。卷三十九《不空羂索经》"眼眵"，卷四十《如意轮陀罗尼经》"眵泪"，卷七十五《杂譬喻经》"中眵"引作"从目，多声"。《慧》卷六十《根本说一切有部毗奈耶律》"哆唇"引作"从口，从侈省声"。

按："眵、哆、侈"中古都是正齿音昌母，"多"中古为舌头音端母，后人乃因声母不谐而改为省声字。

（7）绦。

大小徐本"绦"："从糸，攸声。"《慧》卷三十五《菩提场所说一字顶轮王经》"腰绦"引作"从糸，从条省"。卷三十七《陀罗尼集》"宝绦"引作"从糸，从攸声"。卷六十《根本说一切有部毗奈耶律》"腰绦"，卷六十九《阿毗达磨大毗婆沙论》"金绦"引作"从糸，条省声"。

按："绦、条"中古都是舌头音，"攸"中古为喻母，后人因声母不谐而改为省声字。

（8）覈。

大小徐本"覈"："从襾，敫声。"《慧》卷六十二《根本毗奈耶杂事律》"谈覈"，卷六十三《根本说一切有部尼陀律》"研覈"，卷八十四《集古今佛道论衡》"考覈"，卷九十一《续高僧传》"研覈"引作"从襾，敫声"。卷八十《开元释教录》"重覈"引作"从襾，从激省声"。

按："覈"中古为匣母字，"激"中古为见母字，都属于牙喉音，"敫"中古为喻母字，后人因为声母不谐而改为省声字。

（9）辈，俳。

大小徐本"辈"："从车，非声。""俳"："从人，非声。"《慧》卷二《大般若经》"仙辈"引作"从非，从车"。卷二十七《妙法莲花经》"此辈"，卷四十三《金刚恐怖观自在菩萨最胜明王经》"流辈"，卷四十四《佛说明度经》"群辈"，卷六十三《佛说大安般守意经》"三辈"引作"从车，非声"。卷五十三《起世因本经》"老辈"引作"从车，从裴省声"。卷四《大般若经》"俳优"引作"从人，从排省声"。卷六十八《阿毗达磨大毗婆沙论》"俳优"引作"二字并从人，非忧皆声"。卷九十四《续高僧传》"俳优"引作"从人，非声"。

按：辈中古为帮母字，裴为并母字，"俳、排"中古都为并母字，皆为重唇音，"非"中古为轻唇音，从后人改读为省声字可推知这一时期的非帮母读音有别。

从声母改动的情况来看，有声母相差较大的，如"洒"和"丽"，"積"和"贵"，也有在上古谐声中有紧密联系的，如正齿音和舌头音，定澄母和喻母，这些在上古都可以构成谐声关系，但后人不明古今声母的变化，依今音而改为省声。

2. 韵母的变化

（1）轨。

大小徐本"轨"："从车，九声。"《慧》卷一、卷四、卷五《大般若经》"轨范"引作"从车，从宄省声"。卷四十七《大乘阿毗达磨集论》"仪轨"，卷七十二《阿毗达磨显宗论》"轨生"引作"从车，九声"。

按："轨、宄、九"上古都是幽部字，中古"轨、宄"属旨韵，"九"属有韵，后人因中古韵部不同而改为省声。

（2）踝。

大小徐本"踝"："从足，果声。"《慧》卷一《大般若经》"四踝"，卷八《大宝积经》"踝腕"引作"从足，从稞省声"。卷六十三《根本说一切有部大苾刍戒经》"内踝"，卷七十二《阿毗达磨显宗论》"胫踝"引作"从足，果声"。

按："踝、稞、果"上古都是歌部字，中古"踝、稞"属马韵，"果"属果韵，后人不明古今韵部演变而改为省声。

（3）遮、蔗。

大小徐本"遮"："从辵，庶声。""蔗"："从艹，庶声。"《慧》卷一《大般若经》"所遮"引作"从辵，从蔗省声"。卷六《大般若经》"甘蔗"引作"从草，从遮省声"。卷二十《宝星经》"甘蔗"引作"从草，庶声"。

按："遮、蔗、庶"上古都是铎部字，中古"遮"属麻韵，"蔗"属禡韵，"庶"属御韵，后人不知上古鱼（铎）部分化为中古的鱼韵和麻韵，改为省声。

（4）狐。

大小徐本"狐"："从犬，瓜声。"《慧》卷二《大般若经》，卷七十六《无明罗刹集》"狐狼"引作"从犬，从孤省声"。卷六十三《根本说一切有部尼陀律》"狐貂"引作"从犬，瓜声"。

按："狐、孤、瓜"上古都是鱼部字，中古"狐、孤"属模韵，"瓜"属麻韵，后人不知上古鱼部分化为中古模韵和麻韵，改为省声。

（5）偻。

大小徐本"偻"："从人，娄声。"《慧》卷二《大般若经》"背偻"引作"从缕省声"。卷二十四《大悲经》"伛偻"引作"并从人，区娄皆声也"。卷三十《分别缘起初法门经》"偻曲"引作"从人，从娄声"。卷六十八《阿毗达磨大毗婆沙论》"背偻"引作"从人，娄声"。

按："偻、缕、娄"上古都是侯部字，中古"偻、缕"属麌韵字，"娄"属侯韵字，上古侯部分化为中古的麌韵和侯韵字，后人不明此而改为省声。

（6）擘。

大小徐本"擘"："从手，辟声。"《慧》卷十五《大宝积经》"擘裂"，卷四十《千手千眼观世音菩萨姥陀罗尼身经》"擘开"引作"从手，辟声"。卷五十三《起世因本经》"擘身"引作"从手，从襞省声"。

按："擘、襞、辟"都是上古锡部字，中古"擘、襞"属麦韵字，"辟"属昔韵字，上古锡部分化为中古的麦昔韵，后人不知古今韵部演变而改为省声。

以上例子都是同一谐声系列的字，从同谐声必同部来看，韵部都是相谐的，可以构成谐声，但上古一些韵部在中古分化为不同的韵，后人不能明白此理，往往以分化后的韵部为标准而改为省声字。

还有一些情况，后人所改的省声字和声符字形相似，并不属于同一谐声系列，如：

（7）鼉。

大小徐本"鼉"："从黾，单声。"《慧》卷十四《大宝积经》"鼋鼉"："从黾，單声。單音那。《说文》單字从吅，从里。经文从単，非。"卷三十九《不空羂索经》"鼋鼉"："鼋鼉二字并从黾，元單皆声。單音那，从单者非也。"卷一百《止观门论》"龙鼉"："《说文》……从黾，單音那，从吅从里，有从单者误也。"《慧》卷三十四《佛为胜光天子说王法经》"鼋鼉"引作"从黾，單省声"。

按：从"鼉"字的古文字形来看，其字形部件从"单"是没有问题的，改为"單"主要因中古韵部不谐。"單"和"鼉"都是歌韵字，而"单"为寒韵字，上古歌元属阴阳对转，"鼉"以"单"为声符是完全可行的，但后人不明此而改为"單"。另外，"單"字并不见于《说文》，我们能找到的最早的例子来自《玉篇》，所以很可能是汉以后才有的字，更不可能作为《说文》中"鼉"的声符。

3. 声调的变化

（1）胫。

大小徐本"胫"："从肉，巠声。"《慧》卷一《大般若经》"两胫"引作"从肉，从径省声"。卷三十《证契大乘经》"髀胫"，卷五十七《佛说骂意经》"胫脡"引作"从肉，巠声"。

按："胫、径、巠"上古都是耕部字，中古"胫"和"巠"只有声调的不同，而"胫、径"声调相同，都是去声字，巠是平声字，后人可能是因声调的不同改为省声。

（2）滴、敌。

大小徐本"滴"："从水，啻声。""敌"："从支，啻声。"《慧》卷十二《大宝积经》"水滴"引作"从水，从嫡省声"。卷二十九《金光明最胜王经》"滴数"引作"从水，从适省声"。卷四十一《六波罗蜜多经》"滴如"引作"从水，适省声"。卷十三《大宝积经》"凝滴"，卷十九《大集大虚空藏》"一滴"，卷二十九《金光明经》"毛滴"，卷五十四《治禅病秘要法经》"乳滴"引作"从水，啻声"。

卷七《大般若经》"敌对"，卷四十九《大庄严论》"勍敌"引作"从支，从滴省声"。卷四《大般若经》"忿敌"，卷四十七《妙法莲华经忧波提舍》"怨敌"，卷六十二《根本毗奈耶杂事律》"断敌"，卷六十三《根本说一切有部律摄》"扞敌"引作"从支，商声"。

按："滴、敌、嫡、适、啻"上古都是锡部入声字，中古"啻"为去声字，"滴、敌、嫡、适"都为入声,后人不明古入声到去声的语音演变而改为省声。

(3)募。

大小徐本"募":"从力,莫声。"《慧》卷十四《大宝积经》"王募",卷四十五《长寿王经》"募求",卷七十八《经律异相》"即募"引作"从力,莫声"。卷五十三《佛说苦阴因事经》"募彼"引作"从力,从慕省声"。

按:"募、莫、慕"上古都是明母铎部字,"募、慕"中古为去声字,"莫"为入声字,后人不明古入声变为去声而改为省声。

从谐声上来讲,声调的区分并不是很明显,异调谐声的情形也很常见,语音变化之后,有不少上古入声字变为中古去声,后人不明此理,认为中古声调不谐而改为省声。

值得注意的是,《慧琳音义》新增的省声字所关联的声符,有不少正与大小徐本省声字相对应,如"关声、条声、敫声、象声"等,大小徐本中相对应的省声字有"券,卷省声;莜,条省声;敫,噭省声;璪,篆省声"。大小徐本中涉及的语音变化,如上古入声变为中古去声,喻母和定母,正齿音和舌头音,上古歌部、鱼铎部、支锡部分化为不同的中古韵部,等等,也都在《慧琳音义》的新增省声字中有所反映。既然这些新增省声字是后人所改,我们也可以推论大小徐本中的省声字也夹杂了后人改动的痕迹,而且集中在几类典型性语音演变上。大体而言,因语音的古今差别,为追求声符和形声字的语音和谐而改动的省声字占据了主体部分。

三、小　结

以上我们整理了《慧琳音义》中所收的省声字,并参照大小徐本进行比勘,得出了两个结论。其一,对前人认为不可信的省声字,《慧琳音义》中的引文有一定的佐证作用,可证明一些省声字为后人所改,原本并非省声;但有些情况下,《慧琳音义》也无法证明,不能绝对视之;其二,对大小徐有分歧的省声字,因其内部引用省声的不一致性,其参考价值是有限的,不能简单地将《慧琳音义》的引文认定为《说文》古本。特别是诸多"新增省声字"的存在,表明至少在省声字的反映上,《慧琳音义》所引《说文》系统并不能与大小徐本相提并论,前人所认为的《慧琳音义》在一定程度上反映了唐时传抄《说文》原貌的观点也是值得商榷的。

同大小徐本不同的是,《慧琳音义》引用《说文》分析同一字时,往往既有省声,也有非省声字的情形,而且这种不一致性非常普遍,前人在研究这一问题时,认为是佛经音义书撰集的过程中可能引用了不止一个版本的《说文》。① 我们对这一看法是持怀疑态度的,写本时代的典籍并不如我们今天这般注重版本且容易收集,而僧人对小学典籍的引用常常很随意,也不如乾嘉以来的学者一般严谨。借助佛经音义书的相关研究,特别是对《玄应音义》诸写本和刻本的考察,可知在写本传抄的时代,抄写者和使用者可能都

---

① 参见徐时仪:《〈慧琳一切经音义〉各本异文考》,《传统中国研究集刊》(第三辑),上海人民出版社 2007 年版,第 312~313 页;《玄应和慧琳〈一切经音义〉研究》,上海人民出版社 2009 年版,第 530 页。

参与了对文本内容的"再创作"。① 《慧琳音义》写本虽不传于世，但其入《契丹藏》之前也经历了二百余年的传抄，其中也不乏传抄者有意或无意的改动。② 因此，《慧琳音义》一书中参差多变的省声字，实际上是《说文》文本自身流传以及《慧琳音义》编撰者、传抄者对《说文》省声再创作过程中不断改动而形成的一种历史性层累。因其复杂性，我们无法一一坐实省声字改动的具体时间，但通过以上研究，特别是对其中不见于大小徐本的"新增省声字"的分析，可知对省声字的改动多为后人不了解字形和字音的古今演变所致。唐以前的人们还没有古今音变的概念，这与宋人改《诗经》韵脚字的读音以求"叶音"有内在的一致性。

从另一个层面，省声反映出的是后人对《说文》谐声现象的一种基本认识，也在一定程度上揭示了唐一代学人的语音观念，如果我们将这些认识和观念投射到《说文》的其他形声字上，会不会有同样的情况出现？因为字形结构的限制，可能没有省声表现得那么明显，但至少表明一部分在中古看来语音不谐的形声字很可能经过后人的改动。再进一步扩大范围，那《说文》对会意字的字形分析呢？《说文》的释义部分呢？我们都知道今天所见到的《说文》经过了后人的改动，但后人究竟作了哪些改动，恐怕还难以尽晓。因此，今天研究谐声字，特别是利用特殊谐声字构拟上古音时，应该将语言材料文本的真实性考虑进来，充分利用能见到的各种引用《说文》的材料，辅以字形、语音、字义的综合考证，力求能最大限度地接近谐声的原貌。

(作者单位：武汉大学文学院暨上海大学文学院)

---

① 参看于亭：《玄应〈一切经音义〉研究》，中国社会科学出版社 2009 年版，第 65~103 页。

② 参见徐时仪：《〈慧琳一切经音义〉版本流传考》，《古籍整理研究学刊》1989 年第 6 期。

陈绎曾著述考*

□ 施贤明

　　陈绎曾，字伯敷，自号汶阳左客。淳祐七年(1248)张渊微榜进士、龙泉公陈存之曾孙，"吴兴八俊"之一的陈康祖之子。祖籍处州龙泉县(今浙江丽水龙泉)，后侨居吴兴(今浙江湖州)。陈绎曾生于宋亡之后，至迟不晚于至元二十四年(1287)，为人口吃，而精敏异常。陈氏得许有壬荐举而入仕。至正三年(1343)四月至次年二月间，以将仕佐郎、翰林国史院编修之职与廉惠山海牙、王沂、徐昺合撰《辽史》。迁国子助教。至正十一年(1351)仍在世，是年曾委托吕宗杰往钱塘购书，其后行迹不详。①

　　作为文学批评家和书法理论家，陈绎曾著述颇丰，"其《文说》、《文筌》、《翰林要诀》和《法书本象》等在有元一代占有重要地位"。② 只是诸书版本歧出，书中更掺杂他人观点，此外虽然《全元文》漏收陈绎曾其人，但陈氏尚有诗文传世，实有逐一考辨及厘清的必要。③

一、文论著述辨证

　　《四库全书》收入陈绎曾文论著述《文说》，《文筌》则入存目，且馆臣极尽鄙薄，称其"体例繁碎，大抵妄生分别，强立名目，殊无精理"。④ 不过，二者确是陈氏著述无疑。至于标举为其人所著的《科举天阶》一书尚有疑议，而归于其名下的《文式》则实属张冠李戴。

---

　　* 本文为教育部人文社会科学研究青年基金项目(项目编号：15YJC751036)、南通大学人文社科招标项目(项目编号：15zb01)阶段性成果。

　　① 陈绎曾生平可参阅黄丽、杨抱朴《陈绎曾生卒年、籍贯及仕宦考辨》(《社会科学辑刊》2007年第2期，第161~165页)等。

　　② 黄丽、杨抱朴：《陈绎曾生卒年、籍贯及仕宦考辨》，《社会科学辑刊》2007年第2期，第161页。

　　③ 高洪岩《元代文章学》(上海三联书店2014年版)、李阳《陈绎曾研究》(北京师范大学硕士学位论文，2012年)涉及陈氏著作考，但仍有较多未尽之处。

　　④ 《四库全书总目》卷197《文筌提要》，中华书局1965年版，第1799页。

1.《文筌》《古文矜式》与《文章欧冶》

陈绎曾至顺三年(1332)所作《文筌序》开篇即云:"文者何? 理之致精者也。"并自称:"予成童,剽闻道德之说于长乐敖君善先生,痛悔雕虫之习久矣。"①显然,陈氏推崇的乃是经天纬地的道德之文,而非求笔札之华的辞章之文。旨在倡扬作文之道的陈绎曾,遂"悉书童习之要,命曰《文筌》焉。夫筌所以得鱼器也,鱼得则筌忘矣"。② 该书之内容,无疑即作文的规矩法度;至于命名之旨,典出《庄子·外物》。诚然,陈绎曾所属意的是见道之文,至于作文的准绳要则,只是门径而已,并非其最终目的。

《文筌》一书,尽管馆臣有所谓"元时麻沙坊本,乃移冠《策学统宗》之首,颇为不伦"③之语,但杜泽逊据台湾"中央图书馆"藏元刻《新刊增入文筌诸儒奥论策学统宗》卷首陈绎曾序,认为《文筌》"最初刻印当即冠于《策学统宗》之首。至于单行,当在其后",④或当以此为是。

四库馆臣《文说提要》明言《文筌》《策学统宗》合刻的麻沙本尚有传本,《策学统宗提要》则称析《文筌》《诗谱》入诗文评类,故《文筌提要》称此编分《古文小谱》《四六附说》《楚赋小谱》《汉赋小谱》《唐赋附说》五类云云当即附列于麻沙本《策学统宗》之首的《文筌》正集形制,加上附录《诗小谱》,⑤ 正是元刻本《文筌》之全部,亦即陈氏成书之初貌。

《诗小谱》,除附载于《文筌》之末,亦见于其他典籍:如明陈继儒辑《古今诗话》、明末人重辑百二十卷本《说郛》,又如复旦大学图书馆藏无名氏辑《诗学丛书》清抄本。百二十卷本《说郛》并非陶宗仪元本原貌,其编纂质量极差,《诗谱》亦然,面目全非,不足采信。

《文筌》一书,今存最早单行本是明初朱权刻本,更名为"文章欧冶",国内山东省图书馆藏有一帙。朱权虽将陈氏此集许为奇书,但亦有"此则矜式太隆""绎曾所评诸贤,皆出于一己之见,故不足以公天下"的微词,因"其书有可法者,故取之,乃命寿诸梓以示后学,使知夫文章体制有如此法度,庶不失其规矩也"。⑥ 朱权改名"欧冶",符合其人"以奇益奇"的初衷,只是言称发明蕴奥精微之旨,矜许法度太过,似乎又与陈著命名之旨相悖。

---

① 陈绎曾:《文筌序》,王水照主编:《历代文话》第 2 册,复旦大学出版社 2007 年版,第 1226 页。

② 陈绎曾:《文筌序》,王水照主编:《历代文话》第 2 册,复旦大学出版社 2007 年版,第 1226 页。

③ 《四库全书总目》卷 197《文筌提要》,中华书局 1965 年版,第 1799 页。

④ 杜泽逊:《明宁献王朱权刻本〈文章欧冶〉及其他》,《文献》2006 年第 3 期,第 185 页。按,冠于《策学统宗》之首的《文筌序》(杜泽逊所见与笔者寓目之上海图书馆藏残本《重刊大字单篇策学统宗》均如是)较单行本文本有异,讲述《文筌》创作之缘起时,多出"乃得《诸儒奥论统宗》观读,议论精当,文章有法,手录以还"20 余字。

⑤ 陈绎曾《文筌序》有云:"亡友石桓彦威尝共为《诗小谱》二卷,因附其后。"(王水照主编:《历代文话》第 2 册,复旦大学出版社 2007 年版,第 1227 页)

⑥ 朱权:《文章欧冶序》,王水照主编:《历代文话》第 2 册,复旦大学出版社 2007 年版,第 1223 页。

关于《文章欧冶》，至少有三点需要注意：

首先，朱序既称陈氏论诸贤"不足以公天下"，复谓"若评太白之才，变化不及子美之类是也，予以为不然，乃重判二贤之体而正之"①，故知《文章欧冶》掺杂有朱权的诗学观点，而且是对原作者诗学思想的篡改和扭曲。不仅如此，与元刻本相较，朱权刻本尚有多处脱文、误字，版本不佳。②

其次，《文章欧冶》将原著标题"小谱"之"小"字俱删去。上文提及收录《诗小谱》一书之《古今诗话》等典籍，皆冠以"诗谱"之名，题名当源自《文章欧冶》本系统。

最后，《文章欧冶》附有《古文矜式》，但自称见及元麻沙本的四库馆臣直言未见《古文矜式》，故可确证元刻本《文筌》未载该书，《文章欧冶》中应是首次增入。虽然馆臣未见及此，但有明一代，《古文矜式》并不鲜见：明初杨士奇馆淘金袁氏塾中时，曾借录此书于艻城张子震处，张氏乃是"以其家古锦琴囊易得之"③；成化年间进士梅纯编纂《艺海汇函》时亦收入此著。

国内刊本之外，该书尚有海外刻本。据尹春年《文筌序》"余于庚戌岁请之于全罗监司南宫公淑开刊于光州"④云云，可知此书有朝鲜光州刊本，成均馆进士金世球任校正官。虽然此集卷帙不大，却耗时一年有余，直至嘉靖三十一年(1552)方成其事。嗣后，日本伊藤长胤获朝鲜写本，感于其文字漫漶，几不可读，遂为之校雠参订，于元禄元年(1688)由京都唐本屋又兵卫、永原屋孙兵卫刻版刊行。约300年后，此本被长泽规矩也收入《和刻本汉籍随笔集》第十六辑，而王水照先生主编《历代文话》所收《文章欧冶》亦是以和刻本为底本，参校华东师大图书馆藏清李士棻家抄本《文筌》而成。据诸集内容，朝鲜光州刊本、和刻本、李氏抄本皆以明初《文章欧冶》为祖本。

需要说明的是，尽管《文筌》曾冠于《诸儒奥论策学统宗》之首，《中国古籍总目》著录后者时称"元陈□□辑"云云，《中国古籍善本书目》则径直将此归入陈绎曾名下，事实却并非如此。阮元《宛委别藏》收入《精选增入文筌诸儒奥论策学统宗》前集五卷，自称"从元板影录"，而该书标题下列名"心易谭巽中叔刚校正，存理谭金孙叔金选次，桂山谭正叔孙端订定。三谭皆冠以'古云后学'"，⑤ 此书的编纂者当无争议。我们注意到，国家图书馆藏有一帙万历四十五年(1617)张惟任刻本《诸儒奥论》，分为前集卷上、卷下与续集卷上、卷下。⑥ 此本卷首秦一鹏之序称："万历丁巳秋，直指张公以观风至汝，因出《诸儒

① 朱权：《文章欧冶序》，王水照主编：《历代文话》第2册，复旦大学出版社2007年版，第1223页。

② 卞东波：《日本汉籍视域下的文话研究》，王水照、侯体健主编：《中国古代文章学的衍化与异形——中国古代文章学二集》，复旦大学出版社2014年版，第418~421页。

③ 杨士奇：《东里续集》卷18《跋古文矜式》，景印文渊阁《四库全书》，第1238册，台湾"商务印书馆"1986年版，第602页。

④ 尹春年：《文筌序》，王水照主编：《历代文话》第2册，复旦大学出版社2007年版，第1225页。

⑤ 阮元：《揅经室集》外集卷3《策学统宗前编五卷提要》，邓经元点校，中华书局1993年版，第1239页。按，"谭巽中"之"谭"字，原误作"谈"。

⑥ 国图藏《诸儒奥论》(馆藏号：06464)与《宛委别藏》本相较，前者卷上与后者一、二卷条目一致，而卷下则比后三卷多出杨万里《韩子》一条。

奥论》一编。鹏不佞循览久之，则胜国时汶阳陈君所纂，其自叙云得自长乐敖君善夫。"①可见错误由来已久。考之秦氏所言，所谓汶阳陈君自叙，当是陈氏自撰《文筌序》，因此序冠于《策学统宗》之首时并无标题，故有秦氏之误读，这亦是当代学者致误之由。

2.《文说》

《文说》一书，至迟在清初已无单行本传世，馆臣遂据《永乐大典》辑出并收入《四库全书》。开篇即云："陈文靖公问为文之法，绎曾以所闻于先人者对曰：'一养气，二抱题，三明体，四分间，五立意，六用事，七造语，八下字。'"②故陈氏应元翰林学士东平陈俨为文法度之问而有此作。今上海图书馆藏有一帙红格清抄（馆藏号：线善 820917），据副页题字"《文说》库抄底本一册"、正文首行标以"钦定四库全书"之目以及正文内容，可知其正是四库底本，半叶 8 行行 21 字，首页钤有袁芳瑛"古潭州袁卧雪庐收藏"白文印；另有庐州刘氏远碧楼蓝格抄本一帙（馆藏号：线普 361284），半叶 10 行行 20 字，首以馆臣《文说提要》，则据四库本抄录。

1914 年冬，寓居沪上的周钟游感慨本国近来古文选本频出而研究文法之书极少，遂选录海内惟有秘本之专论散文者而成《文学津梁》，其《文说》即据刘氏远碧楼抄本录入。两者虽源出《四库》本，精审却有所不及：条目混乱者有之，譬如"抱题法"一节"引题""衍题"诸条分别屡入"救题""甦题"；字辞讹误者有之，如"下字法"一节第二条所谓"审音"当为"审意"之误。此外，条目次第亦略有差异：如《四库》本"立意法"首条为"景"，"意"条次之，刘氏抄本等与之相反。

除《永乐大典》辑本系统外，明初赵撝谦纂编之《学范》引录《文说》并传世。③ 赵撝谦，名谦，一名古则，余姚人，洪武初征修《正韵》，后以荐授琼山教谕。赵氏生于至正十一年，与绎曾年代相去未远，其《六书本义》明言《六书今义图》得自于陈氏，《文说》或亦如此。郑真《学范序》作于洪武二十二年（1389），彼时书稿方成。赵氏门人王惠《刻学范叙录》则称自己于赵谦典教琼山时从之游，获观是书，急欲将之锓梓，故洪武二十七年（1394）嘱托由琼还闽之沙阳邓子富携赵氏手稿归，访寻匠氏，厥后却音讯寥寥，直至永乐二年（1404）亲往闽地促成刻板一事，是为初刻。

今观诸《学范》永乐二年初刻本、嘉靖二十五年（1546）陈垲重刻本"作范"一节所引，亦分八门，与《永乐大典》辑本相同，陈氏原著当即如此。至于具体的内容，"明体法"一门，馆臣辑得颂、赞等文体 20 种，《学范》本所论此 20 种文体次第与前者相同，但多出诗（包括五七言律、绝、古诗等）、歌、吟、行、曲、谣、引、古乐府、骚、赋、册文等 11 子目，当为馆臣漏辑。只是，既将诗、歌、吟、行等揽入，所谓"文说"之"文"，乃指广义而言，譬如"分间法"一门所论之文包括长篇古律、诗骚古辞之类。此

---

① 秦一鹏：《诸儒奥论序》，谭金孙编：《诸儒奥论》卷首，明万历张惟任刻本。

② 陈绎曾：《文说》，景印文渊阁《四库全书》，第 1482 册，台湾"商务印书馆"1986 年版，第 244 页。按，分间，原误作"分门"。

③ 北京大学图书馆藏有《诗文轨范》清抄本，著录为元人徐骏撰，其书亦收录《文说》。该书仅有此孤本，作者年代及书中内容皆有疑议（参见徐文新：《〈诗文轨范〉成书年代考辨》，《中国典籍与文化》2008 年第 4 期，第 28~30 页），故本文不予讨论。

外，《永乐大典》辑本"今世为学，不可不随宜者，科举之文是也。科举之文，有不得不与《朱子语录》参者，谨具于后"①以下约三千言，不见于《学范》"作范"一节。此段讲述读书法，以绎曾"此上只科举所急用如此，若依朱子读书法，则尚有评章答韩庄伯读书说"②为界，后半段皆见载于《学范》"读范"一节，赵谦明言乃"韩氏"之语；前半段仅读《诗》一条见于《读范》，为"陈氏"之语。所谓陈氏，即绎曾，赵谦归于其名下的读书法条目共四条，其余三条或为馆臣所漏辑。至于韩氏，究竟是赵谦误标、名不副实，抑或是馆臣张冠李戴？由于陈绎曾称自己与韩氏皆有读书说，在无更多文献可征时，不便妄断。

总而言之，《四库全书》所收《文说》存在漏辑等问题，作文八门之法当以《学范》本为准，至于读书法则文本存疑。

3.《科举天阶》

四库馆臣引《吴兴续志》称陈绎曾尝著《科举天阶》，意在"使学者知所向方"，书成后"人争传录"，只是馆臣未能得见。③ 该书今未见传本，亦不见于诸家知见书目，是否确有此书存疑。

不过，《文筌》乃悉书童习之要而成，初刊于"杂选宋人议论之文，分类编辑，以备程试之用"④的《策学统宗》卷首，而《文说》亦是应陈俨之问为程试而作，陈绎曾既有意于程试，编纂《科举天阶》亦在情理之中。此著或是如《文筌》《文说》意在传授作文法门，或是与《青云梯》《新刊类编历举三场文选》相仿，乃是科考拟作、程文的总集。

4.《文式》

国家图书馆现藏有明刻本《文式》二卷、《古文矜式》一卷（馆藏号：A01830），著录称陈绎曾撰，《续修四库全书》1713 册据此影印时亦归入陈氏名下。其实，著录张冠李戴，此集是明人曾鼎的编述。

《文式》一书，除略有残损的国图藏本外，另有明嘉靖八年（1529）高仲芳刻本传世，今藏于广东省社会科学院；日本内阁文库亦藏有一帙旧抄本，王水照先生主编《历代文话》据以收录。《历代文话》本收录有曾鼎序，称此集为合赵谦《学范》与李性学《文章精义》而成。今观诸此集，卷上为采录《学范》"读范"与"作范"两门而得，卷下则是李性学《古今文章精义》与吕祖谦《古文关键》导语、苏伯衡《述文法》，显然绝非陈氏著作。明刻本首尾俱是陈绎曾著述，应是署名致误之由。

顺带一提的是，《历代文话》本此集解题有云："曾鼎（1321—1378），字符友，更字有

———————————

① 陈绎曾：《文说》，景印文渊阁《四库全书》，第 1482 册，台湾"商务印书馆"1986 年版，第 249 页。

② 陈绎曾：《文说》，景印文渊阁《四库全书》，第 1482 册，台湾"商务印书馆"1986 年版，第 250 页。

③ 《四库全书总目》卷 196《文说提要》，中华书局 1965 年版，第 1791 页。

④ 《四库全书总目》卷 191《残本诸儒奥论策学统宗提要》，中华书局 1965 年版，第 1738 页。

实，泰和(今江西吉安)人……传见《明史》卷296。"①泰和曾鼎其实并非《文式》的编纂者：清道光间杜春生为《文章精义》旧写本作跋，称"明正统间庐陵曾鼎辑文式三编，其次编全收是书"②云云，显然并非一人，而且，《文式》所引《学范》，其成书晚于泰和曾鼎的卒年。事实上，《文式》编纂者曾鼎字复铉，永丰人，永乐九年辛卯(1411)乡试解元、明年壬辰马铎榜进士，永乐年间曾任四川按察使司佥事，宣德六年(1431)转广东按察使司佥事，后升任湖广提刑按察副使，历官参政。

二、书法著述辨证

元末明初人陶宗仪《书史会要》有云："陈绎曾字伯敷，吴兴人，官至翰林编修，学识优博，真、草、篆、隶俱通习之，各得其法。"③陈绎曾不仅长于书法，诸体皆善，而且著有《翰林要诀》《法书本象》等书法理论著述，推扬其观点。

1.《翰林要诀》

《翰林要诀》略述执笔、血、骨、筋、肉、平、直、员(圆)、方、分布、变等十一种书法及法书论，既有对书法技巧的细致解析，又有对前辈名家字帖的精到点评，历来为人所重视。故史上该书传本较夥，除被《格致丛书》《佩文斋书画谱》等典籍收录外，单行本亦不鲜见，如明人陈继儒《妮古录》中自述于万历二十三年(1595)三月十一日在武塘市肆得抄本一帙，毛氏《汲古阁珍藏秘本书目》也著录有一部红格旧抄。

在《翰林要诀》的流传过程中，元末明初人朱升是不得不提的一位重要人物。该书本无目录，朱升为之作目录一篇，并作跋以记其事："至正二年冬，余闻汪延年得书法于金溪陆氏，遂从戴尚文处传抄之。惜其凡例尚淆，点画多谬，既改而正之矣，乃作目录一篇以条理之，其点画则识之于各目云。"国家图书馆藏程荣校释明刻本(馆藏号：36864)、上海图书馆藏清初王存一抄本(馆藏号：线善793845)④以及清人冯武《书法正传》所收《翰林要诀》均过录目录及此跋，字句无二，足证朱升校订本是上述诸本之祖本。

国图本与上图本基本相同。与之相较，《书法正传》本不仅体例有所差异，即前两者正文在前、目录次之，继以朱升跋，而后者目录、跋提至卷首，而且更重要的是，异文较多。出现如此差异，我们推测，原因在于冯武对《翰林要诀》的订补。首先，以《书法正传》编纂缘起而言，冯武很重视这部书，尤其是《翰林要诀》，故校勘工作必不可少。冯氏自称康熙四十六年(1707)自己八十一岁时为吴门缪孝廉文子延于家，两人感慨"书自仓颉、沮诵以来随代而屡变"，论诸书之笔法"则为书甚多，求其明白简易、深切无隐者，

———————————

① 王宜瑷：《〈文式〉二卷解题》，王水照主编：《历代文话》第2册，复旦大学出版社2007年版，第1533页。按，该解题不仅将作者张冠李戴，尚有数处讹误，譬如称卷上掺杂曾鼎本人按语云云，实为《学范》引录某曾氏之语。

② 傅增湘：《藏园群书经眼录》，中华书局2009年版，第1329页。

③ 陶宗仪：《书史会要》，上海书店1984年版，第316页。

④ 国家图书馆、上海图书馆藏本皆是数种文献合刻或合抄的丛书，国图本包括《翰林要诀》《书法三昧》，上图本则包括《书法钩玄》《阁帖评语》《翰林要诀》《书法三昧》四种。

则未之有见也", 遂取平日所留意者合成一书, "发明其所未发者, 以嘉惠后学"①, 故有《书法正传》之作。全书首以《翰林要诀》, 原文不足 7000 字, 其间竟有冯武及其叔父冯班按语多达约 40 条, 足证其重视之极。其次, 以全书编纂实际而言, 冯武欲"发明其所未发者", 除加以按语, 也包括对原文的增补。譬如, 卷二《书法三昧》文末便增入元人郑构《衍极·至朴篇》关于书法传流的大段内容。反观《翰林要诀》, 亦可窥见一些端倪。如"执笔法·指法"首条乃引录卫夫人之语, 次条解释拨镫法之由来, 两者既不见于其余诸版本, 亦与其余章节直截了当切入运笔、结构、布局等书法技巧的著述风格不符, 不能排除是冯武增补的可能性。

上述诸本之外, 笔者寓目之清人孙岳颁《佩文斋书画谱》、倪涛《六艺之一录》以及近代黄宾虹、邓实《美术丛书》等典籍收录之本, 文本极为相似, 系出同源, 但又与国图本、上图本等存在细微的差异。首先, 这三部书画典籍所收《翰林要诀》无目录及朱升跋, 应属于朱氏校订本之外的另一版本系统。其次, 三者于"筋法""肉法"两节"藏""字法""笔"条下均有一段小字注文, 不见于国图本、上图本, 据《书法正传》可知, 这正是冯班按语中的三条。由于《佩文斋书画谱》乃是康熙四十四年(1705)十月奉旨纂修、四十七年(1708)二月成书, 并不晚于《书法正传》, 故孙岳颁等人并非是据后者补入几段文字, 当是所据之底本即有冯班按语, 只是不知何人将此掺入原文。

2.《法书本象》

《法书本象》今未见单行本传世, 赖元人吕宗杰《书经补遗》以传。陈绎曾曾委托吕宗杰购书, 两人乃是旧识, 故吕氏所录当直接承自绎曾原本。

陈绎曾《法书本象序》有云:

> 绎曾童年羸疾, 先人虑其夭折, 禁绝群书, 惟许游心书翰, 以此研究积年, 颇能记忆。尝为学者述《法书要诀》, 又述《禁经提要》, 散在人间, 不著家稿。吴郡时彦举案书笔诀, 年过知非, 又加十载, 目昏心耄, 非复昔时, 勉备忽忘, 随笔所及, 杂体写之, 曰《法书本象》。《礼》: 士笏鱼须文竹, 大夫本象。以备忽遗, 故取此义。②

可知陈氏早年即对法书之学有所得, 自认得古法书之大要, 故述古文、小篆、汉隶、八分、楷书、真书、小楷、行书、草书、小草、章草、飞帛十二种书体, 以成《法书本象》。书大约成于其六十岁时, 陈氏颇为得意, 任国子助教时曾以此书教授诸生。

三、诗文辨证

文论与书法著述之外, 陈绎曾尚有多篇散见诗文传世。③

---

① 冯武:《书法正传自叙》,《书法正传》卷首, 景印文渊阁《四库全书》, 第 826 册, 台湾"商务印书馆"1986 年版, 第 323 页。

② 陈绎曾:《法书本象序》, 吕宗杰:《书经补遗》, 卷二, 清嘉庆宛委别藏本, 第 20 页。

③ 此前已有数篇论文涉及陈绎曾个别篇章, 如笔者《〈麟溪集〉的文献价值论略》(《古籍整理研究学刊》2012 年第 2 期, 第 23 页), 但尚无专文探讨其诗文辑佚。

断代总集《全元诗》据《吴兴艺文补》等典籍收陈诗五首,①此不赘言。

另外,元人杨瑀《山居新话》录有陈绎曾作于延祐年间残句一联:"处士近来恩例别,麻鞋一对当蒲轮。"②讥刺元廷不能大开门路、搜访遗逸,致使贤人德士晦迹丘园。陈衍《元诗纪事》据此采入。

至于陈文,笔者辑得佚文十余篇。

至治元年(1321)三月既望,陈绎曾撰《静春堂诗集后序》,为袁易之子泰编入《静春堂诗集》。袁易游于江湖,有名士之风,交游者甚为推许,包括陈氏在内近十位元人为该集赠序,诸人翰墨联为一卷,原卷今藏于故宫博物院,《穰梨馆过眼录》《壬寅销夏录》等亦有著录。

元末浦江义门郑氏家长郑大和初编、卒成于郑涛与郑济之手,初刻于元至正十三年(1353)的地方艺文《麟溪集》,其丑卷收录陈绎曾《郑氏义门事迹传》、巳卷收录《题郑氏义门家范后》《题事迹传后》。③

后世所编典籍中,收录陈氏诗文最多者当推明人董斯张《吴兴艺文补》,除上文已提及之诗文与《文筌》《法书本象》二书之序外,尚有《题杨妃上马娇图》《跋颜鲁公祭侄文》(至治三年作,1323)两篇。前者广泛见于诸多典籍,如陶宗仪《南村辍耕录》等。后者则是《颜鲁公祭侄季明文》卷末三跋之一,另两跋为陈深、文徵明所作,清人卞永誉《式古堂书画汇考》、吴升《大观录》等收录该书卷。此卷于嘉靖二十年(1541)被文徵明父子摹勒上石,收入《停云馆帖》。

《跋颜鲁公祭侄文》之外,陈绎曾尚有数篇书帖跋文,包括《跋唐人临黄庭经》(至治三年作,1323)、《跋李郕七言诗稿》(泰定元年作,1324)与《跋宋拓五字不损本定武禊帖》(后至元六年作,1340)。《唐人楷书临黄庭经》卷后陈氏跋文以章草书之,原卷今藏于故宫博物院。李郕自书诗草一卷,卷末有乐全居士、柯九思、陈绎曾、周仁荣、张翥五人跋,《秘殿珠林石渠宝笈续编》收录,原藏于淳化轩。王羲之《兰亭序》真迹既亡,其刻石者又以定武为最善,故世人极为珍重,传本亦多。明末李日华曾得一本,上有陈氏跋文,《六研斋二笔》据此采入,《式古堂书画汇考》《金石文考略》等亦据李书著录之。

此外,陈绎曾亦有多篇石刻文字传世。譬如,至顺元年(1330)八月朔,陈氏撰《增修集仙宫记》,今北京大学图书馆藏有艺风堂拓片;至顺四年(1333)二月,撰《致严堂记》,碑今立于孟庙致敬门内院东壁;后至元五年(1339)五月朔,撰《尼山书院碑铭》,碑今立于尼山孔庙大成殿前。又如,明人戴光、谢秉秀纂修《[嘉靖]邹县地理志》收录《邹县修学碑铭》一文;清人胡聘之《山右石刻丛编》过录《麟山孔庙记》全文。

不仅如此,典籍中记载陈氏所作诗文今未能得见者亦多。以碑刻为例,清人毕沅《山左金石志》记载陈氏曾撰《北海县膏润行祠碑》《锦州同知李之英墓志铭》等。不一而足。

---

① 杨镰:《全元诗》第 32 册,中华书局 2013 年版,第 248~249 页。

② 杨瑀:《山居新话》,清知不足斋丛书本,不分卷,第 103 页。

③ 《麟溪集》诸版本差异较大,参见笔者《〈麟溪集〉版本源流考》(《文献》2013 年第 2 期,第 11~21 页),但诸本均有收录三文。

四、结　　语

除去详情不可考的《科举天阶》与误标作者的《文式》，可以确定为陈绎曾文论著述的仅有《文筌》《古文矜式》与《文说》。《文筌》主要包括《策学统宗》卷首所附与《文章欧冶》两大版本系统，当以前者为准。《文说》一书，"养气法"等八门乃为陈氏自著，且《永乐大典》辑本弗如《学范》所收完整；至于末附读书法，部分存疑。陈氏论文主张在息虑澄神、养气立本的前提下融通诸法，得鱼忘筌，推崇辞意明白、浑然天成的作品。其人推尊法度，所著涉及本体论、修养论、创作论、文体论、鉴赏论等，自成体系，但矜法太重且过于琐碎，以致遭到馆臣的批评。陈绎曾与亡友石桓共著之《诗谱》，"澄静此心""养气""五妙六悟"诸说与其作文理论如出一辙。

至于法书著述，朱升及冯班叔侄乃是《翰林要诀》版本系统的重要节点人物，而《法书本象》则有赖吕宗杰以传世。不过，冯班的按语屡入原文，冯武在校勘、收录的过程中又过多参以己意，不可不明辨之。《翰林要诀》《法书本象》直言各种技巧，乃是指导书法练习与创作的教科书，具有极强的实践意义。陈绎曾论书法之主张，宗旨在于尚古意，关键在于"法""变"二字，以尊法为前提，但同样需融会贯通，故书写过程中方有情、气、形、势之变化无穷，得见古意。

最后，通过对陈绎曾著述的考辨，关于典籍的流布与传承，至少有两点值得注意：其一，典籍在传播过程中的异化现象。文献在形成与流布过程中会发生各种讹误，甚至似陈绎曾《文筌》《翰林要诀》被后世人为篡改。后人在利用文献时若不能仔细查考，不免张冠李戴。其二，文献传播途径多样。陈绎曾自称《法书要诀》《禁经提要》等因未存手稿、寿诸梨枣而散佚，至于其人传世著述，书成即刊行亦绝少，多赖类书、丛书、杂纂以传。陈氏未曾编纂别集，有投赠诗文被家族文献所收录者，有作为乡贤之作被方志文献辑录在册者，有作为书法作品传世者，亦有刻于碑石之上者。文献传播途径的多样化对于蒐集文献提出新的要求，除丛书、类书、方志、笔记等典籍外，石刻、传世书画等皆是可资利用的资料，尤其是后两者，对于集外佚文的蒐集，可谓价值斐然。

（作者单位：南通大学文学院）

《传习录》各卷所录时间考

□　罗贵绒

　　《传习录》是阳明弟子所记录的阳明讲学答问及其答友人弟子论学书信的汇编，它几乎涵盖了阳明全部的哲学体系及基本主张，堪称王门之圣书。近代以降，学者围绕着阳明的"心即理""知行合一""致良知""万物一体"等哲学思想及阳明后学思想展开了丰富的研究，但对于《传习录》三卷所录时间①的考订则明显不够。笔者认为，厘清该书各卷所录时间，有利于从时间角度对阳明思想的发展与演变有一个比较清晰的把握。据笔者阅读所见，目前学界还没有以《传习录》各卷所录时间为研究主题的专著和论文。尽管，陈荣捷、陈来等知名学者对此问题已有关注，但他们都只是就《传习录》中某一两处的记录时间进行了考证，② 并未涉及全书各卷的记录时间考证，更多的学者则是默认了《阳明年谱》（简称《年谱》）中的相关时间记载。但《年谱》主要只对中卷的所录时间进行了记载，且《年谱》对中卷的时间记载存在着可疑之处。如《年谱》载嘉靖三年十月，阳明弟子南大吉命其弟南逢吉校刻《续刻传习录》，即今本《传习录》中卷，但中卷中的《答顾东桥书》《答欧阳崇一》和《答聂文蔚》，据《年谱》载则分别写于嘉靖四年、五年和七年，这与嘉靖三年十月刊刻《传习录》明显存在着时间上的错位。由于篇幅所限，再加上下卷中的记录者如黄直与黄以方是否为一人，《钱德洪录》是否为钱德洪所录等都还存疑，所以本文将在前人的研究基础之上对上、中卷所录时间进行考订，尤其对中卷中具有争议的几处记录时间进行重点辨析，以期有功于阳明学的进一步展开。

一、《传习录》上卷时间考

　　按照编排顺序，我们首先对《传习录》上卷所录时间进行考察。上卷分为《徐爱录》《陆澄录》和《薛侃录》。

（一）《徐爱录》时间考

　　徐爱（1487—1517），字曰仁，号横山，浙江余杭人，阳明的妹夫，也是阳明最为信

---

　　① 笔者在本文所要考察的《传习录》各卷所录时间是指阳明讲学答问发生的时间。
　　② 参见陈荣捷：《王阳明〈传习录〉详注集评》，华东师范大学出版社 2009 年版，第 96、120、123页。陈来：《有无之境：王阳明哲学的精神》，北京大学出版社 2013 年版，第 351 页。

赖的弟子与知己。黄宗羲说:"文成之学得曰仁而门人益亲。曰仁之亡,文成有丧子之恸。"虽然徐爱早逝,但阳明仍时常祭奠他,每当讲学过程中碰到一些"酬答之间,机缘未契"的疑难问题,阳明就会感叹道:"安得起曰仁于泉下而闻斯言乎?"①

徐爱在其所作的《同志考序》中称:"自尊师阳明先生闻道后几年,某于丁卯春,始得以家君命执弟子礼焉。于时门下亦莫有予先者也。"②即正德二年春,徐爱成为阳明首批弟子。而正德二年末,阳明赴龙场谪所,后又升庐陵县知县,南京刑部四川清吏司主事,"凡阅三载"。此时徐爱并不在阳明身边。直到正德七年秋,"爱以知州考满入京师,即同穆孔晖等朝夕受业"于刚刚升任考功清吏司郎中的王阳明。同年冬,阳明升南京太仆寺少卿,便道归省,而徐爱由于其母病危,欲返乡探视,遂与阳明"同舟归越",途中"论《大学》宗旨,闻之踊跃痛快"。③《年谱》载,正德八年二月到五月,阳明与徐爱等数友在越同游山水,"先生点化同志,多得之登游山水间也"。徐爱于正德八年夏所作《游雪窦因得龙溪诸山记》也与《年谱》所载内容吻合。

《年谱》载正德九年五月,阳明与徐爱同在南京,门人黄宗明、陆澄、薛侃、季本等数十人皆来相会,"同聚于师门,日夕渍励不懈"。④ 正德十年,阳明居京师,而徐爱升南京工部都水司郎中,居南京。正德十一年,阳明升都察院左佥都御史,巡抚南、赣、汀、漳等处,直到正德十三年三月阳明忙于平定赣、湖、闽、广四省边界地区的寇乱。而徐爱此时并未亲临阳明门下,并于正德十二年五月暴毙于山阴寓馆⑤。当然,从《徐爱录》所录来看,"爱问"的有 8 条,"又曰"的有 3 条,"郑朝朔问"1 条(此条后有"爱于是日又有省"一句),另外,邓艾民先生在《传习录注疏》一书中有徐爱所作《传习录序》一文,其中有"门人有私录阳明先生之言者"⑥一句,这或许表明《徐爱录》并非都出自徐爱所问答,有收集其他弟子所录的可能。由此,只能大致推测,《徐爱录》所录时间,从正德七年冬到正德八年春夏之间,最后时间不超过正德九年五月。

(二)《陆澄录》时间考

陆澄,字原静,又字清伯,浙江吴兴人,正德十二年,考取进士,授刑部主事。阳明曾谓:"曰仁殁,吾道益孤,致望原静者不浅。"⑦由此可见阳明对陆澄的器重。根据徐爱于正德八年春所编撰的《同志考》来看,当时阳明的弟子有名可查的为:"穆孔晖、顾应祥、郑一初、方献科、王道、梁毂、万潮、陈鼎、唐鹏、路迎、孙瑚、魏廷霖、萧鸣凤、林达、陈光及黄绾、应良、朱节、蔡宗衮、徐爱同受业。"⑧及同年夏,徐爱"从阳明北

① 钱明:《浙中王学研究》,中国人民大学出版社 2009 年版,第 152 页。

② 徐爱:《同志考序》,钱明编校整理:《徐爱 钱德洪 董澐集》,凤凰出版社 2007 年版,第 56 页。

③ 《阳明年谱》,吴光等编校:《王阳明全集》(下),上海古籍出版社 1992 年版,第 1235 页。

④ 《阳明年谱》,吴光等编校:《王阳明全集》(下),上海古籍出版社 1992 年版,第 1237 页。

⑤ 《阳明年谱》载徐爱卒于正德十三年,此一记载有误。

⑥ 王守仁撰,邓艾民注:《传习录注疏》,上海古籍出版社 2012 年版,第 1 页。

⑦ 黄宗羲:《明儒学案》(修订本),中华书局 2008 年版,第 295 页。

⑧ 《阳明年谱》,吴光等编校:《王阳明全集》(下),上海古籍出版社 1992 年版,第 1235 页。

归，过(余姚)龙泉，避暑于清风亭。王世瑞、许半圭、蔡希渊、朱守中偕自越来，矢遂厥游"。① 由此可以推测，陆澄此时还未成为阳明的弟子。据《阳明年谱》所载正德九年五月，阳明与徐爱同在南京，门人黄宗明、陆澄、薛侃、季本等数十人皆来相会，"同聚于师门，日夕渍励不懈"。② 由此可以推知，陆澄成为阳明弟子的时间最早应在正德九年五月，又据徐爱《送陆子清伯行序》可知，陆澄是因为徐爱的引荐而受学于阳明的。③

据徐爱《同游德山诗叙》④，载正德十年春正月壬午，与阳明同游的十四人中无陆澄。正德十一年九月，阳明升都察院左佥都御史，巡抚南、赣、汀、漳等处，"是时汀、漳各郡皆有巨寇。尚书王琼特举先生"。⑤ 直到正德十三年三月，阳明一直忙于平定赣、湖、闽、广四省边界地区的寇乱。而据《年谱》载：正德十二年五月先生闻蔡宗衮、许相卿、季本、薛侃、陆澄同举进士。⑥ 虽然正德十二年二月至正德十三年三月，阳明忙于征剿寇乱，出入贼垒，未暇宁居，然"门人薛侃、欧阳德、梁焯、何廷仁、黄弘纲、薛俊、杨骥、郭治、周仲、周冲、周魁、郭持平、刘道、袁梦麟、王舜鹏、王学益、余光、黄槐密、黄莹、吴伦、陈稷刘、鲁扶巅、吴鹤、薛侨、薛宗铨、欧阳昱，皆讲聚不散"。⑦ 由以上时间点及相关记载可知，从正德十年到正德十三年这一时间段，陆澄可能并不在阳明身边。然从《陆澄录》所录来看，"澄问"的只有 9 条，"孟源问""王嘉秀问""惟乾问""唐诩问""曰仁云""子莘曰""尚谦问"各 1 条，其他多是没有注明名字的"问"。可见，《陆澄录》并非全出自陆澄，更多是其他弟子所录，且其所录没有明确的时间记载。而正德十三年八月，薛侃"得徐爱所遗《传习录》一卷，序二篇，与陆澄各录一卷，刻于虔"。⑧ 由此，笔者只能大致推测《陆澄录》所录时间为正德九年五月至正德十三年八月之间。

(三)《薛侃录》时间考

薛侃(1486—1545)，字尚谦，号中离，广东揭阳人。正德九年，薛侃"赴南宫不第，闻阳明官南畿鸿胪，讲孔孟周程之学，遂就南监师事焉"。⑨ 后一生致力于维护师门，弘扬师说。在《薛侃录》中，我们可以发现，除了薛侃向阳明问学以外，还录有蔡宗衮、杨骥、欧阳德、刘德章、冯恩、陈桀、黄宗贤、梁焯、黄弘纲、萧惠、刘观时、马明衡等门人。据《年谱》载：正德九年五月，"自徐爱来南都，同志日亲，黄宗明、薛侃、马明衡、

---

① 徐爱：《游雪窦因得龙溪诸山记》，钱明编校整理：《徐爱 钱德洪 董澐集》，凤凰出版社 2007 年版，第 78 页。

② 《阳明年谱》，吴光等编校：《王阳明全集》(下)，上海古籍出版社 1992 年版，第 1237 页。

③ 徐爱：《送陆子清伯行序》，钱明编校整理：《徐爱 钱德洪 董澐集》，凤凰出版社 2007 年版，第 76 页。

④ 徐爱：《同游德山诗叙》，钱明编校整理：《徐爱 钱德洪 董澐集》，凤凰出版社 2007 年版，第 66 页

⑤ 《阳明年谱》，吴光等编校：《王阳明全集》(下)，上海古籍出版社 1992 年版，第 1238 页。

⑥ 《阳明年谱》，吴光等编校：《王阳明全集》(下)，上海古籍出版社 1992 年版，第 1242 页。

⑦ 《阳明年谱》，吴光等编校：《王阳明全集》(下)，上海古籍出版社 1992 年版，第 1253 页。

⑧ 《阳明年谱》，吴光等编校：《王阳明全集》(下)，上海古籍出版社 1992 年版，第 1255 页。

⑨ 薛侨：《中离公行状》，薛侃撰，陈椰编校：《薛侃集》，上海古籍出版社 2014 年版，第 421~422 页。

陆澄、季本、许相卿、王激、诸偁、林达、张寰、唐愈贤、饶文璧、刘观时、郑骝、周积、郭庆、乐惠、刘晓、何鳌、陈桀、杨杓、白说、彭一之、朱篪辈，同聚师门，日夕渍砺不懈"。①

正德十三年七月，《年谱》又载："先生出入贼垒，未暇宁居，门人薛侃、欧阳德、梁焯、何廷仁、黄弘纲、薛俊、杨骥、郭治、周仲、周冲、周魁、郭持平、刘道、袁梦麟、王舜鹏、王学益、余光、黄槐密、黄莹、吴伦、陈稷刘、鲁扶黻、吴鹤、薛侨、薛宗铨、欧阳昱，皆讲聚不散。至是回军休士，始得专意于朋友，日与发明《大学》本旨，指示入道之方。"②对此，《中离公行状》也有相应记载："阳明提督军务，忘其冗剧。先生与友骥、元亨、惟乾、郭浅齐、梁众峰复日请益发明，以迪初学。"③

通过《年谱》这两次的记录比对，可知《薛侃录》中的陈桀、刘观时、马明衡等人问学之事，发生在正德九年五月阳明居南京之时。欧阳德、梁焯、黄弘纲、杨骥等人问学，发生在正德十三年七月阳明在江西一边执行公务一边授徒讲学时期。在这两个时间段里，薛侃都参与其中并记录了当时的问学内容。正德十三年八月，薛侃"得徐爱所遗《传习录》一卷，序二篇，与陆澄各录一卷，刻于虔"。④ 因此，笔者推测，《传习录》中薛侃所录时间，大体上分为正德九年五月左右和正德十三年七月左右两个时间段。但要更进一步地断定哪些是正德九年五月左右，哪些是正德十三年七月左右，则需要有其他的新材料来加以甄别。

二、《传习录》中卷时间考

《传习录》中卷由《钱德洪序》《答顾东桥书》《答周道通书》《答陆原静书》《答欧阳崇一》《答罗整庵少宰书》《答聂文蔚》《训蒙大意示教读刘伯颂等》和《教约》等内容构成。

(一)《答顾东桥书》时间考

顾东桥(1476—1545)，名璘，字玉华，今江苏江宁人，少负才名，工诗文，著有《浮湘集》等。弘治九年进士，曾与太监忤，下狱，后累官至南京刑部尚书。⑤ 据《年谱》载，嘉靖四年九月阳明归余姚省墓，答顾东桥书，且《阳明先生集要》也认为该书作于嘉靖四年。但《年谱》又载嘉靖三年十月，门人南大吉续刻《传习录》，而南大吉所刻的《传习录》就是今本的中卷，包括了《答顾东桥书》。对此，陈荣捷指出二者必有一误，但没有进一步指出哪一种记载为误。⑥ 钱穆、蔡仁厚则是根据《年谱》所载而默认了该书作于嘉靖四

---

① 《阳明年谱》，吴光等编校：《王阳明全集》(下)，上海古籍出版社 1992 年版，第 1237 页。
② 《阳明年谱》，吴光等编校：《王阳明全集》(下)，上海古籍出版社 1992 年版，第 1253~1254 页。
③ 薛侨：《中离公行状》，薛侃撰，陈椰编校：《薛侃集》，上海古籍出版社 2014 年版，第 422 页。
④ 《阳明年谱》，吴光等编校：《王阳明全集》(下)，上海古籍出版社 1992 年版，第 1255 页。
⑤ 陈荣捷：《王阳明〈传习录〉详注集评》，华东师范大学出版社 2009 年版，第 97 页。
⑥ 陈荣捷：《王阳明〈传习录〉详注集评》，华东师范大学出版社 2009 年版，第 97 页。

年九月。① 陈来在《王阳明的拔本塞源论》一文中，提及有学者据《启周道通书》而认为《答顾东桥书》写于嘉靖三年。②

要查清《答顾东桥书》到底写于何时，笔者认为首先需要厘清顾东桥与阳明的关系。弘治九年，阳明参加会试再次不第，旋即归余姚，结诗社于龙泉山寺，纵情于山水清幽，驰骋于诗歌文辞。在此期间，阳明的诗友有李梦阳、何景明、边贡、徐祯卿、顾璘、乔宇等。黄绾所作的《阳明先生行状》对此有记载："与太原乔宇，广信汪俊，河南李梦阳、何景明，姑苏顾璘、徐祯卿，山东边贡诸公以才名争驰骋，学古文诗。"③而同一年，顾璘进士及第，授广平知县。弘治十年阳明在京师，因"当时边报甚急，朝廷推举将才，莫不遑遽。先生念武举之设，仅得骑射搏击之士，而不能收韬略统驭之才。于是留情武事，凡兵家秘书，莫不精究。每遇宾宴，尝聚果核列阵势为戏"。④ 由此可以推测，阳明所结的诗社存在的时间不长，而他与顾璘的关系则是诗友，且相处时间不多。正德五年顾璘出知河南开封府，正德八年谪授广西全州知州，正德十一年到十六年任台州知府。⑤ 而阳明自龙场驿回来后，已经"归正于圣人之学"，将其之前的任侠之习、骑射之习、辞章之习、神仙之习、佛氏之习视为"邪僻"⑥，所以由顾璘、阳明二人的为官行踪，及阳明自龙场驿回来后的学术立场的变化来看，阳明与顾璘的人生交集不多，思想的契合度亦不高。

据《年谱》记载，正德十六年，阳明"始揭良知之教"⑦，这即是说，其以"良知"为核心理念的哲学思想才真正确立。阳明确信"我此'良知'二字，实千古圣圣相传一点滴骨血也"，"近来信得'致良知'三字，真圣门正法眼藏。往年尚疑未尽，今自多事以来，只此良知无不具足。譬之操舟得舵，平澜浅濑，无不如意，虽遇癫风逆浪，舵柄在手，可免没溺之患矣"。⑧ 阳明对于自己这一关于"良知"的体悟，更有一种心接古圣先贤的自得之乐，并因此而表现出了极大的欣慰之意，尝谓："吾'良知'二字，自龙场已后便已不出此意，只是点此二字不出。于学者言，费却多少辞说。今幸见出此意，一语之下，洞见全体，直是痛快，不觉手舞足蹈。"⑨随后，正德十六年九月，阳明归余姚省祖茔，"日与宗族亲友宴游，随地指示良知"，但"乡中故老犹执先生往迹为疑"。嘉靖元年二月，父亲王华逝世，阳明因此丁忧在家，又因"病不能胜"而须养病，虽门生弟子闻而日至者众，但阳明一概予以谢绝，揭帖于壁。

嘉靖三年，阳明丁忧即将服满，门人弟子日进，其良知之说影响所被，大有风吹草偃

---

① 参见钱穆：《阳明学述要》，九州出版社 2010 年版，第 78 页。蔡仁厚：《王阳明哲学》，九州出版社 2012 年版，第 185 页。

② 参见陈来：《王阳明的拔本塞源论》，《学术界》2012 年第 11 期，第 64 页。

③ 《阳明年谱》，吴光等编校：《王阳明全集》(下)，上海古籍出版社 1992 年版，第 1407 页。

④ 《阳明年谱》，吴光等编校：《王阳明全集》(下)，上海古籍出版社 1992 年版，第 1224 页。

⑤ 焦竑：《国朝献征录》卷四十八"顾璘传"，转引自张宏敏：《黄绾生平学术编年》，浙江大学出版社 2013 年版，第 80 页。

⑥ 《阳明年谱》，吴光等编校：《王阳明全集》(下)，上海古籍出版社 1992 年版，第 1401 页。

⑦ 《阳明年谱》，吴光等编校：《王阳明全集》(下)，上海古籍出版社 1992 年版，第 1278 页。

⑧ 《阳明年谱》，吴光等编校：《王阳明全集》(下)，上海古籍出版社 1992 年版，第 1279 页。

⑨ 钱德洪：《刻文录叙说》，吴光等编校：《王阳明全集》(下)，上海古籍出版社 1992 年版，第 1575 页。

之势，四方一时负笈来学之士境若雾拥云屯；远近僧舍，皆成讲学之所；山阴禹穴，无非弦歌之地。① 郡守南大吉为此还修葺稽山书院，增建"尊经阁"，"聚八邑彦士，身率讲习以督之"。② 由此可以看出当时讲学场面之盛，影响之大。据此笔者推论，阳明此时的讲学受到了多方特别是社会精英的关注，加上阳明所讲的思想，在内容与方法上与朱子思想有很大的不同，而其学生由于理解程度不一，传播之时可能又有一些新的说辞，由此而招致一些误解与疑问，是十分自然的事情。在这样的背景下来理解顾璘来信讨论圣人之学，应当是比较恰当的。因此笔者推测，阳明《答顾东桥书》的最早时间应不早于嘉靖三年上半年。因为同年十月，南大吉"取先生论学书，复增五卷，续刻于越"，即《续刻传习录》。③ 且《钱德洪序》也称《答顾东桥书》属于南大吉刻本。而续刻《传习录》是一件比较重大且严肃的事情，《年谱》不太可能会记错续刻的时间，故笔者推测《答顾东桥书》的写作时间应在嘉靖三年。再加上续刻需要一定的准备时间，所以《答顾东桥书》的写作时间不可能靠近十月。④ 因此，年谱所载《答顾东桥书》作于嘉靖四年是误记，陈来认为作于嘉靖三年的说法更准确。

（二）《答周道通书》时间考

周道通(1485—1532)，名冲，号静庵，江苏宜兴人。据《明儒学案》所载："阳明讲道于虔，先生往受业。继又从于甘泉。谓'湛师之体认天理，即王师之致良知也'。"⑤ 嘉靖三年，阳明丁忧服满，《年谱》载，是年正月，门人日进，其中就有王艮、孟源、周冲(即周道通)等来自直隶等三百余人来听先生讲学，"先生临之，只发《大学》万物同体之旨，使人各求本性，致极良知以至于至善，功夫有得，则因方设教"。⑥

陈荣捷根据《答周道通书》中的"来书云：致知之说，春间再承教益，已颇知用力，觉得比旧说尤为简易。但鄙心则谓与初学言之，还须带格物意思，使之知下手处。本来致知格物一并下，但在初学未知下手用功，方晓得致知云云。格物是致知工夫。知得致知，便已知得格物；若是未知格物，则是致知工夫亦未尝知也。近有一书与友人，论此颇悉。今往一通，细观之，当自见矣"。于是认为"阳明言及格致之书，虽有多通，然详尽而堪作替代答道通者，厥为《答顾东桥书》与《答罗整庵书》。尤其是《答顾书》之第一三四条与《答罗书》之第一七三与一七四条。然据《年谱》嘉靖三年正月道通方受业，道通书云'春间再承教益'，则必非指初受业之年而指以后一年或数年也。此书云'近有一书与友人'，《答罗整庵》在正德十五年。至少在四年以前。似不能言近。……如《答顾东桥书》，果为嘉靖四年之春或夏，则《答周道通》在是年春夏以后，附《答顾书》，可云近也。道通三年正月受业。若四年春间再承教益，夏间来书，阳明守丧之中草草作复，顺往答顾之书，亦

① 《阳明年谱》，吴光等编校：《王阳明全集》(下)，上海古籍出版社1992年版，第1576页。
② 《阳明年谱》，吴光等编校：《王阳明全集》(下)，上海古籍出版社1992年版，第1290页。
③ 《阳明年谱》，吴光等编校：《王阳明全集》(下)，上海古籍出版社1992年版，第1292页。
④ 陈来曾提到"作此书(即《答顾东桥书》)在甲申乙酉居越之时"，但没有给出相应的推论。参见陈来：《有无之境：王阳明哲学的精神》，北京大学出版社2006年版，第137页。
⑤ 黄宗羲：《明儒学案》(修订本)，中华书局2008年版，第583页。
⑥ 《阳明年谱》，吴光等编校：《王阳明全集》(下)，上海古籍出版社1992年版，第1290页。

至自然。然答顾书不提守丧。或在嘉靖五年守足三年之丧以后耳"。①

笔者认为，陈荣捷上述的说法颇为可疑，因为周道通并不是嘉靖三年才受业阳明的。据《年谱》载，正德十三年七月，阳明平定寇乱后，与门人薛侃、欧阳德、黄弘纲、周冲（即周道通）等"日与发明《大学》本旨，指示入道之方"。② 所以笔者断定，陈荣捷所说的"据《年谱》嘉靖三年正月道通方受业，道通书云'春间再承教益'，则必非指初受业之年而指以后一年或数年"有误。笔者认为，周道通所说的"春间再承教益"应是嘉靖三年春，因为正德十三年时周道通就已受教于阳明了，嘉靖三年正月周道通再来浙江承阳明之教，故信中所说的"春间再承教益"的说法就不必如陈荣捷说的那样复杂。但陈先生说的《答周道通书》在《答顾东桥书》之后，笔者表示赞同。因为《答顾东桥书》写作年代应在嘉靖三年上半年之内，那《答周道通书》则在同一时间稍稍偏后，是可以成立的。③

(三)《答陆原静书》时间考

陆原静，名澄，浙江吴兴人，正德九年就学于阳明。正德十二年，陆澄中进士，授刑部主事。正德十六年，陆澄因身体多病之故，致书阳明，向阳明请教"养生"之说，阳明随即答复，即《与陆原静书》。嘉靖元年，阳明丁忧在家，但御史程启充、给事毛玉倡议弹劾阳明，弹劾的罪名是"党逆"，即依附宸濠逆党。此论一出，舆论不平，随即时任刑部主事的陆澄上疏六辩以折之。阳明闻之，是年在与陆原静第二书中豁达说道："无辩止谤，尝闻昔人之教矣。"嘉靖元年至三年，"大礼之议"起，陆澄参与其中，并因此两次被罢。由这些材料可以推知，从正德十六年到嘉靖三年，陆澄没有时间亲临阳明门下，即使有，时间也应该是极短暂的。因此，陈荣捷认为《答陆原静书》写于嘉靖三年④的看法基本可信，且《阳明先生集要》也载该书作于嘉靖三年⑤。阳明于正德十六年正式提出良知说，而答陆原静二书中亦有关于"良知"的问答，但由于陆澄在嘉靖元年至嘉靖三年之间卷入"大礼之议"，笔者认为其主要精力不大可能放在学问上，直到其被罢免，才有时间和精力向阳明问学。再加上同年十月，南大吉"取先生论学书，复增五卷，续刻于越"，即《续刻传习录》。由此，笔者推测，《答陆原静书》亦当写于嘉靖三年的上半年某一个时间段。

(四)《答欧阳崇一》时间考

欧阳崇一（1496—1554），名德，号南野，江西泰和人。正德十一年中举，旋即拜入阳明门下，嘉靖二年进士，官至礼部尚书。据《年谱》载，"德初见先生于虔，最年少，时

---

① 陈荣捷：《王阳明〈传习录〉详注集评》，华东师范大学出版社 2009 年版，第 123 页。

② 《阳明年谱》，吴光等编校：《王阳明全集》（下），上海古籍出版社 1992 年版，第 1253 页。

③ 据《阳明先生集要》的记载，《答周道通书》就是写于"甲申"，即嘉靖三年。

④ 陈荣捷：《王阳明〈传习录〉详注集评》，华东师范大学出版社 2009 年版，第 127 页。

⑤ 笔者通过比对，《传习录》中的《答陆原静书》（一、二）与《阳明先生集要》中的《与陆原静书》（其三）完全吻合，但《阳明先生集要》正文载该书写于甲申，即嘉靖三年，而目录则载是甲戌，即正德九年。参见施邦曜辑评：《阳明先生集要》，中华书局 2008 年版，第 164~178 页。由于该书信的讨论已经多处涉及"良知"，而阳明于正德十六年始揭良知之教，所以笔者认为《阳明先生集要》正文所载甲申比较可信。

已领乡荐，先生恒以'小秀才'呼之。故遣服役，德欣欣恭命，虽劳不殆。先生深器之"。① 嘉靖二年，欧阳德中进士，随即出守六安州，《双江聂先生文集》卷六《南野欧阳公墓志铭》也记"癸未，举进士。……授知六安州"。② 数月之后，欧阳德写信给阳明称"初政倥偬，后稍次第，始得与诸生讲学"。阳明回复说："吾所讲学，正在政务倥偬中。岂必聚徒而后为讲学耶？"

随后，据《年谱》载嘉靖五年四月，阳明写信给欧阳德："良知不因见闻而有，而见闻莫非良知之用。故良知不滞于见闻，而亦不离于见闻。孔子云：'吾有知乎哉？无知也。'良知之外别无知矣。故良知是圣门教人第一义。今云专求之见闻之末，则落在第二义矣。若曰致其良知而求之见闻，则语意之间未免为二。此与专求之见闻支末者，虽稍不同，其为未得精一之旨则一也。"③笔者将此与《传习录》中的《答欧阳崇一》进行比照，发现《年谱》中阳明的话与《传习录》中《答欧阳崇一》的开头部分基本吻合。而张学智也指出，嘉靖五年，欧阳德曾有书信问及阳明良知与见闻的关系，阳明复信答之甚详，且被南大吉录入《传习录》，即《答欧阳崇一》。④ 如果《年谱》所载属实的话，则《答欧阳崇一》便写于嘉靖五年四月。

(五)《答罗整庵少宰书》时间考

罗整庵(1465—1547)，名钦顺，字允升，江西泰和人。少宰，次长，明清时侍郎一职的别称。罗整庵是明代的朱学思想家，他与阳明早有交往。阳明在留都时与他以文相往来，但未尝谈论学术。据罗整庵的《困知记》三续"王伯安庚辰春以大学古本见惠"，此处庚辰年即正德十五年。《困知记》附录与阳明书"昨拜书后一日始奉领所惠大学古本、朱子晚年定论二编"，以及《阳明年谱》谓阳明庚辰六月经泰和时得整庵辨格物说，由此可知阳明于庚辰春赠书整庵。⑤ 同年六月阳明过泰和时，整庵就此与阳明移书论辩，阳明即答之，此即《答罗整庵少宰书》。由此，可知《答罗整庵少宰书》写于正德十五年六月。

(六)《答聂文蔚》时间考

聂文蔚(1487—1563)，名豹，号双江，江西永丰人，正德十二年进士。初见阳明时称晚生，阳明逝世四年后，见钱德洪、王畿曰"吾学诚得诸先生，尚冀再见称赞，今不及矣。兹以二君为证，具香案拜先生"，遂称门人。⑥《年谱》载，嘉靖五年，聂文蔚以御史巡抚福建，渡钱塘江来见阳明。《华阳馆文集》卷十一《双江聂公行状》和《明儒学案》卷十七《聂双江传》对此事也都有记载。《双江聂公行状》记："明年春，按应天。……是岁，乃往谒阳明王公于越，相与讲良知之学，先生于是锐然以圣人为必可至。其后以书问学于王公，公深叹先生任道之勇，乃为书复之。"⑦《聂双江传》记："阳明在越，先生以御史按

---

① 《阳明年谱》，吴光等编校：《王阳明全集》(下)，上海古籍出版社1992年版，第1300页。
② 转引吴震：《明代知识界讲学活动系年：1522—1602》，学林出版社2003年版，第8页。
③ 《阳明年谱》，吴光等编校：《王阳明全集》(下)，上海古籍出版社1992年版，第1300页。
④ 张学智：《明代哲学史》(修订版)，中国人民大学出版社2012年版，第168页。
⑤ 参见陈来：《有无之境：王阳明哲学的精神》，北京大学出版社2006年版，第131页。
⑥ 《阳明年谱》，吴光等编校：《王阳明全集》(下)，上海古籍出版社1992年版，第1302页。
⑦ 吴震：《明代知识界讲学活动系年：1522—1602》，学林出版社2003年版，第26页。

闽，过武林（案，即杭州），欲渡江见之。人言力阻，先生不听。及见而大悦：'君子所为，众人固不识也。'犹疑接人太滥，上书言之。阳明答曰：'吾之讲学，非以蕲人之信己也，行吾不得已之心耳。若畏人之不信，必择人而与之，是自丧其心也。'先生为之惕然。"①别后致书，是年八月阳明回复，此即《答聂文蔚》第一书。②

《答聂文蔚》第二书，据《年谱》载是嘉靖七年十月写于广西。根据聂文蔚所作的《启阳明先生》，我们可以发现，《答聂文蔚》就是阳明对《启阳明先生》的直接回信：《启阳明先生》中聂文蔚称"近来求之于事亲从长之间，便觉有所持循"，且有"盖欲于事亲从长之间而求所谓良知之学焉，何如"之问及"尊德性而道问学"之体会，③ 对此《答聂文蔚》中阳明一一进行了回复。且《启阳明先生》开头就说："丙戌之夏，迄今两易寒暑矣"，由此可以判定该信写于嘉靖七年，而阳明回信中称："地方军务冗沓，皆舆疾从事。今却幸已平定，已具本乞回养病，得在林下稍就清凉，或可瘳耳。"这一说法与其嘉靖七年十月平定叛乱后所作的请告疏相吻合。故《年谱》载《答聂文蔚》第二书写于嘉靖七年十月是可信的。但这就与南大吉嘉靖三年续刻《传习录》有出入。对此，陈来认为《年谱》对《答聂文蔚》二书和《答欧阳崇一》一书的时间记载没有疑问，至于各书年月与南序年月的矛盾，疑南序先写于嘉靖三年十月，但刻成书已在次年，故又收入若干四年所作之书。④ 而钱明认为《传习录》中卷乃为南大吉所辑，后经钱德洪等人增补去取的改编本。⑤ 笔者认为，钱明的说法更加可信，因为若按照陈来的说法，作于嘉靖五年和七年的《答聂文蔚》二书与《答欧阳崇一》一书，不可能收入刊刻于嘉靖四年的《传习录》中。然钱明的说法虽然合理，但要在学术上坐实，也还需要相关版本史料及其他的相关材料作进一步的证实。

（七）《训蒙大意示教读刘伯颂等》及《教约》时间考

正德十三年四月（1508），阳明已平定赣、湖、闽、广四省边界地区的寇乱。阳明认为这些地方之所以盗贼滋多，本源在于民风不淳，而民风不淳，则在于教化不及，于是他兴办社学，设立教约，并说道："今幸盗贼稍平，民困渐息，一应移风易俗之事，虽亦未能尽举，姑先就其浅近易行者，开导训诲。即行告谕，发南、赣所属各县父老子弟，互相戒勉，兴立社学，延师教子，歌诗习礼。"⑥而刘伯颂即为当时所办社学的教读之一。据《年谱》所载，该训蒙大意颁布于是年四月，阳明希望通过兴立"社学"，"延师教子，歌诗

---

① 黄宗羲：《明儒学案》（修订本），中华书局 2008 年版，第 370 页。

② 何隽在《王阳明〈答聂文蔚〉第一书成书辨正》一文中认为《答聂文蔚》第一书写于嘉靖二年癸未。参见何隽：《王阳明〈答聂文蔚〉第一书成书辨正》，《浙江学刊》1990 年第 4 期，第 60 页。笔者以为何隽该文给出的证据不足以证明该文写于嘉靖二年，他甚至忽略了聂文蔚是嘉靖五年才与阳明正式相识的这一重要信息。

③ 聂文蔚：《启阳明先生》，吴可为编校整理：《聂豹集》，凤凰出版社 2007 年版，第 233～237 页。

④ 陈来：《有无之境：王阳明哲学的精神》，北京大学出版社 2006 年版，第 351 页。

⑤ 对此具体论证过程可参见钱明：《阳明全书成书经过考》（下），吴光等编校：《王阳明全集》，上海古籍出版社 1992 年版，第 1632～1640 页。

⑥ 《阳明年谱》，吴光等编校：《王阳明全集》（下），上海古籍出版社 1992 年版，第 1252 页。

习礼"，"久之，市民亦知冠服，朝夕歌声，达于委巷，雍雍然渐成礼让之俗矣"。① 就其《教约》的内容来看，主要是指导教读怎样教育童子的，这与在《训蒙大意示教读刘伯颂等》中所期盼的庶成"蒙以养正"之功相吻合，由此笔者推定，上述二则文字都作于正德十三年四月。

三、结　语

由于《传习录》的成书过程及其版本还存在着一些争议，② 笔者对其所录时间的考订也只是初步的工作，大多只能推定一个大致的时间段，有待今后进一步细化。而本文对《传习录》各卷所录时间的考订，目的在于为阳明思想与阳明后学思想的传播与发展提供一个时间脉络上的视角，为比较准确地把握阳明及其后学思想在时间上的展开做一点补漏罅苴的工作，不当之处，还请业内方家批评指正。

（作者单位：武汉大学哲学学院）

---

① 《阳明年谱》，吴光等编校：《王阳明全集》（下），上海古籍出版社 1992 年版，第 1252 页。
② 就此问题，陈来、吴震等有所论述，参见陈来：《中国近世思想史研究》"《遗言录》与《传习录》"，商务印书馆 2003 年版；吴震：《〈传习录〉精读》"《传习录》小史"，复旦大学出版社 2011 年版。

黔中王门孙应鳌学行及著述考略*

□ 张 明

　　孙应鳌系王阳明在贵州的再传弟子①，是黔中王门的集大成者，代表黔中王学②的最高成就。清代著名学者万斯同赞云："奋起荒徼，以学行知名，为黔中人士之冠。"③贵州学者莫友芝亦称："以儒术经世，为贵州开省以来人物冠；即以词章论，亦未有媲于先生者也。"④目前，孙应鳌已经成为黔中王门研究的热点，通过对孙应鳌学行和著述的考证，可为当前黔中王门与孙应鳌研究⑤提供文献线索和参考。

一

　　孙应鳌先祖原籍南直隶如皋（今江苏如皋市）。明初始迁祖孙华，以从龙功授神策卫千户；洪武二十五年（1392），任贵州龙里卫总旗；永乐中，调清平卫（今贵州凯里市炉山镇）。二世祖孙礼、三世祖孙钦，皆袭武官之职，是为军功世家。至高祖孙铎，以"别子"未授军职，乃从事文学科第，由军功世家转向文化世家。曾祖孙瀚，成化丁酉（1477）举人，官桂林府同知。祖父孙重，正德庚午（1510）举人，眉州学正，知绵县，改学博，迁云南左卫经历，乞骸骨归，卒之日，御史张岳铭其墓。父孙衣，嘉靖辛卯（1531）举人，知云南保山县，以俊义称。叔父五人，可考者三人：孙褒、孙衮、孙衰，皆中举，外出为官。孙衣生子九人，孙应鳌为长子。孙应鳌有诸弟八人，除幼弟应豸早卒外，孙应鳌与其

　　* 本文为贵州孔学堂 2016 年课题"阳明后学与《四书》注释研究"（项目编号：KXTYB201602）、贵州省教育厅人文社科基地课题"黔中王门孙应鳌文献资料整理与研究"（项目编号：2015JD001）阶段性成果。

　　① 江右王门郭子章称孙应鳌为王阳明"私淑"弟子："王文成《与龙场生问答》，莫著其姓名。其闻而私淑者，则有马内江、孙淮海、李同野。"见郭子章《黔记》卷四十五《乡贤列传二·理学》，贵州省图书馆藏本。贵州学界一般将孙应鳌作为王阳明再传弟子。

　　② 张明：《王阳明与黔中王学》，《阳明学刊》（第一辑），贵州人民出版社 2004 年版，第 89~129页。

　　③ 万斯同：《明史》卷三一八《孙应鳌传》，《续修四库全书》第三二九册《史部·别史类》，上海古籍出版社 1996 年版，第 550~501 页。

　　④ （清）莫友芝等：《黔诗纪略》卷五《文恭孙淮海先生应鳌》，贵州省图书馆藏本。

　　⑤ 20 世纪 80 年代以来的孙应鳌研究成果，可参见张明：《黔中王门孙应鳌研究综述》，《贵阳学院学报》2017 年第 5 期。

他七弟或中进士、或中举人、或为贡生，为政一方，颇有廉声。由此可见，孙氏家族是贵州"苗疆"①地区著名的世家大族。

孙应鳌生于嘉靖六年（1527），幼而聪颖，九岁能文，就学于名儒周慎轩，"日诵数千言，正襟危坐，务解大义"。②嘉靖二十三年（1545，19 岁），举贵州乡试第一名；嘉靖三十二年（1553，27 岁），中进士。孙应鳌是嘉靖、隆庆、万历三朝重臣，历任户部给事中、江西按察佥事、陕西提学、四川右参政、湖广布政使，升佥都御史巡抚郧阳。隆庆三年（1569）中流言，归乡讲学四年。万历初（1573），诏起郧阳巡抚原官。万历三年（1575），晋刑部右侍郎，旋改户部、礼部，擢掌国子监祭酒事，为神宗进讲《虞书·无逸章》。万历五年（1577）告病返乡，聚徒讲学。万历七年（1579），诏升南京工部尚书，坚辞不就。万历十二年（1584），卒于家，年 58 岁。赐赠祭葬，谥文恭。"蜀大儒祠"将其与赵大洲、胡庐山合祀其中，并称"三先生"。黔中王门陈尚象（都匀人）撰《墓志铭》，邱禾实（贵定人）撰《孙文恭先生传》。万历间，江右学者郭子章巡抚贵州，请建"孙文恭先生祠"，并亲作《碑记》，另撰《工部尚书孙应鳌》一文。（万历）《贵州通志》、（万历）《黔记》、万斯同《明史》均有传。惜《明史》《明儒学案》失载其事迹。

孙应鳌传阳明学脉，其学有三变：一是受业于贵州提学徐樾，始得阳明、王艮之学。徐樾因云南元江土酋之叛死难于公无渡河，孙应鳌作有《公无渡河哭波石先生》一诗纪之。二是就学于湖南蒋信，"闻蒋信倡明理学，晤论于桃冈三日，默悟审几慎独一求仁之旨，学术纯正，识见高明"。③孙应鳌将蒋信讲学之言录为《道林先生粹言》一书，深得蒋信赞许。蒋信临终前，嘱其子务必请孙应鳌作《墓志铭》。三是"通籍后，遍交罗念庵、胡庐山、邹颖泉、罗近溪、赵大洲、耿在伦楚侗诸臣公"，学业大进，臻于纯妙之境。④孙应鳌潜心阳明之学，曾作《梦阳明先生述怀》一诗以明志，其云：

> 平居学道心，晚路孰期许。年往惭无闻，归来宅幽陪。
> 先觉遗良模，神交倏相与。缠绵心曲事，恩款梦中语。
> 精爽偕窹言，意气同居处。徒增觉后悲，拊循转凄楚。
> 拥衾结长思，望斗怀遐举。遗我大还诀，誓以铭肱臂。⑤

孙应鳌广交天下王门学者，磨砺学问气节，终成一代"名臣大儒"。"平生难进易退，任事敢言，不以依违徇人，亦不以激烈取异；物来顺应，沛然有余。其时海内群以名臣大

① 清平卫属于贵州黔东南少数民族聚居区，古称"苗疆腹地"。该卫在贵阳以东三百里，位于滇黔大驿道上，是明代贵州军事重镇。正德三年（1508），王阳明途经清平卫，亲见苗民之异俗与彪悍，作有《清平卫即事》诗。孙氏家族于明初定居于此，世代均有军功，后以文学科第传家，可见汉族移民在贵州"苗疆"地区从军功世家向文化世家转变的线索。他们通过书院讲学与文化教化，促进苗汉关系逐渐从对抗走向融合。
② （清）莫友芝等：《黔诗纪略》卷五《文恭孙淮海先生应鳌》，贵州省图书馆藏本。
③ （清）莫友芝等：《黔诗纪略》卷五《文恭孙淮海先生应鳌》，贵州省图书馆藏本。
④ （明）孙应鳌：《公无渡河哭波石先生》，《黔诗纪略》卷五《文恭孙淮海先生应鳌》，贵州省图书馆藏本。
⑤ （清）莫友芝等：《黔诗纪略》卷五《文恭孙淮海先生应鳌》，贵州省图书馆藏本。

儒推之。"①江右学者胡直(庐山)将其列为天下四大"正学贤人"之一:"宇内讲明正学,楚有黄安耿公,蜀有内江赵公,黔有清平孙公,吾豫章有南城罗公,皆贤人也。"四川学者任瀚以"近世豪杰"称之,②并为《督学诗集》作序。以下是孙应鳌与天下王门学者交游一览表(见表1),从中可见其一生交友为学之大端。

表1　　　　　　　　　　孙应鳌与著名王门学者交游一览表③

序号	姓名	籍贯	学派	交往情况
1	徐樾	江西贵溪人	泰州王门	《公渡河哭波石先生》
2	耿定向	湖北黄安人	泰州王门	《寄楚侗四首》
3	耿定理	湖北黄安人	泰州王门	
4	罗汝芳	江西南城人	泰州王门	《别罗近溪》
5	赵贞吉	四川内江人	泰州王门	
6	蒋信	湖南常德人	楚中王门	《正学先生道林蒋公墓志铭》
7	胡直	江西泰和人	江右王门	《送庐山胡正甫序》
8	邹善	江西安福人	江右王门	《连得邹颖泉书》
9	邹德涵	江西安福人	江右王门	《上孙淮海公书》
10	罗洪先	江西吉水人	江右王门	《念庵公寄示近作》
11	王畿	浙江山阴人	浙中王门	《太平兴国宫用王龙溪韵》
12	王宗沐	浙江临海人	浙中王门	《赠别王敬所三首》
13	姜宝	南直隶镇江府丹阳人	南中王门	《寄孙淮海》
14	邹元标	江西吉水人	江右王门	邹元标流放贵州都匀卫,"所至必称二先生"(孙应鳌、李渭)
15	李渭	贵州思南人	黔中王门	
16	马廷锡	贵州贵阳人	黔中王门	马、孙聚越山。孙应鳌有《闻心庵欲来同隐》《怀马心庵》

　　孙应鳌两次归乡,前后共达12年,于清平卫城西筑"学孔精舍""山甫书院",潜心著书,编成《学孔精舍论学汇编》《学孔精舍汇稿》《学孔精舍续稿》,集黔中王门心学之大成。又与同乡蒋见岳以传道化俗自任,一意讲学,"问学者履盈庭"。孙应鳌还与黔中王门马廷锡(贵阳人)、李渭(思南人)诗文唱和。著名学者吴国伦亲往清平,与孙应鳌晤于

①　(清)莫友芝等:《黔诗纪略》卷五《文恭孙淮海先生应鳌》,贵州省图书馆藏本。
②　(明)王耒贤、许一德纂修:万历《贵州通志》卷十三《乡贤》,贵州省图书馆藏本。
③　张明:《〈明儒学案〉缺载"黔中王门"考论——兼论"黔中王门"源流演变及其心学成就》,《贵阳学院学报》2015年第1期,第53~61页;收入《人大复印报刊资料》(中国哲学)2015年第5期,第90~99页。

山甫书院。胡直弟子、江右王门邹元标谪戍都匀，也"首访孙应鳌、李渭，所至讲学，必
称二先生"。

孙应鳌不仅在事功上是贵州开省以来人物之冠，而且在学术上也代表黔中王门心学的
最高成就。江右王门郭子章尊孙应鳌为贵州"理学三先生"之一，其云："王文成谪龙场，
黔士大夫始兴起于学。当时《龙场生问答》，莫著其姓名。闻而私淑者，则有马内江、孙
淮海、李同野三公。……可以不愧龙场矣。"①莫友芝称："以儒术经世，为贵州开省以来
人物冠；即以词章论，亦未有媲于先生者。"②当代贵州学者谭佛佑称："黔中王门成就最
著，影响最大，地位最高者当推孙应鳌。"③民国贵州学者李独清辑有《孙应鳌年谱》一书，
将其学行与著述按年次编排，可供参考。

二

孙应鳌一生著述甚丰，可考者有 24 种之多，现存著述十余种，总字数达二百余万字。
为简略起见，现将孙应鳌著述列表如下(见表 2)：

表 2　　　　　　　　　孙应鳌一生著述表(按时间先后排列)

序号	著述	卷数	初版	著录	备注
1	《衡庐游稿》	不详	嘉靖四十年（1561）	朱睦㮮《万卷堂书目》，乔因羽《督学诗集序》	任江西按察金事作。最早诗集。佚
2	《谕陕西官师诸生檄文》	十六条一万字	嘉靖四十年（1561）	刻碑	存。任陕西提学作。碑存碑林博物馆
3	《教秦语录》				佚
4	《教秦绪言》	79 条	嘉靖四十二年（1563）	任瀚《题教秦绪言小引》	佚
5	《左粹题评》	十二卷	嘉靖四十二年（1563）		存。系为施仁《左粹类纂》一书所作点评。北京图书馆有原版胶片，《四库存目》子部 178 册收录
6	《春秋节要》			郭子章《黔记》	佚

① (明)郭子章：《黔记》卷四十五《乡贤列传二·理学》，贵州省图书馆藏本。
② (清)莫友芝等：《黔诗纪略》卷五《文恭孙淮海先生应鳌》，贵州省图书馆藏本。
③ 谭佛佑：《论黔中王门》，蒋希文、吴雁南主编：《王阳明学术讨论会论文集》，贵州教育出版
社 1997 年版，第 502 页。

序号	著述	卷数	初版	著录	备注
7	《孙山甫督学集》	诗四卷 文四卷	隆庆元年（1567）	台北"国立故宫博物院"（存诗四卷）；日本京都大学（两部，诗文全）、静嘉堂文库（一部诗四卷，一部诗文全）。	存。台北"国立故宫博物院"诗集四卷，已影印收入《原北平图书馆甲库善本丛书》第795册
8	《道林先生粹言》	四卷四册	隆庆二年（1568）	万斯同《明史》	存。湖南省图书馆藏。系精选蒋信讲学语录
9	《淮海易谭》	四卷四册	隆庆二年（1568）	郭子章《黔记》《明史》《四库总目提要》	存。收入《孙文恭公遗书》《黔南丛书》第一集第一册、《四库全书存目丛书》经部第七册
10	《四书近语》	六卷四册	万历元年（1573）	郭子章《黔记》	存。收入王坧《合刻文恭三书》《续修四库全书丛书》
11	《教秦总录》	四卷	万历元年（1573）	温纯《教秦总录序》、徐学乾《传是楼书目》	佚。系任陕西提学时讲学语
12	《归来漫兴》		万历元年（1573）	温纯《归来漫兴序》	第一次归家讲学诗文。佚
13	《幽心瑶草》	一卷（27则1.6千字）	万历二年（1574）		存。作于郧阳巡抚任上，寄清平学孔书院弟子书，即《寄学孔书院诸友琐言》
14	《律吕分解》	二卷二册	万历三年（1575）	《四库总目提要》	任国子监祭酒时作。佚
15	《律吕发明》	二卷二册	万历三年（1575）	《四库总目提要》	任国子监祭酒时作。佚
16	《雍谕》		万历三年（1575）	郭子章《黔记》、过廷训《本朝分省人物考》	任国子监祭酒时讲学语录。抄本存
17	《孙先生格言》		万历五年（1577）		即《琐言》。存
18	《学孔精舍汇稿》	16卷8册	万历六年（1578）	郭子章《黔记》、万斯同《明史》《千顷堂书目》、徐学乾《传是楼书目》《清代禁毁书目》	佚

序号	著述	卷数	初版	著录	备注
19	《学孔精舍诗稿》	六卷	万历六年（1578）	贵山书院山长茂艾从《学孔精舍汇稿》抄出诗集六卷	1854 年，莫友芝抄录为《学孔精舍诗钞》，将其辑入《黔诗纪略》
20	《学孔精舍续稿》	卷数不详		郭子章《黔记》《万历贵州通志》、徐学乾《传是楼书目》	佚
21	《学孔精舍论学汇编》	八卷四册		郭子章《黔记》	佚
22	《庄义要删》	十卷	万历八年（1580）	《明史》	存。收入《四库全书未收书丛书》第三辑第二十七册
23	《淮海遗稿》	一部三册	万历十二年（1584）	毛在《孙淮海遗稿序》	佚
24	《孙文恭公遗书》	八种二十卷	光绪四年（1878）初刻本七种；宣统二年（1910）重刻本八种		莫祥芝辑《淮海易谈》《四书近语》《教秦绪言》《幽心瑶草》《学孔精舍诗钞》《补辑杂文》《附录》七种刊为《孙文恭公遗书》一书。重刻本增加《督学文集》，共八种
补25	《孙应鳌年谱》	三卷	李独清著，连载于《贵州文献季刊》1939 第二三期合刊、1940 年第四期		1990 年，贵州师范大学学报编辑部重新校订，内部出版

兹择要介绍孙应鳌几种代表性著作如下：

1.《淮海易谭》四卷（1568）

《淮海易谭》（亦作《淮海易谈》）是孙应鳌的易学代表作。隆庆二年（1568）刻。该书流传较广，《万历黔记》《明史》《四库总目提要》均有著录。关于该书的评价，李颙称："谨按汉晋以还，说《易》者无虑数十百家……近代惟邓微君元锡《易绎》精深，发昔人所未发。此外如孙淮海《易谭》、辛天斋《易象归元》亦各有透髓之见。"①从李颙"透髓"两字，可见评价之高。但四库馆臣对该书加以贬抑。《四库总目提要》称："是书谓天地万物在在皆有《易》理，在乎人心之能明……纵横曼衍，于《易》义若离若合，务主于自畅其说而止，非

---

① （清）李颙：《二曲集》卷八《读书次第·易经本义》，康熙三十三年高尔公刻后印本。

若诸儒之传惟主于释经者也……其宗旨可知矣。"①该书特点是上通易理,下即人事,明乎人心。故清代阮元称:"是书通论易理,详于人事。"②是为定论。今南京图书馆、苏州图书馆、如皋图书馆藏原刻本。《孙文恭公遗书》《黔南丛书》《四库全书存目丛书》均已收录此书。

2.《四书近语》六卷(1573)

《四书近语》是孙应鳌的四书学研究著作。刻于万历初(1573)。《自序》云:"余既以病废家居,得日与吾党二三子讲明孔门之学,随所论析,二三子各有辑录,已乃成帙。"③该书流传较广,黄宗羲《明儒学案》引唐伯元《论学书》云:"近读孙淮海讲章,亦既明乎其解,视诸家较备矣。乃其紧要,归明心体,是本其所本,而非大学之本也,是解一人,而学又一人也。"④该书在清代散佚,《四库全书》未见著录。康熙年间,贵州黄平后学王柱集数十年之功,将该书收集重刻(见后)。山东济南府有藏板,可惜后来又散佚。道光《济南府志》载:"济南府藏板《四书近语》,清平孙应鳌著。按语:以上俱旧志所载,今已散佚不全。"⑤光绪年间,莫友芝搜得该书,将其编入《孙文恭公遗书》。今《续修四库全书》已收录。《续修四库全书总目提要》云:"应鳌是书,泛论大义……似在其所著《易谈》之上。"⑥对该书评价超过《淮海易谈》。

3.《学孔精舍汇稿》(1578)

《学孔精舍汇稿》十六卷,系孙应鳌归乡讲学之论学语录与诗文汇编。万历戊寅(1578)刻。佚。明代学者刘伯燮称:"丁丑(1577)秋,余督学南中,到门所讯全书,亡有也。戊寅(1578),清平及门士得备收,始备锲之而《汇稿》成。"⑦该书流传较广。万斯同《明史》⑧、徐乾学《传是楼书目》⑨均著录为"十六卷"。进入清代,四库馆臣将该书涉讳部分抽毁,遂为十二卷本,非全本。《清代禁毁书目》载:"《学孔精舍汇稿》三本……书内《世史正纲序》《谷音序》《张浚论》诸篇,语多偏驳,应请抽毁。"⑩《四库总目提要》载:"《学孔精舍汇稿》十二卷……《明史·艺文志》载应鳌《汇稿》十六卷,此本十二卷……知非足本矣。"⑪在清代,大约《学孔精舍汇稿》有十六卷本、十二卷本两种版本流传,因为

① (清)永瑢、纪昀等:《四库全书总目提要》卷七《经部七易类存目一》。

② (清)阮元:《文选楼藏书记》卷二,清越缦堂钞本。

③ (明)孙应鳌:《孙文恭公遗书》,宣统二年南洋官书局本。

④ (清)黄宗羲:《明儒学案》卷四十《甘泉学案六》,沈芝盈点校,中华书局1985年版,第1021页。

⑤ (清)王赠芳、王镇等:《道光济南府志》卷七十二,道光二十年刻本。

⑥ 中国科学院图书馆:《续修四库全书总目提要》,中华书局1993年版,第939页。

⑦ (明)刘伯燮:《鹤鸣集》卷十九,明万历十四年郑懋洵刻本。

⑧ (清)万斯同:《明史》卷一三七《艺文五》,《续修四库全书》第三二八册《史部·别史类》,上海古籍出版社1996年版。

⑨ (清)徐乾学:《传是楼书目》别集,十九,北京图书馆味经书屋钞本。

⑩ (清)姚觐元:《清代禁毁书目四种·抽毁书目》,清光绪十年刻咫进斋丛书第三集本。

⑪ (清)永瑢、纪昀等:《四库全书总目》卷一七八。

艾茂从《学孔精舍汇稿》中抄录出《学孔精舍诗稿》六卷（见后）；陈田《明诗纪事》也明确记载："《学孔精舍汇稿》十六卷……朱垞（朱彝尊）《诗综》仅录《华山》一绝，盖未见全集也。"①貌似陈田亲眼见过《学孔精舍汇稿》十六卷本。

4.《学孔精舍诗稿》六卷（1578）

《学孔精舍诗稿》六卷，存。原为《学孔精舍汇稿》之末的诗集。乾隆年间，贵州"贵山书院"山长艾茂从《学孔精舍汇稿》中将诗集抄出，共得六卷，取名"学孔精舍诗稿"。所幸的是，后来尽管《汇稿》亡佚，但《学孔精舍诗稿》得以保存下来，现已收入《四库全书存目丛书》。②光绪年间，莫友芝从艾茂嫡孙艾述之手中得到《学孔精舍诗稿》六卷，摘抄为《学孔精舍诗钞》编入《孙文恭公遗书》之中。莫友芝《宋元旧本书经眼录》云："《学孔精舍诗钞》，明孙应鳌撰。此二册六卷，咸丰甲寅闰七月寄自麻哈，艾述之从其祖凤嵩侍讲手钞本过录者，疑即《明史·艺文志》所载《学孔精舍汇稿》十六卷之末数卷也。凤嵩录之，必见《汇稿》之全，文恭文在诗右，不知何以不录？……先生之诗，此当足本。"③今上海图书馆藏莫友芝所录《学孔精舍诗钞》二卷本，前有艾述之跋、莫友芝跋。

三

孙应鳌著述受到明清以来学者高度重视，贵州历代学者对其著述孜孜考求，为孙应鳌和黔中王门的研究作了资料积累。现将历代学者对孙应鳌著述收集整理之源流考证如下：

第一次整理孙应鳌著述是明代目录学家毛在。早在孙应鳌去世的当年，毛在巡按贵州，路过清平，下令清平官员搜集孙应鳌遗稿，编成《孙淮海遗稿》一书。毛在《序》略云：

> 万历癸未，余领巡按贵州命。吾乡荆石、凤洲二公，三致意于公。比入境，过清平，则公捐馆矣。已，檄清平令搜公遗稿，得若干卷，稍为铨次刻之。④

由上可知，毛在到贵州任官之时（1584），孙应鳌已去世。毛在命令清平官员搜集刻印《孙淮海遗稿》，这是孙应鳌晚年未及刻印的遗稿汇编，万历《贵州通志》著录为"一部三册"，可知孙应鳌一生著述（包括遗稿）至孙应鳌去世的当年（1584）已经全部刻印成书。

第二次提及孙应鳌著述是江右王门郭子章。万历二十七年（1599），郭子章巡抚贵州，他收集黔中文献，编成《黔记》六十卷，其中收录有不少黔中王门史料，并特为孙应鳌、李渭、马廷锡各作传记一篇，编入《黔记》卷四十五《乡贤列传·理学》中。郭子章亲访孙应鳌故居，奏请重修"孙文恭先生祠"，并作《碑记》，载孙应鳌著述云：

> 公所著有《学孔精舍汇稿》《易谈》《四书近语》《教秦语录》《春秋节要》《律吕分

---

① （清）陈田：《明诗纪事》己签卷十一，天津图书馆藏清陈氏听诗斋刻本。
② （明）孙应鳌：《学孔精舍诗钞》，《四库全书存目丛书》（集部第 129 册），齐鲁书社 1997 年版。
③ （清）莫友芝：《宋元旧本书经眼录》，张剑点校，中华书局 2008 年版，第 143 页。
④ （明）郭子章：《黔记》卷十五《艺文志下》。

解》等书，共若干卷，发明圣学，具载诸书，立朝大节，他日国史当有大书之者。

郭子章认为孙应鳌著述"他日国史当有大书之者"，可见其评价之高。在《黔记》中，郭子章又作《工部尚书孙应鳌传》一文，也提到孙应鳌著述：

> 所著有《易谈》《四书近语》《教秦语录》《雍谕》《学孔精舍汇稿》《续稿》《春秋节要》《律吕分解》等集传于世。

在《黔记·艺文志》中，郭子章还特别著录孙应鳌《易谈》《四书近语》《春秋节要》《学孔精舍汇稿》《学孔精舍论学汇编》《学孔精舍续稿》《雍谕录》《孙淮海遗稿》八书，同时节略其中四篇序文。这是郭子章在孙应鳌故居看到的孙应鳌著述，推知在孙应鳌去世一二十年内，其著述绝大部分尚保存较好。

第三次提及并整理孙应鳌著述是清康熙年间的贵州巡抚田雯及其贵州弟子王枟。孙应鳌著述在明末清初开始亡佚，一百年间，其著述亡佚大半。康熙三十五年（1696），出任贵州巡抚的山东德州进士田雯，亲眼看见因战乱而破败的孙文恭公祠，他在《重修孙文恭公祠碑记》中说：

> 公一鬼方产耳，以著书讲学自任，树立勋名，入为司成，出应节钺，有古仲山甫风。何以历今不二百年，里之父老及公之子孙，遂无传闻绍述之者。

田雯到达贵州时，距离孙应鳌去世一百余年，由于孙应鳌后嗣乏人，著述无人保管，加之明清之际贵州战乱频仍，孙应鳌著述亡佚成为必然之理。故《明史·艺文志》只著录孙应鳌著述四种：《学孔精舍汇稿》十六卷、《易谈》四卷、《庄义要删》十卷、《律吕分解发明》四卷。《四库全书总目提要》也只有三种：《淮海易谭》四卷、《律吕分解》二卷、《律吕分解发明》二卷、《学孔精舍汇稿》十二卷。由此可见，孙应鳌著述在一百年间亡佚情况是十分严重的。

面对此情，田雯弟子王枟（贵州黄平人）历经三十余年，前后收得孙应鳌《四书近语》等三书，加以重新刻印。王枟在《重刻四书近语序》（1715）说：

> 清平孙淮海先生，生有明盛时……著《四书近语》。每发一论，亲切著明，当时讲学清平，已梓行世，历年既久，遂致零落。枟癸巳（1713）读《礼》，搜得予敝箧中，缺《论语》下及《孟子》，会施秉顾孝廉其宗、同里赵守戎起龙，乃辑成全璧。

又《合刻文恭三书跋》云：

> 予二十年前，犹及闻文恭《学孔精舍汇稿》为抚黔者檄购以去。夫能购取贤矣，而使一线之存竟成绝响。故徒追慕之难，而表章传述之为难。《近语》一篇，始亦束之见……未及三十年，予读《礼》归，始阅前本，又复遗其半，予滋惧焉，乃觅之清平公族裔，欲补成全璧，卒无以应会……夫存其十一，可以见先生于羹墙矣。

　　王枟集三十余年之功，只收集整理到《四书近语》等三书加以重刻，这只是孙应鳌遗
作的极少部分。而集心学之大成的《学孔精舍论学汇编》《学孔精舍汇稿》《学孔精舍续稿》
三书，早在王枟之前"为抚黔者檄购以去"，"一线之存竟成绝响"，王枟一语成谶，此后
再也没有见到三书的任何著录情况。故清末孙应鳌之族孙孙茂檀在《孙文恭公遗书跋》中
说："先文恭公著述，自雍正乙卯(1735)后，家藏已无完帙。"

　　第四次大规模收集和整理孙应鳌著述是道咸同光年间，贵州郑珍、莫友芝、黎庶昌三
大文化世家以整理乡邦文献自任，黔中王门文献(尤其是孙应鳌资料)成为他们重点收集
对象，黎庶昌甚至从日本收得《督学文集》，最后将《淮海易谈》《四书近语》等七八种，分
别两次合刊为《孙文恭公遗书》(初刻、重刻)一书出版，这是清末收集到的最多的孙应鳌
著述汇编。兹介绍《孙文恭公遗书》成书过程如下：

　　咸丰四年(1854)，莫友芝得到艾氏手录之《学孔精舍诗钞》六卷九百余首，将其中四
百五十八首编为四卷，辑入《黔诗纪略》一书中。莫友芝去世(1871)后，其弟莫祥芝编辑
《黔诗纪略后编》。至光绪四年(1878)，莫祥芝共收得孙应鳌著述六种：《左粹题评》十二
卷、《淮海易谈》四卷、《四书近语》六卷、《教秦绪言》一卷、《幽心瑶草》一卷、《学孔精
舍诗钞》六卷。由于《左粹题评》卷帙繁重，未及刊刻，故将《淮海易谈》等五书，加上《补
辑杂文》一卷、《附录》一卷，共七种合编为《孙文恭公遗书》一书，于贵州独山州(今贵州
独山县)刻板(1878，初刻)。时值乱世，物力维艰，该书错讹较多。莫祥芝《孙文恭公遗
书叙录》说：

　　　　公之著述见于史志者五种，其见录于《四库》者仅三种。今三种中，只存《易谈》
　　四卷。而《四书近语》六卷，赖王先生震来①刊传之。其《学孔精舍汇稿》十六卷，久
　　已散佚。咸丰甲寅(1854)，家兄得写本诗稿六卷于麻哈等述之，疑即《汇稿》末数
　　卷。……嗣又得《教秦绪言》《幽心瑶草》两种，其他则皆缺如。此更可为公惜者一
　　也。……今诗稿亦得家兄为缀其精英，此则可为公幸矣。家兄访求公书有年，仅获此
　　五种。刊黔诗时②，取杂文之散见他书者数篇，附其末；祥芝今刊公《遗书》，因萃
　　为一卷，又取当时友朋赠答与后贤之表章者为《附录》一卷，并丽其后，以扩公传而
　　毕兄志。凡为卷二十。庶几尚友之士，不以惜尹氏之无传书者惜公欤。公别有《左粹
　　题评》十二卷，以卷帙繁重，俟续刊之。

　　光绪七年(1881)，孙应鳌裔孙孙茂檀校勘《孙文恭公遗书》，作《正讹七十二条》，附
梓书末。光绪十五年(1889)，遵义黎庶昌出任驻日本公使，获明嘉靖版《督学文集》四卷，
收入《黎氏家集》中。黎庶昌《刻孙淮海先生督学文集序》云：

　　　　今年夏，黎庶昌偶于日本友人中村正直家，获先生《督学文集》四卷，取以与《杂
　　文》校，增多八十余篇，首末完备，虽不能复还《汇稿》旧观，庶几先生遗文粗具于
　　是。乃举而刻之，将使吾黔人士由先生之书以推知先生志业，讲明而昌大之，使圣学

---

　　① 王先生震来：即王枟，字震来，辑《四书近语》等三书刊行。
　　② 刊黔诗时：指莫友芝、莫祥芝兄弟收集并刊刻《黔诗纪略》和《黔诗纪略后编》两书。

复明于时；又益知先生之文如星气，历久弥光，迟之三百年，犹于海外遇之，终不可磨灭。

宣统元年(1909)，茂櫺子廻澜以莫祥芝所刻《孙文恭公遗书》七种，加上黎庶昌所刻《督学文集》一书，同时删去《补辑杂文》与《督学文集》重复之篇目，共八种重新合刻为《孙文恭公遗书》一书，二年(1910)付上海南洋官书局铅印出版。新版《孙文恭公遗书》文字较初版为佳，这是孙应鳌去世326年之后(1584—1910)最精最全之著述汇编。

四

民国九年(1920)，贵州省成立"续修通志局"，在省内外广征贵州文献，以编《贵州通志》和《黔南丛书》；贵州省主席任可澄(志清)任总纂，决定将莫祥芝所刻《淮海易谈》四卷编入《黔南丛书》第一集第一册出版，贵州学者陈矩《跋》云：

> 普定任志清先生，博雅嗜古，拥书百城，著述宏博，慨梓桑文献残阙，十数年前，即有裒辑黔人遗著盛举。……先生素仰文恭公为有明理学臣，遂举斯编冠《丛书》首。

民国三十年(1941)，"贵州省文献征辑馆"续编《黔南丛书》第六集，将黎庶昌所刻《督学文集》四卷列入其中，李独清《跋》云：

> 右《督学文集》四卷，明清平孙应鳌撰。……独山莫氏于光绪中，访求数十年，虽得他著一二种，而《文集》终付阙如……殆光绪十五年，遵义黎庶昌出使日本，始得此集于中村正直家，遂辑入《黎氏家集》。……跋先生此集，不禁感慨系之。

民国时期《黔南丛书》的编订，由于军阀混战，加之抗战军兴，物价飞涨，纸张质量不佳，文字错误较多，发行不广，对学界影响不大。

自20世纪80年代以来，随着阳明学研究恢复，收集和整理王阳明与阳明后学文献成为阳明学研究的基础工作和重要方向。在此背景之下，贵州学者对以孙应鳌为代表的黔中王门也展开研究。经过三十多年不懈努力，已经复原了黔中王门的本来面貌，孙应鳌也成为黔中王门的研究热点。1990年，贵州师范大学学报编辑部将李独清《孙应鳌年谱》一书重新校订，内部出版。1992年7月，正值孙应鳌诞辰465年之际，贵州哲学学会等联合召开"首届孙应鳌学术研讨会"，收到论文30篇，后来在香港出版《孙应鳌研究》①一书。1996年，贵州教育出版社将刘宗碧等点校的《淮海易谈》《四书近语》等四种汇编为《孙应鳌文集》②一书出版，并编入国家社科项目"阳明学研究丛书"之中。

---

① 贵州省哲学学会、贵州省民族文化学会、凯里市人民政府编：《孙应鳌研究》，香港天马图书有限公司2000年版。

② (明)孙应鳌：《孙应鳌文集》，刘宗碧等点校，贵州教育出版社1996年版。

2015 年，贵州人民出版社将张新民、赵广升点校的孙应鳌《淮海易谈》和《督学文集》，合编为《黔南丛书》（第七辑）出版。2016 年，贵州人民出版社出版赵广升点校的《孙应鳌全集》，该集收录了目前几乎所有能够找到的孙应鳌著述。2017 年，人民文学出版社出版赵广升点校的《孙应鳌集》，这是孙应鳌的诗文集，收入《明清别集丛刊》之中。到目前为止，孙应鳌文献资料收集与整理已经达到一个新的高潮，可以预想，孙应鳌和黔中王门研究必将进入一个新的阶段。

（作者单位：贵州大学历史系暨贵州省阳明学学会）

黄侃经学思想阐微

□ 肖 航

　　黄侃是中国近代著名的国学大师，在文字、音韵、训诂、经学等方面均有深刻造诣。历来学界对其研究侧重于小学方面，对其经学思想有部分涉及，尚欠系统性。[①] 黄侃生活年代正处于中国传统社会与近代社会交汇碰撞的激烈时代，当时政治变革风起云涌，战争变乱频繁，文化思想方面古今中西之争也尤为激烈，黄侃的治学方法、理念独树一帜，至今对现当代学术走向有着不可忽略的影响。本文试图对黄侃先生经学思想进行相对系统的梳理，以期对这些问题提供有益的参考。

一、发明之学与发现之学

　　黄侃一生读书非常用功，去世前还在批点《唐文萃补遗》，其辛勤可见一斑。在他所阅读的书籍中有非常明确的重心即"十三经"。比如，黄侃日记中记载潘重规借走了一册十三经白文，先生言"此书予用功甚苦，当时读注疏、释文，所见皆标记于此册之上，正字断句，无丝毫谬失"[②]，可想见先生对经学的用功程度。他曾明确提出二十五部书可以"囊括一切，也是做各门学问的根柢"，据徐复介绍是"经学十五书，为十三经加《大戴礼记》、《国语》；史学四书，为《史记》、《汉书》、《资治通鉴》、《通典》；子部二书，为《庄子》、《荀子》；集部二书，为《文选》、《文心雕龙》；还有小学二书，为《说文》、《广韵》"[③]，其中大部分为经。

　　1928 年 6 月 18 日，他在日记中写道："国维少不好读注疏，中年乃治经，仓皇立说，挟其辩给，以炫耀后生，非独一事之误而已。始西域出汉晋简纸，鸣沙石室发得藏书，洹上掊获龟甲有文字，清亡而内阁档案散落于外，诸言小学、校勘、地理、近世史事者，以为忽得异境，可陵傲前人，辐辏于斯，而国维幸得先见……要之经史正文忽略不讲，而希冀发见新知以掩前古儒先，自矜曰：我不为古人奴，六经注我。此近日风气所趋，世或以

　　① 研究黄侃经学的专门论文：罗邦柱《黄侃与经书》(《五邑大学学报》1989 年第 3 卷)，其余散见于对黄侃生平、治学思想和训诂学研究的论文中。
　　② 黄侃：《黄侃日记》，中华书局 2007 年版，第 410 页。
　　③ 程千帆、唐文编：《量守庐学记》，三联书店 1985 年版，第 149~150 页。

整理国故之名予之，悬牛头卖马脯，举秀才不知书，信在于今矣。"①王国维所代表的学术取向与时代风云际会相应和，当时甲骨文、汉简、敦煌文书、流落民间的内府档案等新材料，为王国维等人治学提供了有利条件。这类研究对于传统文化分析研究有所补益，但将这种依赖新材料的文史研究奉为治学圭臬，黄侃是明确反对的。

新材料的发现具有偶然性，大量传世文献中是否已含有中国文化的精义？"十三经"等常见经典是否已包含中国文化的核心密码？这个答案，在黄侃这里是不言而喻的。黄侃以为，期待用新材料的发现和解读，创立某种新学说的风尚，并非保存传统文化应有的正确态度。日本学者吉川幸次郎曾记载："我所谓清朝的方法，有一点值得注意：所谓考证学，在日本时，总在文献对证之外，一定要有实物的证据，否则，不能叫考证学。但到中国去一看，并非一定要如此。发掘文献内在的证据，比什么都强……他(黄侃)就是一位会思考、会读书的人，不是注重于书以外的资料，而是在书本之内认真用功的人。这不是真正的学问吗？……当时在日本作为权威看待的罗振玉、王国维两人的学问，从哪个方面看都是发现，换句话说是倾向资料主义的。而发明则是对重要的书踏踏实实地用功细读，去发掘出其中的某些东西。"②这里明确指出黄侃重视的是"发明之学"。中国传统学术的研究，如果依赖于新材料的发现来提供研究动力，其发展就会非常有限。只有在大量阅读重要基本元典的基础上，对经典融汇旧说，清楚地表达大义，方才能考验学者的真正学术造诣。

黄侃曾明确指出"无论历史学、文字学，凡新发见之物，必可助长旧学，但未能推翻旧学。新发见之物，只可增加新材料，断不能推倒旧学说"，③旧学说、旧学有其自身的独立价值，中华文化代代传承，一贯之道不可或缺，同情地了解加以继承发扬是最重要的工作。黄侃早就说过"读中国旧书，了解为先，记忆次之，考据又次之，判断最后"，④"治中国学问，当接收新材料，不接收新理论。佛经云：依法不依人，即此义"⑤。古圣先贤的理论有其深厚的文化根基和民族传统，经典历经千难万险流传数千年，自有要表达的大义。擅自引进某种理论，肢解中国传统材料，日久必会导致大义不明。

二、注疏之学

在强调阅读经学典籍的重要性基础上，面对浩如烟海的经学资料该怎么读呢？黄侃指出必须通过经的注疏来接近原文，他讲到"小学之事在乎通，经学之事在乎专，故小学训诂宜自本文求之，而经文则自注疏求之"。⑥面对众多的注疏旧说，黄侃指出"治经之法，先须专主一家之说，不宜旁骛诸家。继须兼通众家之说，而无所是非。所谓博者，就内而言，淹洽融通之谓。就外而言，旁征博览之谓。若所谓明大义者，乃明其大体，非谓抽取

① 黄侃：《黄侃日记》，中华书局 2007 年版，第 313 页。
② [日]吉川幸次郎：《黄侃给我的感动》，张晖编：《量守庐学记续编》，三联书店 2006 年版，第 77 页。
③ 黄焯选：《蕲春黄氏文存》，武汉大学出版社 1993 年版，第 221 页。
④ 黄侃讲，黄焯记：《黄先生语录》，张晖编：《量守庐学记续编》，三联书店 2006 年版，第 4 页。
⑤ 黄侃讲，黄焯记：《黄先生语录》，张晖编：《量守庐学记续编》，三联书店 2006 年版，第 4 页。
⑥ 张晖编：《量守庐学记续编》，三联书店 2006 年版，第 14 页。

一二条而能讲明之，大义与要义固不同也"，① 对于经学注疏的学习阅读，开始必须先从某一家说法入手，以某家的解说为基础达到对全经的贯通理解，再去参考其他家法师说。阅读经文最终是为了明大体和通大义，而不是拘泥于个别章句字义。这是符合汉儒传经方式的。

汉代经学训诂本自简明，依赖经师口耳相传，大义昭明。黄侃曾讲过"古人之议论其言简，今人之议论其言繁。唐以前人之一二语，唐以后人可敷衍而为千百言。读周秦诸子等书，均可作如是观"，② 可见唐之前的典籍语言简略，大义明显。他还指出"古文可分书本与师说二端。书本有前出后出之异，师说有前师后师之分，内蕴不明，易迷途径"，③ 经书文本出现的先后顺序，不同经师讲解的时间先后都是有差异的。大义不明的情况下，初学者容易被各种有差别的说法所迷惑。因此，黄侃治经注重先主一家之学，以此作为经学的基础。

面对今古文之争，黄侃认为"在简牍口说皆各有所长，亦如佛教大乘小乘之争，其不反乎释迦牟尼则一也"，④ "治经者不择今文古文，使无伏生在前，则《古文尚书》亦不能读。刘子骏曰，与其过而废之，毋宁过而存之"，⑤ "自刘歆以前，今文师已多通古文之学者"，⑥ 黄先生明确古文今文各有优点，都是为传承先圣大义。治经学不应该偏重某一方。就《尚书》为例，没有今文学大师伏生口传已混淆不明的《尚书》大义，古文《尚书》也将缺乏被人理解的起点。超越今古文之争，兼收并蓄，乃是对待"六经"应有的态度。

在汉末郑玄遍注群经后，西汉今文师说大部分湮没无闻。故清人所讲的"汉学"，以东汉许、郑之学为宗。黄侃讲"治经先读郑君书，后读许君书。郑君之学体大思精，后世如朱元晦终莫能及。许君五经异义至为严谨，其说无一字无来历"，⑦ 郑玄注疏体大思精，许慎解说无一字无来历，信古传古乃汉代经学本有特色。当然，黄侃对郑玄也并非盲目相信，他也指出了郑玄的失误，比如"郑君注经，度越千古。然亦有矛盾处，有谬误处。如《乡饮酒义》本为释《乡饮酒礼》，而郑注往往岐为二途。《论语》'予小子履'本引《汤誓》之文，郑则释为舜事。昏礼纳采用雁，郑释为飞行之雁，既与舜典二生之文不合"，⑧ "郑君引古文经，多用已所改定之字，虽称古文某做某，每非原本之旧"⑨。

对于魏晋经学，黄侃犀利地指出"集解之学行，则无真正之学（经学之道亡）。科学之法行，则无自然之文"。⑩ "集解"这种经学体裁是魏晋之际的何晏等人撰写《论语集解》时首创，⑪ 保存了许多汉魏古注，也意味着汉代专主某家某师的师法家法成为历史，这就是

① 黄侃讲，黄焯记：《黄先生语录》，张晖编：《量守庐学记续编》，三联书店2006年版，第6页。
② 黄侃讲，黄焯记：《黄先生语录》，张晖编：《量守庐学记续编》，三联书店2006年版，第4页。
③ 黄侃讲，黄焯记：《黄先生语录》，张晖编：《量守庐学记续编》，三联书店2006年版，第7页。
④ 黄侃讲，黄焯记：《黄先生语录》，张晖编：《量守庐学记续编》，三联书店2006年版，第7页。
⑤ 黄侃讲，黄焯记：《黄先生语录》，张晖编：《量守庐学记续编》，三联书店2006年版，第7页。
⑥ 黄侃讲，黄焯记：《黄先生语录》，张晖编：《量守庐学记续编》，三联书店2006年版，第7页。
⑦ 黄侃讲，黄焯记：《黄先生语录》，张晖编：《量守庐学记续编》，三联书店2006年版，第7页。
⑧ 黄侃讲，黄焯记：《黄先生语录》，张晖编：《量守庐学记续编》，三联书店2006年版，第7页。
⑨ 黄侃讲，黄焯记：《黄先生语录》，张晖编：《量守庐学记续编》，三联书店2006年版，第7页。
⑩ 黄侃讲，黄焯记：《黄先生语录》，张晖编：《量守庐学记续编》，三联书店2006年版，第4页。
⑪ 孙钦善：《中国古文献学史简编》，北京大学出版社2008年版，第116页。

黄侃所讲集解之学行，经学之道亡。注重经学师承，注重一家之说为治经基础，是他经学的一贯立场。对专门和郑玄唱反调的王肃，黄侃是赞赏的，他讲"王子雍《古文尚书》二十五篇虽属伪作，然其可取者有三，子雍读书甚多，取材宏富，可取一也。其注文甚美，胜于潘勖之《九锡文》、陈琳之《讨曹檄》，可取二也。子雍注书甚多，其《毛诗》、《仪礼注》颇为后儒所采，他经注若此，《尚书注》亦可知，可取三也"，① 1922 年 1 月 10 日日记云"王子雍兼善贾、马，遍注群经，其说原原本本，承前代经师之论，杂糅今古，盖择取由己也"，② 王肃经学结合了东汉贾逵、马融学说特长，讲经尊重汉代师法，这也是黄侃赞赏的原因。魏晋时期玄学兴盛，注家往往用佛老解经，对于侧重文辞的优美、背离汉代师法乃至引佛老解说经的解经方式，他是不赞同的，"自魏晋以来，以文辞说古书，如王辅嗣之《老》《易》、干令升之《易》，郭子玄之《庄》，乃至颜沈之说《咏怀》，刘孝标之说《连珠》，皆非正轨。浸至于引佛老以说群经，去之弥远矣。经学当以郑学为宗，清代经学皆有郑学入"。③

唐代以《五经正义》为代表的经学融汇了南北学风，规范了经学注释，所以黄侃认为"家法"必须重视唐人义疏，他讲"治经须先明家法，明家法自读唐人义疏始。凡疏语复举经文，虽句读甚长，不可断句"。④ 同时，他注重陆德明的《经典释文》，他讲"治经必以《经典释文》为锁钥"，⑤ 这部书集汉魏古注、六朝音义之大成，至今仍为治古籍者所推崇。

清代朴学盛行，对于清人注疏，黄侃肯定了他们尊重汉代郑玄学说，言"经学当以郑学为宗，清代经学皆有郑学入"。⑥ 清人保存了大量旧注，"孙诒让《周礼正义》，取旧疏者颇多，若胡培翚《仪礼疏》直不可作也"。⑦ 对于清代中后期出现的常州今文派，尽管黄侃不赞成他们解经的方式却肯定他们的文采，讲到"常州派今文家皆擅文文采而传以经义，流毒迄于今兹。荀子曰：持之有故，言之成理，常州派之所以风靡天下乎？若夫不能绐绎，文辞钝拙，亦有碍于说经"。⑧

对清儒注疏，黄侃并非完全盲从，而是认为"清儒不增字解经，可以治宋明人妄说之弊，而不可以律汉人"，⑨ 他认为清儒解经不增字，是为了对治宋明理学随意解经的风气。但汉代人增字解经是可以的，汉人有师承，学说有本源。黄侃推崇汉代师法的宗旨不变。清人注疏也有其弊病，黄侃就曾对王先谦解释《夏书》中"东迆北会于汇"六字用将近七千字，比喻为"此所谓纸上开河"，评价为"此真不愧秦延君家法矣"。⑩ 他主张对于清人注疏要辩证看待，他曾说："清师治经之劬劳，诚予吾侪以莫大之益，惟或琐碎而无精微，

① 黄侃讲，黄焯记：《黄先生语录》，张晖编：《量守庐学记续编》，三联书店 2006 年版，第 7 页。
② 黄侃：《黄侃日记》，中华书局 2007 年版，第 48 页。
③ 黄侃讲，黄焯记：《黄先生语录》，张晖编：《量守庐学记续编》，三联书店 2006 年版，第 8 页。
④ 黄侃讲，黄焯记：《黄先生语录》，张晖编：《量守庐学记续编》，三联书店 2006 年版，第 8 页。
⑤ 黄侃讲，黄焯记：《黄先生语录》，张晖编：《量守庐学记续编》，三联书店 2006 年版，第 8 页。
⑥ 黄侃讲，黄焯记：《黄先生语录》，张晖编：《量守庐学记续编》，三联书店 2006 年版，第 8 页。
⑦ 黄侃讲，黄焯记：《黄先生语录》，张晖编：《量守庐学记续编》，三联书店 2006 年版，第 8 页。
⑧ 黄侃讲，黄焯记：《黄先生语录》，张晖编：《量守庐学记续编》，三联书店 2006 年版，第 8 页。
⑨ 黄侃讲，黄焯记：《黄先生语录》，张晖编：《量守庐学记续编》，三联书店 2006 年版，第 8 页。
⑩ 黄侃：《黄侃日记》，中华书局 2007 年版，第 87 页。

宏通而蔑弃师法，考据而成臆说，辩驳而徒长浮词，意有汉人所讥章句之儒之病。然则吾侪所务，必在去繁就简，去妄存真。"①章太炎《汉学论》曾谈及黄侃关于读解"十三经"的意见："余弟子黄侃尝校注疏四五周，亦言清儒说经虽精博，其根柢全在注疏，故无清人经说无害也，无注疏则群经皆不可读。"②黄侃在校阅群经注疏四五遍之后，认为清儒注疏来源于汉唐旧注，清人经说在某种程度上可以忽略，但如果没有汉唐旧注疏，那么对群经的理解将会是有困难的。

简而言之，推崇汉唐注疏，尤重汉儒之师法家法。探归经学本源，尊重古学，不废文采，乃是黄侃对于历代注疏评价的基本标准。

对于"十三经"注疏的阅读顺序，黄侃也有明确，讲到"读经次第应先《诗》疏，次《礼记》疏。读《诗》疏，一可以得名物训诂，二可通文法（较读近人《马氏文通》高百倍矣）。《礼》疏以后，泛览《左传》、《尚书》、《周礼》、《仪礼》诸疏，而《穀》、《公》二疏为最要，《易》疏则高头讲章而已。陆德明《经典释文》宜时时翻阅，注疏之妙，在不放过经文一字"，③《诗》疏是应该最先阅读的，据此可以明白名物制度和基本字词。黄先生认为"五经应分二类，《易》、《礼》、《春秋》为一类，《诗》、《书》又为一类。《诗》、《书》用字及文法之构造，与他经不同，《易》、《礼》、《春秋》则字字有义。《诗》、《书》以训诂为先，《易》、《礼》、《春秋》以义理为要。《诗》、《书》之训诂明，即知其义，《易》、《礼》、《春秋》之训诂明，犹未能即知其义也"，④ 经贵在大义，《诗》《书》的字词能够读懂，其大义也基本显明。但《易》《礼》《春秋》即便每个字都得以解释清楚，也不一定能明白其核心意义，所以读经学注疏必须注重次序。

三、回归经文

对于注疏之学，不可不重视，但也不可以此为限。注疏是通达经的桥梁，是后人了解经文的必经之路，但是最终还是应归本于经文白文。黄侃现在遗留的著作，最为重要的就是《手批白文十三经》，这与先生对于经文本身的重视是相关的。他明确讲过"治经贵由传注入门，而终能抛弃传注"。⑤

从经学的口耳相传到汉儒各种师法家法开始，训诂解说由于现实历史等各种因素已逐渐背离于古训本义，堕入以今律古、空言臆决纷繁复杂之中，阎若璩讲"康成（郑玄）亦多臆"，⑥ 戴震认为"经自汉经师所授受，已差违失次"⑦。任何一种学说在传播与再传播过程中，因为各种因素划分派系和流别，不可避免出现道术为天下裂的情况。因此衡量注疏的准绳，只能是经文本身。超越注疏，回归经文，乃是黄侃反复读经后的经验升华。对于各种各样的师说，他讲道："固知师说短长，断以经义；经义差牾，出以弥缝；师说纷

---

① 程千帆、唐文编：《量守庐学记》，三联书店 1985 年版，第 79 页。

② 章太炎：《章太炎全集》（第五册），上海人民出版社 1986 年版，第 22 页。

③ 《量守庐讲学二记》，张晖编：《量守庐学记续编》，三联书店 2006 年版，第 10 页。

④ 黄侃讲，黄焯记：《黄先生语录》，张晖编：《量守庐学记续编》，三联书店 2006 年版，第 8 页。

⑤ 《黄先生语录》，张晖编：《量守庐学记续编》，三联书店 2006 年版，第 6 页。

⑥ 阎若璩：《尚书古文疏证》，上海古籍出版社 1987 年版，第 230 页，

⑦ 戴震：《戴震集》，上海古籍出版社 1980 年版，第 191 页。

歧，考其证左，此乃治经之通法，非独治礼为然。"①衡量师说等注疏的标准是经义，经义为最后也是最高标准。对于经，首先必须钻研本经，按文究例。无法明白的经籍，则求于注。如此循环往复，便能得到长足的进步。黄侃重视阅读经文的白文，他讲"治学须看原书，不可误听人言"。② 他认为"学问最高者语言最简"，而中国传统典籍最简者无过于经，经文用字造句不可轻易更改，正所谓"中国古书用字简练，不妄下一字者，《易》、《礼》、《春秋》、《说文》、《唐律》是也"。③

黄侃的学术目标是因简驭繁，"夫所谓学者，有系统条理，而可以因简驭繁之法也"。④ 这种化繁为简的方法，体现在经学则是"学问贵能深思，得其条贯。果能如此，虽笃一经，亦能自立。至于见闻广博，而又条理秩然，此尤为可贵者也"，⑤ 通过对一经深思而通达条贯，继而领悟大义，学问已能自立，他也讲过"所谓博学者，谓明白事理多，非记事多也"，⑥ 读经最终是为明白事理。经所蕴涵的事理是经之所以成为经的原因，经乃为人之学，乃先圣大道所在，他明确指出"《汉书·艺文志》谓六经者王教之典籍，章实斋本之，因有六经皆史之说。惟章语实有未合处。史学只经学之一部分，经学于垂世立教大有功焉，故经学为为人之学"。⑦

这种重视经典白文的治学方法是独特而严谨的。正如学者所言"陆(宗达)、王(宁)先生强调钻研《说文》白文和经书、子书的白文，是强调完整地、直接地掌握第一手语言资料，是与章、黄先生的谨严学风相吻合的。黄侃曾说'余杭章君不能不推斯学魁儒，余见其案头除石印大徐《说文》外，更无段、桂诸家之书，知斯学纲维全在默识而贯通之，纷纷笺注皆无益也'"⑧。黄侃尽管重视注疏，最终强调的是超越注疏，回归经文，乃是黄侃经学的最终归依处。

四、黄侃经学思想的意义

致力于中国传统学术研究者，经为常道不可不读。"前辈无有舍经而言学者，百家之说，必折衷于经。后儒之论，必根据于经。"⑨经，所承载的是先圣大道，是中华民族文化的基因密码。欲了解中华文化者，不可不读经；致力于传统学术发扬光大者，也不可不读经；欲接近先圣大道的人，更是不可不读经。

那么怎么样来读经呢？近代学术转型中，经学转型是最为艰难，也是最为复杂的。熊十力先生曾批评以经比附西学者，"此等心理，实由震慑西洋之威势，而想慕其学术，欲

---

① 黄侃：《礼学略说》，《黄侃国学文集》，中华书局 2006 年版，第 344 页。

② 黄侃讲，黄焯记：《黄先生语录》，张晖编：《量守庐学记续编》，三联书店 2006 年版，第 4 页。

③ 黄侃讲，黄焯记：《黄先生语录》，张晖编：《量守庐学记续编》，三联书店 2006 年版，第 8 页。

④ 黄侃讲，黄焯记：《文字学笔记》，张晖编：《黄侃国学讲义录》，中华书局 2006 年版，第 40 页。

⑤ 黄侃讲，黄焯记：《黄先生语录》，张晖编：《量守庐学记续编》，三联书店 2006 年版，第 6 页。

⑥ 黄侃讲，黄焯记：《黄先生语录》，张晖编：《量守庐学记续编》，三联书店 2006 年版，第 1 页。

⑦ 黄侃讲，黄焯记：《黄先生语录》，张晖编：《量守庐学记续编》，三联书店 2006 年版，第 8 页。

⑧ 宋永培：《论陆宗达、王宁的〈说文〉意义之学》，《四川大学学报》(哲社版)1996 年第 3 期。

⑨ 熊十力：《读经示要》，岳麓书社 2013 年版，第 6~7 页。

与之亦步亦趋。其隐微之地，盖早已失其对于经籍之信仰。而二千余年来，为吾民族精神所由陶养成熟，为吾国思想界甚深根底之经典，将频于废绝，固造端于此矣"。① 将经作为研究的对象，对其无信仰、无精思力践，仅仅将经作为研究对象，正是传统文化与现代学人愈来愈为隔膜的深层原因。

读经应该回归经典原文。经之所以为经，其文章辞气本有一脉贯通之处，于经文白文反复沉潜玩味，领会其文脉精神，未尝不是切近古圣先贤最为切实的路径。读经所追求的最终目标乃是先圣大义。中国传统中向来有"书不尽言，言不尽意"的遗憾，文字仅是入门之阶，"学者求圣人之意，要当于文言之外，自下困功。所谓为仁由己，与仁者先难后获是也。必真积力久，庶几于道有悟，而遥契圣心。否则只是读书，毕竟不问圣学"，② 言外之意的领悟则需精思圣贤之言语、力行实践所悟之事理，方能遥契圣心。

总而言之，黄侃作为古文学派的重要传承者，一生治学重视经典文献的阅读，贵"发明"，不贵"发现"，尤其重视者为经。对于经学注疏，他推崇汉唐，尤重汉儒之师法家法。探归经学本源，尊重古学，不废文采，乃是黄先生对历代注疏评价的基本标准。最终他强调化繁为简，超越注疏，回归经文本身，彰显经学大义，此乃其经学的最终目标。这些思想对当代经学研究仍有相当重要的参考作用。

（作者单位：武汉大学哲学学院暨武汉大学国学院）

---

① 熊十力：《读经示要》，岳麓书社 2013 年版，第 4 页。
② 熊十力：《读经示要》，岳麓书社 2013 年版，第 9 页。

文学·语言

近代"革命"再考察[*]

□ 黄 莎 聂长顺

语境源于文本,尤其是经典文本。但在宏大的社会变革过程中,对于广大受众而言,他们的语境却未必是经典文本(系列)所呈现的逻辑结构本身,而往往是源于经典文本的片言只语,主要是与广大受众的现实境遇或愿景相契合而被选择的若干词汇。这种词汇甚至被用来作为时代的标志,成为层级远超一般词汇的"关键词"。在近代中国,"革命"就是这样的一个"关键词"。甚至可以说,不了解"革命",就不能很好地理解中国的近代。关于近代"革命",迄今学界已颇有研究[①],但关于新名"革命"在日本的创立、确立过程,入华及其后所发生的"文化事件"等问题,仍有再考察之余地,是为此文。

一、近代"革命"之由来

"革命"首先在日本与西语达成对译,演为新名,这一点已成学界共识。至于它经历怎样的过程而得以最后确立,则尚未明晰。本文试从词汇的对译、历史的叙述、理论的阐释三层面进行考察。

(一) 词汇的"革命"

译词"革命"的起源,日本学界确认为 1864 年出版的村上英俊编著的法日对译词典《佛语明要》。其实,在《佛语明要》之前,日本即有新名"革命"用例。日本天保七年(1836)八月,日本兰学家宇田川榕庵(1798—1846)在其《舍密开宗序例》中叙述西洋化学史时写道:

———————————

* 本文为教育部人文社会科学重点研究基地重大项目"近代新名词与传统重构"(项目编号:13JJD770021)、国家社科基金青年项目"知青与民族社会互动关系研究"(项目编号:13CSH083)、国家社科基金重大项目"中华思想文化术语的整理、传播与数据库建设"(项目编号:15ZDB003)阶段性成果,得到武汉大学人文社会科学青年学术团队发展计划支持。

① 如陈建华《"革命"的现代性:中国革命话语考论》(上海古籍出版社 2000 年版)、冯天瑜《新语探源——中西日文化互动与近代汉字术语生成》(中华书局 2004 年版)、金观涛《革命观念在中国的起源与演变》(《政治与社会哲学评论》2005 年第 13 期)等。

凡学术，皆由粗入于精，由疵迁于醇。如我之舍密之学(化学——引者)，西土中兴革命之后，自第三百年降至今日，大别之为四时限(四阶段——引者)。①

兹所谓"西土中兴"，当指公元 2 世纪罗马帝国的"黄金时代"；而"革命"则当指被称为欧洲"三世纪危机"(Crisis of the Third Century)的一系列历史大事件及其引发的历史变革。此处"革命"一词，是否与荷兰文"De revolutie"(英文 revolution)相对译，虽不能确认；但若说它在"大变革"(great change)意义上与英文的"revolution"相当，则亦无不可。

无独有偶，1845 年，羽仓简堂(1790—1862)撰《通鉴评》有云：

郡县天下，始于祖龙；匹夫僭称，始于陈胜。秦季二十余年，实为一大革命。②

当然，明确地作为译词的"革命"，最早见于日本元治元年(1864)出版的村上英俊的《佛语明要》，其第四卷中，法文"révolution"一词的翻译方案被确定为"回ルコト、革命、替ルコト"(环绕、革命、改变)。③ 这可以说是东亚"revolution"(法文"révolution")翻译史上的一个革命性事件——译词"革命"由此正式创生。

《佛语明要》厘定的译词"革命"为 1871 年出版的《官许佛和辞典》所采用④；并自 1873 年起开始进入英和辞书序列。

表 1　　　　　　　　　　　含有译词"革命"的早期英和辞书

辞书名	编纂者	Revolution 的译词	出版地 出版者	出版年月 页码
英和字汇 (附音插图)	柴田昌吉 子安峻	旋转。运行。循环。革命。动乱	横滨： 日就社	1873 年 1 月 第 979 页
哲学字汇	井上哲次郎 (1855—1944)	革命、颠覆	东京： 东京大学三学部	1881 年 4 月 第 79 页
英和字汇 (增补改订 2 版)	柴田昌吉 子安峻	旋转。运行。循环。革命。动乱。颠覆。民变 The revolution of a state. 国乱	东京： 日就社	1882 年 8 月 第 861 页
英和和英字汇大全	市川义夫	旋转。运行。循环。革命。动乱 The revolution of a state. 国乱	横滨： 如云阁	1885 年 4 月 第 534 页

---

① 贤理(D. William Henry)原著，宇田川榕庵重译增注：《舍密开宗序例》，《舍密开宗》，1837 年，第 1 页。

② 羽仓简堂撰：《通鉴评》，可也简堂，弘化二年(1845)序。

③ 村上英俊：《佛语明要》第四卷，达理堂藏版，1864 年，第 21 页。

④ Thomas Nugent 著，好树堂译《官许佛和辞典》(Changhai：Mission Presbytérienne Américaine, 1871，p. 366)

续表

辞书名	编纂者	Revolution 的译词	出版地 出版者	出版年月 页码
英和对译辞典	［米］Noah Webster(1758—1843)著 早见纯一译	旋转、革命、循环	大阪: 大阪国文社	1885 年 5 月 第 502 页
英和对译大辞汇	前田元敏 1857—1927	旋转。运行。循环。革命。动乱 The revolution of a state. 国乱	大阪: 同志社活版部	1885 年 7 月 第 247 页
大全英和辞书 (订译增补)	箱田保显	革命。颠覆。回转。改革(政治ノ)	东京: 诚之堂等	1885 年 9 月 第 518 页
英和字汇 (附音插图)	柴田昌吉 子安峻	旋转。运行。循环。革命。动乱 The revolution of a state. 国乱	东京: 文学社	1885 年 11 月 第 671 页
英和字汇 (附音插图)	柴田昌吉 子安峻	旋转。运行。循环。革命。动乱 The revolution of a state. 国乱	东京: 与论社	1885 年 12 月 第 435 页
和译英字典大全	［米］Noah Webster (1758—1843) 音符梅村守纂译	旋转。运行。循环。革命。动乱 The revolution of a state. 国乱	东京: 字书出版社	1886 年 6 月 第 699 页

需要说明的是：(1)在《附音插图英和字汇》(1873)中，不仅可见今日仍然通用的"revolution"的译词"革命"，而且可见作为"revolutioner"和"revolutionist"译词的"革命党"。① 此当是"革命"一词在英和辞书序列之初登场。

(2)1881 年 4 月刊行的和田垣谦三(1860—1919)等人编纂的《哲学字汇》，是明治日本人文、社会领域中影响巨大的专门性辞书。其中，"revolution"被厘定了"革命、颠覆"两个译名，并附按语"兴国谓之革命、亡国谓之颠覆"。② 亦即说，该辞书是从正、负两面把握"revolution"的语义，确定其译名的。

(二)历史的"革命"

近代"革命"概念的受容过程，主要是随着英国的"光荣革命"、美国独立战争、法国大革命等欧美历史"故事"的译介而展开的。

日本庆应三年(1867)冬，福泽谕吉纂辑的《西洋事情 外编》由尚古堂刊行。其卷之二"政府之种类"有云：

因兵乱而起政府之突变，称为革命。此是不可避之祸，亦或成国之率。1688 年，

① 柴田昌吉、子安峻编：《附音插图英和字汇》，日本日就社 1873 年版，第 980 页。
② 和田垣谦三等编：《哲学字汇》，日本东京大学三学部 1881 年版，第 79 页。

因英国王詹姆士二世破坏国法而生内乱，遂废其王位而一变其政府，至于今日，英国人无不喜论此革命。昔时，法兰西人苦于暴政，17 世纪 00 年代末，其国大乱亦非可惊异。亚米利加之骚乱实致一国之繁荣，故至今其国人仍意气洋洋，自祝既往之乱。①

依福泽题言所述，《西洋事情　外编》主要是翻译前半而成。所谓"チャンブル氏の経済书"，乃英国人 Chambers 兄弟编纂的 *Political Economy*，*for Use in Schools*，*and for Private Instruction*（Chambers's Educational Course，W. & R. Chambers，1852）。上述引文的相应原文如下：

The sudden and violent change of government usually called a Revolution，occurs in certain circumstances which render it unavoidable，and when it may even be desirable. Most Englishmen rejoice in that breach of the succession which took place in 1688，when James II.，having violated the laws of the country，was virtually deposed，and his nephew chosen in his place. When we also look to the oppressed condition of the French people under the old monarchy，we cannot wonder at the changes which took place at the close of the eighteenth century. In America，the people naturally look back to their revolution with pride and self-congratulation，as it has unquestionably been to them the source of many blessings. ②

福泽谕吉的《西洋事情》乃当时日本名著，广为阅读。其"革命"用例，也乘势流播，在诸多译名中确立优势地位。1872 年以后，采用"革命"一词的著译次第问世：

（1）1872 年，吉田贤辅（1838—1893）、须藤时一郎（1841—1903）著《近世史谈》初篇二刊行。在"革命の乱の滥觞"③题名之下，叙述了美国独立战争的缘由；在"初战之事"题名之下，叙述了战争的发端。而在"初战之事"题名下以小字注释："此处始记革命之战，故谓初战。"此外，在本文中亦可见"革命之战争"④之语。

（2）1872 年 8 月，涩江保（1857—1930）编《米国史》卷之一，东京：万卷楼。

其第十七章题名为"革命之原由"；第十八章题名为"革命役之发端"；第四十一章题

---

① 福泽谕吉纂辑：《西洋事情》外编卷之二，日本尚古堂 1867 年版，第 5~6 页。

② W. & R. Chambers，*Chambers's Educational Course*：*Political Economy*，*for Use in Schools*，*and for Private Instruction*，Edinburgh：W. & R. Chambers，1852，p. 27.
此段文字，清末中国的翻译："国家立政，若不能洽于人情，则百姓怨怒渐深，必有猝然变乱，废革国朝之事。此亦国家之无可如何者。此种改朝之事，在欧洲内已有多起，其中亦有大益于百姓者。如 1688 年，英国王雅阁第二，自违英律，欲将英国改为天主教之国，所派各官，俱用天主教中人，国中因此大乱，国王奔法兰西，百姓立其侄为王，国乃平定。从前法兰西国王，权柄极大，每多虐政，民不能堪，至 1800 年前，国中大乱，遂改为民主之国。又美国人不服英国，自立一国，一时人心大快。"［英］傅兰雅口译，永康应祖锡笔述：《佐治刍言》，江南制造总局，1885 年，第 41 页。

③ 吉田贤辅、须藤时一郎述：《近世史谈》卷二，东京：共立舍，1872 年，第 25 页。

④ 吉田贤辅、须藤时一郎述：《近世史谈》卷二，东京：共立舍，1872 年，第 32 页。

名中有"革命役之结末"①之语。

(3)1873 年 10 月，锦织精之进译《米国政治略论》卷之一，东京：文部省。

依其例言所述，原书为 1870 年刊行的美国法学博士 Joseph Alden（1807—1885）所著初中教科书 *The Science of Government*。其第二编题名被译作"英国管辖时代之政治及革命之政治"②；而关于美国独立宣言则译曰：

> 1776 年 7 月 4 日，殖民地始宣布脱英国之管辖，成独立不羁之国，从此与宇内万国同列。名谓革命布告。③

(4)1874 年 1 月，师范学校编《万国史略》，东京：文部省。

其中，大槻文彦 1873 年 8 月所作例言有云：

> 西洋纪元五百年顷，罗马国灭，而今之各国建国，于西史上为古今之大革命。④

(5)1875 年，西村茂树编《校正万国史略》卷之十上，东京：西村茂树。

其"近世之史四上"以第一章、第二章两章的篇幅叙述了"法兰西革命之大乱"，以如下文字结束了其卷之十上：

> 法兰西革命之大乱以来，欧罗巴之各国，皆为兵马战争之地二十余年。至此，炮弹之声全息，庶民始得睹太平矣。⑤

(6)1876—1878 年，河津佑之（1850—1894）译《佛国革命史》（全 4 册 15 卷）由东京的加纳久宣刊行。原书为法国人 François Auguste Marie Alexis Mignet（1796—1884）所著 *Histoire De La Révolution Francaise*。该书以 1789 年三等级会议开始，以 1814 年拿破仑让位结束。河津的译著为最早将"革命"用于书名者，堪称译名"革命"定着之标志。

(三)理论的"革命"

明治前期，由西洋传到日本的关于"革命"的理论阐述，主要见于表 2 所列译书：

1878 年 12 月，文部省翻刻《百科全书 交际篇》。原书为 *Chambers's Information for the People* 中之"Constitution of Society-Government"。其中有"政府之革命"（Revolutions）一章。该章起笔即为"Revolution"下定义：

---

① 涉江保编：《米国史》卷之一，东京：万卷楼，1872 年，目录第 2 页、第 3 页。
② 锦织精之进译：《米国政治略论》卷之一，东京：文部省，1873 年，第 22 页。
③ 锦织精之进译：《米国政治略论》卷之一，东京：文部省，1873 年，第 32 页。
④ 师范学校编辑：《万国史略》卷之一，东京：文部省，1874 年，例言第 2 页。
⑤ 西村茂树编：《校正万国史略》卷之十上，东京：西村茂树，1875 年，第 52 页。

表2 　　　　　　　　　　明治前期"革命"理论译书

书　名	著　者	译者	出版地出版者	出版年月
百科全书 交际篇	William Chambers（1800—1883）、Robert Chambers（1802—1871）	高桥达郎	东京文部省	1878 年 12 月
英国政治论说	拉塞尔（John Russell，1st Earl）［他］	高桥达郎	东京金松堂一	1882 年 7 月
革命新论	威曼（Yeaman，George Helm，1829—1908）［他］	栗原亮一	东京松井忠兵卫	1883 年 5 月
政理泛论	亚摩斯（Amos，Sheldon，1835—1886）等	松岛刚	东京报告堂	1883 年 12 月
政治泛论（第 1 卷）	Yeaman，George Helm，（1829—1908）等	小林营智	东京日本出版	1884
英国政治谈	拉塞尔等（Russell，John Russell，1st Earl）	高桥达郎	东京金松堂	1886
须多因氏讲义	须多因（Stein，Lorenz Jacob von，1815—1890）	曲木高配等	东京宫内厅	1889 年 7 月

　　　　政府之革命，谓不依法律而行，扰乱而颠覆政府，然后再设立。①
　　　　英语原文如下：

A revolution is the overthrow of a government by some kind of convulsion out of the usual course of law，and the establishment of a new one in its stead. ②

依其论说，"革命"的本质在于"国法"（constitution 或 system of government）之"变易"；其原因在于"政治之不善"；"革命"既有"不用暴举虐动而奏其成功者"，也有"以武威成之者"；而各种"革命"之根本，则皆在于"自主自由之理"。③
　　而在 1883 年 5 月刊行的《革命新论》中，则有如下阐述：

　　　　革命，行于古今万邦革命者也。有王朝统系之更迭，有政体法度之革新。王朝统系之，治者相斗，不关政治之大体，非真正之革命。其所谓革命者，政体法度之革新，治者与被治者权限生一大变革者是也。若详解其义，则为人民自所进取之变革，非政府所赐予人民者也。若政府极力压抑之，则人民诉诸干戈而达成变革；即令不诉诸干戈，亦背离旧来之政法，用其所不可认可之方法而达成之也。……革命之为变

　　① 高桥达郎译：《百科全书 交际篇》，东京：文部省，1878 年，第 82 页。
　　② W. & R. Chambers，*Chambers's Information for the People*，Volume Ⅱ，Edinburgh：W. & R. Chambers and W. S. ORR London，1849，p. 43.
　　③ 高桥达郎译：《百科全书 交际篇》，东京：文部省，1878 年，第 83、第 87 页。

革，其主眼在于改良政体，使人民保全权利，享受自由也。①

亦即说，"革命"是普遍的；"王朝统系之更迭"等不是"真正之革命"，"政体法度之革新"才是"真正之革命"；"革命"的"主眼"在于"改良政体，保全权利，使人享受自由"；而且，"革命之权，为人世无上之大权"。②

至于1889年7月刊行的《须多因氏讲义》，则认为"革命"乃"元首权力之转覆"，包括"政治上之革命"和"社会上之革命"两种。③"政治上之革命"在于"退滥用权力之元首"，其"所关涉处，常止于元首之一身"；其结果有两种：一则"变更元首其人"，一则"设明文限制其所属之权力"。④"社会上之革命"则事关"社会全体之编制"，其目的在于破除某阶级的特权；其结果也有两种：一则"变更社会原有之上下阶级之别"，一则"将参与政治之权付与一般人民"。⑤ 而"社会上之革命"一经发生，则将抛弃旧政体，确立"元首、立法、行政三部始相分立"之新政体。⑥

《须多因氏讲义》还论及"革命改革之别"：

> 政治大体之主义前后同一，政治之规矩体裁变动，谓之改革。反之，政治大体之主义变动，即使政务运动之外形无异于前日，亦谓之革命。⑦

二、近代"革命"之入华

实际上，"revolution"进入中国比进入日本要早。在1822年初入中国之后的半个多世纪中，它获得了诸多译名；其轨迹可约略为：从"大变"到"国变"（参见表3）。至于"革命"一名，则由日本传来。

关于日制"革命"在中国的用例，陈建华认为以王韬的《重订法国史略》（1890）为最早；⑧ 金观涛认为以黄遵宪的《日本国志》（1887）为最早；⑨ 冯天瑜的《新语探源》则在

① 威曼等著，栗原亮一译：《革命新论》，东京：松井忠兵卫，1883年，第1页。
1901年7月，留日学生创办的《国民报》第三期"译编"栏载《革命新论前编》（美国威曼著），文中引文汉译为："革命之说，万国通行，或为王朝统系之更迭，或为政体制度之革新。王朝统系之更迭，则为执政者互相争权，无关政治大体，不得谓之革命。所谓革命者，政体制度之革新；治者、被治者之间，所有权限，皆破坏决裂，无复曩昔之制；一国人民，各竭其固有之力，奋为变革之事，而非假力于政府而后成者也。夫是之谓革命。革命之义，亦必如是而后全。"
② 威曼等著，栗原亮一译：《革命新论》，东京：松井忠兵卫，1883年，第4页。
③ 须多因著，曲木高配等译：《须多因氏讲义》，东京：宫内厅，1889年，第112页。
④ 须多因著，曲木高配等译：《须多因氏讲义》，东京：宫内厅，1889年，第113页。
⑤ 须多因著，曲木高配等译：《须多因氏讲义》，东京：宫内厅，1889年，第114页。
⑥ 须多因著，曲木高配等译：《须多因氏讲义》，东京：宫内厅，1889年，第115页。
⑦ 须多因著，曲木高配等译：《须多因氏讲义》，东京：宫内厅，1889年，第119页。
⑧ 陈建华：《"革命"的现代性：中国革命话语考论》，上海古籍出版社2000年版，第30~36页。
⑨ 金观涛：《革命观念在中国的起源与演变》，《政治与社会哲学评论》2005年第13期，第9~10页。

表3 早期英汉辞书中 **revolution** 的翻译

辞书名	编纂者	revolution 的译词	出版地	出版年页码
英华字典 (全1册)	[英]马礼逊 Robert Morrison (1782—1834)	REVOLUTION, going round to the point of commencement，周行。Performing one revolution and beginning again，周而复始。Change in the state of a government，大变。	澳门	1822年 第366页
英华字典 (卷二)	[美]麦都思 W. H. Medhurst (1796—1857)	revolution in a state，国变、大变	上海	1848年 第1091页
英华字典 (卷四)	[德]罗存德 W. Lobscheid (1822—1893)	Rebellion，变、乱，反，叛，叛逆；to be in a state of revolution，乱，作乱；the revolution of state，国之乱，国之变，大变	香港	1869年 第1494页
英华萃林韵府 (卷一)	[美]卢公明 Justus Doolittle (1824—1880)	Revolution in a state，变，国变	福州	1872年 第411页
英华字典 (全1册)	Arnold Foster	Revolution(in a state)国变	上海	1893年 第110页

"孙中山等中国近代革命者对'革命'的认同与改造"题名之下，探讨了"'革命'一词何时成为孙中山等人的中坚语汇"这一问题，认为"孙中山以'革命'自任，形成于1895年底至1898年两次逗留日本期间"。① 依笔者所阅，日制"革命"入华之例，早见于著名的《申报》：

例1. 日本戊辰战争之"革命"

  本邦自戊辰革命之后，其间才十年，前有江藤新平叛于佐贺，后有前原一诚叛于山口。如皆率党与数千人，上与官府相抗，然皇威所向，不数旬，巨魁就擒，余匪乌散，无不瓦解冰消。

  ——《译日本人论亚细亚东部形势》《申报》(上海版)，1879年5月15日，第2167号，第1页。

例2. 日本国会制度之"革命"

  琴瑟不调甚者，必改而更张之；为政不治甚者，必改而更治之。《周易》离下兑上之卦，其名曰"革"。象辞曰："天地革而四时。成汤武革命，顺乎天而应乎人。革之时，大矣哉！"……吾闻日人之入会议事者，必由众人公举……如此则上无失政，

————————————

① 冯天瑜：《新语探源——中西日文化互动与近代汉字术语生成》，中华书局2004年版，第531~536页。

下无遗贤。吾知日本必从此强矣。夫四洲诸大国，皆有尽善尽美之成法可守，故不必有所损益，而自无不国富民安。日本能善自变计，补前人之未及，为后世之楷模，与时迁移，不作胶柱之鼓。《易》曰："君子豹变。"占日本者，竟得此爻。余故乐得而书之。

　　——《书日本议畿国会后》(山阴述戬十稿)《申报》(上海版)，1885年12月3日，第4541号，第1页。

例3. 法国之"革命"

　　法兰西巴黎京城，拟于一千八百八十九年开设大博览会。盖以革命以来，数及百年，故设此会，以伸国人庆祝之忱，以见政府谋国之效。
　　——《汇译东报》《申报》(上海版)，1886年8月7日，第4781号，第12页。

值得注意的是，1896年，《时务报》第十册和第十四册，先后刊载《欧洲党人倡变民主》《论阿尔兰革命党人》两篇报道。前者译自《国民报》(1896年10月14日)；后者译自《东京日日报》(1896年11月19日)。两篇报道中均有"革命党人"之用例。《欧洲党人倡变民主》云：

　　阿尔兰革命党人，隶籍美国，恃有护符，共倡义举。①

该文将爱尔兰革命党人的行动称为"义举"。这不独为其所译原文所限，抑或显示了当时的《时务报》对于爱尔兰民主革命所持的基本立场或态度。

三、中国近代"革命"之构建

诚如冯天瑜《新语探源》所述，"现代义及世界义的'革命'一词在十九二十世纪之交输入中国后，迅速播散开来……围绕其词义曾发生激烈论战"。② 黄遵宪、梁启超、孙中山、邹容等，均有关于"革命"的卓见宏论。关于这些卓见宏论，先学已有论及，兹不赘。本文且补关于中国近代"革命"再建构之二例。

(一) 欧榘甲："民主""革命"的"道统"

光绪二十五年(1899)九月，欧榘甲(笔名无涯生)在《清议报》上刊载《中国历代革命

① 古城贞吉：《欧洲党人倡变民主》，《时务报》第十册，上海时务报馆，光绪二十二年十月初一日，第29页。
② 冯天瑜：《新语探源——中西日文化互动与近代汉字术语生成》，中华书局2004年版，第539~540页。

说略》一文。他认为:"革命"是"去野蛮而进文明必经之路";① 中国的近代"革命",就是要"激励其独立之气,发扬其自由之旗",反抗"独夫民贼"之压迫,破除"因循苟且之陋风","欲国民一进而为世界上最雄强、最文明之种"②。

在欧榘甲笔下,"革命"并非经由对译"revolution"而来的"他者",而是与中华文明历程共始终的内在固有之物:

> 自有书契至于今,开国之早,文明之发达,未有若我中国者也。缤纷交错,郁郁都都,以有二十四朝代,以有四千余载,其间革命之运,或进或退,与黄种盛衰伸缩,有大关系,而与今日改革时机,尤有相为影响者。③

亦即说,中华文明之所以延绵不绝,与其永在的"革命之运"的作用是分不开的。

依他之见,在中华文明的历程中,"尧舜者,虽非与今世完全之民主国相同,亦当时之大圣,有公天下之心者也"。他们播下了中国"民主之种子"④;汤武是"开天辟地之大革命家";⑤ 孔子删《诗》《书》,订《礼》《乐》,祖述尧、舜,"独尊真大革命家汤武",是为了使"我中夏,首开民主,致太平";⑥ 而孟子则"七篇之中,至于汤武,三致意焉"⑦。在此,"民主""革命"俨然成了中华的"道统"。

在欧榘甲那里,"民主""革命"虽然成了中华的"道统",却又被赋予了普世性:

> 《易》曰:"汤武革命,顺乎天而应乎人。革之时,义大矣哉!"今革义行于五洲矣;革效被于四海矣。其风潮起于环地中海而居之国,汩汩滔滔,流于北大西洋,而撼美利坚之岸。独立之钟,铿铿焉闻于天。南美承其流风,无有专制之国者。祥飙于太平洋,由东而西,则有日本之屹立东海焉……自今文明之世界,一草一木,一土一石,一饮一啄,一波一沤,皆浴自由之光荣新华之昭耀。而原其始也,莫不有革命为之别开天地,重光日月,以有今日也。⑧

---

① 欧榘甲:《中国历代革命说略》,《清议报》第三十一册,横滨:清议报馆,光绪二十五年九月二十一日,第3页。

② 欧榘甲:《中国历代革命说略》,《清议报》,横滨:清议报馆,光绪二十五年九月二十一日,第2页。

③ 欧榘甲:《中国历代革命说略》,《清议报》,横滨:清议报馆,光绪二十五年九月二十一日,第1页。

④ 欧榘甲:《中国历代革命说略》,《清议报》,横滨:清议报馆,光绪二十五年九月二十一日,第1页。

⑤ 欧榘甲:《中国历代革命说略》,《清议报》,横滨:清议报馆,光绪二十五年九月二十一日,第2页。

⑥ 欧榘甲:《中国历代革命说略》,《清议报》,横滨:清议报馆,光绪二十五年九月二十一日,第1页。

⑦ 欧榘甲:《中国历代革命说略》,《清议报》,横滨:清议报馆,光绪二十五年九月二十一日,第3页。

⑧ 欧榘甲:《中国历代革命说略》,《清议报》,横滨:清议报馆,光绪二十五年九月二十一日,第2页。

依欧榘甲之见,为了达到"革命"的目的,以孔孟之至仁大圣,亦不辞流血牺牲:

> 《易》曰:"龙战于野,其血玄黄。"阴、阳之战以血;文明、野蛮之交易亦以血。革命者,去野蛮而进文明必经之路也。譬如春煦必涉严冬,皓月出于雨后。故孔子取之。①

(二)汪精卫:"国民革命"的历史谱系

1906 年,汪精卫在《民报》上发表《驳革命可以生内乱说》。该文旨在驳斥梁启超的革命破坏论,同时也编制出了中国"国民革命"的历史谱系。他写道:

> 中国历史上,其可称为国民革命者,只四时期:一曰秦末之革命;二曰新莽末之革命;三曰隋末之革命;四曰胡元末之革命。②

他认为,历次革命的爆发,都是因为王朝末期,政府恶贯满盈,百姓忍无可忍,起而拨乱诛暴,恰《易》之所谓"顺天应人"。③

他也指出了上述"四时期""国民革命"的局限性,即"颠覆政府"之后,群雄又各以"帝制自为"。④ 他阐明清末革命党人所领导的国民革命,其目的在于本着"自由、平等、博爱"的共同精神,建设"民族的国家",建设"民主立宪政体",建设"国家民生主义","为中国革命史开一新纪元"。⑤

四、结　语

(1)近代义"革命"的起源,可追溯至 1836 年日本兰学家宇田川榕庵所作的《舍密开宗序例》、1845 年羽仓简堂所撰《通鉴评》。而 1864 年出版的村上英俊的《佛语明要》第四卷则标志着译词"革命"的正式创生。

(2)近代"革命"概念的受容过程,是在词汇的对译、欧美"革命故事"及"革命"理论的译介三层面展开的。作为译词的"革命",它正式创生于 1864 年的《佛语明要》,定型于 1881 年的《哲学字汇》;作为历史的"革命",它随 1867 年的《西洋事情》而风行,定着于 1876—1878 年刊行的河津佑之译《佛国革命史》;作为理论的"革命",它初见于 1878 年 12 月问世的《百科全书 交际篇》,定着于 1883 年 5 月的《革命新论》,延伸至 1889 年 7 月刊行的《须多因氏讲义》等。

----

① 欧榘甲:《中国历代革命说略》,《清议报》,横滨:清议报馆,光绪二十五年九月二十一日,第 3 页。
② 汪精卫:《驳革命可以生内乱说》,《民报》第九号,东京:民报编辑部,第 5 页。
③ 汪精卫:《驳革命可以生内乱说》,《民报》第九号,东京:民报编辑部,第 8~9 页。
④ 汪精卫:《驳革命可以生内乱说》,《民报》第九号,东京:民报编辑部,第 8 页。
⑤ 汪精卫:《驳革命可以生内乱说》,《民报》第九号,东京:民报编辑部,第 9 页。

（3）日制新名"革命"之入华，可上溯至 19 世纪 70 年代。就《申报》而言，自 1879 年起，多见新名"革命"用例。

（4）新名"革命"输入中国后，不仅围绕其词义曾发生激烈论战，而且经历了中国近代"革命"再建构过程。在这一过程中，"革命"并非经由对译"revolution"而来的"他者"，而被诠释成了中华内在固有之物。

（作者单位：武汉大学历史学院、武汉大学中国传统文化研究中心）

从"群"到"国"：严复的"社会"理念考察*

□ 崔应令

一、术语的使用

近代西语的 society 一词，学人用"群"对译为多。古汉语中，群有众人、众多之意，许慎《说文解字》中称："群，辈也。从羊，君声。"又说："辈，若军发车，百辆为一辈。从车，非声。"《诗经·小雅·无羊》说"三百维群"，唐柳宗元《封建论》又说"近者聚而为群"。群也常常指集体。作为动词，"群"是聚集、会合之意，如唐韩愈《师说》有"群聚而笑"之语。此意与古义的"会""社"类同。

清末的合群思想及群学是否最早源自严复，学界有争议。比较一致的看法是，严复的《天演论》和《群学肄言》《群己权界论》等译著中有关群和群学的阐述得到广泛传播，且影响深远。那么严复的"群"到底是什么？是否就是"社会"？在《群学肄言》的《译余赘语》中严复辨析了"群"与"社会"的区别，他说："旬卿曰：'民生有群。'群也者，人道所不能外也。群有数等，社会者，有法之群也。社会，商工政学莫不有之，而最重之义，极于成国。……西学社会之界说曰：民聚而有所部勒（东学称组织），祈向者，曰社会。"①

显然，严复认为，"群"比"社会"的外延要广。在《天演论》中，他指出最小的群是家，之后扩大为家族、宗族，再扩大为国家。然而，这种对"群"和"社会"的区别在严复晚期的论述里已经逐渐消失。他后来并没有过多地在概念上纠结，而是在多部译著中阐述了他的"社会"观。

* 本文为国家社科基金青年项目"知青与民族社会互动关系研究"（项目编号：13CSH083）、教育部人文社会科学重点研究基地重大项目"近代新名词与传统重构"（项目编号：13JJD770021）、国家社科基金重大项目"中华思想文化术语的整理、传播与数据库建设"（项目编号：15ZDB003）阶段性成果，并得到武汉大学人文社会科学青年学术团队发展计划支持。

① 王栻编：《严复集》，中华书局 1986 年版，第 125 页。

二、"群"与个人

严复首先阐述了什么是"群"、人何以要成"群"。他认为，"群道"是人之所以为人而区别于动物的关键所在。他说："人之有群，其始亦动于天机之自然乎？其亦天之所设，而非人之所为乎？群肇于家，其始不过夫妇父子之合，合久而系联益固，生齿日蕃，则其相为生养保持之事，乃愈益备。故宗法者群之所由昉也。夫如是之群，合以与其外争，或人或非人，将皆可以无畏，而有以自存。……夫自营为私，然私之一言，乃无始来斯人种子，由禽兽得此，渐以为人，直至今日而根株仍在者也。……群道将息，而人种灭矣。此人所与鸟兽昆虫异者又其一也。"①也就说，正因为人是以群而生、坚持了"群道"，人类才得以长存而不灭。

严复在《天演论下·论二忧患》中继续说："有人斯有群矣，有群斯有忧患矣。故忧患之浅深，视能群之量为消长。"②即个人和群体（或说社会）是相伴随而产生。只有善于保护群体之利，此社会才能更好地存在并发展，反之则反："人既相聚以为群……善保群者，常利于存；不善保群者，常邻于灭，此真无可如何之势也。"③"夫既以群为安利，则天演之事，将使能群者存，不群者灭；善群者存，不善群者灭。"④

既然人类是以群而生，以群的方式而存在，依靠群道而发展，那么什么是群道呢？群道在如何对待个人、个人与群体等关系上体现。在他的《群己权界论》（《论自由》）、《法意》（《论法的精神》）等著述中，严复对此有完备的阐述。

其一，严复认为社会存在的根本是个人。个人自由、个人价值、个人尊严，对社会的存在具有重要意义。如果无法保护个人利益，群也无法存在："盖以小己之利而后立群，而非以群而有小己，小己无所利则群无所立，非若生物个体，其中一切么匿支部，舍个体苦乐存废，便无利害可言。"⑤对个人权利的保护与肯定是群存在的根源。他说："一人之言行，其不可不屈于社会者，必一己之外，有涉于余人者也。使其所为于人无与，于是其自主之权最完，人之于其身心，主权之尊而无上，无异自主之一国也。"⑥他将个人的权利等同于国家主权。在谈到自由时，他解释："自由云者，不过云由我做主，为所欲为云尔。"他在《论世变之亟》中将这种个人自由与国家自由相比："人人各得自由，国国各得自由，第务令毋相侵损而已。……侵人自由，虽国君不能！"⑦个人自由如此重要，即使是国君也不能侵犯。可见，严复的社会观对个人权利的重视。

在他翻译甄克斯的《社会通诠》一书中，严复对文明程度极高的社会以个人为最小单位，而宗法社会以家族为单位进行了阐述，他说："天演极深、程度极高之社会，以一民之小己为么匿（译言本位）者也。宗法社会，以一族一家为么匿者也。以一民之小己为么

① 王栻编：《严复集》，中华书局1986年版，第1344~1345页。
② 王栻编：《严复集》，中华书局1986年版，第1362页。
③ ［英］赫胥黎：《天演论》，严复译，商务印书馆1981年版，第91页。
④ 王栻编：《严复集》，中华书局1986年版，第1347页。
⑤ 王栻编：《严复集》，中华书局1986年版，第315页。
⑥ ［英］约翰·穆勒：《论自由》，严复译，上海三联书店2009年版，第7页。
⑦ 王栻编：《严复集》，中华书局1986年版，第1287、3页。

匿者，民皆平等……至宗法之社会不然，一民之身，皆有所属，其身统于其家，其家统于其族，其族统于其宗，循条附枝，皦然不紊。"①他对以个人为最小单位的"民皆平等"的社会充满向往，对处处受制约的宗法社会持有批判。

其二，严复认为群体构成的社会是个人权利的边界。这也是他将穆勒的《论自由》翻译成《群己权界论》的原因。他认为，个人的自由不是无限的，而是有边界的。首要的是个人与他人的边界："自入群而后，我自由者人亦自由，使无限制约束，便如强权世界，而相冲突。故曰人得自由，而以他人之自由为界。"②即个人与个人之间应该互相尊重。他反对绝对的不顾他人的个人自由和权利。在《群己权界论·译凡例》中，他特别指出，人一旦进入群体之中，与他人相关，则绝对的个人权利不复存在，这正是君子能平天下的最大道理："自入群后，我自繇者人亦自繇，使无限制约束，便入强权世界，而相冲突。故曰人得自繇，而必以他人之自繇为界，此则《大学》絜矩之道，君子所恃以平天下者矣。"③

严复认为，人群构成的社会比个人某种意义上更为重要。于是，他倡导"己轻群重""舍己为群"理念，认为在个人与社会利益出现分歧时，应该更加重视社会利益。他说："事与群己对待之时，须念己轻群重，更切勿造孽。""个人必屈其所欲为，以为社会之公益，所谓舍己为群是也。"④他对自由的强调也是向社会作出妥协后的有限的自由。

在《天演论》中，严复将赫胥黎嘲笑"损己利群"的句子删除，主张应该"己轻群重""损己益群"，甚至"舍己为群"。他指出，群道是一种集体主体的精神。他将斯宾塞阐述的 animal-ethics、sub-human justice 和 human justice 糅合在一起，反复强调"己轻群重""舍己为群"的思想。在《天演论·导言十七（善群）》的按语中，他说："其（斯宾塞）《群谊篇》立进种大例三：一曰民既成丁，功食相准；二曰民各有畔，不相侵欺；三曰两害相权，己轻群重。"在《天演论·论十五》的按语中，他重复了此段话后，进一步指出："道在无扰而持公道。其为公之界说曰：'各得自由，而以他人之自由为域。'其立保种三大例曰：一，民未成丁，功食为反比例率；二，民已成丁，功食为正比例率；三，群己并重，则舍己为群。用三例者群昌，反三例者群灭。"⑤即他认为舍己为群，群则昌盛；自私自利，群则衰败。

在《天演论·导论十三 制私》的中，严复表达了私与公的对立，即群道与绝对的个人主义、自私自利的格格不入。他指出群道就是让与爱，约束个人自由，不争："天良者，保群之主，所以制自营之私，不使过用以败群者也。"在按语中他说："夫既以群为安利，则天演之事，将使能群者存，不群者灭；善群者存，不善群者灭。善群者何？善相感通者是。"又按："班孟坚曰：不能爱则不能群，不能群则不胜物，不胜物则养不足。群而不足，争心将作。吾窃谓此语，必古先哲人所已发，孟坚之识，尚未足以与此也。"群道是公道，为公而不为私。群道是良心，是善，是让。《天演论·十三篇》："能群之吉德，感

---

① [英]甄克斯：《社会通诠》，严复译，上海商务印书馆1931年版，第22页。
② 严复：《群己权界论·译凡例（卷首）》，商务印书馆1981年版，第7页。
③ 马勇编：《严复语萃》，华夏出版社1993年版，第47~48页。
④ 王栻编：《严复集》，中华书局1986年版，第360、1279页。
⑤ 王栻编：《严复集》，中华书局1986年版，第1357、1393页。

通为始，天良为终，人有天良，群道乃固。"①实际上，群道在此体现为善、慈、礼、让、爱。它既是人与人的关系，也体现在个人与群体不一致时的妥协与退让。

其三，社会与个人应该是"两利"双赢，而非对立。严复的"己轻群重"论让很多人以为他在社会与个人之间划了界限，显得他的个人自由倡导言论无足轻重了，但实际上，严复更强调社会与个人的两利和双赢，强调他们的动态平衡，而非单一的谁次谁主。正如梁启超所言，"公益与私益常相和，是一非二者也"。②严复对社会与个人的关系也是这样的认识。在《群学肄言》的《译余赘语》中，他说："东学以一民而对于社会者称个人，社会有社会之天职，个人有个人之天职。……所谓小己，即个人也。大抵万物莫不总有分，总曰拓都，译言曰全体；分曰么匿，译言单位。避拓都也，毫么匿也；饭拓都也，粒么匿也；国拓都也，民么匿也。社会之变相无穷，而一一基于小己之品质……"③他曾提出要区分情况来处理个人与社会的关系，如果时代很乱，受制于外辱，此时应该强调社会整体的利益，而如果时代本身安稳，则应该尊重个人权利。据余政对照1971年无名氏翻译的《进化论与伦理学》一书，发现严复对赫胥黎的原意有很多篡改，比如，赫胥黎强调个体为整体的利益而工作，但严复改为相养，即互相提供生活条件，互相帮助之意。又如，赫胥黎说蜜蜂是没有任何权利的，但严复改为"未尝争其权利之所应享"等。④可见，严复是在动态的历史中看待社会与个人的关系的，不是将二者看成静止的、非此即彼的对立。严复对社会与个人关系看似非常矛盾的言论，实际上表达的是时局和时代命题对严复的影响。他在个人权利与群体权利、个人自主与国群自主之间纠结，这是时代赋予的特点。

三、社会与国家

严复曾在《天演论》中把国家作为"群"的一种形态，而在《政治讲义》中，他在概念上明确区分了国家与国群。他指出，"人类万殊，由于所居团体之各异，而此团体，即政治家所指之国家"。"双称'国家'，单举曰'国'。国之为言，土地殊，与种族殊，又与国民国群等名，皆不可混。""政治问题曰国家，必有治权。而治权以政府为之器，故天下无无政府之国家。"国家是个有机体，有其内政与外交，个人是其最小的单位。"国者有机之体也；民者，国之么匿也；道德者，其相吸力之大用也。故必凝道德为国性，乃有以系国基于苞桑。即使时运危险，风雨飘摇，亦将自拔于艰难困苦之中，蔚为强国。""有政府者，谓之国家。"⑤显然，国家是严复对近代西方社会形态的一种界定，他常常将国家与个人直接相对而谈。严复"国"的理念如何体现他的"社会"观呢？

首先，国家的存在是为了保护人民的利益和权利，这与"社会"存在的基础是一样。"今夫政学家之言国制也，虽条理万殊，而一言蔽之，国立所以为民而已。故法之行也，

---

① 王栻编：《严复集》，中华书局1986年版，第1346、1347、1348、1349页。
② 梁启超：《乐利主义泰斗边沁之学说》，《新民丛报》1902年第15号，第12页。
③ 王栻编：《严复集》，中华书局1986年版，第125~126页。
④ 俞政：《严复著译研究》，苏州大学出版社2003年版，第27页。
⑤ 王栻编：《严复集》，中华书局1986年版，第1247、342、1253页。

亦必视民而为之高下。"①不仅法要根据民众的需要来定，法律还应该根据民众的要求来修改。甄克斯的《社会通诠》中说，社会有多种类型，国家是其中特殊的社会，不是为少数人而设立，而是为全体而设，且人们无法选择，不能随意改变。严复这样发挥："然吾党必区治制之名，以专属国家者，以其义便，而国家为最大最尊之社会，关于民生者最重最深故也。夫国家之为社会也，常成于天演，实导始于人为，一也；民之入之，非其所自择，不能以意为去留，其得自择去留，特至近世而后尔耳，然而非常道，二也；为人道所不可离，必各有所专属，三也；其关于吾生最切，养生送死之宁顺，身心品地之高卑，皆从其物而影响，四也；为古今人类群力群策所扶持，莫不力求强立而美善，五也。此五者，皆他社会之所无，而国家所独具者。是故，国单则曰国双称则曰国家者，最晚成尊大之社会也。"②这五个特点，据王宪明考察，第三个和第五个特点是严复自己增加的，表达的不是西方充满暴力的国家观念，而是"天下"国家的观念，其具有"人道"的使命，③要完成的是对个人的保护。

严复在对传统的"朕即国家"批判时，进一步强调国家的存在应该是对全体人的保护，而不应该只是对少数家庭的保护。他说："一姓之兴，则亿兆为之臣妾。其兴也，此一家之兴也，其亡也，此一家之亡也。天子之一身，兼宪法国家王者三大物，其家亡。则一切与之俱亡，而民人特奴婢之易主者耳，乌有所谓长存者乎！"我们需要的国家应该是："国者，斯民之公产也；王侯将相者，通国之公仆隶也。"④即国家应该只是人民的公产，是服务个人而非相反。

他也在一些地方强调，不能为国利而牺牲个人利益。（当然，这一观点，他时有改变，后文将论述）国家的法律法典不应该侵犯民众的权利："国典亦称民直（英文的 right，笔者注），侵犯民直者，其君为大不道，而其民可以叛，一也。"他提出侵犯人民权利的君主是无道之君，这样的批判是很严厉的。即使是为国家的利益计，也不能牺牲个人利益。他说："是故治国是者，必不能以国利之故，而使小己为之牺牲。盖以小己之利而后立群，而非以群而有小己，小己无所则则群无所立，非若生物个体，其中一切么匿支部，舍个体苦乐存废，便无利害可言。"他对比古希腊、罗马与中国传统时代先国家后小己的相似处："希腊、罗马前以哲学，后以法典，皆著先国家后小己为天下之公信，谓小己之存，惟以国故，苟利于国，牺牲小己，乃为公道，即我中国旧义亦然。故独治之制得维持至六千年不废。必待二十世纪，外潮震荡，而所谓共和国体始兴。"⑤就是说，传统中国一直都是以国家为重，而牺牲个人的，但严复认为，西方在希腊、罗马时期也是如此，但在20 世纪，共和体制下，国家是不应该牺牲个人利益的。他很羡慕西方国家中个人在经济、思想、言论等上的自由，认为我们的发展方向也是要获得个体的自由与权利。

其次，个人权利在国家中不能超越国家法律，某些时候甚至应该为了国家利益减损或

① 马勇编：《严复语萃》，华夏出版社 1993 年版，第 106 页。
② 王栻编：《严复集》，中华书局 1986 年版，第 106、11~12 页。
③ 王宪明：《语言、翻译与政治——严复译〈社会通诠〉研究》，北京大学出版社 2005 年版，第 93 页。
④ 王栻编：《严复集》，中华书局 1986 年版，第 119~120、36 页。
⑤ 王栻编：《严复集》，中华书局 1986 年版，第 2、315 页。

牺牲个人利益，这又体现了"国"与"社会"的一致性。在更多的时候，严复强调国家利益与个人利益发生分歧时应该牺牲小己之利成全国家之利。"夫文明之众，虽号结习自由，顾所谓自由者，亦必在法典范围之内，有或干纪违法，政府固得干涉而禁沮之。"严复在《法意》按语中指出，国群自由比个人自由更重要，他在著述中曾反思自己曾经对个人自由的太过重视，认为对中国而言，合群强国才是最重要的事情："特观吾国今处之形，则小己自由，尚非所急，而所以祛异族之侵横，求有立于天地之间，斯真刻不容缓之事。故所急者，乃国群自由与，非小己自由故。"①

怎样才能保证国家利益？严复认为必须使人人爱国："求国群之自由，非合通国之群策群力不可。欲合群策群力，又非人人爱国，人人于国家皆有一部分之义务不能。"要培养民众的道德情操，这是国家能存的根据所在："道德者，其相吸力之大用也。故必凝道德为国性，乃有以系国基于苞桑。即使时运危险，风雨飘摇，亦将自拔于艰难困苦之中，蔚为强国。"不仅如此，还需要教育教导民众先公后私的殉国精神："之数国者，其立国垂统，虽各有特别之精神，至其教民以先公后私，戒偷去懦，而殉国为无上光荣者，则一而已矣。"②

严复也强调伦理道德力对社会秩序的意义，但这经常有反复。在1895年时，他认为"伦理应从社会进化体系中剥离开来，反对以道德的目光衡量社会进化，更不承认伦理对社会进步有制衡作用"。③而欧战前夕，在《庄子评语》中，他注意到社会秩序需要道德的约束，认为若不用道德约束人们的行为，必然会生出大乱。在20世纪的头十年中，严复注意的是国家与个人统一的一面，因此他认为个人自由与国家自由虽有轻重缓急之分，却不是互相对立互相排斥的关系。但是到了1914年，在《〈民约〉平议》中，严复注意的却是个人利益与国家利益对立的一面，得出了减少个人自由才能保证国家利益的结论："夫言自由而日趋放恣，言平等而在反于事实之发生，此真无益，而智者之所不事也。自不佞言，今之所急者，非自由也，而在人人减损自由，而以利国善群为职志。"④或者，至少，在民力、民智、民德都不够的时候，严复认为更需要减少个人利益以成全国家利益。这种前后并不一致的理念，如前所述，与时代议题是紧密相关的。

再次，当然，严复是力图要平衡国家与个人关系的，因此他强调个人的妥协也强调对政府的约束。为此，他提出了很多主张。主张之一是强调个人权利与义务的统筹。在《法意·卷廿二》按语中他说："义务者，与权利相对待而有之词也。故民有可据之权利，而后应尽之义务生焉。无权利，而责民以义务者，非义务也，直奴分耳。"⑤其中也提到监督国家职能部门。当然，他也多次提及卢梭的"天赋人权"和"生而自由"观，他虽向往这种自由，但认为卢梭所言于现实中问题多多，并不可行。

另一主张就是政府应该做好管理和治理的职能："所谓使最多数人民得最大幸福者，

---

① 王栻编：《严复集》，中华书局1986年版，第300、981页。
② 王栻编：《严复集》，中华书局1986年版，第981、342页。
③ 王天根：《科学视域下社会学学理建构与欧战前后严复对中国政教的评判》，郭卫东、牛大勇主编：《中西融通：严复论集》，宗教文化出版社2009年版，第157页。
④ 王栻编：《严复集》，中华书局1986年版，第1123、112页。
⑤ 王栻编：《严复集》，中华书局1986年版，第120页。

其物须与治理并施。纯乎治理而无自由，其社会无从发达，即自由而无治理，其社会且不得安居。"他还提出了各种政论学说。如，他提到西方的三权分立学说和民主制度、法治主张等。1906 年，在《宪法大义》中，他用卢梭"民主之制，利于小国，犹君主之制，利用大邦"之说证明君主立宪在中国的适应："以四万万而戴一君，正其宜耳。"在《宪法刍议》（1913）一文中，他认为议院对西方的政治自由贡献很大，他很详细地对议院、总统、内阁、政党等关系作出具体化的论述，足见他在关心国家富强的同时对个人权利，特别是自由的"深切关怀"。①他倡导地方自治。地方自治的目的实际上是要克服传统的专制集权，试图找到地方社会的公意而最终走向现代民主。②他还提到政党制度，他认为政党虽然不好，但我们还是可以借用政党制度而向民主社会过渡。

他还主张君主立宪的政体与儒家伦理教化结合又分离，即"理想的中国社会结构的建构是西方科学管理政治制度这一社会硬控制与中国儒家伦理精神这一社会软控制并存，且两不干涉"。③ 其目的是要克服中国政治思想中行政法则与伦理道德不分的缺陷，要用古老中国的人文精神来解决西方诸国争斗的伦理危机。

四、结 论

正是在这些论述中，我们看到了西方近代意义上的"社会"在严复的国家阐述中有了其地位。它正是达成个人与国家一致的关键所在，也是国家政体改变的根本依靠。这可能也是严复为何常常将群与国等同，群理自由代替公民自由和社会自由的原因之一。他给国以类似个体一样的主体性。他说："国之独立自主不受强大者擘制为自由。"④

严复的"群"也好，"国"也罢，体现的是他对"社会"的理解，就其本质跟西方近代"社会"观具有内在的一致性，表现在两个方面：其一，社会与国家的存在都是要保护个人权利和自由。严复区分人类社会发展的三个阶段"图腾""宗法""军国"，倡导法治、民主、立宪等，这些都是为了达到他认为的理想文明形态，即国与个人具有自由的状态。其二，社会与个人的对立是公与私的对立，不可为私而废公，因为一旦废除，最终私也是保证不了的，所以严复不断强调"群己权界"，强调国群之重要性。这与近代西方倡导的"契约社会"理念具有内在一致性。

当然，严复的"社会"观与近代西方的"civil society"最大的不同，即在严复的理念里，并无一个很明确的与政府对抗的"民间社会"（公民社会）的存在，这似乎也证明了史华慈所认为的当时国家存亡的危机对严复思想理念产生了巨大影响，促使他首先考虑的是国家的强大的说法。⑤严复的确多次强调群比己重要，国家自由比个人自由重要，也多次强调要为了国家舍弃个人，为了群而牺牲小己。为此，他还多次批判卢梭的天赋人权和生而平

---

① 杨阳：《富强抑或自由——严复宪政思想研究》，中国人民公安大学出版社 2009 年版，第 103~104 页。

② 董晓燕：《严复思想研究》，浙江大学出版社 2006 年版，第 98~99 页。

③ 王栻编：《严复集》，中华书局 1986 年版，第 160、170 页。

④ 王栻编：《严复集》，中华书局 1986 年版，第 17、1289 页。

⑤ 参见［美］本杰明·史华慈：《寻求富强：严复和西方》，叶凤美译，江苏人民出版社 2010 年版。

等的思想，对共和民主和政党制度也持保留意见，认为这些制度虽好，但对于乱世的中国而言，一定程度的专制也许更为合适，等等。

但是，正如黄克武①先生所认为的一样，史华慈忽略了严复论述中儒家"由己""成己""求诸己""自得"，庄子的"在宥"，杨朱的"在我"等角度，在严复的著述中，个人并没有沦为国家富强的工具或牺牲品，他是极力主张"存我"的，即保护个人。虽然严复在翻译穆勒的《论自由》一书时，有意将穆勒对民主与法治、民间社会（civil society）或说公共领域与政府的区别，以及在此之外的私人领域（private sphere）重要性的强调忽略掉了，但我们仍然可以看到，严复对个人权利的重视，对个人自由的向往，对约束国家权力的期待。只是因为当时中国处在外辱内患、风雨飘摇的背景下，救国只能是最主要的时代主题，爱国如严复，爱自由如严复，最终仍然将个人的追求让位于对国家权利的诉求了。他倡导群学以救国，群治国家，实在是他胸中熊熊燃烧的爱国心之使然，而非他个人内心深处"社会"观念的终极诉求。严复最终舍弃对个人权利的绝对追求而走向对"群"利的追求，他已经具有的近代西方意义上的"社会"理念也约束在对国强的期盼之中。最终，虽然我们已经看到严复完全近代意义上的"社会"观念，但这一观念仍然屈从在对强大有效政府的重视之下，严复更重视的不是私人意志集合的民间社会，而是代表整个国家前途的政府命运。这是时代赋予他的命题。

（作者单位：武汉大学社会学系）

---

① 参见黄克武：《自由的所以然：严复对约翰密尔自由主义思想的认识与批判》，上海书店出版社2000年版，第45、172页。

《道德经》在俄罗斯的译介及传播*

□ 张鸿彦

　　俄罗斯对中国古代典籍的研究始于 18 世纪，俄国东正教布道团起到了非常关键的作用，自 1715—1956 年俄罗斯共向中国派遣了 20 届布道团，其中涌现出大批汉学家和典籍翻译家，他们对传播中国文化，宣扬中华文明智慧作出了卓越贡献，而俄罗斯对道家学说及老子的研究，则相对起步较晚，主要原因是由于俄国的早期汉学研究属于官方意识形态监控下的学术行为，俄国东正教布道团的主要任务是对中国的经济和政治进行研究，搜集中国的信息和情报，并及时汇报中国政治生活中发生的重大事件，所以沙俄的汉学家起初并不重视对道家学说及老子的研究。直到 19 世纪，随着对中国政治和思想文化的深入了解，俄国汉学逐步走向成熟，对道家学说的翻译和研究才初具规模。

　　《道德经》是世界上除《圣经》之外被翻译最多的一部经典，在俄罗斯也是文化典籍中复译本最多的作品。它在俄罗斯的翻译和研究与俄罗斯汉学的发展紧密联系，大体可以分为三个阶段：帝俄时期（18 世纪—19 世纪初）；苏联时期（1917—1997）和现当代时期（1998 年至今）。

一、《道德经》俄译的开端（帝俄时期）

　　早在 1818 年，亚历山大二世发出谕令要求第 10 届布道团的成员研究道家学说并对其学说进行驳斥。正是在这种背景下，时任第 10 届东正教驻北京使团成员的西维洛夫（Сивиллов Д. П，1798—1871）在北京出使期间着手开始翻译《道德经》，但是，西维洛夫在翻译过程中不仅没有找到驳斥道家学说的论据，反而被老子的思想深深吸引。他于 1828 年完成了《道德经》的翻译，这也是俄罗斯首次对《道德经》进行的翻译，译名为"道中之德抑或老子之道德哲学"。1855 年，他将自己翻译的《道德经》《诗经》《书经》《孟子》等一同寄给了亚洲司，可惜的是，俄国书检局并未通过西维洛夫的译稿，他的《道德经》译稿直到 1915 年才由扎莫泰洛（Замотайло Ив.）以"丹尼尔（西维洛夫）档案中未公布的《道德经》译文"为题发表于《敖德萨图书学会通报》，次年在敖德萨出版单行本。

　　* 本文为湖北省教育厅人文社会科学研究一般项目"文化元典中民族特有词汇的俄译"（项目编号：16g013）、武汉大学自主科研项目"先秦子书中民族特有词汇的俄译"（项目编号：102-413000003）阶段性成果，受中央高校基金基本科研业务专项经费资助。

西维洛夫的《道德经》译文共 70 章，他主要采用了意译的翻译方法，放弃对原文形式的追求，将翻译重点放在传达老子核心思想上，他在译文最后一章的注释中写道："我的译文不追求字面意思相符，尽管谈不上流畅优美，但贴近了这位古代中国哲学家的精神。"①为了突出各章节的中心内容，他还用心为每一章添加了小标题，如将第一章命名为"道之实质与含义"，将第二章命名为"人应效法自然，努力克服虚荣"。扎莫泰洛为西维洛夫的译文写了序言，对译稿的翻译特点及完成的时间作了介绍，同时他试图在序言中论述他对儒道思想的理解，牵强附会地将儒家五经比喻为摩西五经，认为《易经》在中国享有与《旧约》同样的地位等。②

在俄罗斯，西维洛夫是研究翻译《道德经》的第一人，但第一个发表出版《道德经》的则是由 1894 年侨居俄国的日本京都大学科尼西（Конисси Масутаро，1862—1940）教授所译，科尼西译本的出版与大文豪托尔斯泰（Толстой Л. Н.，1828—1910）的帮助是分不开的，1895 年，托尔斯泰得知这位 33 岁的日本学者正在俄国翻译《老子》时，便主动要求与其见面，科尼西教授留下了这样的记述："列夫·托尔斯泰听说我正在把老子的名篇《道德经》从汉文译成俄文时，便于 1885 年 11 月通过尼·亚·格罗特邀我到他家去做客。他说：'为了让俄罗斯有一部最好的译本，我随时准备帮助您核对译文。'我当然万分高兴地接受了。"③托尔斯泰亲自担任了这一版本的审定工作，刊登于《哲学与心理学问题》杂志 1894 年第 3 期，1913 年该译本的单行本又在托尔斯泰的帮助下出版，名为"老子道德经或道德之书"（托尔斯泰编，科尼西译自中文，杜雷林增补注释）。

可以说《道德经》之所以能够成为 19 世纪诸子百家译著中最受关注的作品，托尔斯泰功不可没，托尔斯泰对中国古代哲学十分推崇，1891 年 11 月，彼得堡一位出版家写信询问托尔斯泰，世界上哪些作家和思想家对他影响最大。他回答说中国的孔子和孟子"很大"，老子则是"巨大"。④ 1878 年，托尔斯泰通过斯特拉霍夫（Страхов Н. Н.）得到了法国汉学家儒莲翻译的《道德经》，并根据此译本拟订出其认为值得翻译的各章目录，着手开始翻译《道德经》，但其第一次试译《道德经》并不顺利，这在托尔斯泰的日记中也有所反映："读老子，可以翻译，但无法全部翻译"，"翻译老子，没有达到我想象的那种结果"。⑤ 直到 1893 年，他的朋友波波夫（Попов Е. И.）根据德译本全文翻译了《道德经》，请他共同审阅和校订，他动力倍增，反复校订译文，"波波夫在替我抄写手稿。我和他在重读和修改深刻的思想家老子的作品的译文，我每一次都怀着巨大的喜悦，聚精会神地去理解，用心地去翻译，我是参照法文译本（儒莲）和更加出色的德文译本（施特劳斯）工作的"。⑥ 可见其喜悦而紧张的心情。他们在 1894 年 5 月完成此项工作，上文中我们有提到，正是在这一年，日本科尼西教授的译本出版发表，因此，托尔斯泰的译本便暂时搁

---

① Замотайло И. *Неопубликованный перевод Дао-дэ-цзина архимандрита Даниила（Сивиллова）.* Известия Одесского библиографического общества，1915. Т. 4. Вып. 5. С. 209-245.

② Петров А. А. *Философия Китая в русском буржуазном китаеведении.* Библиография Востока. М.，1934（7）.

③ 马祖毅、任荣珍：《汉籍外译史》，湖北教育出版社 1997 年版，第 78 页。

④ 《托尔斯泰全集》第 66 卷，苏联国家文学出版社 1928—1958 年版，第 68 页。

⑤ 《托尔斯泰全集》第 49 卷，苏联国家文学出版社 1928—1958 年版，第 64～65 页。

⑥ 《托尔斯泰全集》第 84 卷，苏联国家文学出版社 1928—1958 年版，第 196～197 页。

浅，直到 1910 年，其译作才由"媒介"出版社出版，书名为"列·尼·托尔斯泰编选·中国贤人老子语录"，书中主要包括了伊·戈尔布诺-波萨多夫写的短记《关于贤人老子》，托尔斯泰所写的前言《论老子学说的本质》以及老子言论摘译共 64 章。

在托尔斯泰看来，老子学说与基督教实质内涵有着相同之处："两者的实质都是以禁欲方式显示出来的构成人类生活基础的神圣的精神因素。因此，为使人类不成为困难而能成为一种福祉，人就应当学会不为物质欲望而为精神而生活，这也正是老子所教导的。"[①] 托尔斯泰认为，"道"既是上帝的标志，又是通向上帝的道路，他深受《道德经》的影响，诸如"仁""道""无为"等思想，并进而影响到他所提出的"不以暴力抗恶""道德上的自我完善"和"博爱"等主张，在其《战争与和平》中所塑造的"无为而治"的库图佐夫还有"顺天由命"的普拉东·卡拉塔耶夫的形象也有着道家思想给其创作打下的烙印。

瓦西里耶夫（Васильев В. П.，1818—1900）是 19 世纪下半叶俄罗斯汉学界的领军人物，他对《道德经》也进行了翻译和研究，在 1873 年出版的《东方宗教，儒、释、道》的第三章中，他介绍了中国本土宗教道教产生的历史背景、渊源、老子庄子及其著作等，并节译了《道德经》中对儒家礼教和仁爱思想进行批判的内容。在瓦西里耶夫另外一部著作《中国文学史资料》（1887）中，他着重介绍了儒释道三大哲学宗教流派的著名学者及其作品，清晰地界定了道家学说与道教的关系并节译了《道德经》的部分段落。因此，他成为第一个对道家学说进行过深入思考的俄国学者。关于《道德经》瓦西里耶夫给予很高的评价，他认为："老子的语言很独特，书中所阐述的思想也比较深奥，与《论语》相比，语法更准确，与庄子、孟子的语言相比，更简单易懂。"[②]

但瓦西里耶夫对《道德经》思想内涵的研究却有失偏颇，他认为宗教迷信是道家建立的基础，是一种充满空想性的思想。他提出，种种证据表明，老子曾去过西方，而且《道德经》是在西行途中完成，他还提出了与马若瑟相似的观点："有人给《道德经》取名为耶和华，虽然他被用中文撰写，但是让人惊讶的是中国典籍名称一般不超过两个字符，而该书却是三个，尤其是这三个字符所反映的思想与上帝的概念很接近，此前的东方人们对此还一无所知。"[③]这种以书名字符多少作为寻找《圣经》人物的依据过于牵强。

二、《道德经》俄译的低谷（苏联时期）

十月革命之后，俄罗斯汉学进入苏联汉学这个相对独立且特殊的时期，出于政治形态的影响，对汉学的研究也转变了新的观点和视角，苏联时期对于《道德经》研究的代表作当属华侨杨兴顺（1905—1989）的译本，他于 20 世纪 40—50 年代重新翻译了《道德经》，书名为"中国古代哲学家老子及其学说"，1950 年在俄罗斯科学出版社出版后，1957 年在北京由中国科学出版社出版了杨超的中文译本，该书综述了老子思想在中国古代哲学史上

---

① 《托尔斯泰全集》第 40 卷，苏联国家文学出版社 1928—1958 年版，第 350~351 页。

② Васильев В. П. *Религии Востока*：*Конфуцианство，буддизм，даосизм.* Журнал Министерства народного просвещения，1873，С. 76.

③ Васильев В. П. *Религии Востока*：*Конфуцианство，буддизм，даосизм.* Журнал Министерства народного просвещения，1873，С. 76-77.

的地位，《道德经》思想发生时的社会历史情况、伦理学说，论述了"道"学说的唯物主义本质，叙述了西欧资产阶级论《道德经》，并分析了革命前的俄国和苏联对《道德经》的研究，最后附上《道德经》今译序及今译。

杨兴顺的译本不同于其他俄译本以及西方译本，其主要特点是以马克思主义基本原理为出发点，依据形式语言学的原则，采用异化的翻译策略，在一些较难理解的地方以《道德经》本身的思想为指导，较忠实地传达了《道德经》的原意，尽可能地保留了原作的民族文化特点。这也是唯一一部由华裔学者单独翻译的《道德经》。他认为老子"道"的学说是可以和古希腊哲学家赫拉克利特相媲美的早期唯物主义哲学思想。他认为"道"是不附加任何成分的对自然界本来面目的了解，现实世界和人的生活，不由天志或者神明主宰，而是遵循着一定的自然之道。这个道是我们的感官所不能接触的，它就是哲学上所说的一般规律，是不以人的意志为转移的，是一种朴素的唯物主义。

另外，在苏联时期形成了颇具气候的集体建构和汉学专题研究，如由康拉德编选的《中国文学文选》(1950)收有康拉德所翻译的《论语》《孙子兵法》《道德经》和《孟子》；再如由司徒卢威和列德尔编选的《古代东方史文选》(1963)中收入由波兹涅耶娃所译的《春秋》《左传》《国语》《论语》《孙子》《老子》《孟子》《墨子》《庄子》《荀子》《吕氏春秋》《战国策》《列子》等书，虽然都是摘选片段，但却全面地介绍了中国古代诸子百家。

在此期间，旅居巴西的俄国诗人佩列列申(Перелешин В. Ф.，1913—1992)于1971年完成了《道德经》的全译工作，他是根据1949年郑麟的《古籍新编——〈老子〉》英译本转译的，翻译的章节顺序也作了调整，在《远东问题》(1990)第3期发表。佩列列申青年时代曾在哈尔滨和上海居住长达10年，曾写诗把中国当作自己故乡，译文不但理解翻译准确，而且再现了原作的文学特性，是当时唯一包含了原作诗歌韵味的译本。

三、《道德经》俄译的高潮(现当代时期)

苏联解体之后，俄罗斯汉学步入崭新的时期，摆脱了意识形态论，对中国文化进行了维度广、层次深的研究，试图寻找当代中国改革的深刻历史文化原因，以期吸收传统中国文化之精华，为俄罗斯的发展寻求新的出路。

李谢维奇(Лисевич И. С.，1932—2000)是研究中国古代文学和文论的专家，他对《道德经》进行了节译，译文质量高且注释丰富，对于"道"他不同意把其解释成类似于列宁在《唯物主义与经验批判主义》一文中所说的"是标志客观实在的哲学范畴"的"物质"，[①] 而倾向于把"道"解释成亚里士多德《形而上学》中所说的使"物质得以成为某些确定的事物"的"本体"，也就是"本质"[②]。

专注于中国道家学说研究的汉学家卢基扬诺夫(Лукьянов А. Е.，1948—)是现当代道家学说研究的代表人物，他在莫斯科大学攻读哲学博士时便相继发表了《道德经：前哲学与哲学》(1989)和《中国第一位哲学家(老子自传片段)》等论文，详细论述了道教的起源问题。1991年，人民友谊大学出版了卢基扬诺夫的专著《老子(早期道家哲学)》，2008

---

① 《列宁选集》第二卷，人民出版社1972年版，第128页。

② 杨寿堪等：《西方哲学十大名著导读》，北京师范大学出版社1997年版，第60页。

年卢基扬诺夫与阿勃拉缅科(Абраменко В. П.)的译本《道德经》在莫斯科出版发行，卢基扬诺夫完成了《道德经》的学术性散文体译本，阿勃拉缅科完成了其诗歌体译本，对于为什么要在同一本书中平行对应散文体和诗歌体的译本问题，他指出："首先，早期哲学思想都是以诗歌的形象来表述的。其次，人刚刚一出生是从母亲的摇篮曲开始的，孩子是人间的神，诗歌是他们的语言，老子和孔子保留了这样的语言，即使在最具有散文性的语言中也暗藏着韵律性。"①

2009 年俄国汉学家马良文(Малявин В. В.，1950—　)与北京外国语大学俄语教授李英男教授共同翻译了《大中华文库·老子》(汉俄对照)，以陈鼓应教授《老子今注今译》为汉语本平行对照。该译本极其讲究辞藻的精致和文雅，翻译引用了多个注述文本，并在注释中解读其对立的辩证现象，这部由中俄译者联合译成的作品较好地融合了双方译者的优势，是值得深入探讨研究的代表性译本。

随着中俄文化交流活动的深入，对《道德经》的译介越来越重视挖掘其哲学层面的内涵，年轻汉学家瓦雷斯基(Волынский А. И.，1989—　)联合亚非研究委员会的东方语言系和圣彼得堡大学东方哲学系一起翻译出版了《道德经》。瓦雷斯基认为如果不了解一个民族的文化和信仰就翻译作品，最后得到的只能是一个空想者的文本。因此他的译作不仅在概念上适当的扩大和缩小了原文的词义，而且结合自己的理解和感悟进行了再创作，并适当调整了原文的段落，整体采用了归化的翻译策略，从译本可以看出，译者充分结合了自己对老子思想和道家哲学的理解，该书于 2010 年出版，可以说是新时期俄罗斯学者对《道德经》译介的开创性举措，得到了广泛的认可。

在对《道德经》翻译和研究掀起热潮的新形势下，除以上介绍的经典版本之外，还有很多专家学者尝试对其进行了全译或节译，比如 1997 年出版发行了马斯洛夫(Маслов А. А.)的翻译与研究专著《道德经的世界》，其译本全文翻译王弼注释本，并较重视韵律性。1998 年出版了巴东诺夫(Батонов. С. Н.)的《道德经》译本，该译本以雷蒙德·布兰克利英译本为底本，与圣经和薄伽梵歌相对照。1999 年在莫斯科出版了谢苗年科(Семененко И. И.)的俄译本，准确的语言配以详细的注释，指出《道德经》是为揭示生命的奥秘。2000 年出版了波列若耶娃(Полежаева Ю.)的译本，该译本一定程度上丢失了中国的风格和色彩。2001 年出版了托尔奇诺夫(Торчинов Е. А.)的版本，他长期从事道教的研究，其译本是科学严谨的译本，含有些神秘元素。2002 年出版了索罗维耶娃(Соловьева М.)的译本，该译本不是翻译，而是转写，试图以自己的叙述使《道德经》内涵更加容易被理解。2009 年出版了斯特拉尼科(Странник В.)的译本，该译本参考了之前《道德经》的 4 个经典译本，并与原文平行对照，还有一些译者尝试采取诗歌体对《道德经》进行翻译，如鲍鲁什科(Борушко О.，1996)、康宇(КанЮй，1991)、西诺(Феано，2001、2005)，等等。

综上所述，《道德经》的俄译历程是中俄两国文化思想交流的历史写照，也是两个民族哲学思想相互理解和融合的需求。几个世纪以来，俄罗斯汉学家孜孜不倦地对《道德经》进行翻译和研究，对老子思想在俄罗斯的传播作出了重大贡献，也为后续的研究奠定

①　刘亚丁:《中俄文化的相遇与相互理解——对话俄罗斯著名汉学家卢基扬诺夫》，《中国社会科学报》2017 年第 1124 期。

了坚实的基础，纵观俄罗斯学界对《道德经》的翻译与研究，大多对这部典籍持有肯定和尊重的态度，但在翻译中无可避免地将《道德经》放入俄罗斯的文化脉络中，使用西方哲学或宗教的词汇概念对中国传统文化关键词进行解读，再加上社会意识形态的影响以及译者身份的限定，都造成一定程度上的文化失真和误读。在"中国文化走出去"的大形势下，如今针对《道德经》的翻译和研究呈现百花齐放，异彩纷呈之势，此时更需要中俄学者携手，共同怀着理性和客观的态度，借鉴前人成果，吸取精华，去除糟粕，创作出更好的译作和取得更佳的研究成果，保留中国文化的精神特质，增强俄罗斯人对中华传统文化的理解，使中国文化之精髓更加准确而广泛地向外传播。

（作者单位：武汉大学外国语言文学学院）

王荆公学杜论[*]

——以"健"为中心的考察

□ 李舜臣　陈　晗

王安石诗师法杜甫,历来已是共识,元人刘将孙称王安石为"东京之子美"[①]。在宋人发现、重塑杜甫意义的进程中,王安石是十分关键的人物。他不仅收集整理杜诗并补葺成《老杜诗后集》,而且对杜诗有着非常高的评价:"世间好语言已被老杜道尽。"[②]"世之学者,至乎甫而后为诗。不能至,要之不知诗焉尔。呜呼,诗其难惟有甫哉!"[③]

王安石尊崇杜甫,无疑具有以杜诗为榜样树立自己独特的诗学理念、审美风格的意义。综合前人对他们诗歌的评价,我们以为"瘦硬"是王安石学杜的一个非常重要的方面。"瘦硬"是杜甫重要的美学观念,其评书法时说"书贵瘦硬方通神"[④];而刘熙载《诗概》称王安石"学杜得其瘦硬"[⑤]。瘦易见骨,硬则有力,"瘦硬"的风格最终形成一种"健"美,所以,包世臣《再与扬季子书》云:"介甫词完气健。"[⑥]这一"健"字,实为王安石诗学杜的关键。[⑦]

一、字法之健的学习

罗大经《鹤林玉露》提到字法之健时以杜诗为例:"作诗要健字撑拄,要活字斡旋。如'红入桃花嫩,青归柳叶新'、'弟子贫原宪,诸生老伏虔','入'与'归'字,'贫'与

---

　* 本文为国家社科基金重大招标项目"中西叙事传统比较研究"(项目编号:16ZDA195)阶段性成果。

　① 刘将孙:《王荆公诗序》,李壁笺注,高克勤点校:《王荆文公诗笺注》,上海古籍出版社2011年版,第1页。

　② 胡仔:《苕溪渔隐丛话前集》卷十四《杜少陵九》引《陈辅之诗话》,人民文学出版社1962年版,第90页。

　③ 王安石:《王安石文集》卷三十六《老杜诗后集序》,上海人民出版社1974年版,第429页。

　④ 仇兆鳌注:《杜诗详注》卷十八《李潮八分小篆歌》,中华书局1979年版,第1550页。

　⑤ 刘熙载:《诗概》,郭绍虞编:《清诗话续编》,上海古籍出版社1983年版,第2431页。

　⑥ 包世臣:《艺舟双楫》,北京书店1983年版,第10页。

　⑦ 吴中胜、孙雨广《东京之子美——论王安石诗学杜》(《杜甫研究期刊》2002年第4期)一文,虽与本文论题相似,但涉及的内容比较宽泛,甚至诸如人格等方面;本人的论题比较集中,即从"健"的角度对王安石学杜进行考察。

'老'字乃撑拄也。"①陶文鹏先生对这段话的解释是:"所谓'健字撑拄',是指诗人要提炼出精确、新奇、刚健有力的动词或形容词,借以描述、联系或组织诗中的意象,使意象鲜明生动,富于运动性的视象感,能体现一种劲健的生命力量,发挥出'撑拄'意象砖木、构筑全新意境大厦的功能。"②陶先生的解释非常适用于第一个例子:"入""归"二字本身即有以拟人手法增强诗句生命情态的效果;而"红""青"这两个没有具体形态的形容词却作为拟人手法的表现主体,其不合理搭配导致的"陌生化"效果加强了拟人手法带来的新奇而深刻的印象。而颜色词本属视觉性的语词,带来的往往是静态性的呈示,但"入""归"这两个强动作性动词,使得作为主语的静态的颜色意象不仅"意象鲜明",而且极"生动富于运动性"。

至于第二例,则需再作一些补充。仇兆鳌《杜诗详注》注"贫""老"二字:"《庄子》:'天地岂私贫我哉?'此'贫'字活用;《赵充国传》充国请行,'上老之',此'老'字活用。杨诚斋谓'实字而虚用'是也。"③仇注以为,"贫"字是使动用法,即"因学弟子之道而使我贫如原宪";"老"字是意动用法,即"诸生以我为伏虔般老"。然而,若从"健字撑拄"的角度考虑,"老"字用郭知达《九家集注杜诗》所引赵彦材注更为恰当:"(虔)少以清苦,建志入太学受业,有雅才。公盖自比为虔之老者也。以其入太学受业,故曰诸生。"④"诸生"即指"伏虔"而言,而非别有"诸生"以为"伏虔"老。那么,这句实际上仍是使动用法,即"因习诸生之业而使我老如伏虔"。

在诗句中,"弟子""诸生""原宪""伏虔"分别是不具形态的称谓名词与人物名,这种意象本身是无法直接获得"运动性的视象感"的,其动感须借由"贫""老"二字带来的"时间性"获得——静态意象是无所谓时间性的,而动态意象之"动感"即因其能在时间过程中发生变化或有变化的趋势。"弟子贫原宪,诸生老伏虔",实际要表达的即"儒冠多误身"之意。然而在表现方式上,省略的句法结构突出了"贫""老"二字的句法地位,二字所承担的不仅是意象状态的呈示还凸显了意象状态的变化——即运动过程:"贫"是因坚守弟子之道而逐渐贫的,"老"是在漫长的诸生生涯中越来越老的。

"健字撑拄"的诗句在杜诗中还有很多。例如,《刈稻了咏怀》"寒风疏草木,旭日散鸡豚","疏"与"散"方回评:"必合如此下字则健峭。"⑤"返照入江翻石壁"中被称为"响字"⑥的"翻"给人以反射的光线从水面腾跃而上之感,显示出"运动性的视象感"。又如《咏怀古迹五首》之三"群山万壑赴荆门"⑦,"群山万壑"原本是静止的,但这一意象却天然存在"崇高美"的势能,杜甫通过动作性极强的拟人化动词给静态的"崇高美"赋予更强烈的运动视象感,因此这一"赴"字显得特别劲健有力。

---

①　罗大经:《鹤林玉露》甲编卷六,中华书局 1983 年版,第 108 页。

②　陶文鹏:《健字撑拄活字斡旋(上)》,《古典文学知识》1999 年第 3 期。

③　仇兆鳌注:《杜诗详注》卷八,中华书局 1979 年版,第 651 页。

④　郭知达:《九家集注杜诗》卷二十《寄岳州贾司马六丈巴严八使君两阁阁老五十韵》,文渊阁《四库全书》一〇六八册,上海古籍出版社 1987 年版,第 379 页下。

⑤　方回选评,李庆甲集评校点:《瀛奎律髓汇评》,上海古籍出版社 1986 年版,第 472 页。

⑥　吕本中:《吕氏童蒙训》,阮阅编:《诗话总龟后集》卷二十四,人民文学出版社 1987 年版,第 153 页。

⑦　仇兆鳌注:《杜诗详注》卷十七《咏怀古迹五首》,中华书局 1979 年版,第 1502 页。

王安石诗亦擅用"健"字。据叶梦得《石林诗话》记载，王安石曾"编百家诗选，从宋次道借本。中间有'暝色赴春愁'，次道改'赴'字作'起'字，荆公复定为'赴'字，以语次道曰：'若是"起"字人谁不能。'"①周裕锴先生指出，王安石改定的"赴"字正是能使意象具有"倾向性的张力"和"运动"感的"健"字。② 这一改字明显体现出王安石对杜诗"健"字的学习。与"群山万壑赴荆门"相比，"暝色"和"春愁"是不具形体的意象，这种意象更易给人以静态呈示感，为了补救诗句中生气的缺乏，王安石使用"健"字改变了这种静态呈示感。

王安石自己的作品也体现出对"健"字的追求。严有翼《艺苑雌黄》载："介甫善下字，如'荒埭暗鸡催月晓，空场老雉挟春骄'下得'挟'字最好。……又有'紫苋凌风怯，苍苔挟雨娇'……其用'挟'字亦与前一联同。"③"挟"的本义，是在腋下用胳膊夹住，是强动作性的拟人动词。"挟"不仅把"老雉""苍苔"拟人化，亦把无形的"春""雨"具象为被"挟"之物，静态的意象群因"挟"字而具动感。假如将"空场老雉挟春骄"的"挟"字，易为不具动作性的动词"因"字，将"苍苔挟雨娇"的"挟"字，换成表示持续现存状态动作性弱的"卧"字，通过对比不难看出"挟"字带来的"健"之美学品格。

又如著名的"春风又绿江南岸"中的"绿"字，也是消解了它原本表静态呈示的形容词词性，而赋予其表示状态变化的动词词性。洪迈《容斋随笔》记载了王安石这句诗的改诗过程："吴中士人家藏其草，初云：'又到江南岸'，圈去'到'字，注曰：'不好'。改为'过'，复圈去而改为'入'，旋改为'满'……凡如是十许字始定为'绿'。"④从这几个字的对比我们可以发现，"绿"首先具备其他字所没有的视觉刺激。"到""过"字凸显了"江南岸"的方位意义；"入"字则使"江南岸"具有了动作接收者的意义，动感稍有加强；"满"进一步弱化了"江南岸"的方位性内涵，使之作为"春风"动作的受体存在，但意象仍不够鲜明生动；"绿"字则凸显了一种"力"的传递，"春风"和"江南岸"分别作为施力方和受力方，同时也凸显了力的传递过程中所造成的"江南岸"的改变。"江南岸"作为"春风"动作受体的变化被生动鲜明地表现出来。从这几个字中，我们明显看得出"健"是如何一步步加强的。

钱锺书先生曾指出：在炼字时，"唐人诗好用名词，宋人诗好用动词"⑤。这是非常准确的看法。王安石是宋代第一个大力推崇炼字的诗坛领袖，而他师法的对象正是在唐人中被视为变调、炼字好用动词的杜甫。从这个意义上来看，潘德舆《养一斋诗话》说"宋人炼字之法，力求峭健"⑥的风气，正是王安石通过学杜而开创的。

二、句法之健的学习

杜诗有一种特殊的句法，即改变正常语序的倒字法。对此，前人多曾论及：

---

① 叶梦得：《石林诗话校注》卷中，逯铭昕校注，人民文学出版社 2012 年版，第 143 页。
② 周裕锴：《宋代诗学通论》，上海古籍出版社 2007 年版，第 505 页。
③ 严有翼：《艺苑雌黄》，魏庆之编：《诗人玉屑》卷十七，中华书局 2007 年版，第 540 页。
④ 洪迈：《容斋随笔》续笔卷八，上海古籍出版社 1978 年版，第 317 页。
⑤ 钱锺书：《谈艺录》，三联书店 2008 年版，第 598 页。
⑥ 潘德舆：《养一斋诗话》，郭绍虞编：《清诗话续编》，上海古籍出版社 1983 年版，第 2014 页。

《麈史》：杜子美善于用故事及常语，多离析或倒其句而用之。盖如此则语峻而体健，意亦深稳。如"露从今夜白，月是故乡明"是也。白乐天工于对属，寄元微之曰："白头吟处变，青眼望中穿。"然不若杜云"别来头并白，相对眼终青"尤佳。①

《履斋示儿编》：杜诗……倒用一字，尤见功夫，如"蜀酒禁愁得，无钱何处赊"，"客睡何曾着，秋天不肯明"，"只作披衣惯，长从漉酒生"，"红稻啄余鹦鹉粒，碧梧栖老凤凰枝"，凡倒着字，句自爽健也。②

这几则材料都指出杜诗倒字法之"健"。周裕锴先生指出："所谓'体健'则是用生命的活力气势来形容其乖离常规的'张力'……把'白头'、'青眼'、'白露'、'明月'这类极为常见的词语离析并倒装，消解其静止的意象形态，使其在新的语言关系中获得运动的活力。"③另外，从诗人创作的角度看，相比于经过规范语序重新组合的平顺诗句，这种句式更能强调作者原生的心理感受，而原生感受往往是最强烈且生动的。从读者接受的角度看，这种倒装带来的"陌生感"，在加强语言的张力的同时，也通过使语句背离习惯而刻意制造出断点。按格式塔心理学说的说法，这种对习惯的背离即能造成更大的"完形压强"，产生更强的心理刺激力。这种语言的张力和心理刺激力就形成了"健"。

杜诗倒字法的运用可谓炉火纯青。如被吴沆《环溪诗话》赞为"雄健警绝"④的"绿垂风折笋，红绽雨肥梅"（《陪郑广文游何将军山林·其五》），不仅是一般意义上的倒置，还是以颜色前置为首字的特殊倒置。这类句子在杜诗中极多。范晞文《对床夜语》指出："老杜多欲以颜色字置第一字，却引实字来。如'红入桃花嫩，青归柳叶新'是也。不如此，则语既弱而气亦馁。"⑤语言的张力和读者心理应激力都是通过对逻辑的背离来实现的，而颜色又是最具视觉刺激力却无具体形态感的。实施动作的主体本该是具象性的，而将颜色前置到诗句的首位作为实施动作的主体这种做法，无异于从语法和感受两方面对逻辑造成了更具夸张效果的双重背离。

王安石所学的"老杜句法"很大程度上即指这种倒字法。《雪浪斋日记》载："王荆公诗云：'纷纷易变浮云白，落落难钟老柏青'……得老杜句法。"⑥唐庚《唐子西语录》载："荆公诗得子美句法，其诗云：'地蟠三楚大，天入五湖低'。"⑦又惠洪《冷斋夜话》："老杜云：'红稻啄残鹦鹉粒，碧梧栖老凤凰枝。'舒王云'缲成白雪桑重绿，割尽黄云稻正青'……以事不错综则不成文章，若平直叙之则曰'鹦鹉啄残红稻粒，凤凰栖老碧梧枝'，

① 王得臣：《麈史》，魏庆之编：《诗人玉屑》卷十六，中华书局 2007 年版，第 493 页。
② 孙奕：《履斋示儿编》卷十，中华书局 2014 年版，第 146 页。
③ 周裕锴：《宋代诗学通论》，巴蜀书社 1997 年版，第 488 页。
④ 吴沆：《环溪诗话》卷上，中华书局 1985 年版，第 1 页。
⑤ 范晞文：《对床夜语》卷三，丁福保辑：《历代诗话续编》，中华书局 1983 年版，第 423 页。
⑥ 《雪浪斋日记》，胡仔编：《苕溪渔隐丛话前集》卷二十，人民文学出版社 1962 年版，第 133 页。
⑦ 唐庚：《唐子西语录》，魏庆之编：《诗人玉屑》卷七，中华书局 2007 年版，第 536 页。又按此句不见于李壁的《王荆公诗注》，集中另有"地大蟠三楚，天低入五湖"（《旅思》）句，唐子西语录所载此句不知系误记还是逸诗。然王安石另有一句句式相同的"地留孤屿小，天入五湖深"（《吴江》），因此不论"地蟠三楚大，天入五湖低"这句诗是否存在都不影响其"荆公诗得子美句法"的结论。

以红稻于上，以凤凰于下者，错综之也。言'缲成'则知'白雪'为丝，言'割尽'则知'黄云'为麦也。"①这几则材料，都指出了王安石倒字句法与杜诗之间的渊源关系。至于杜甫大量使用的以颜色字置于句首的倒字句，在杜甫之后直到北宋初年并不多见，而王安石诗中类似的诗例却有不少，如"绿搅寒芜出，红争暖树归"(《宿雨》)、"碧合晚云霞上起，红争朝日雪边流"(《酴醿金沙二花合发》)、"绿稍还幽草，红应动故林"(《欲归》)等。

王安石学习杜诗倒字法显然也是为了追求"健"。魏庆之《诗人玉屑》卷四"倒一字语乃健"条载："王仲至召试馆中，试罢作一绝，题云'古木森森白玉堂，长年来此试文章。日斜奏罢长杨赋，闲拂尘埃看画墙。'荆公见之，甚叹爱。为改作'奏赋长杨罢'，且云诗家语如此乃健。"②又陈善《扪虱新话》载："(荆)公尝读杜荀鹤诗，云'江湖不见飞禽影，岩谷惟闻折竹声'改云：宜作'禽飞影''竹折声'。"③对"长杨赋""飞禽""折竹"的离析与倒装，不仅通过反逻辑的形式建立起"完形压强"，更进一步将原本正常语序下静态的意象以富于"动感"的形态重塑出来。第一例"奏罢长杨赋"中"奏罢"是表状态的静态动词词组，"长杨赋"则完全是静态的名词词组；而"奏赋长杨罢"中"奏赋"成为一个具体动作。习惯用语"长杨赋"的离析倒装一方面消解了其原本的静态意象，一方面也构成了新的"完形压强"，增强了诗句的"健"感。第二例"飞禽影""折竹声"中，虽然"飞禽""折竹"本身是具有运动性的陈述结构，但在句中实际上被充作修饰"影"和"声"的定语，并使之构成一个表现中心仍在静态名词"影"和"声"上的偏正词组，因而"飞"和"折"的动作性被消解了，整体上其意象仍是静态的呈示。而改后的"禽飞影""竹折声"破坏了原来的词组结构，使"飞"字"折"字以独立的动作性动词重新出现，于是读者的注意力更集中于"飞"和"折"的瞬间动作上，诗句不再是意象的静态呈示而变得极具运动性，语言的张力在此得到了完美的呈现。

三、章法之健的学习

后人常将杜诗和古文，尤其与"雄深雅健"的《史记》联系起来。方孝孺《成都杜先生草堂碑》就说："(杜诗)盖有得乎《史记》之叙事。"④推其所得，应是以《史记》为代表的古文章法。刘熙载《艺概》称："杜陵五七古叙事，节次波澜，离合断续，从《史记》得来，而苍莽雄直之气，亦逼近之。"⑤方东树《昭昧詹言》亦称杜诗"插叙、逆叙、倒叙、补叙，必真解史迁脉法乃悟"。⑥"(杜诗)转接多用横、逆、离三法，断无顺接正接……倒截逆挽不测……不肯平顺说尽，故用离合、横截、逆提、倒补、插、遥接。"⑦杜诗这种"脉法"——即"章法"的旨归何在？方东树自己作出了解释："题面题绪，作旨归宿，必交代

---

① 惠洪：《冷斋夜话》，魏庆之编：《诗人玉屑》卷三，中华书局 2007 年版，第 57 页。

② 蔡绦：《西清诗话》，胡仔：《苕溪渔隐丛话前集》卷五十二，人民文学出版社 1962 年版，第357 页。

③ 陈善：《扪虱新话》，王士禛编：《五代诗话》卷二，人民文学出版社 1989 年版，第 69 页。

④ 方孝孺：《逊志斋集》卷二十二，宁波出版社 2000 年版，第 716 页。

⑤ 刘熙载：《艺概》，上海古籍出版社 1978 年版，第 60 页。

⑥ 方东树：《昭昧詹言》卷一第一〇七条，人民文学出版社 1961 年版，第 233 页。

⑦ 方东树：《昭昧詹言》卷八第十二条，人民文学出版社 1961 年版，第 213 页。

清楚……然既要交代清楚，又不许挨顺平铺直叙，駪蹇冗絮缓弱。"①因为平铺直叙则必须承递有序，而"好用虚字承递，最易软弱"②，所以"须横空盘硬，中间摆落断剪多少软弱词意，自然高古。此惟杜、韩二公为然"③。这里方东树虽然没有直接使用"健"这个字，但其所批判的"冗絮缓弱""软弱"正是"健"的反面。我们可以认为他实际上就是以杜甫为典型树立了章法之健的旗帜。

事实上，不止方东树注意到了杜诗章法之健，在他稍前的沈德潜已认识到杜诗这种章法特点，其《说诗晬语》指出杜诗有"反接法""突接法"：

> 少陵……有反接法，《述怀》篇云："自寄一封书，今已十月后。"若云"不见消息来"，平平语耳，此云："反畏消息来，寸心亦何有。"斗觉惊心动魄矣。……又有突接法，如《醉歌行》突接"春光澹沱秦东亭"，《简薛华醉歌》突接"气酣日落西风来"，上写情欲尽未尽，忽入写景，激壮苍凉，神色俱王，皆此老独开生面处。④

顺接、正接带来的是"冗絮缓弱"和"软弱"的"平平语"，而"反接法""突接法"带来的"惊心动魄""激壮苍凉"正是"健"的审美体验。

王安石诗歌的章法布置，亦学习了杜诗这种章法特点。例如，同样以《昭昧詹言》所言为例，其评《纯甫出释惠崇画要予作诗》一诗曰：

> 起二句正点，以一句跌衬作笔势，亦曲法。"旱云"四句，接写画也，却深思沉着，曲折奇险如此。"雪"，芦花也。"往时"四句又出一层，而先将此句冠之，与"无若宋人然"句法同。"沙平"以下，正昔所历也。"颇疑"二句逆卷，何等奇险笔力。"方诸"二句叙耳，亦险怪不平如此。"大梁"六句一衬，作一段，亦另自写。"一时"以下，宾主双收，作感慨收。通篇用全力，千锤百练，无一字一笔懈，如挽百钧之弩。此可药世之粗才俗子，学太白、东坡，满口常语庸熟句字，信手乱填，章法更不知矣。此一派皆深于古文，乃解为此。⑤

为方便分析，兹附上原诗：

> 画史纷纷何足数，惠崇晚出吾最许。旱云六月涨林莽，移我儵然堕洲渚。黄芦低摧雪翳土，凫雁静立将俦侣。往时所历今在眼，沙平水澹西江浦。暮气沈舟暗鱼罟，欸眠呕轧如闻橹。颇疑道人三昧力，异域山川能断取。方诸承水调幻药，洒落生绡变寒暑。金坡巨然山数堵，粉墨空多真漫与。大梁崔白亦善画，曾见桃花净初吐。酒酣弄笔起春风，便恐漂零作红雨。流莺探枝婉欲语，蜜蜂掇蕊随翅股。一时二子皆绝

---

① 方东树：《昭昧詹言》卷一第七七条，人民文学出版社 1961 年版，第 27 页。
② 方东树：《昭昧詹言》卷一第五三条，人民文学出版社 1961 年版，第 19 页。
③ 方东树：《昭昧詹言》卷一第五三条，人民文学出版社 1961 年版，第 19 页。
④ 沈德潜：《说诗晬语笺注》，王宏林注，人民文学出版社 2011 年版，第 188 页。
⑤ 方东树：《昭昧詹言》卷十三第一七〇条，人民文学出版社 1961 年版，第 286 页。

艺，裘马穿羸久羁旅。华堂岂惜万黄金，苦道今人不如古。①

首二句，称赞惠崇画功之后，并不接着写画，而是突接"旱云"句，极写天气之闷热，之后再回到画上，称赞惠崇之画仿佛使我置身洲渚，故评语谓"旱云"四句"曲折奇险"。"往时"四句的评语中"无若宋人然"语，出自《孟子》："无若宋人然。宋人有闵其苗之不长而揠之者，芒芒然归。谓其人曰：'今日病矣，予助苗长矣。'其子趋而往视之，苗则槁矣。"这段话是典型的逆置。王诗在这先将"往时所历今在眼"句放在前面"冠之"，与"无若宋人然"一样属逆置句法（方东树这里的"句法"实指现代意义上的"章法"）。"颇疑"以下二句，评曰"逆卷"，亦即沈德潜所谓不从人意料之内的正面着笔的"反接"，出人意料故而能有"奇险笔力"。这种"曲折奇险""奇险笔力"所指正是出人意料的"突出处"，而评语最后所说的"如挽百钧之弩"直接是以"健"之人物形象来形容此诗的"健"美。

按照通常的语脉、文理习惯，顺序是正体。不过，如果只有正体，则必将"骎骎冗絮缓弱"。周裕锴先生指出："所谓'健'或'健峭'，就是捷克形式主义批评家穆卡洛夫斯基所说的'诗歌语言'必有'突出处'。"②倒插、逆接等章法，就能够在正体的"背衬"中制造"突出处"。因此，陈造《江湖长翁集》说："（文）逆置而弥健，迁固多得此法。'必我也，为汉患者。''必汤也，令天下重足而立，侧目而视。''必我也''必汤也'置之于上，其语弥健而法。"③对"突出处"所形成的"健"的追求，就是杜甫王安石章法布局的目的所在。

四、结　语

唐季五代，诗格卑弱。欲改变卑弱的诗风，必须有待于儒学的全面复兴。《周易·乾卦》云："天行健，君子以自强不息。"④"健"作为儒学倡导的刚强有力的人格精神的体现，正是一剂对症晚唐以来卑弱诗风的良药。欧阳修等人开展的诗文革新运动很大程度上即对卑弱文风的反拨。在此时期，"健"字常被用来评诗。如欧阳修《释秘演诗集序》称："夫曼卿诗辞清绝，尤称秘演之作，以为雅健有诗人意。"⑤苏舜钦《大理评事杜君墓志》："效杜子美作诗，其劲峭严密，指事泛情，时时复至绝出。"⑥"劲峭"即"健"的另一种表述。总之，从欧阳修的时代开始，诗学中的尚健思潮随着儒学的复兴，开始成为贯穿整个宋诗学的重要命题。

而就诗歌艺术层面来说，"健"还是联结唐宋诗史的重要因素。严羽《答出继叔临安吴景仙书》云：

① 李壁笺注，高克勤点校：《王荆文公诗笺注》卷一《纯甫出僧惠崇画要予作诗》，上海古籍出版社 2011 年版，第 3 页。
② 周裕锴：《宋代诗学通论》，上海古籍出版社 2007 年版，第 465 页。
③ 陈造：《江湖长翁集》卷二十九《文法》，文渊阁《四库全书》一一六六册，上海古籍出版社 1987 年版，第 373 页下~374 页上。
④ 周振甫译注：《周易译注》，中华书局 1991 年版，第 3 页。
⑤ 欧阳修：《欧阳修全集》卷四十三《释秘演诗集序》，中华书局 2001 年版，第 611 页。
⑥ 苏舜钦：《苏舜钦集》卷十五《大理评事杜君墓志》，上海古籍出版社 1981 年版，第 192 页。

又谓：盛唐之诗，雄深雅健。仆谓此四字，但可评文，于诗则用"健"字不得。不若《诗辨》雄浑悲壮之语，为得诗之体也。毫厘之差，不可不辨。坡、谷诸公之诗，如米元章之字，虽笔力劲健，终有子路事夫子时气象。盛唐诸公之诗，如颜鲁公书，既笔力雄壮，又气象浑厚，其不同如此。只此一字，便见吾叔脚根未点地处也。①

严羽评唐音的用语是"雄浑悲壮""笔力雄壮""气象浑厚"；而于宋调，则用的是"劲健"，且明确表示盛唐诗"用'健'字不得"。由此可见，唐音宋调之别正在于一"雄浑"，一"劲健"。

"健"作为宋代诗人主动追求审美理想，是建立在"诗格"即"人格"的诗学观念之上的，诗歌往往刻意表现出诗人的人格力量。相比而言，盛唐诗人的兴发感动大多并非自觉主动地表现某种"意念"或主体"性格"，而是"感物兴情"，情感的生发纯任天然。一个刻意表现，一个纯任天然，宋诗自然不如唐诗"浑融"了。中唐以降，"雄"的底蕴逐渐消退，诗格遂逐渐走向卑弱。宋人为了补救"雄"的消失而追求"健"，又因"健"的获得而失去了浑。从这方面看，崇"健"使宋调得以确立自身不同于唐音的一个重要的独特艺术面目。

当然，"健"这一美学特质与诗歌这一艺术载体的融合本身还需要一个进化过程。作为确立了北宋尚健思潮的欧阳修，其诗歌"句亦雄健"，② 可这种"健"表现在具体作品上主要是指诗歌中的气势而非具体的语言表达艺术。叶梦得《石林诗话》载："欧阳文忠公诗始矫昆体，专以气格为主。故其言多平易疏畅。律诗意所到处，虽语有不论亦不复问。"③ 这段话明确点出欧阳修诗歌两方面特点：一是"气格为主"，以雄健的气势矫昆体之弊；二是对诗歌语言艺术的相对轻视，即"虽语有不论亦不复问"。因此，欧阳修是以"气盛言宜"的韩愈作为诗歌师法对象，而"不好杜诗"④的。欧阳修的"不好杜诗"可以从两个方面看，一方面是杜诗追求的是沉郁顿挫，并非一味追求气势；另一方面，"为人性僻耽佳句，语不惊人死不休"的杜甫在诗歌语言上是非常下功夫的。这两方面都与欧阳修的诗歌追求相左。然而诗歌毕竟是语言的艺术，一味追求气势也违背了诗歌"含蓄"的基本审美需求。因此，欧阳修的诗歌"少余味"⑤的弊病也非常明显。此时的诗坛虽然接受了"健"的时代思潮，但这种"健"的风格并没能完美地与诗歌艺术本身相融合。

这个问题的解决，需待新的诗坛领袖出现，而这个领袖就是王安石。王安石不仅用杜甫替换了韩愈，使之成为诗人们效法的新典范，而且还通过对杜诗艺术——字法、句法、章法的学习，把"健"成功转换为一种语言风格。在保留了"健"的审美风格的同时消除了"少余味"和不注重语言锤炼的弊病，最终使"健"美成功融入诗歌艺术，并使之成为宋诗的一项重要审美内涵。梁启超在评价王安石对"宋调"形成的贡献时说："欧梅以冲夷淡远

① 严羽著，郭绍虞校释：《沧浪诗话校释》，人民文学出版社 1961 年版，第 252 页。
② 魏泰：《临汉隐居诗话》，何文焕辑：《历代诗话》，中华书局 1981 年版，第 323 页。
③ 叶梦得：《石林诗话》，魏庆之编：《诗人玉屑》卷十七，中华书局 2007 年版，第 520 页。
④ 陈师道：《后山诗话》，何文焕辑：《历代诗话》，中华书局 1981 年版，第 303 页。
⑤ 魏泰：《临汉隐居诗话》，何文焕辑：《历代诗话》，中华书局 1981 年版，第 323 页。

之致，一洗秾纤绮冶之旧。至荆公更加以一种瘦硬雄直之气为欧梅所未有。故欧梅仅能破坏，荆公则破坏而复能建设者也。"①从这个方面看来，王安石接受并师法杜诗之"健"，对宋调的建立，是有着深远意义的。

（作者单位：江西师范大学文学院）

---

① 梁启超：《王安石评传》第二十二章《荆公之文学（下）》，世界书局民国二十四年版，第 146 页。

台阁体"颂圣""鸣盛"主题的演变[*]

□ 方 宪

　　"颂圣""鸣盛"是台阁体文学的创作主题。① 人们对它普遍持批评的态度，就其内容价值而言，自然无足称道。然而，从一种文化和文学话语形态来看，这也是一种值得关注的文学现象。

　　我们可以提出这样的问题：历代馆阁都有鸣盛之作，它们之间是不是全然千篇一律的主题重复？有没有体现特定政治和文化议题的焦虑、要求？它们是如何回应这些焦虑和要求的？"颂圣""鸣盛"主题焦点的位移对馆阁文学风貌的变迁有无影响？更重要的是，这种主题的变化往往是当时政治主题与环境的投射，与馆阁文学发展的政治生态息息相关，二者之间的互动关系如何？这些都是值得探讨的问题。

　　明初台阁体的主题向来被概括为"歌功颂德"。事实上，随着政治环境、氛围的变化，即使是受到诸多限制、相对单一的台阁创作，在主题内涵与表达上也会有细微的变化，体现出在具体政治环境中对特定政治议题的回应，有着内在发展的逻辑理路。

一、"颂圣"：祥瑞应制的政治功能

　　永乐初期，朝堂上响彻一片"颂圣"之声，文坛上的重要景观是祥瑞应制创作的繁荣。颂圣主题集中在祥瑞应制创作上。祥瑞总是与合理的人间秩序、良好的政治状况联系在一起，于是，当需要彰显帝王德行或盛世图景的时候，祥瑞就会比较集中地出现。明初洪武、永乐之际就是祥瑞出现频繁的时期。洪武朝处于开国之际，需要借助政治神话来凸显明王朝的"天命所归"，而永乐初期最严重的"政治焦虑"就是继承帝位的合法性，永乐初年，祥瑞频繁出现，祥瑞应制创作也繁荣起来。②明人注意到，"太宗文皇帝入继大统之

　　* 本文为教育部人文社会科学重点研究基地重大项目"科举文化与明清知识体系研究"（项目编号：16JJD750022）阶段性成果 。

　　① 罗宗强先生在《明代文学思想史》中将台阁体文学思想特点之一概括为"鸣国家之盛""传圣贤之道"（《明代文学思想史》，中华书局2013年版，第136~145页）。

　　② 永乐七年以前的祥瑞事件有：永乐二年七月，礼部尚书李至刚奏，山东郡县野蚕成茧，缫丝来进，请率百官贺；永乐二年九月，周王来朝，献驺虞；永乐二年十月，庚辰，辇道东南有星如盏，黄色，光润而不行；永乐二年十月，采石制作孝陵碑，得石龟；永乐二年十月，蒲城、河津二县黄河清；永乐二年十二月，同州、韩城县黄河清；永乐四年十一月，甘露降孝陵松柏，醴泉出神乐观，荐之太庙，赐百官；永乐六年，瑞星现。

初……四方以祥瑞来奏者不绝，一时臣工颂声交作，所以述朝廷之盛，以传播天下而耸动之也"。①《静志居诗话》卷六也指出："长陵靖难而后，瑞应独多……当时词臣争献赋颂。"②

此时的祥瑞事件政治意图很明显，即缓解永乐承统合法性欠缺的焦虑，瑞应题材创作的出发点也与此相适应。

永乐二年（1404），祥瑞集中出现，以驺虞、神龟、河清为主题的瑞应诗颂相应地盛于一时。驺虞题材的诗颂，从内容上看，除了描绘祥瑞之状、帝王谦抑美德、歌颂盛世之外，首要的是表明永乐继承大统的正当性。

姚广孝《驺虞诗》序："今上皇帝，绍隆鸿业……嘉祥异瑞，由是迭兴。驺虞之出，实彰上之至德。"③刘隽《驺虞诗》序："洪惟皇上衣神圣文武之资，绍太祖皇帝大一统之业，武功耆定，文教诞敷，尊祖配天，孝敬昭格，友于同气，和洽藩邦。"君臣想要表明的无非是永乐继承大统是顺天应人的。河清题材的创作，其主旨也类此。

神龟题材创作则涉及永乐与明太祖的关系。永乐二年（1404）十月，因孝陵碑尚未建成，命采石于南京龙潭山南麓。"久之，惟碑砆未得，乃掘地三丈许，忽得石龟，隆然若蹲，形体之似，宛若生成，九畴参错，有自然之文。匠石惊愕，以为神异。"由于"孝陵"的特殊政治意义，这个看似平常的事件被赋予了祥瑞的内涵加以宣传。群臣自然了解其中的政治寓意。梁潜作赋云："于穆圣皇，厥孝纯备，聿念皇考，作配天地。"④金幼孜说得更明白："维皇嗣之，圣作物睹……继志述事，跻于至治。嘉祥骄臻，诸福毕至。惟皇至孝，思念神功。"⑤凸显的是永乐皇帝孝感动天、承统正当。

永乐初年献呈祥瑞诗颂是明确立场的护身符，成为不同角色、不同目的的人们表明自己"政治正确"的共同选择。除了朝廷新贵，永乐朝建文旧臣的行为更反映出时代风气。俞士吉，建文时任御史，成祖即位，进金都御史，"寻为都御史陈瑛所劾，与大理少卿袁复同系狱。复死狱中，士吉谪为事官，治水苏、松。既而复职，还上《圣孝瑞应颂》。帝曰：'尔为大臣，不言民间利病，乃献谀耶！'掷还之"。⑥俞士吉的"瑞应颂"虽然被"掷还之"，但他仍因此举免去了一场灾祸。作为在新朝动辄得罪的建文旧臣，俞士吉的行为生动地表明了一个事实：进呈"颂圣"的祥瑞作品不失为一种最佳的表明政治立场和姿态的策略。

值得注意的是，祥瑞应制中主要的文体是颂体，明确以"颂"为名的有夏原吉《河清颂》、胡广《神龟颂》，而一些以诗、赋为名的，如胡广的《驺虞诗》等，实际上也有"颂"体功能。

---

① （明）吴宽：《跋滕用亨贞符颂》，《家藏集》卷五十四，四部丛刊影印明正德本。
② （清）朱彝尊著，黄君坦点校：《静志居诗话》，人民文学出版社 1990 年版，第 149 页。
③ （明）姚广孝：《〈驺虞诗〉序》，《逃虚子集》卷六，清钞本。
④ （明）梁潜：《神龟赋》，《泊庵集》卷一。
⑤ （明）金幼孜：《神龟颂序》，《金文靖集》卷六。
⑥ （清）张廷玉等：《明史》卷一百四十九《蹇义夏原吉传附俞士吉传》，中华书局 1974 年版，第 4155 页。

颂体在内容上以赞美褒扬为主,其主要功能就是揄扬功德。在形式上,多为四言韵语,修辞风格亦典雅庄重,刘勰在《文心雕龙·颂赞》篇中说:"颂惟典雅,辞必清铄,敷写似赋,而不入华侈之区;敬慎如铭,而异乎规戒之域。揄扬以发藻,汪洋以树义。"①可见,颂体本身具有特定的应用场景、功能,有很强的文体规范性。如学者所言,"作为文体意义的'颂',尽管在后世的发展过程中,产生了某些变化,然而其核心却没有脱离《诗序》的概念。换言之,后世颂体创作的主流,其内容不外乎'美盛德';其行文则以铺叙为主,叙说成功之形容,而其表现形式,则是要在宗庙的祭祀中进行诵唱……以四言句式为主,语言典雅,形式板滞,内容单一,思想、艺术价值不高,是典型的庙堂文学"。②总而言之,永乐初的祥瑞应制创作更多的是一种政治表达策略,无论是创作的主题、行为乃至形式,都明显体现出这一点。

二、"鸣盛":扈从创作与朝贡应制

永乐中后期,政治上的重心由对内的肃清建文政治余势、巩固政权转向对外开拓和交流。永乐七年以后频繁北巡、北征,通使西域、远航西洋,重译来朝、混一华夏的盛世气象逐渐显现,台阁创作找到了新的主题,"鸣盛"意识也得到发展。

先看扈从。扈从是指随从皇帝出巡,扈从活动包括常规性的如郊祀、游苑、校猎等,也包括特殊情形如出巡、亲征等。③永乐时期主要扈从活动是随皇帝北征蒙古和巡幸北京。内阁固定的扈从阵容胡广、金幼孜、杨荣,翰林院中如曾棨,部院大臣中如夏原吉等亲近文臣,是扈从主题创作的主要群体。在扈从题材的创作中,"鸣盛"意识相应发展起来。永乐七年,曾棨的《扈跸集》成,梁潜在序中说:

> 永乐七年二月,皇上巡幸北京,于时翰林侍讲曾君子棨与二三近臣以文学得预扈从,因次其道途所经山河之胜,行宫连营千乘万骑之壮,见于诗凡若干首,名曰《扈跸集》。

> 余读之而叹曰,于乎盛哉!夫朝廷之事,圣君贤臣之嘉谟,雄烈照耀古今者,史氏能书之。至于一时太平盛观,丰亨豫大之容,民情风俗之美,下至原野鸟兽草木之光华润泽,可以感发歆美,而史氏之所不书与不及书者,则皆存乎诗人之铺张形容,非负奇才雅思,盖有所不能也。

---

① 黄霖编著:《〈文心雕龙〉汇评》,上海古籍出版社 2005 年版,第 39 页。

② 吴承学、刘湘兰:《颂赞类文体》,《古典文学知识》2010 年第 1 期。

③ 其三,永乐时期扈从制度的确立与皇帝巡幸北京相关。永乐六年(1408)八月,皇帝命礼部、翰林院议定巡狩之仪,诏告天下。巡狩仪制包括留守事宜、军民接驾、沿途祭祀等,其中重要一项是扈从制度。扈从的组织人员构成,除了军马基本上是一套精简的中央机构,包括府、部、院、司、寺及各科给事中等人员,其中,"翰林院内阁官三员,侍讲、修撰、典籍等官六员"[见(明)申时行等:《明会典》卷五十三礼部十一"巡狩"条,中华书局 1989 年版,第 340 页]。此后,皇帝五次亲征漠北,扈从制度也延续下来。

……子启既学博而材优，又遭逢圣主之治，故其发于言者宏博深厚，足以极一时之盛，百世之下读之，为之低佪俯仰，想见其时，而追慕绎思于无已，则其言与古之作者夫岂相远哉！于乎是可传也已。①

这段话表明，对于台阁作家而言，此时，"鸣盛"不再如祥瑞应制的"颂圣"那样，单纯只是迫于政治压力、适应朝廷礼乐制度需要而为之，也不再只是空洞无物的政治套语、肤滥词藻的堆砌，而是有了实实在在的歌咏对象和情感寄托。

其一，扈从的经历激发出馆阁人员对自己"铺张形容"盛世的神圣职业责任感。曾棨认为馆阁人员以诗文华国，这是史书所不能替代的。馆阁成员以"润色鸿业"为自我期许，扈从这一契机，将他们潜藏的职业责任感激发出来。金幼孜说："两京陪扈从，千载幸遭逢。自感恩荣盛，宁知刻漏终。"（《元夕赐观灯》）李时勉《送晃庵胡学士扈从之北京》说："恩渥岂徒亲密勿，经纶真足致华勋。从容房杜无庸传，激烈欧虞祇自文。"②对内阁大臣而言，他们不只要有房谋杜断，而且以欧、虞文章自许，除了"亲密勿"、预机务的政治才能，文章华国的"词臣"身份才是更重要的，这也是他们对自己的定位，"载笔词臣今又到，只将词赋颂升平"（胡广《到北京》），"从臣载笔长杨里，谫薄惭无献赋才"（金幼孜《九月十八日扈从车驾出居庸关外较猎》），都是这种心理的反映。

其二，扈从北巡、北征，一路上的山河形胜、行阵威仪，使国运隆盛的盛世意识落到了实处，"一时太平盛观，丰亨豫大之容，民情风俗之美，下至原野鸟兽草木之光华润泽，可以感发歆羡"，由此产生的"鸣盛"意识未始没有出自衷心的部分。

北巡往返帝京之间，他们得观治世风貌，笔下自然流露雍熙和洽之情，胡广《永乐癸巳再扈从北京首出都城》："圣皇巡狩出江东，翰苑词臣载笔从。满路菲花迎过辇。九霄晴日驭飞龙，旌旗遥映川原静，雨露深含草木浓。共荷太平无以报，只期四海尽年丰。"③

北征蒙古，他们得观盛大军容和国威。金幼孜回忆自己扈从出塞说："往复七阅月，周回数万里，凡山川道路之险夷，风云气候之变化，銮舆早晚之次舍，车服仪卫之严整，甲兵旗旄之雄壮，军旅号令之宣布，祃师振武之仪容，破敌纳降之威烈，随其所见辄记而录之，且又时时作为歌诗，以述其所怀，虽音韵鄙陋，不足以拟诸古作，然因其言以即其事，亦足以见当时儒臣遭遇之盛者矣。"④正是这种扈从经历，赋予了他们书写国家之盛的契机，也确实多少激荡起词臣心中鸣盛的豪情意气。

其三，永乐时期，随着郑和下西洋和陈诚出使西域，远蕃朝贡渐兴，明人严从简说："自永乐改元，遣使四出，招谕海番，贡献毕至。奇货重宝，前代所希，充溢库市。"⑤以此为主题的朝贡应制也繁荣起来（见表1）：

———

① （明）梁潜：《扈跸集序》，《泊庵集》卷七。
② （明）曹学佺：《石仓历代诗选》卷三百五十一明诗初集七十一。
③ （明）胡广：《永乐癸巳再扈从北京首出都城》，《胡文穆公文集》卷二，清乾隆十五年刻本。
④ （明）金幼孜：《滦京百咏集序》，《金文靖集》卷七。
⑤ （明）严从简：《殊域周咨录》卷九，明万历刻本。

表1   永乐至正统朝贡应制作品表①

时间	贡物	国家	作品
永乐二年六月	白象	安南	曾棨《白象赋》有序、金寔《白象歌》、高棅《奉赋安南进白象应制》
永乐四年八月	白象		黄淮《白象诗》
永乐十二年九月	麒麟	榜葛剌国	梁潜《瑞应麒麟赞》有序、曾棨《麒麟歌》
永乐十三年九月	麒麟	麻林国	梁潜《瑞应麒麟篇》有序、夏原吉《麒麟赋》有序、胡广《麒麟赋》并序、金幼孜《瑞应麒麟赋》有序、王洪《瑞应麒麟赋》、王直《瑞应麒麟颂》有序
永乐十三年九月	狮子	西域诸蕃	胡广《狮子赞》、梁潜《西域献狮子赋》有序、金幼孜《狮子赋》有序并《狮子歌》有序、曾棨《西域哈烈国王所贡狮子歌》
永乐十六年九月	白象	占城	金幼孜《瑞象赋》有序、杨荣《白象歌》、夏原吉《瑞象赞》有序
永乐十七年八月	狮子	夷木骨都束国	金幼孜《狮子赞》有序
永乐十七年八月	麒麟	阿丹国	杨荣《瑞应麒麟诗》有序、夏原吉《圣德瑞应诗》、金幼孜《麒麟赞》有序
永乐十九年九月	白象	占城	陈敬宗《瑞象赋》有序
宣德四年十月	麒麟	榜葛剌国	杨士奇《麒麟颂》有序、刘球《瑞应麒麟赋》有序
宣德八年闰八月	麒麟	海外诸蕃	杨士奇《瑞应麒麟颂》有序、王直《瑞应麒麟颂》有序、孙瑾《瑞应麒麟颂》
正统三年十月	麒麟	榜葛剌国	杨溥《麒麟诗》有序、周旋《麒麟赋》有序

可以看到，朝贡应制正是在永乐中后期繁荣起来。这些应制诗赋以贡物为题材，除了描绘远方贡物的珍奇，还大力渲染怀柔远人、四方来朝的盛世图景，流露出浓厚的鸣盛意识。这些作品中对远方的珍禽异兽有生动的描绘，如梁潜《西域献狮子赋》："蒙蒙茸茸，勃其鬐䰄；凛凛栗栗，赫乎有威。眹绀目兮星垂，妥绣尾兮霞披。揽蓐收之精英，褫太白之神奇，棱棱乎猛气，猎猎乎雄姿。"②胡广《麒麟赋》："观其瑰形异质，修领丰仪，身昉林麛，文综元龟，蹄蹖骍骝之铁，尾曳髦襂之氂，心合仁义之懿，角具刚柔之资，顾生刍而弗践，视蠕动而避蹂。"③其实，在祥瑞题材的应制创作中，也不乏以瑞兽如驺虞为题材的作品。比较二者，可以发现它们侧重点的不同。祥瑞应制作品中，由于瑞兽多具有强烈的虚拟色彩，故而对其形态的描绘十分有限，更多的是通过对其瑞兽本身蕴涵的强烈政治

---

① 此表据叶晔《明代中央文官制度与文学》第一章表1-1《明代朝贡应制作品一览》表（浙江大学出版社2011年版，第62~63页）。

② （明）梁潜：《泊菴集》卷一。

③ （明）胡广：《胡文穆公文集》卷九，清乾隆十五年刻本。

意蕴进行歌颂，如唐文凤《驺虞颂》关于驺虞的描述仅仅是"白质黑文，尾长于身，不践生刍，不食生物，日行千里"，大量篇幅是敷陈"惟皇德广，来兹驺虞"。① 梁潜《驺虞诗》也是如此，描绘驺虞"外何其威"只是"素质玄章，云舒雾凝"②的只言片语，重点在通过"内何其仁"歌颂帝德，多是空洞、熟习的溢美之词的堆砌。从文学价值上来看，贡物应制作品价值更大。

其四，远藩络绎来朝，珍稀物品源源进贡的景象更是大大刺激了皇帝和朝臣们的自豪感。胡广说，这是皇帝"仁抚万方，泽被群品，故和气充溢流为祯祥，动植之物屡臻沓至，古昔传闻而未之有者，今毕来呈"。③梁潜在《瑞应麒麟赞》中说得更明白："汉武之世麟见于雍，而匈奴浑邪来降；宣帝时，九真国以麟来贡，而四夷莫不宾服，则其言信然。是皆见诸经史，可考证不诬者也。洪惟皇帝陛下功德盛大，仁恩宏畅，始于家邦，充溢乎八表，故薄海内外，九夷八蛮之远无不向风顺化，盖自三代以降，中国之盛未有过于今日者也。"④此时，"鸣盛"不再是政治神话话语的空洞陈词，而是有了实在的载体和寄托。可以说，台阁创作中"鸣盛"意识的发展及相关题材创作的拓展与永乐中期扈从创作和朝贡应制有密切联系。

三、"颂世"：馆阁雅集、君臣宴游与太平歌咏

永乐十九年迁都北京直到正统初，是杨士奇领导的"台阁体"文风盛极一时的历史时期。杨士奇台阁领袖地位的建立，与迁都北京后有意识主导馆阁雅集有关。

永乐前中期，馆阁的雅集唱和之风还不是很兴盛。⑤ 一方面是前期内阁矛盾错综，政治氛围紧张；另一方面，永乐七年后皇帝频繁北征、北巡，造成馆阁词臣分化为北行扈从、监国南京两个群体的局面。⑥迁都北京以后，杨士奇随太子结束南京监国，来到北京主导京城文坛，组织京城宴集唱和，影响日盛。

到北京后，杨士奇与翰林、春坊群体交往更密切。永乐二十年（1422）正月，他与春坊僚采宴集。此次宴集者有詹事府少詹事邹济、司经局洗马姚友直、左春坊司直郎金寔、左春坊司谏张伯原，均为杨士奇的春坊同僚。同年十二月，与"翰林交游之旧者"十七人

① （明）程敏政：《唐氏三先生集》《梧冈文稿》卷三十，明正德十三年张芹刻本。
② （明）梁潜：《泊菴集》卷一。
③ （明）胡广：《胡文穆公文集》卷九。
④ （明）梁潜：《泊菴集》卷一。
⑤ 前期比较重要的是永乐三年（1405）邹缉等七人的翰林斋宿诗文唱和，参与者分别是侍读曾日章，修撰钱公仲益、徐孟昭，检讨苏伯厚、沈民则、王绂，左春坊左庶子邹缉。见(清)陈田：《明诗纪事》乙签卷五，上海古籍出版社1993年版，第660~662页。
⑥ 内阁中黄淮与江西籍官员争斗激烈，解缙之贬就与他有关。"黄淮最先受知，传好诋毁同列，解缙、胡广、杨士奇皆为所排，时号'淮瘟鬼'。"（见黄景昉：《国史唯疑》卷二，清康熙三十年钞本）此外，永乐初期皇帝对大臣还很猜忌，永乐五年皇帝告诫杨士奇，"为臣当戒私交，为士当务清谨"（见杨士奇：《东里文集》，中华书局1998年版，第388页）。在这种情况下，朝臣内敛自守，自然难有心情和环境雅集唱和。而永乐七年以后，皇帝频繁北巡，长期驻跸北京，扈从、监国各有职守，台阁群体分隔两地，聚少离多，更少机会宴集唱和。

在西城宴集。西城是长安门以西五六里以杨士奇为核心的馆阁成员聚居的地方，"余之居于此也，凡翰林素所交游多在焉"。①至正统时，杨士奇主导的东郭草亭宴集影响更大，"每岁季春之望，必置酒会文儒于东郭之草亭，与于斯者皆文学之名流，极觞咏之雅，致宾主洽欢，适乎内而遗乎外，京师若斯会者殆千百之十一见也"。②通过馆阁宴集，杨士奇不仅确立其台阁文学盟主的地位，而且使得馆阁群体的文学影响力大增，成为中央文坛的绝对主宰。馆阁雅集推动了杨士奇为核心的台阁体派的形成，馆阁群体身份意识的强化也有利于"颂世"主题在台阁雅颂文学中的贯穿。随着内阁重臣引领的歌颂清平盛世的时代主音响起，馆阁群体众声响应，最终形成主流文坛一片赞颂之声。

宣德时期，皇帝主导的君臣宴游也发展起来。宣宗喜游幸、好文艺，时常赐大臣同游、诗词唱和，如《明史·王英传》所说："是时海内宴安，天子雅意文章，每与诸学士谈论文艺，赏花赋诗，礼接优渥。"③伴随馆阁雅集、君臣宴游，馆阁雅集唱和、宴游相关应制诗文中"歌咏太平"的表达日益凸显并且表现出新的体式、风格。

无论是君臣宴游，还是馆阁词臣的雅集，宴游之乐的最终指向是歌咏"太平之时"。王直感叹，"士大夫当太平之时而得遂宴游之乐，盖难也"。④

宣德三年（1428）七月，赐游东苑，杨士奇赋四言诗九章记御苑风物。宣德八年（1433），杨士奇上《太平圣德诗》十首。其序云："宣德八年正月上元之夕，敕张灯于御苑，制作精丽铺张，宏大辉焕繁盛，殆非言语所能形容太平之盛致也……"⑤宣德十年（1435），王直描述杨士奇领导的南园宴集，"天气和煦，薰风徐来，花香袭人，鸟鸣上下，脱喧嚣之烦而遂闲旷之适，其乐可知也"，⑥ 而这种闲适之乐，正是"圣天子在上，万民咸和"的太平盛世赋予他们的。

既然如此，歌咏太平就成为词臣义不容辞报答盛世的义务。"自洪武迄今，鸿儒硕彦彬彬济济，相与咏歌太平之盛者，后先相望。"⑦活跃于宣德、正统政坛，终官南京吏部尚书的魏骥（1374—1471）屡屡感叹"常愧无才答盛时"，这种感喟在宣德、正统初的士人那里普遍可见，他的态度正可以代表一代士人的心声——对太平盛世的切身感受和由衷赞美。

由于政治氛围的相对宽松，君臣遇合，"歌咏太平"未始不是馆阁词臣的"衷心底蕴"。如果说，永乐时期士人处于政治高压之下奉命战栗歌颂，那么，洪熙、宣德以后，与雅集、宴游相联系的是和乐氛围以及士人对"太平盛世"的感受，贯穿在台阁创作主题中的是遭逢盛世的集体心态。

在形式上，值得注意的是，应制文体更为多样，不仅有四言、五言、七言诗，涵盖律体、绝句，还出现赞颂盛世的词作。宣德三年（1428）赐游西苑，杨士奇"赋《清平乐词》十章以识盛事"：

① （明）杨士奇著，刘伯涵、朱海点校：《东里文集》，中华书局 1998 年版，第 75 页。
② （明）杨士奇：《书东郭草亭宴集诗后》，《东里续集》卷二十。
③ （清）张廷玉等：《明史》卷一百五十二《王英传》，中华书局 1974 年版，第 4196 页。
④ （明）王直：《题春日宴桃李园诗》，《抑庵文后集》卷三十六。
⑤ （明）杨士奇：《太平圣德诗序》，《东里续集》卷六十一。
⑥ （明）王直：《题春日宴桃李园诗》，《抑庵文后集》卷三十六。
⑦ （明）杨荣：《省愆集序》，《文敏集》卷十一。

广寒宫殿，晓驻黄金辇。天上彤霞平近眼。俯看碧云芳甸。　　乾坤六合皆春荣。光瑞彩津津，浩荡云飞川泳。甄陶总出皇仁。(其三)

凤池龙舸，画楫黄金柁。亭午虹桥西畔过。琼管瑶筝相和。　　彤亭面面雕栏，天光云影盘桓。世外银潢玉宇，春前丽景清欢。(其五)①

宣德四年(1429)宣宗仿唐太宗故事，赐群臣观击球射柳，杨荣作《西江月·端午赐观击球射柳》五阕，其二云：

御座正临仙苑，禁林大敞琼筵，臂间长命彩丝缠，何必灵符丹篆。　　处处龙舟竞渡，家家箫鼓喧阗，万方无事乐丰年，仰荷圣明恩眷。②

这些词作，无论是描绘御苑风光还是宴游，"曲终奏雅"的指向和落脚点仍然是歌颂"万方无事"的太平盛世和"圣明恩眷"，"台阁体词的主要功能不是抒情，而是歌时颂圣；或者说不是词人个体之抒情，而是以'群臣'或'万民'之集合体出现的'政治抒情'。这类词，无论是写节气风光，还是纪宴游场面，往往以大部分篇幅描写百辟咸沾恩泽、处处欢声笑语的场面，而结尾处则归于对皇上或王朝的美好祝愿"。③歌颂太平盛世、皇恩浩荡的主题从四言诗颂扩展到了词。

台阁文学的主题固然有较强政治性诉求，也受到诸多文学之外因素的影响和制约，然而，从台阁体"颂圣""鸣盛"主题的演变来看，其内涵与表达并非一成不变。这种文学主题的变化往往是政治主题、氛围及士人心态微妙变化的投射，同时，也反映出文学作为一种权力话语与外部世界的复杂互动方式，以及在这种互动中所蕴涵的文学自身内在发展逻辑。如果我们抛开价值判断的眼光，从权力话语的角度去看待和理解这一文学现象，也许可以获得更为全面深入的体察。

(作者单位：华中农业大学文法学院)

① (明)杨士奇：《赐从游万岁山词》，《东里续集》卷六十二。
② (明)杨荣：《西江月》，《文敏集》卷一。
③ 张仲谋：《论明词中的台阁体》，《江苏师范大学学报》(哲学社会科学版) 2016年第2期。

论《明文海》中的八股文批评[*]

□ 张　帆　陈文新

　　《明文海》是明清之际大儒黄宗羲编纂的一部内容丰富、卷帙浩繁的明文总集，凡四百八十二卷。是书为保存明代文献，广泛搜辑，博洽融通，兼收并蓄，"使一代典章人物，俱藉以考见大凡"，"可谓一代文章之渊薮"。[①] 举凡政治、经济、文化、风俗等，无所不包，具有极高的史料价值。特别值得注意的是，对于在 20 世纪"臭名昭著"的八股时文[②]，《明文海》也给予了很高的关注。不仅在选编文章时，反映出对明代科举和时文的思考，更在占全书总卷数 24.4% 的序类选文中，专列"时文"这一类目，占序类总卷数的 6%。

一、黄宗羲何以收录时文序

　　黄宗羲活动于明末清初，实学兴起，而此期正是八股文流弊愈加严重的时期，不少有识之士对八股文提出了严厉的批评，甚至一些亲眼见证了明王朝分崩离析的"遗民"，将国家灭亡归因于八股文。与黄宗羲同时期的顾炎武，就对八股之害深恶痛绝："愚以为八股之害等于焚书，而败坏人材，有甚于咸阳之郊所坑者但四百六十余人也。"[③]将八股之害，比作秦始皇焚书坑儒，足见其激愤之情。事实上，黄宗羲本人，对八股时文也是持批判态度的，甚至"其时文、小说、词曲、应酬代笔已刻者，皆追板烧之"。[④] 他认为："今世科举经义，缮写模勒，例用竹纸。士人习此以外，诚不知蜀笺吴楮更作何事。其有资于

---

　　*　本文为教育部人文社会科学重点研究基地重大项目"科举文化与明清知识体系研究"（项目编号：16JJD750022）阶段性成果。

　　①　纪昀等：《钦定四库全书总目》，中华书局 1997 年版，第 2661 页。

　　②　时文之"时"，本指时下、应时之意，韩愈在《与冯宿论文书》中所说："时时应事作俗下文字"，即主要指作文章趋时而作。这一概念，自北宋起，有了特定意义，就是指代科举应试的文章。明清两代，以八股取士，时文这一名称是八股文异名系列中历史最悠久，最有代表性的一种。此外，八股文还称八比文、四书文、制艺、制义、时艺等。

　　③　顾炎武著，黄汝成集释，栾保群、吕宗力点校：《日知录集释》，上海古籍出版社 2014 年版，第 372 页。

　　④　黄宗羲：《明夷待访录》，中华书局 1985 年版，第 10 页。

藤纸者，抑狡狯于翰墨而已。风骨夷于比偶，文学尽于科名。"①明确指出明末士子胸无子史，提笔只能摹拟剿袭，"风骨"已经荡然无存。加上士人"富贵熏心"，② 读书求学，只不过是他们获取功名禄位的手段，最终导致了"科举盛而学术衰"，③ "取士之弊，至今日制科而极矣"④。这些批判，切中时弊，与"经世致用"的时代精神相呼应。

在这样的学术环境中，黄宗羲仍然选录时文序，有其特殊的考量。《钦定四库全书总目》云："明代文章，自何、李盛行，天下相率为沿袭剽窃之学。逮嘉、隆以后，其弊益甚。宗羲之意，在于扫除摹拟，空所倚傍，以情至为宗。"⑤黄宗羲编选《明文海》，反对"沿袭模仿"的文字，转而关注文章之"情至"，即要言之有物，要"实"。在他看来，"情至"是文章的基础，"天地间街谈巷语、邪许呻吟，无一非文"，⑥ 因而对"游戏小说家言，亦为兼收并采"，被四库馆臣批评为"失之泛滥"⑦。黄宗羲在《明文案序》中阐述自己搜采文章的动机时说："向使涤其雷同，至情孤露，不异援溺人而出之也。"⑧他的选文，是要将原本被淹没的"至情"之文抢救出来。也就是说，四库馆臣所批评的"失之泛滥"，正体现了黄宗羲尽可能网罗言之有物的文献，以呈现有明一代学术概貌的本意。时文作为明代时代特征最为突出的文体，虽然在明清之际备受鄙薄，但作为历史文献，它有被保存的必要性。其文献价值至少有三个方面。

首先，八股时文是用于"取士"的一种特殊文体，所以《明文海》在序大类中，特设"时文"类，"让八股文登堂入室而进入断代文学总集之中"。⑨ 明朝初建，悉复汉制，其中非常重要的一项，便是洪武三年，朱元璋下令恢复科举，在反思宋元科举得失的基础上，提出："自洪武三年为始，特设科举，以起怀才抱道之士，务在经明行修，博古通今，文质得中，名实相称。……设科取士，期必得于全材，任官惟贤，庶可成于治道。……"⑩在明朝开国用人之际，朝廷开科取士，以选拔"博古通今，文质得中"的全材，具有很强的政治功能。八股时文，从它确立之初，即是为"求六艺之全"而设，有着比历代科举文体更为严格的要求。《明文海》序类共选文 117 卷，其中时文序共 7 卷，81 篇。从序的先后顺序上来说，依次为著述、文集、诗集、赠序、送序、杂序、序事、时文、图画、技术、寿序、哀挽、方外、烈女；从卷数上来说，著述、诗文集类的序文卷数占有绝对优势，时文序和赠序、杂序卷数相当，同时远多于图画、记述等类的卷数。尽管时文所在的位置在

①　黄宗羲：《台雁笔记》，沈善洪、吴光主编：《黄宗羲全集》第 11 册，浙江古籍出版社 2005 年版，第 501 页。

②　黄宗羲：《明夷待访录》，中华书局 1985 年版，第 7 页。

③　黄宗羲：《南雷文案》卷一《李杲堂文钞序》，《丛书集成三编》第 53 册，台湾新文丰出版公司 1997 年版，第 301 页。

④　黄宗羲：《明夷待访录》，中华书局 1985 年版，第 10 页。

⑤　纪昀等：《钦定四库全书总目》，中华书局 1997 年版，第 2661 页。

⑥　黄宗羲：《明文案序上》，陈乃乾编：《黄梨洲文集》，中华书局 1959 年版，第 388 页。

⑦　纪昀等：《钦定四库全书总目》，中华书局 1997 年版，第 2661 页。

⑧　黄宗羲：《明文案序上》，陈乃乾编：《黄梨洲文集》，中华书局 1959 年版，第 388 页。

⑨　张思齐整理：《八股文总论八种》，陈文新主编：《历代科举文献整理与研究丛刊》，武汉大学出版社 2009 年版，第 300 页。

⑩　王祎：《王忠文集》卷十二《开科举诏》，景印文渊阁《四库全书》，第 1226 册，台湾"商务印书馆"1986 年版，第 247~248 页。

著述、诗文集、赠送序之后，但它凭借着特设的名目，以及 7 卷的数量，依然在这部分断代总集中占有显著地位。黄宗羲特设"时文"一类，这在其他总集和书目中并不常见。

其次，保存明代时文文献，为后世客观地认识明代八股文，提供了可靠的文献依据。明代的士人，大多经历过八股文的"洗礼"，但登上仕途之后，往往将其束之高阁，在编选集子的时候，也仅有少数文人，会将自己满意的八股时文选入自己的别集，大多数人则是将之排除在外，也有选了之后又删掉的。所以，我们今天能看到的八股文原文，相对于明代的八股文数量来说，仅为九牛一毛。《明文海》所选录的这些时文序，大部分文集选本已经亡佚，这些序言，有助于还原八股文的历史状况，扩充读者关于明代八股文的认知。从所收时文序不难发现，明代曾经有过诸如《汤君制义》《汪明府制义》《十八房》等大量八股文集的收录、流传和存世。从所序对象来看，形式多样，有全集中收录的，如《许子逊先生全稿》；有八股文单行本，如《汤君制义》《汪明府制义》等；有八股文选本，如《易经程墨文选》《十八房》等；有合订本，如《四家合作摘谬》等；有一些甚至收入自己的文集中，如《李石守文稿》《王有巢文》《巢端明文稿》等，将八股文看作文章的一部分。这些多样的形式，显示了明代人对于八股文这种举业文献的重视。

再次，为保证材料的客观，对于肯定和褒扬的文字，兼收并蓄，既保存了相关文献，也保持了客观的态度，有助于完整呈现明代的学术面貌和八股文生态。晚明艾南英的几篇序文，在肯定八股文的文字中，尤具代表性。《王承周四书义序》称赏八股选本云："制举业之有先辈名稿，犹昔人文集之有古文也。""此不独见守溪、荆川、归、胡数先生之举业，如韩文之久而愈光，而一时倡导之力，使天下知先辈之必传于后世……"①将八股名作与古文相提并论，又以王鏊、归有光等八股文比之韩文，可见艾南英对八股文的欣赏。而在《王康侯合并稿序》中，艾南英更从长时段视野对八股文的历史地位作出了这样的期许："今之制艺，必与汉赋、唐诗、宋之杂文、元之曲，共称能事于后世。"②直接将八股文比肩汉赋、唐诗、宋杂文、元曲，认为它是明代文学中最具代表也是成就最高的文学样式，这种评价，表明明代人对于八股文的推重，除了体制原因，也因为许多八股文章确实值得一读。傅占衡《晁次柳余草序》亦云："八股学问，聪明之会也"，"辛亥以来，八股未窥而能诗古文者鲜矣"，并提出："风赋比兴雅颂，此诗人六义，特时文中一体耳。古文亦然。奈何薄八股？"③将八股和诗、古文放在同一层级中，同样视为有身份、有规格的文体，这种评论，显示了一部分明代人对于八股文的喜爱和对自身八股文的自信。虽然在后世八股文饱受批评，但在明代人眼中，八股文写作，是需要通经博古的，肩负着"载"圣君贤相、穷理尽性之"道"的使命。

二、《明文海》所收时文序对八股文的批评

《明文海》所收"时文"序虽多有为八股文张目的言论，但《明文海》网罗二十九种文类，却对艾南英所认为的能够代表明代文学成就流传于后世的八股文不予选录，只是在序

---

① 艾南英：《王承周四书义序》，黄宗羲：《明文海》，中华书局 1987 年版，第 3212~3213 页。
② 艾南英：《王康侯合并稿序》，黄宗羲：《明文海》，中华书局 1987 年版，第 3211 页。
③ 傅占衡：《晁次柳余草序》，黄宗羲：《明文海》，中华书局 1987 年版，第 3232~3233 页。

类中收录评论文章，以保存明代八股文相关文献。可以说，这既给八股文留了一席之地，却又体现了一种不承认八股文历史地位的态度。著录时文序，是为了存实，是一种反思，不录八股文，是一种历史定位。从时文序所评论的内容来看，批判性的文字也占有压倒性的优势。甚至可以说，黄宗羲之所以特设"时文"一类，主要的目的是对八股末流进行批判。

"制义创自半山，明以来沿以取士，其初不过讲明书旨，其后纬以义法，文体渐成。其后荆川、震泽之徒，以古文大家气魄，运之时文，遂臻极盛。又其后或讲机局，或尚才情，或喜词藻，日新月异，五百年无一定规，或征引及于子书，或摹仿涉于集部。"①清代学者李祖陶的这段话，勾勒出了明代八股文大体的发展历程：洪武年间的八股文，多沿袭宋元经义，未成定式，到宣德后期，八股格式基本定型，至成化、弘治时期，全面成熟，裁对整齐，机调圆熟。但随着文体的成熟，八股文的弊端也日益显露出来，从"四书""五经"中出题而导致的拟题与剿袭，以及对于学术和文学健康发展的阻碍，对于士人心态的戕害等，广受诟病。黄宗羲由明入清，亲眼看着故国家园成为一片废墟，而在他眼中，损害这百年国运的，就有八股文一份"功劳"。但他的批判并不等于否定，而是一种客观面对，深刻思考。

第一，在家国社会层面，对于八股取士的末流之弊，给予了深刻的揭示。虽然从本质上来说，八股文只是一种文体，但它是伴随着国家求贤政策发展起来的，从一开始，它就是承担着人才选拔功能的。也正因为如此，它对社会带来的影响更加受人关注，甚至习惯性地将其与国家命运联系起来。《明文海》所收时文序，首先表达的不满就是士人将八股文作为进身之阶，之后往往追名逐利，不务正业。《皇明功令翼序》云："天子以科诏士，一日得当，徒步可致公卿。"②《序龙虎吟》云："夫以时文为文，非文也。以弓马为武，又非武也。文不成文，武不成武，持此出草庐谒帝，名为应莘渭之求，须吉甫之选，何异抟尘饭儿戏？噫，可笑已！"③八股文定型以后，明代科举考试"三场取七，专注头场"。④ 天下士子为了功名利禄，拼尽一身气力来钻研琢磨八股文，却并不以此为安身立命之用，"科举之滥，至于时文，利之所在，靡然成化"，⑤ "房选一途遂为嗷名射利之捷径"⑥。士人追名逐利，投机取巧，又造成了风气上的"矜躁诞妄"。⑦ "或寒胸俭腹，未能参究章句，便已恣意雌黄"，⑧ 胸中本无点墨，仅仅学一些皮毛，便已经信口雌黄，所学所作，都是虚空浮泛的。而那些真正有学问才华的人，却往往不能一展宏图。当国家急需正人君子经邦弘化之时，"好学之士多伏于野，天下事究竟付何人哉"。⑨ 面对内忧外患，"强胡

① 李祖陶：《文选制义》序，道光十六年南塘聚星堂刻本。

② 文德翼：《皇明功令翼序》，黄宗羲：《明文海》，中华书局 1987 年版，第 3179 页。

③ 曾异：《序龙虎吟》，黄宗羲：《明文海》，中华书局 1987 年版，第 3190 页。

④ 张岱：《石匮书》卷二十一《文苑列传总论》，《续修四库全书》第 320 册，上海古籍出版社 2002 年版，第 88 页。

⑤ 陆符：《时文易书后》，黄宗羲：《明文海》，中华书局 1987 年版，第 3198 页。

⑥ 陈弘绪：《甲戌房稿辨体序》，黄宗羲：《明文海》，中华书局 1987 年版，第 3229 页。

⑦ 陆符：《董笔公文稿叙》，黄宗羲：《明文海》，中华书局 1987 年版，第 3199 页。

⑧ 陈弘绪：《甲戌房稿辨体序》，黄宗羲：《明文海》，中华书局 1987 年版，第 3229 页。

⑨ 黎遂球：《李笃侯窗稿序》，黄宗羲：《明文海》，中华书局 1987 年版，第 3182 页。

所需者卿相士大夫之剑"，① 而当事者之剑，早已销蚀在八股帖括之中，根本无以御敌。八股文本是用来为国家挑选人材的，但最终选出来的人材却于国计民生无所裨益。当艾南英说"制举之业，至今日败坏极矣"时，② 他是痛心疾首的。

第二，八股文风在晚明日渐败坏。八股文的要旨是"代圣贤立言"，是"载道"，如果"言理而不适于世事，则为腐妄不可用之理"；③ 如果德、功皆不立，"而但以文章立言，此三立之中之最卑者也。文章而至为帖括之经义，此又立言中之最卑"。④ 那么晚明的实际情况如何呢？清初的陆陇其说："明之中叶，自阳明氏倡为良知之说，以禅之实而托儒之名，且辑《朱子晚年定论》一书，以明己之学与朱子未尝异。龙溪、心斋、海门之徒从而衍之，王氏之学遍天下，几认为圣人复起，而古先圣贤下学而上达之遗法灭裂无余，学术坏而风俗随之。其弊也至于荡轶礼法。蔑视伦常，天下之人恣睢横肆，不复自安于规矩绳墨之内而百病交作。……至于启、祯之际风俗愈坏，礼义扫地，以至于不可收拾，其所从来非一日矣。故愚以为明之天下不亡于盗寇，不亡于朋党，而亡于学术。学术之坏，所以酿成寇盗、朋党之祸也。"⑤阳明心学曾在一定程度上鼓舞了明代中期的士气。但随着时间的推移，末流之弊也日渐严重，一些人以"个性"为旗号，开启了一个从义理之"理"向良知之"欲"转变的学术风尚，在八股文写作中，则形成了"终身学为浮巧，取誉当世，岿然登明卿钜公之列，而所为文如春之緰华秋之陨叶，虽欲以术留之而终不可得也"⑥的局面。"万历之季，此风浸远，一二轻薄少年，中无所得，而以浮华为尚，相习成风。"⑦"若夫程墨之选，其失有二。其一则浅学腐生，以为是已信之货，虽粪秽瓦砾，咀嚼而拜跪之。……其一为摈落诸生，喜负不偶，眈眈幸夫闱牍之一有瑕疵，则相与摘伏发瘢，正告天下，以洗泄其不售之耻。"⑧故曾异撰在《叙旅誓》中直言："夫为文而至于帖括之经义，此文章之至猥琐者也。"⑨

三、《明文海》所收时文序对改进八股文写作提出了真知灼见

《明文海》所收时文序，还就如何改进八股文写作提出了真知灼见。

这些改进意见围绕着一个核心展开，即八股文应是通经明理、言之有物的经世之文。"上之性情学术，交融互析，沐浴古义，附以伦脊，为可垂之文，一也。次之才格岸然，俯诸一切，或姿致清韶，佳言如屑，不失为可用，一也。又次之理致白，狷于自存，瀚诸嚣淜，宁瑕无伪，以为可寡过，一也。兹三格者，持以尽吾正告天下之意，可以救

① 曾异：《序龙虎吟》，黄宗羲：《明文海》，中华书局 1987 年版，第 3190 页。
② 艾南英：《戊辰房书删定序》，黄宗羲：《明文海》，中华书局 1987 年版，第 3208 页。
③ 曾异：《自叙四书论世》，黄宗羲：《明文海》，中华书局 1987 年版，第 3188 页。
④ 曾异：《徐文匠制义序》，黄宗羲：《明文海》，中华书局 1987 年版，第 3187 页。
⑤ 陆陇其：《三鱼堂文集》卷八《学术辨上》，同治七年武林薇署刊本。
⑥ 文德翼：《观大社序》，黄宗羲：《明文海》，中华书局 1987 年版，第 3180 页。
⑦ 艾南英：《序王子巩观生草》，黄宗羲：《明文海》，中华书局 1987 年版，第 3214 页。
⑧ 曾异：《叙庚午程墨质》，黄宗羲：《明文海》，中华书局 1987 年版，第 3192 页。
⑨ 曾异：《叙旅誓》，黄宗羲：《明文海》，中华书局 1987 年版，第 3191 页。

矣",①"正者录，雄奇者亦录，清脱者录，高古者亦录"②。这其实是以一种古文的标准来要求八股文。如艾南英所说，"制举之业，与古文常相表里"，③"诗、古文辞之为道，其首尾开阖，抑扬深浅，发止敛散之局，与举子业也无异也"④。"然则何谓制义之意？曰：子亦知制义之所自起乎？此宋明以来，取士之具也。盖自公卿大臣，以至于都邑之长，是天子所以寄股肱耳目者也，所以共社稷民人者也，所以为治乱安危之分者也，而皆于制义一途取之。其间非无英君哲相，计深虑远，辨别人材，郑重名器，而卒不废此者，何也？亦曰：是制义者，所以发挥圣贤之理也。能言圣贤之言者，必能行圣贤之行。以若人而寄之股肱耳目，托之民人社稷，则必有安而无危，有治而无乱，是取制义之意也。是五六百年来，所以行之而不废也。自士习坏而制义为虚文。方其执笔而为之，所言者无非仁义也，而孰知言仁义者之背乎仁义也？所言者无非忠信也，而孰知言忠信者之背乎忠信也？举世滔滔以为是取爵禄之具耳，而忘其爵禄之何以必归乎此也。苟可以悦于人而侥幸一第焉，斯已矣。遑问其言行之合与不合哉？呜呼！士习如此而欲得真材，以期治安，岂可得哉？是无他，则失乎制义之意也。"⑤清初陆陇其的这一见解，是对艾南英等人的思路的继承和发展。

《明文海》所收的这些序言，之所以在论及八股文之时，多谈古文，也是因为他们视时文为古文。如《代畊编序》云："梁子业举子，皆以其所为史与古文者为之，于时体甚合。"⑥艾南英"以兴起斯文为任"，⑦他为别人以及自己的八股文选本写作了大量的序言来阐释"以古文为时文"，又将章世纯、罗万藻、陈际泰与自己的八股作品编为《四家合作摘谬》，将"通经学古"的江右四家八股之功过，"删其支辞，存其正论"，摘其谬误处一一加以评点，让天下人见四家之功，而知道作文之法，见四家之罪而深刻反思圣人之道。他的目的很明显，八股时文的格局要彻底改变，就必须将之与古文密切联系起来，赋予其通经学古的功能，将其导引至崇尚实学的道路，"以古雅深醇之词，洗里巷之习"。⑧对于艾南英的这种努力，我们不应该视而不见。

综上所述，黄宗羲在《明文海》序类选文中特设"时文"一类，旨在完整地呈现明代学术的面貌。所收的时文序，既有肯定八股文之功的，也有激烈抨击其流弊的，更有为改进八股文写作而提出建议的，基本上涵盖了明代人对于八股文的主流观点。梳理《明文海》所收时文序，可以发现，明代人眼中的八股文，与后人的成见并不相同。他们对八股文有很高的期许，因而对八股末流之弊深恶痛绝，对于八股文写作的改进怀有殷切的期待。

（作者单位：武汉大学文学院）

① 罗万藻：《庚辰房书衡序》，黄宗羲：《明文海》，中华书局 1987 年版，第 3228 页。
② 陈弘绪：《甲戌房稿辨体序》，黄宗羲：《明文海》，中华书局 1987 年版，第 3229 页。
③ 艾南英：《金正希稿序》，黄宗羲：《明文海》，中华书局 1987 年版，第 3217 页。
④ 艾南英：《李侲云近艺序》，《重刻天傭子集》，清道光十六年刻本。
⑤ 陆陇其：《三鱼堂文集》卷九《黄陶庵先生制义序》，同治七年武林薇署刊本。
⑥ 姜周：《代畊编序》，黄宗羲：《明文海》，中华书局 1987 年版，第 3183 页。
⑦ 张廷玉等：《明史》卷一百六十六《艾南英传》，中华书局 2016 年版，第 7402 页。
⑧ 艾南英：《序王子巩观生草》，黄宗羲：《明文海》，中华书局 1987 年版，第 3214 页。

论船山诗学的"言志"与"达情"

□ 刘克稳

在《诗广传·论北风》中，船山关于"诗言志"与"诗达情"有一个集中的表述：

> 诗言志，非言意也；诗达情，非达欲也。心之所期为者，志也；念之觊得者，意也；发乎其不自已者，情也；动焉而不持者，欲也。意有公，欲有大，大欲通乎志，公意准乎情。但言意，则私而已；但言欲，则小而已。人即无以自贞，意封于私，欲限于小，厌然不敢自暴，犹有愧怍存焉，则奈之何长言嗟叹，以缘饰而文章乎？①

通过这段话船山表达了三层意思：一是所谓"诗言志"，也即诗歌要言说的是心中所期待的那个"志"，而不是"诗言意"，不是言说一己"私意"；二是所谓"诗达情"，也即诗歌要表达的是内心不能自已的"情"，而不是"诗达欲"，即一己"私欲"；三是即便是"诗言意"，言的也是"公意"，"诗达欲"达的也是"大欲"，即"大欲通乎志，公意准乎情"。正是在这个意义，"诗言志"与"诗达情"这两个诗学命题实现了融会、贯通。也正是从"诗言志（公意）""诗达欲（大欲）"的角度，船山批评了一味言私意、达私欲的文学创作观念。

一、"诗言志"

船山关于"志"的内涵的理解，重在对"志"与"意"的辨析。要把握船山关于"志"的内涵的具体理解，又不能仅仅通过"志"的本义来作一般性的理解，还必须从船山自己的言论着手，进行详细的论辩。

在先秦两汉的典籍中，"志"与"意"相通，二者之间没有严格的区分，如司马迁、郑玄、许慎、陈寿等人均将"志""意"互训而用。司马迁在《史记》的《太史公自序》和《五帝本纪》等篇章中多次将"诗言志"记作"诗以达意"或"诗言意"。董仲舒也说"心之所之谓意""诗言意"。② 许慎也将"意"解释为"志"："意，志也，从心察言而知意也，从心从音。"③郑玄在注解《尚书·尧典》中"诗言志，歌永言"句时，也是"志""意"互训的：

---

① （清）王夫之：《诗广传·论北风》，《船山全书》（第 3 册），岳麓书社 1992 年版，第 325 页。
② （汉）董仲舒著，周桂钿译注：《春秋繁露》，中华书局 2011 年版，第 125 页。
③ （汉）许慎撰，（清）段玉裁注：《说文解字》，中州古籍出版社 2006 年版，第 502 页。

"《诗》所以言人志意也；永，长也，歌又所以长诗之意，故《广雅释言》曰'诗，意也'。"①陈寿《三国志》有录："郡中奇其年少而有大意也。"②这里的"大意"正是"大志"的意思。

然而，王夫之却主张将"志"与"意"作更细致的分析，从它们的异同之处寻找二者之间的界限。他认为二者虽然均是本之于"心"，有某种相通之处，但仍存在很大的差异，而这种不被人所关注的差异正是二者之间的界限之所在。因此，王夫之对"志"与"意"之间的细微差别进行了深入的探寻。他认为"志"乃"心之所期为者"，而"念之所觊得者"才是"意"。这里的"期"是期待、希望之义，"觊"是"觊觎"的意思。按照王夫之的解释，此处明显存在细微的差别，如果说"心之所期待"正是闻一多所说的"停之于心、藏之于心"之意，也是陈良运所说的"心中之意"，是认识活动的结果，那么"念之所觊觎"则是带有明显的"意向活动"指向，与欲求、愿望等情感活动相关。"觊觎"在现代汉语中本是具有贬义色彩的词语，带有非分之想、不合理欲求的意味。因而，"意"者难免不带有私心、私欲，这也正是船山所说"但言意，则私而已"的意思。在《张子正蒙注》中，王夫之对"志"与"意"之间的差异进行了反复剖析：

> 意者，心所偶发，执之则成心矣。

> 意之所发，或善或恶，因一时之感动而成乎私；志则未有事而豫定者也。……故志正而后可治其意，无志而唯意之所为，虽善不固。恶则无不为矣。

> 意者，乍随物感而起也；志者，事所自立而不可易者也。庸人有意而无志，中人志立而意乱之，君子持其志以慎其意，圣人纯乎志以成德而无意。③

在王夫之看来，"意"是人内心偶然感动于外物而产生的意识活动，"意"有善恶之分、大小之别，偏于私，具有不确定性；而"志"是人内心自然具有的意识活动，更具有恒久性和确定性，所以，他说："惟夫志，则有所感而意发，其志固在，无所感而意不发，其志亦未尝不在。"④因此，要"正心持志"，"人苟有志，死生以之"。⑤"志"与"意"之间的关系相当于本与末的关系，只要"志正"就能"治其意"，而且只有圣人、君子才能"纯乎志""持其志"以实现"治其意"的目标，这就是所谓的"正其志于道，则事理皆得，故教者尤以正志为本"。⑥ 因此，从"志正"以"治其意"的角度，我们可以将王夫之所强调的"志"归纳为三个层次：

---

① （清）阮元校刻：《十三经注疏·尚书·尧典》，上海古籍出版社1997年版，第131页。

② （晋）陈寿：《三国志·魏书·杜畿传》，中华书局1998年版，第206页。

③ （清）王夫之：《张子正蒙注》，《船山全书》（第12册），岳麓书社1993年版，第150、189、258页。

④ （清）王夫之：《读四书大全说》，《船山全书》（第6册），岳麓书社1991年版，第401页。

⑤ （清）王夫之：《姜斋六十自定稿·自序》，《船山全书》（第15册），岳麓书社1996年版，第331页。

⑥ （清）王夫之：《张子正蒙注》，《船山全书》（第12册），岳麓书社1993年版，第188页。

一是"志"乃心之主：

> 斋以静心，志乃为主。①
>
> 惟乎志……而恒存恒持，使好善恶恶之理，隐然立不可犯之壁垒，帅吾气以待物之方来，则不睹不闻之中，而修齐治平之理皆具足矣。此则身意之交，心之本体也；此则修诚之际，正之实功也。故曰"心者身之所主"，主乎视听言动者也，则唯志而已矣。②

作为"身之所主"的"心"是"意""志"产生的基础，而恒久、固定的"志"又是"心之主"，是人修身、诚意的关键之所在。

二是"志"乃"人道"，是人之为人的根本，是人区别于禽兽的根本所在：

> 释氏之所谓六识者，虑也；七识者，志也；八识者，量也；前五识者，小体之官也。呜呼！小体，人禽共者也；虑者，犹禽之所得分者也。人之所以异于禽者，唯志而已矣。不守其志，不充其量，则人何以异于禽哉！③

显然，作为"七识"的"志"相当于孟子所讲的"仁、义、礼、智"这些"善端"，人与动物因此相区分。故，王夫之也是主张"性善论"的。

三是"志"乃"天道"：

> 故道者，所以正吾志者也。志于道而以道正其志，则志有所持也。盖志，初终一揆者也，处乎静以待物。道有一成之则而统乎大，故志可与之相守。④

只有"志于道"才有可能"正其志"，这与孔子的"志于道，据于德，依于仁，游于艺"⑤的说法相一致。孔子所"志"之"道"，既是修齐治平之"政道"，也是"仁者爱人""忠恕"之"仁道"，更是"忠义孝悌"的伦理之"德道"，但其最终指向的乃是最终极的"天道"，"天何言哉？四时行焉，百物生焉，天何言哉？"⑥正如蒙培元所认为的那样，孔子"所'志'之道，既不是上帝的命令，也不仅是人间之道，而是天人合一之道"，"他所'志'之道，就是天道无疑"。⑦而王夫之所要"志"之"道"无疑也是"天道"："君子之有文，以言道也，以言志也。道者，天之道；志者，己之志也。……君子之有文，以言道也，以言志也，以承天尽己而匡天下之邪淫者也。"⑧

---

① （清）王夫之：《庄子解》，《船山全书》（第13册），岳麓书社1993年版，第304页。

② （清）王夫之：《读四书大全说》，《船山全书》（第6册），岳麓书社1991年版，第401页。

③ （清）王夫之：《张子正蒙注》，《船山全书》（第12册），岳麓书社1993年版，第451页。

④ （清）王夫之：《读四书大全说》，《船山全书》（第6册），岳麓书社1991年版，第929页。

⑤ （清）阮元校刻：《十三经注疏·论语·述而》，上海古籍出版社1997年版，第2481页。

⑥ （清）阮元校刻：《十三经注疏·论语·述而》，上海古籍出版社1997年版，第2526页。

⑦ 蒙培元：《蒙培元讲孔子》，北京大学出版社2005年版，第37页。

⑧ （清）王夫之：《读通鉴论》，《船山全书》（第10册），岳麓书社1988年版，第439~440页。

二、"诗达情"

船山关于"情"内涵的理解，重在对"情"与"欲"的辨析。① 在船山看来，情是"阴阳之几"，是人心在后天之性学习的过程中因缘际会所产生的，是"性"之动的结果。因此，他主张严格区分四端与七情的界限，反对朱熹"四端皆情"的主张，他认为四端是性，七情才是情，"故以知恻隐、羞恶、恭敬、是非之心，性也，而非情也。夫情，则喜、怒、哀、乐、爱、恶、欲是已"。② 而且性始终善，而情有善有不善。只要情不偏离性，遵循性之理而运行，性行于情中，则情无不善。反之，情一旦偏离性，不遵循性之理而运行，则情可不善。至于"欲"是"情"之动，包含于"情"之中，正所谓"情上受性，下授欲"。船山不否认人欲欲求的合理性，喜怒哀乐人之常情，饮食男女人之常欲，但是人内心的私欲欲求过盛，就会造成偏离性之理的"非常之情"泛滥，"不善"因此而产生。所以他提倡孟子所推崇的"公欲"，即自己的私欲应满足，但也要"与百姓同之"的欲望得到满足，自己欲望的满足不损害别人的欲望的实现。从"本与末"的角度来讲，情是本，欲是末。因而船山很少论述如何"存理去欲"，倒是非常重视以性治情、以性节情，从而达到"裕情"治欲的目的。正是从"裕情""余情"的角度，船山很好地阐释了何为"诗达情"。

首先，"诗达情"是诗"白情"而不是诗"匿情"。所谓"白情"，就是把自己内心与天下人共通的情感表达出来，这无疑是圣人、君子表达情感的方式。他说：

> 夏以尚忠，忠以用性；殷尚质，质以用才；周尚文，文以用情。质文者，忠之用，情才者，性之撰也。……是故文者，白也，圣人之以自白而白天下也。匿天下之情，则将劝天下人以匿情矣。③

"白"就是"文"，也即纹饰、修饰之义。"白情"就是纹饰、修饰情感。也就是说，圣人、君子在表达自己内心真实情感的时候要有所修饰，也只有用一种美的表达方式才能表达出内心深处那与天下人共通的真情实意，而这种经过修饰的美的表达方式无疑非诗歌莫属。这就是"诗白情"的真实含义。与之相反的是"匿情"，就是隐匿情感的表达，这无疑是小人表达情感的方式。他说：

> 君子与君子言，情无嫌于相示也；君子与小人言，非情而无以感之也。小人与君子言，不能自匿其情者也。将欲与之言，因其情而尽之，不得其情，不可尽也；将欲与之言，匡其情而正之，苟非其情，非所匡也。言之而欲其听，不以其情，嫌于不相知人置之也。言之而为可听，不自以其情，彼将谓我之有别情而相媚也。故曰"诗达情"。④

---

① 刘克稳：《船山诗学内在矛盾的哲学根源》，《湖北社会科学》2015 年第 3 期。
② （清）王夫之：《读四书大全说》，《船山全书》（第 6 册），岳麓书社 1991 年版，第 1065 页。
③ （清）王夫之：《诗广传》，《船山全书》（第 3 册），岳麓书社 1992 年版，第 299 页。
④ （清）王夫之：《诗广传》，《船山全书》（第 3 册），岳麓书社 1992 年版，第 353 页。

船山认为，小人"匿情"隐匿的是与天下人共通的真情实意，并不隐匿自己的一己私情，一任自己的喜怒哀乐爱恶欲肆意宣泄而无法自拔。这种匿天下之情而不匿一己之情的做法，必然会导致"迁心移性"的恶果："匿其哀伤，哀隐而结；匿其乐，乐幽而耽。耽乐结哀，势不能久，必于旁流。旁流之哀，懰傈惨澹以终乎怨；怨之不恤，以旁流于乐，迁心移性而不自知。"①"迁心移性"必然妨碍真正情感的表达和抒发，使情偏离于性之理，不善必然就会产生。如果诗歌一味表达的是这样的"情"，那必然会违背儒家"怨而不怒""温柔敦厚"的诗教传统信条：

> 上不知下，下怨其上；下不知上，上怒其下。怒以报怨，怨以益怒，始于不相知，而上下之交绝矣。夫诗以言情也，胥天下之情于怨怒之中，而流不可反矣，奚其情哉！且唯其相知也，是以虽怨怒而当其情实。如其不相知也，则怨不知所怨，怒不知所怒，无已而被之恶名。②

其次，"诗达情"达的是"贞情"（正情）而不是"淫情"。船山关于"贞情""淫情"的论述很多，两者是相互对立、矛盾之"情"。船山指出：

> 奖情者曰："以思士思妻之情，举而致之君父，亡忧其不忠孝矣"，君子甚恶其言。非恶其崇情以亢性，恶其迁性以就情也。情之贞淫，同行而异发久矣。
> 贞亦情也，淫亦情也。情受于性，性其藏也，乃迫其为情，而情亦自为藏矣。藏者必性生而情乃生欲，故情上受性，下授欲。受有所依，授有所放，上下背行而各亲其生，东西流之势也。③

所谓"贞"者，正也，定也，恒常也；所谓"淫"者，过也，不定也，无恒常也。所谓"贞情"，就是正情、定情，恒常之情；所谓"淫情"，就是过度之情，不定之情，无恒常之情。两者虽然都是"情"，但前者是"以情顺性"，后者是"迁性以就情"；前者是以性之理为中心、为依归，是情之善，后者则是偏离于性之理，过度而不受节制，是情之不善。正是从"尽其性，行乎情而贞，以性正情"的角度，船山极力赞扬《关雎》"性无不通，情无不顺，文无不章。……故《关雎》者王化之基"。④ 船山也反复歌颂屈原的"忠贞之性"以及其作品中表达出来的真情实意，"屈子忠贞笃于至性，忧国而忘生……"⑤也正是从情欲的不加节制的视角，船山旗帜鲜明地批评《采葛》"采葛之情，淫情也"，⑥ 并多次痛骂韩愈、柳宗元、孟郊等人，将他们斥之为"淫人"，其作品为"淫诗、淫情"："韩、柳、曾、王之文，礁削迫塞而无余，虽欲为千古之淫人，其将能乎""孟郊、曹邺之为淫人，谅

---

① （清）王夫之：《诗广传》，《船山全书》（第3册），岳麓书社1992年版，第353页。
② （清）王夫之：《诗广传》，《船山全书》（第3册），岳麓书社1992年版，第341页。
③ （清）王夫之：《诗广传》，《船山全书》（第3册），岳麓书社1992年版，第327页。
④ （清）王夫之：《诗广传》，《船山全书》（第3册），岳麓书社1992年版，第300页。
⑤ （清）王夫之：《楚辞通释》，《船山全书》（第14册），岳麓书社1996年版，第449页。
⑥ （清）王夫之：《诗广传》，《船山全书》（第3册），岳麓书社1992年版，第344页。

矣"。①

再次，"诗达情"达的是"道情"而不是"私情"。所谓"道情"，顾名思义就是情感表达符合了"道"的运行，遵循了"性之理"。他说：

> 君子之心，有与天地同情者，有与禽鱼草木同情者，有与女子小人同情者，有与道同情者，唯君子悉知之。悉知之则辨用之，辨用之尤必裁成之，是以取天下之情而宅天下之正。故君子之用密矣。②

而与"道情"相左的就是"私情"，也即专注于自己的喜怒哀乐爱恶欲的一己私情，船山批评《诗经·北山》篇抒发的就是"私情"："为《北山》之诗者，其音复以哀，甚节促以乱，其词诬，其情私矣。"③因为诗人抒发的情感没有与道同行，偏离了"性之理"，只顾自己一己私情的抒情，没有体恤他人之感情，"知己之劳，而不恤人之情"。④ 因此，船山极力主张向圣人学习"情裕"，他说："且圣人者，非独能裕于情者也，其裕于情者裕于理也。"⑤因为"裕情"实现了情与理的统一，如此方可即情即理，随处见天理。上面所讲的"天下之情""贞情""道情"都是"裕情"的结果。"裕情"在船山这里也就是"余情"，他说："道生于余心，心生于余力，力生于余情。故于道而求有余，不如其有余情也。"⑥只有在"裕情""余情"的情况下，才可能实现船山所说的"心之广也"。⑦ 只有抒情主体实现了"心之广"，才有可能实现情感抒发的从容不迫，即"以暇"；抒情心胸才不会"褊刻""褊促"，才能不"目于一方"而不见其他；抒情风格才会和平而不"悄急""瞿瞿"，才能实现教化天下人心的目的。而与此"余情"相对是"恚滞之情"，船山说：

> 画焉则无余情矣，无余者，恚滞之情也。恚滞之情，生夫愁苦；愁苦之情，生夫趑倦；趑倦者，不自理者也，生夫愒佚；乍愒佚而甘之，生夫傲侈。力趋以供傲侈之为，心注之，力营之，弗恤道矣。……恚滞以无余者，莫之能得焉耳。⑧

船山对于这种"恚滞之情"是极力反对的，甚至发出很多偏激之辞，表现出很强的卫道意识。

综上所述，船山的"志"乃是孟子意义上的"正心"，和与外物相感通偶发的"意"相对。而且作为心之主的"志"，是人区别于禽兽的标准，其最终通向"天道"和"人道"。因此，"诗言志"言的是"公意"。而船山的"情"不是一般的私情，而是通于天下之情，是道

---

① （清）王夫之：《诗广传》，《船山全书》(第 3 册)，岳麓书社 1992 年版，第 343~344 页。
② （清）王夫之：《诗广传》，《船山全书》(第 3 册)，岳麓书社 1992 年版，第 310 页。
③ （清）王夫之：《诗广传》，《船山全书》(第 3 册)，岳麓书社 1992 年版，第 422 页。
④ （清）王夫之：《诗广传》，《船山全书》(第 3 册)，岳麓书社 1992 年版，第 422 页。
⑤ （清）王夫之：《诗广传》，《船山全书》(第 3 册)，岳麓书社 1992 年版，第 354 页。
⑥ （清）王夫之：《诗广传》，《船山全书》(第 3 册)，岳麓书社 1992 年版，第 301 页。
⑦ （清）王夫之：《诗广传》，《船山全书》(第 3 册)，岳麓书社 1988 年版，第 302 页。
⑧ （清）王夫之：《诗广传》，《船山全书》(第 3 册)，岳麓书社 1996 年版，第 301 页。

情、贞情，是遵循性之理，以性为中心、为依归的"情"，与孟子意义上的"公欲""大欲"相通。因此，"诗达情"达的是"公欲""大欲"。而正是在"大欲通乎志，公意准乎情"的意义上，"诗言志"与"诗达情"最终实现了融会与贯通，即"穷神知化，通志达情"。① "通志达情"最终形成了"诗道性情"这个著名的诗学合题。

三、"诗道性情"

船山在《明诗评选》中评论徐渭的《严先生祠》一诗时，明确地提出了"诗道性情"这个著名的诗学命题：

> 诗以道性情，道性之情也。性中仅有天德、王道、事功、节义、礼乐、文章，却分派与《易》《书》《礼》《春秋》去，彼不能代《诗》而言性之情，《诗》亦不能代彼也。②

"诗以道性情，道性之情也"，是船山对"诗道性情"这个命题的具体内涵作出的最为简洁的概括。这可以从两个角度来作进一步的阐释。一是何为"道"？二是何为"性情"？关于第一个问题，很好理解，船山明确指出："诗以道情，道之为言路也。"③ 所谓"道"，就是"言路"的意思，因而"诗以道情"就是"诗歌以情为言路"的意思，即诗歌就是抒发情感的。这样一来，船山似乎对诗歌本质的规定与我们现代对诗歌本质的定义是一致的。很多学者正是从这个角度来论述船山"诗道性情"论的，如陶水平就明确地指出"诗道性情"论就是船山诗学的诗歌本体论。④ 至于第二个问题船山也有明确的说法，"诗以道性情，道性之情也"。所谓"性情"乃是"性之情也"。这样，船山就对诗歌抒发的"情"作了具体的规定。正如陶水平所指出，强调诗歌抒情的必要性；强调诗人审美情感的规范性；强调诗人审美情感的独特体验性，以及强调诗歌审美情感的超越性。⑤ 因此，综合上述船山对"诗道性情"命题的阐释，我们可以明确地感受到他的诗学主张及其倾向。船山一方面认同诗歌的本质是抒情的，但另一方面又规定诗歌所抒之情乃是"性之情"，从而显示了他儒家诗学的一贯立场。

需要注意的是，我们对"诗道性情"的"性情"有必要作进一步的阐述。船山"诗道性情"这个重要的诗学命题，是由"诗言志"与"诗达情"两个命题融会、贯通而形成的。是在"公意""大欲"的意义上，"志"与"情"相通，"诗无达志"就是"诗无达情"，船山说："只平叙去，可以广通诸情，故曰'诗无达志'。"⑥因此，船山是立足于他的性情论思想来规定"性情"的内涵。船山关于"心统性情"的理解，他认为"统"应该解释为"兼"，而不应该看做"主"。船山的解释是"性"与"情"有主次、先后之分，"心兼性情"乃是"心兼性与

① （清）王夫之：《尚书引义》，《船山全书》（第 2 册），岳麓书社 1988 年版，第 275 页。
② （清）王夫之：《古诗评选》，《船山全书》（第 14 册），岳麓书社 1996 年版，第 1440~1441 页。
③ （清）王夫之：《古诗评选》，《船山全书》（第 14 册），岳麓书社 1996 年版，第 6542 页。
④ 参见陶水平：《船山诗学研究》，中国社会科学出版社 2001 年版，第 15 页。
⑤ 陶水平：《船山诗学研究》，中国社会科学出版社 2001 年版，第 16~72 页。
⑥ （清）王夫之：《唐诗评选》，《船山全书》（第 14 册），岳麓书社 1996 年版，第 1116 页。

情"，"性"与"情"是并列关系，而"心主性情"则是"心主性之情"，"性"与"情"是偏正关系，重点就变成"情"了。因此，如果按照船山对"心统性情"的"性情"的解释，"诗道性情"的具体含义就应该是"诗道性与情"，这样一来，就与船山"道性之情也"的说法产生了明显的矛盾。

为什么船山从哲学角度一再强调"性与情"、反对"性之情"，而从诗学角度却明确地提倡"性之情"呢？从船山明显矛盾的言论中，我们可以见出他的苦心之所在。船山认为的"情"，是"阴阳之几"，即是在人心对后天之性的学习过程中因缘际会产生的，是"性之动"的结果。而且属于"后天之性"范畴的"情"，由于人心在后天的学习过程会因时机、地点、方式的适宜与否，从而导致"情有善有不善"的区别，即遵循"性之理"的情是善的、不遵守"性之理"的情是不善的。因而，"情"始终是以"性"为中心，为依归。更何况，"情"处于"性"与"欲"的中间，"上受性、下授欲"，"欲"的产生乃是"情之动"的结果，"欲"也必然有合理与不合理之别。因此，在船山看来，"性自是心之主，心但为情之主"，因而"心统性情"应该从"心兼性与情"，而不从"心主性之情"来解释，也即"心"既包含了善情，也同时包含了不善之情。但是具体到诗歌艺术，应该遵循"经夫妇、成孝敬、厚人伦、美教化、移风俗"的儒家教化原则，即便是可以用诗歌来抒发感情，也必须"发乎情、止乎理"。也就是说，诗歌抒情只能抒发"善情"而不是"不善之情"，也即船山一再强调的"公意""公欲""大欲"。因此，船山的"诗道性情"与《毛诗序》的"吟咏性情"是一致的。因而，船山通过"诗道性情"理论所表现出来的苦心可见一斑：一方面他是肯定诗歌的抒情本质的，但是另一方面却又对"情感"进行细致的论辩，规定诗歌只能抒发"善情"，其意在更好地实现诗歌的教化功能。显然，"诗道性情"之说体现了船山对诗歌本体与诗歌功用之间的深刻认识。这种深刻的认识集中体现在船山将"性情"与"声情"并重。他说：

> 诗所以言志也，歌所以永言也，声所以依永也，律所以和声也。

> 乐因天下之本有，情合其节而后安，故律为和。舍律而任声则淫，舍永而任言则野。①

所谓"声情"乃是一种依靠音乐的节奏和谐（声和、律和、调和）来表达内心"情志"的诗歌抒情方式。船山主张从诗教回归到乐教，从音律美中探寻审美意象生成。因此，船山多次称赞那些声调舒缓缭绕、往复萦回、节奏委婉从容不迫的诗作：

> 空中布意，不堕一解，而往复萦回，兴比宾主，历历不昧。虽声情爽艳，疑于豪宕，乃以视《青青河畔草》，亦相去无三十里矣。

> 气度声情，吾不知其何以得此也！其妙都在平起。平，故不迫急转抑。前无发端，则引人入情处，澹而自远，微而弘，收之促切而不短。②

---

① （清）王夫之：《尚书引义》，《船山全书》（第2册），岳麓书社1988年版，第251、252页。
② （清）王夫之：《古诗评选》，《船山全书》（第14册），岳麓书社1996年版，第530、533页。

因此，他也一再批评宋人用字词的意义来作为诗歌表达情感的方式，也即"以意为主"的作诗之法，是与"声情"相对的"辞情"。他说：

> 全以声情生色。宋人论诗以意为主，如此类直用意相标榜，则与村黄冠盲女子所弹唱，亦何异哉？①

船山将"声情"概念由戏曲领域借用至诗学领域，充分地表达了他反对形式主义诗学的态度，是船山自觉探索诗歌抒情本质的一个重要表现。因而船山对"声情"与"性情"的论述是相得益彰的。

总之，船山"诗道性情"论既体现出了他对诗歌抒情本体的深刻认识，同时也从他对于"情"之内涵的高度警惕中，从他浓厚的学理论辩中，我们不难看出其坚定的儒家诗学立场。因此，"诗道性情"之说是船山关于诗歌本体与诗歌功能特征二者之间的融会、贯通。但是，从它的诗意张力中，我们也不难见到船山诗学的偏激之处。对此，很多学者都有自己的评价。陶水平就将这种"偏激"归入儒家诗学的保守型或正统性，认为船山："终究不是真正的自律论的审美论者。船山强调'性情'之'正'，实际是向传统儒家诗学的回归，其要旨在于试图以封建社会正统儒学的道德伦理、心性观念来规范诗所表达的情感，使之有利于社会的教化，从而合于统治阶级的根本利益。……表现出船山诗学所具有的保守性或正统性。"②邹元江更是撰写专文来探讨船山诗学理论内在紧张及其矛盾，他将船山诗学的"偏激""保守"归结为一种深层次的"诗之体"与"诗之用"之间的矛盾。③ 学者们睿智的见解，无疑对于本文研究思路的展开给予了极大的启发。笔者认为，船山诗学所表现出来的"诗之体"与"诗之用"之间内在矛盾性，主要体现在船山关于"兴观群怨"说的重新解释、诗歌意象生成(情景交融说)论以及他具体诗歌批评的"历史—诗学观"中。关于这些问题的研究笔者将另撰专文加以讨论。

（作者单位：乐山师范学院政法学院）

---

① （清）王夫之：《古诗评选》，《船山全书》(第14册)，岳麓书社1996年版，第537页。

② 陶水平：《船山诗学研究》，中国社会科学出版社2001年版，第41页。

③ 邹元江：《试论船山诗学的内在矛盾性》，《哲学研究》2003年第7期；《诗之"体"与诗之"用"：船山诗学的两个向度及其中介》，《退溪学论丛》2010年第16辑。

俞长城八股文批评述论

□ 陈水云 孙达时

俞长城字桐川，号宁世，又号硕园，浙江桐乡人。康熙二十四年（1685）进士。他长于古文，有良好的家学渊源，与父之琰、兄长策并称，时论比之为"三苏"。光绪《桐乡县志》称："幼受庭训，谓读书以明道，作文以载道，授以经史性理古文，而禁其学时下程墨，故公学有渊源。"①有《可仪堂文集》二卷、《俞世宁文集》四卷传世。他也擅长时文，所谓"自作古今文亦复风行海内"，② 人称其所作四书文"独辟畦町"，③ 有《可仪堂时文稿》。在清初八股文批评史上，他主要以编选《可仪堂一百二十名家制义》而闻名于时，"选宋人经义及前明、本朝人制艺为百二十名家稿，尽时文之源流，学者无不奉为矩矱"。④ 该选本裒然巨帙，每稿由题序、选文、评语组成，形成了论、选、评三者合一的批评模式，对于后起之各类八股文选产生深远之影响，并通过"选"与"评"表达了他对八股文相关问题的看法，也展现了自宋至清从经义到制义的演进历程。

一、"时文，道之精者也"

在清初，关于八股文存废的论争一直很激烈，有像顾炎武、魏禧这样的批评者，也有像邱维屏、彭任这样的维护者。⑤ 康熙元年（1662），玄烨即位不久，也曾下诏："八股文章实与政事无涉，自今以后，将浮饰八股文章永行停止，惟于为国为民之策论、表判中出题考试。"但它在鄂尔泰、舒赫德两位大臣之间再一次形成对峙，最后是主张恢复一派取得胜利，八股文亦在停试两科之后于康熙八年（1669）再行起用，而后一直延续到清朝将亡的光绪二十七年（1901）。

俞长城出生于康熙七年（1668），正是八股文即将重新启用的前一年。他回忆在六岁那一年（1674）随侍父侧，父亲俞之琰教导他们兄弟三人："凡读书以明道也，读书而作为文，以载道也。时文，道之精者也，道之不讲，何以文为？……根之以理，运之以气，裁

---

① 光绪《桐乡县志》卷十五，清光绪十三年苏州陶漱艺斋刻本，第 548 页。
② 光绪《桐乡县志》卷十五，清光绪十三年苏州陶漱艺斋刻本，第 549 页。
③ 李元度：《国朝先正事略》卷四十，岳麓书社 1991 年版，第 1094 页。
④ 光绪《桐乡县志》卷十五，清光绪十三年苏州陶漱艺斋刻本同前，第 549 页。
⑤ 马将伟：《废存之间：清初对八股文的批判及论争》，《河南师范大学学报》2009 年第 5 期。

之以法，作为时文，可以明道，可以载道，汝三人其识之矣！"①读书是为了明道，作文是为了载道，而时文则乃"道"之最佳载体。然而，自晚明以来，文运波靡，以技不以道，"世之人以时文为捷径，以经史性理古文为迂途"。是什么样的原因造成这一结果呢？他说："二三十年来，风会靡而不起，学术杂而未醇，何也？此其故，一在于主司，一在于选家。"从主司角度看，在未遇之前专事揣摩，而不知古人之源流共贯；既仕之后则疏于笔墨，更不知古人之仕学相资，这样让其形成"场屋之内而无人"的错觉。从选家角度看，或是矫激而执己之偏，或委曲而徇人之好，不免存在"多讥讪以快忿，时伤衷以失真"的缺失。② 如何改变这一弊端呢？他通过编选《先正小题》《先正程墨》《百二十名家制义》等文选，力求转变文场风气，"使天下文章一出于正！"③

在俞长城看来，制义承担着载道的重任，关乎世运和人心，文运之盛衰系乎国运之盛衰。"古人云：礼乐百年而兴，时为之也。……夫三代以下，古礼不复，古乐不传，正人心，维风俗，莫大于文章。……盖国运盛则文运从之，百王不易之理也。"比如古文盛于汉之文、景，诗歌盛于唐之开元、天宝，那么时文之盛在于何时？他认为在明之成、弘、正、嘉四朝。其时："四方无事，士大夫工为文章，在上者悬的而示，在下者引满而赴，高古精深，雄浑博大，气体不同，同归于正，后世莫及。"④国家通过制义以选才，才盛则国盛，国盛则文亦盛焉，国运衰则文亦衰焉，从文运可征国运也。"明之盛时，制义得士，或温厚而和易，或中正而严肃，或宽博而昌明，或疏远而清越，是以上下同风，源流有体，人才盛而国祚永也。熹、怀不道，政治凌替，龙战于朝，虎游于野，貂珰得志，节钺失权；加之风会浮靡，士林郁结，怨毒邪僻，淫滥荡溢之习，中于心术；故所取闱墨，虽名臣硕士，亦必贬其所学，然后得售，世运之衰，亦可知焉。"⑤正嘉之时，国运昌明，文亦正大；到启、祯两朝，朝政紊乱，国运衰退，士林郁结，文风浮靡不振。最后，他发表感慨说："夫声音之道，宫君而商臣，角民而徵事，亦文如之。程君象也，元相象也，魁大臣而诸墨百执事也。神宗初服，江陵柄政，君则童蒙，相则克家，故程文元墨，卓绝前后。丙戌以后，禁止刻程，典刑不睹，而神宗溺于宫闱，朝堂不御，有明之业衰焉。"⑥这一句来自《乐记·乐礼》的话，谈的是乐与政通的观念，但他认为八股文也是与世运相通的。

无论是从载道而言，还是从反映世运而言，制义在政治社会生活中都占有重要地位。

———————————

① 俞长城：《俞世宁文集》卷三《自订四书稿序》，《四库未收书辑刊》第 9 辑第 21 册，北京出版社1997 年版，第 59 页。

② 俞长城：《俞世宁文集》卷四《先正程墨序》，《四库未收书辑刊》第 9 辑第 21 册，北京出版社1997 年版，第 97 页。

③ 俞长城：《俞世宁文集》卷四《先正程墨晚集小引》，《四库未收书辑刊》第 9 辑第 21 册，北京出版社 1997 年版，第 100 页。

④ 俞长城：《俞世宁文集》卷四《先正程墨盛集小引》，《四库未收书辑刊》第 9 辑第 21 册，北京出版社 1997 年版，第 99 页。

⑤ 俞长城：《俞世宁文集》卷四《先正程墨晚集小引》，《四库未收书辑刊》第 9 辑第 21 册，北京出版社 1997 年版，第 97 页。

⑥ 俞长城：《俞世宁文集》卷四《先正程墨中集小引》，《四库未收书辑刊》第 9 辑第 21 册，北京出版社 1997 年版，第 99 页。

俞长城先是将制义与经史相比较，指出制义兼具经史之所长又能去其所不足："天地之大文，经与史而已。抉身心之蕴，备治平之机，经也。陈古今如指掌，较理乱如列眉，史也。然经之作者皆大圣大贤，告诫论说之辞，而史则著于穷年累月；若夫衡才于千百之中，奏成于昼夜之顷，得经之理而无所不晰，备史之事而无所不该，置身圣贤之世而代所欲言，言立于此而义通于千万世，孰有如制义者乎？"他认为制义较经史优越之点，在于它能作为朝廷衡才的重要方式，将圣人之理与史家之才有机结合起来。接着，他将制义与诗辞歌赋等文体相比，认为诗辞歌赋等文体皆缺乏制义所独有的品格。"今夫诗也辞也歌也赋也，工则工矣，而无当于理，此制义之旁支也；记也序也碑也铭也，变则变矣，而未备乎义，此制义之绪余也；策也论也表也判也，切则切矣，而得其粗不得其精，得其驳未得其纯，此制义之糟粕也；是故，探真儒，求实学，非制义不可。"诗辞歌赋，语虽工却无理；记序碑铭，文多变却蕴义不深；策论表判，虽切题却不精；制义则是探真儒求实学的最佳载体。最后，他通过对明清两朝实行科举、推行八股取士的实践，进一步论证了制义在人才选拔上的重要意义。指出："有明以制义取士垂三百年，有理学，有政事，有气节，有高致而笃行，有文采而风流，天下之才，出于一途，可谓盛矣！我朝定鼎，损益前代，而取士独仍旧制。甲辰丁未，废而不果。夫以两圣人之经天纬地，酌古斟今，何难创制立法，而乃必守必循，旋革旋复，则制义取士殆所谓考诸三王而不谬，俟诸百世而不惑者耶也！"[1]

但是，现实情形却恰恰相反，"近世论者多有厌薄制义之意"，以其出于诗辞歌赋、序记碑铭、策论表判之下。在俞长城看来，这一看法是"识不足而暗焉"，"学不足而诡焉"，"养不足而轶焉"，归结起来，其症结所在是"以技言而不以道言"，过于重视制义的"技"而忽视其"道"。从"技"的层面讲，制义与诗辞歌赋、序记碑铭、策论表判皆属于"技"；从"道"的层面看，制义是在经史之外唯一一种关乎礼乐刑政的文字。"而徒曰辞章工也，文笔异也，机局巧也。夫是数者，何益于人心？何裨于风俗？何补于国是民瘼？"还有一种看轻制义的情况，是认为制义多剿袭文字，埋没了真才实学，使不肖之人厕列其中。在俞长城看来，文章剿袭成风是一种古今通病，岂是制义所独有？只要为文者上不视为具文，下不视为捷径，士子有读书之乐，主司有知文之明，那么真者自不可遗，伪者自不必作也。[2] 从这个角度看，他认为"自有文字以来，未有精于今日之制义也"，"天下之士当思文章者期于明圣贤之道，以上副乎国家取士之心"。[3]

二、"理实、气高、法密"

既然制义在社会政治生活中具有崇高的地位，那么怎样的八股文才是一篇合格的作品

---

① 俞长城：《俞世宁文集》卷四《国朝程墨序》，《四库未收书辑刊》第9辑第21册，北京出版社1997年版，第109页。

② 俞长城：《俞世宁文集》卷四《先正程墨序》，《四库未收书辑刊》第9辑第21册，北京出版社1997年版，第97页。

③ 俞长城：《俞世宁文集》卷四《国朝程墨序》，《四库未收书辑刊》第9辑第21册，北京出版社1997年版，第109页。

呢？它对于写作者来说又有哪些具体要求？俞长城对这一问题的理解是："根之以理，运之以气，裁之以法。"他认为多读经史、性理之书，主要是为了植其根，作为"文"之一体的八股文，还要学习秦汉以来的古文和洪永以来的大家时文。"读秦汉以来诸儒之古文，所以达其气也；读洪永以来诸先辈之时文，所以备其法也。"这里，他从内容与形式两个层面谈到了时文写作的总体要求，这些要求的具体内容是："理必程朱，气必班马，法必王唐。"①

俞长城对"理、气、法"的要求，是其父俞之琰对他的教导，也是他多年从事八股文写作和塾课教学的经验总结。所谓"理必程朱"，就是以二程、朱熹对《四书》《五经》的注解作为立论之本。这是自明朝以来就已经确立的基本规范，在清初因为康熙皇帝对于程朱理学的推崇，这一要求在科举取士制度以及应试文体——八股文中得到进一步的强化。康熙认为自己读书五十载，"只认得朱子一生居心行事"，他对于朱熹及其《四书集注》的看法是："朱夫子集大成而继千百年绝传之学，开愚蒙而立亿万世一定之规。穷理以致其知，反躬以践其实。"②

所谓"气必班马"，是以班固、司马迁的史家文法为模楷，胸有博大浩然之气，运笔自然生气昂然，气势充沛。俞宁世自幼受父之教，熟读经书，淹贯群史，为文能发挥义理，使事运笔皆有法度。李祖陶评价俞长城的文章说："独抒所见，无一字寄人篱下者，行文则取法左史。其浩浩瀚瀚者，如《史记》；其整整齐齐者，似《左传》；而篇无溢句，句无溢字，如短兵相接，叠嶂相连，但闻戛击之声，不见堆构之迹，则又先生之所独得，所谓自成一家者也。"③俞氏对于明清制义大家的评论，也特别重视其对于史家之法的吸收。如称茅坤："贯通经籍，善抉古人之奥，以龙门为师，以韩、柳、欧、苏为友；于明之古文，则取阳明，时文则取荆川，余无当意者。"④

所谓"法必王唐"，是以制义大家王鏊、唐顺之法为法。在他看来，王鏊确立了制义的基本轨范，在理、法、神、气诸方面为后代开了无数法门。他把王鏊的时文与杜甫之诗、王羲之法书相比美，力图证明王鏊在八股文史上具有承前启后的历史地位。所谓："理至守溪而实，气至守溪而舒，神至守溪而完，法至守溪而备"，"于理学为贤，于文章为圣；于六经为臣，于诸家为祖，岂非一代之俊英、斯文之宗主欤"。⑤而唐顺之则把制义的轨范发展到更加圆融的境界，将经史子籍相融贯，并开拓出以古文为时文的新路。"先生于经史子籍，无不贯通，而皆不用入文字，所谓胸有万卷，笔无点尘，太史公之独有千古，其以此夫？"⑥

然而，俞长城并不满足对其父思想的宣扬，更提出"理实""气高""法密"的创作主张，将"理、气、法"的创作要求向前推进了一大步。

───────────────

① 俞长城：《俞世宁文集》卷三《自订四书稿序》，《四库未收书辑刊》第 9 辑第 21 册，北京出版社 1997 年版，第 59 页。

② 章梫：《康熙政要》卷十六"崇儒学"第二十七。

③ 李祖陶：《〈可仪堂文录〉引》，李祖陶：《国朝文录续编》，《续修四全库全书》第 1671 册，上海古籍出版社 2002 年版，第 287 页。

④ 俞长城：《题茅鹿门稿》，《可仪堂一百二十名家制义》卷十二，康熙三十八年可仪堂刻本。

⑤ 俞长城：《题王鏊稿》，《可仪堂一百二十名家制义》卷四，康熙三十八年可仪堂刻本。

⑥ 俞长城：《题唐顺之稿》，《可仪堂一百二十名家制义》卷九，康熙三十八年可仪堂刻本。

　　所谓"理实"，就是对儒家义理的阐发，要做到平实而不奇矫，充实而不虚诞。如他评嵇世臣《天命之谓 一节》云："川南之文只是理实。理实而词朴，故高；理实而气达，故奇。合理而言高，奇难矣哉。"又评瞿景淳《天命之谓 全章》："道理平实，节次紧凑，转接处极回环映带之妙，他手东堆西涨，左支右吾，决不能如此妥适。"虽是就笔法而言，也是理实所致。"理实"有时也称"理足"，也就是说理充分，将义理言明讲透。如他评瞿景淳《颜渊季路 全章》曰："无一毫费力，无一毫作意，平平淡淡，理足气完，龙蛇神鬼，总不能出于其外矣。"他还将"理足"与"理不足"作了一个比较，指出"理足"的表现是"词朴""气完"，而"理不足"的表现则是"柔骨""饰貌"，并用时人品酒之"辣、苦、酸、甘"比喻制义中不同层次之"理"。"夫文所以甘，理不足而和其颜，柔其骨，饰其貌也。理浅而故深之则酸，理平而故奇之则苦；若夫理足则达，理尽则止，直而不支，横而不溢，是之谓辣。辣者，始则可畏，久则可爱；甘者，食之易饱，弃之易饥，故不善学者之好时文，犹之不善饮者之好甘酒也。"①这里讲到理不足只会以外在的美来掩饰其内容的虚弱，而理实则气完，不求工而自工，不求美而美在其中。

　　所谓"气高"，是指文章的气格高古，气象高浑，也就是说理实的作品有一种高浑之气充溢其中。如他评章世纯《怀诸侯则天下畏之 两句》时说："文气高朴可贵。"评唐顺之《道之将行 二句》曰："格律精严，意论切贴，而古气行乎其中。"所谓"古气"，就是古朴浑厚之气，亦即高古雄浑之气。他评汤显祖《故太王事 二句》云："工整中有高古雄伟之气。"评陈际泰《人伦明于 二句》时曰："文亦高古，有俯视唐宋之意。"高古乃从格律工整而来，用意深厚，气象浑成。如他评商辂《父作之子述之 二句》曰："意确法密，气浑笔古。"又评陈际泰《动容貌斯 二句》曰："意蕴精微，气格高老，大士此等文，虽王唐归胡，谁出其上。"

　　所谓"法密"，是指文法的细密、绵密，严正而精细，自然而流畅，这是由理之实发展而来的。他在《百二十名家制义》中总结了多种制义文法，如纵横顺逆、开合安顿、虚实主宾等，但这些方法无论怎样千变万化，但最根本之点还是要做到"法密"。比如他认为苏辙的经义"其理较醇，其法较密"；②茅坤的制义"盖宗之正则法严，择之精则品贵"；③叶修的制义"理解精淳，机法绵密"④。

　　"法密"与"理实""气高"是相联系的，"理实"是法密的基础，"气高"是法密的表现。他评薛瑄《身有所忿 八句》曰："推勘细密，粹然醇儒。"评商辂《父作之子述之 二句》曰："意确法密，气浑笔古。"评唐龙《物交物 二句》曰："清真的实，细净绵密，理题如此，可以药浮，可以去障。"评王鏊《吾十有五 全章》一文："说学便补出质，说己便带着人，皆题中应有之意，但夹入圣人口中便觉拖泥带水。看他用在断处便尔高老，六比天造地设，下语的实，用法完密，确然不易。"这样看来，俞长城谈"理、气、法"，既指向制义之文法，也指向制义所表现出来的审美品格。较之其父俞之琰，已经从一般性技巧上升到审美性要求的层面，从对制义名家的仿效转向对制义创作规范的自觉追求。

---

① 俞长城：《题嵇世臣稿》，《可仪堂一百二十名家制义》卷十一，康熙三十八年可仪堂刻本。
② 俞长城：《题苏辙稿》，《可仪堂一百二十名家制义》卷一，康熙三十八年可仪堂刻本。
③ 俞长城：《题茅鹿门稿》，《可仪堂一百二十名家制义》卷十二，康熙三十八年可仪堂刻本。
④ 俞长城：《题叶修稿》，《可仪堂一百二十名家制义》卷二十三，康熙三十八年可仪堂刻本。

三、论八股文的演进历程

俞长城先后编有《先正小题》(三编)、《先正程墨》(四集)、《国朝程墨》(二集)、《百二十名家制义》(四十八卷)等一系列八股文选,因为前三种选本已难见传本,这里暂以《百二十名家制义》为依据考察他的八股文史观。

这部选本凡48卷,以时代先后为序,从宋王安石始,到清金居敬止,共辑录宋、明、清三朝117位名家2454篇制义,其中宋人7家50篇,明人91家2185篇,清人19家219篇。所选名家制义一般在5~25篇之间,入选篇数较多的是宋陈傅良19篇,明王鏊42篇、唐顺之40篇、归有光46篇、胡友信26篇、赵南星26篇、方应详29篇、黄淳耀28篇、金声36篇、陈际泰32篇、清王庭26篇、韩菼28篇。这表明:他的重心放在有明一朝,着力标举王鏊、唐顺之、归有光、金声、陈际泰五大家,对于宋人陈傅良、清人韩菼也是比较推重的。

对于宋代经义,俞世宁着重考察这一文体之渊源。他认为制义之兴始于王安石,安石之文有两种形态:"或谨严峭劲,附题诠释;或震荡排傲,独舒己见。"前一种为后世"时文之祖",后一种为前代"古文之遗"。所谓"时文之祖",就是宋人经义,而经义与科举考试文体的"论"体是同源关系,因此它在制义发展史上有两点值得关注,一是从思想上确立了"明义理、切伦常"的基本原则,二是它虽从论体而来,却对论体有发展。所谓"原与论体相似,不过以经言命题,令天下学出于正,且法较严耳"(评王安石《里仁为美 一句》);"论,才气胜者也;经义,理法胜者也";① "非若策论之功利,辞赋之浮华而已"②。因其由论而来,不免保留有论体之印记,亦即没有后世那么多的约束:"比仗不必整,证喻不必废,侵下文不必忌。"(评王安石《里仁为美 一句》)

对于明代八股文,他把它分为初、盛、中、晚四期,这一说法吸收了明初诗人高棅关于唐诗的分期法,在清初也有学者采用这一观点分宋词为初、盛、中、晚四期,③ 他则以初、盛、中、晚之说来界定划分明代八股文发展史,从洪武到天顺为初期,从成弘到正嘉为盛期,隆庆万历为中期,天启崇祯为晚期,这是俞世宁运用传统文论的一个创举,也是对于传统文学批评方法的灵活运用。

从洪武到天顺,共选8家制义39篇。洪武、建文两朝,风气初开,传文不多,故俞世宁从永乐朝谈起,指出这一时期的特点是:"浑穆简朴,不求自工";④ "不雕琢,不粉饰"(评商辂《子在川上 一节》);"简朴而极醇",⑤ "苍坚古朴"(评薛瑄《一日克己 勿动》),"极朴极拙而情致逸深"(评陈献章《古之为关 全章》)。到成化、弘治、正德、嘉靖四朝,共102年,约选38家制义527篇,这一时期的特点是:"高古精深,雄浑博大,

---

① 俞长城:《题苏颍滨稿》,《可仪堂一百二十名家制义》卷一,康熙三十八年可仪堂刻本。
② 俞长城:《题陈君举稿》,《可仪堂一百二十名家制义》卷二,康熙三十八年可仪堂刻本。
③ 尤侗:《词苑丛谈序》,《词苑丛谈校笺》,人民文学出版社1996年版,第3页。
④ 俞长城:《俞世宁文集》卷四《先正程墨初集小引》,《四库未收书辑刊》第9辑第21册,北京出版社1997年版,第98页。
⑤ 俞长城:《薛瑄稿题识》,《可仪堂一百二十名家制义》卷二,康熙三十八年可仪堂刻本。

气体不同，同归于正。"①有吴宽的"春容尔雅，不动声色"，② 王守仁的"谨守传注，极醇无疵"，③ 谢迁的"清刚古朴，不入时艳"，④ 钱福的"正大淳确，典则深严"⑤。王鏊更被称之为明代前期制义的集大成者，起着承前启后的历史作用："前此风会未开，守溪无所不有；后此时流屡变，守溪无所不包。"⑥而后起之辈，或是学秦汉，或是仿唐宋，皆能各得其长，宗派不同而渊源则一。"制义之兴，文体崇古。理斋、鹿门、莱峰、震川，并称古文，然皆近于唐宋；简而直，典而核，遒炼而峻洁，得秦汉之神者，其陶朴庵乎？夫文从经入必劲，从史入必逸。秦汉本六经，唐宋本秦汉，屡降而下，各有源流。"⑦俞长城认为这一时期的制义与国运依傍，体现了一种盛世气象："或温厚而和易，或中正而严肃，或宽博而昌明，或疏远而清越，是以上下同风，源流有体，人才盛而国祚永也。"⑧隆庆、万历是为明代八股文的平稳过渡期，经历了三次转变——由繁芜而雅正，复亦为凌驾，再而归于芜杂。"嘉庆末文体秽杂，隆庆改元，复归于正。越二十年，传文林立，壬辰（万历二十年）以后，凌驾软媚，习而成风，遂不复振。"⑨过去人们认为这一时期的时文是法备而色丽，但在俞长城看来，"夫法备而斫朴为巧，色丽而变质为华，盛极而衰，固其势也"。⑩ 时至天启、崇祯，这时江右文风甚炽，出现了以四隽为代表的江西派。他们或是"幽深沉挚"，⑪ 或是"质朴坚辣"，⑫ 或是"清微淡远"，⑬ 或是"法度谨严"，⑭ "及其季也，罗（即罗万藻）、陈（即陈际泰）、章（即章世纯）、艾（即艾南英）树帜豫章，震动海内"⑮。总的说来，他认为启祯之文是明文走向衰落之途的表现，因此，对于那些能力挽风气之士多予表彰之意。如黎元宽："当万历之末，文体靡秽，佛经语录尽入于文。先生以史汉大家倡之，进于六经，然后浙人翻然，群思学古。"又如金声："怀宗初服，国是渐非，文亦不振。金正希崛起为雄，力追古初，为文幽深矫拔，民骨力风神，裁于性而励于学，为启祯之冠。"这些大家对于明文光辉终结功不可没，大致说明了明文的发展及进步。

① 俞长城：《俞世宁文集》卷四《先正程墨盛集小引》，《四库未收书辑刊》第9辑第21册，北京出版社1997年版，第99页。
② 俞长城：《题吴匏庵稿》，《可仪堂一百二十名家制义》卷四，康熙三十八年可仪堂刻本。
③ 俞长城：《题王守仁稿》，《可仪堂一百二十名家制义》卷六，康熙三十八年可仪堂刻本。
④ 俞长城：《题谢木斋稿》，《可仪堂一百二十名家制义》卷五，康熙三十八年可仪堂刻本。
⑤ 俞长城：《题钱福稿》，《可仪堂一百二十名家制义》卷五，康熙三十八年可仪堂刻本。
⑥ 俞长城：《题王鏊稿》，《可仪堂一百二十名家制义》卷四，康熙三十八年可仪堂刻本。
⑦ 俞长城：《题陶泽稿》，《可仪堂一百二十名家制义》卷十四，康熙三十八年可仪堂刻本。
⑧ 俞长城：《俞世宁文集》卷四《先正程墨晚集小引》，《四库未收书辑刊》第9辑第21册，北京出版社1997年版，第100页。
⑨ 俞长城：《俞世宁文集》卷四《先正程墨中集小引》，《四库未收书辑刊》第9辑第21册，北京出版社1997年版，第99页。
⑩ 俞长城：《俞世宁文集》卷四《先正程墨中集小引》，《四库未收书辑刊》第9辑第21册，北京出版社1997年版，第99页。
⑪ 俞长城：《题章世纯稿》，《可仪堂一百二十名家制义》卷三十，康熙三十八年可仪堂刻本。
⑫ 俞长城：《题艾南英稿》，《可仪堂一百二十名家制义》卷三十一，康熙三十八年可仪堂刻本。
⑬ 俞长城：《题罗文止稿》，《可仪堂一百二十名家制义》卷三十二，康熙三十八年可仪堂刻本。
⑭ 俞长城：《题陈际泰稿》，《可仪堂一百二十名家制义》卷三十五，康熙三十八年可仪堂刻本。
⑮ 俞长城：《题叶修稿》，《可仪堂一百二十名家制义》卷二十三，康熙三十八年可仪堂刻本。

对于清初顺治康熙两朝八股文，因为距离作者年代较近，特别是康熙二年的废八股和康熙八年的再行启用，这一事件成为俞长城把握清初八股文发展走向的重要节点。他认为顺治时期八股文的总体趋向是："敛华就实，黜靡崇雅，才归于法，辞约于理，故数科之文，典则纯粹，有弘正之风。"①一方面晚明文风还在继续，名家林立，文尚新异，出奇制胜，像戚价人的"峭刻陡立"，李石台的"雄浑浩荡"，唐采臣的"突兀无端"，章金牧的"奇怪陆离，变化腾踊"，等等；另一方面新的文风开始形成，比如熊伯龙"简老昌茂"，②张永祺"力追正嘉，归于醇雅"，③陆璨"淡宕而神不薄，高古而肤不盈"，④已不同于明代，开启了有清一代新风。进入康熙以后，文风开始归于雅正，这得力于韩菼、吕晚村二君子的大声疾呼："负踔厉之气而振文统于上者曰韩慕庐，怀精鉴之识而持文统于下者曰吕晚村，此二君者，疾声大呼，天下从风，二十余年，人无异说，真豪杰之士。"⑤因此，对于韩菼振风气于上，吕留良挽颓靡于下，给予了极高的评价。

四、"以史论文，以文为史"的批评特色

俞长城是继陈名夏之后又一位系统梳理八股文体流变的学者，并且在制义批评的方法论上也有值得我们关注的地方，比如以选本及评点的方式表达了他的制义观及历史观，还通过每位作者作品的题解方式展现了他以文为史、以人论文、知人论世的批评特色，叙述了自宋至清初各类人士的道德与文章、出处与行谊。

首先，俞长城对各家的批评尤重人品，认为是人品决定文品。对于各家之论述往往会结合其人论其文，因为时代不同，他对于各家人品表彰的重心亦有不同。如论杨万里："指陈时事，激功详明，家居二十年，闻北方用兵，感愤而卒……呜呼！先生之志节文章，独高千古。"⑥这是重其志节，而论文天祥与于谦则突出其忠贞的品格："夫文山有忠肃之志，而功不克成；忠肃有文山之功，而志不见谅，皆千古遗恨。然而立德立言，允文允武，旷世合辙！"⑦但是在明代中叶以后，因宦官专政，正人受抑，士论以气节相持重，文章亦能见之。如论谢迁："方逆瑾用事时，群邪项领，众正侧目，在廷之士，咸受摧抑。文正独秉介石之操，翩翩去位，不俟终日。至于面折时相国门，观者为之改容。其节可谓高矣。……古人出处进退确乎不苟！虽文章偶让人，而大节凛然，是以科名重也。彼醒醍庸碌者，何足与较长絜短哉！"⑧又论海瑞："忠介为人绝不识揣摩为何事，故文亦然，崛强不屈，自适己意而止。……世儒见忠介文必狂走，以其违俗。夫文而违俗，不过

---

① 俞长城：《俞世宁文集》卷四《国朝程墨前集小引》，《四库未收书辑刊》第9辑第21册，北京出版社1997年版，第111页。

② 俞长城：《题熊钟陵稿》，《可仪堂一百二十名家制义》卷四十，康熙三十八年可仪堂刻本。

③ 俞长城：《题张以成稿》，《可仪堂一百二十名家制义》卷二十七，康熙三十八年可仪堂刻本。

④ 俞长城：《题陆圆沙稿》，《可仪堂一百二十名家制义》卷四十二，康熙三十八年可仪堂刻本。

⑤ 俞长城：《俞世宁文集》卷四《国朝程墨后集小引》，《四库未收书辑刊》第9辑第21册，北京出版社1997年版，第111页。

⑥ 俞长城：《题杨诚斋稿》，《可仪堂一百二十名家制义》卷一，康熙三十八年可仪堂刻本。

⑦ 俞长城：《题于廷益稿》，《可仪堂一百二十名家制义》卷二，康熙三十八年可仪堂刻本。

⑧ 俞长城：《题谢木斋稿》，《可仪堂一百二十名家制义》卷五，康熙三十八年可仪堂刻本。

不遇而止，未若人之违俗，可以得祸也。"①他们文章在后代广为流传，与他们的人品高洁相联系。他们多能与奸臣相抗争，或是"赋性刚介"，或是"崛强不屈"，保持其忠贞的品格，见其文而思其人，其文之传亦以人也。到了晚明，对于人品的评价则表现为对明室的忠诚，在危亡之际敢于赴汤蹈火，为国捐躯。如论左光斗："左萝石先生文，出之性灵，本之经术，郁为坚光，抒为秀采。文至是不问其节亦传，而况兼之？"②又论金声："金道隐先生建言受廷杖，抚字书下考。迨乎邦家沦丧，隐于浮屠，斯亦云门、雪庵者流欤！试读其文，英气勃发，壮心如在，而岂缁衣之流哉？古人不惜死，亦不徒死。文文山欲以黄冠归故乡，先生亦同此意乎！"③他们在明亡之际皆有不顾生死、为国赴难之高洁行谊，其人值得人们景仰，其文亦当传诸后世，典范长昭。

次论学问与文章，俞长城特别重视学识、涵养对于八股文写作的意义，认为作者学问渊博，涵养深厚，则其文自然达到上佳境界。比如丘濬："弥纶天地之谓才，囊括古今之谓学，词章非才也，饾饤非学也。……所著《世史正纲》、《大学衍义补》诸书，广博浩瀚，然皆明义理，切时务，纵横上下，以经以纬，非才与学兼，其孰能之？至于时文，有才而不可恃才，有学而不可夸学，试读公之制义，又何其谨严深厚，不逾绳尺也。"④这里讲到丘濬的才学对其制义的谨严深厚有规范效果。因此，他强调多读书，特别是经史百家之书。其《题袁太冲稿》云：

> 有问津者，余曰："曾读古乎？"对曰："《析义》熟其半矣。""通《五经》乎？"对曰："不能。""《三传》《史》《汉》八家能遍观乎？"对曰："无暇。""《管》《晏》《韩非》《越绝》《法言》《说苑》《新序》《韩诗》等书亦尝披览乎？"对曰："安用之？"嗟乎！古人博极群书而后成一艺，故事实之核，议论之奇，用笔之变化，人皆知其古而莫测所自。夫经史子集，乌有一句一字之无用，而子云尔哉！因于几上取袁太冲稿，摘其"北郭骚""骖乘之忠"二语询之，其人汗下如雨，嗫不能言。嗟乎！荒经蔑古，举世皆安于盲。若此人者，尚可指之途以行者也。因录太冲文，遂记其言于端，以志慨焉。⑤

通过这一段对话，他鲜明地表达了其为文首在博学的观点，也就是人们经常说的多读书，所读之书当是经史子集无所不览，正所谓"古人博极群书而后成一艺"是也。对于晚明文坛以禅入制义这一有悖传统的做法，他也不是完全否定。

> 以禅入儒，自龙溪诸公始也；以禅入制义，自贞复先生始也。贞复受业罗近溪，次近溪会语，故其文率多二氏之言，东乡每以为訾。乃文之从禅入者，纰缪固不堪人目。偶有妙悟精洁之篇，则亦非人所及。故归、胡以雄博深厚称大家，而贞复与相颉

① 俞长城：《题海刚峰稿》，《可仪堂一百二十名家制义》卷十四，康熙三十八年可仪堂刻本。
② 俞长城：《题左萝石稿》，《可仪堂一百二十名家制义》卷三十四，康熙三十八年可仪堂刻本。
③ 俞长城：《题金道隐稿》，《可仪堂一百二十名家制义》卷四十八，康熙三十八年可仪堂刻本。
④ 俞长城：《题丘仲深稿》，《可仪堂一百二十名家制义》卷三，康熙三十八年可仪堂刻本。
⑤ 俞长城：《题袁太冲稿》，《可仪堂一百二十名家制义》卷十三，康熙三十八年可仪堂刻本。

颖，其得力处固不可没也。①

他认为杨起元的制义"偶有妙悟精洁之篇"，"乌得以一家之论掩之哉"？从文章学的角度，他肯定了杨启元以禅入八股的做法，也可看出他观念的通达。

俞长城的以文论史，还表现为他特别重视作者之遭遇与文章的关系，认为作者遭际锻炼了他的品格和修养，其文与其人相一致。比如吴宽：

> 每诵吴匏庵先生稿，春容尔雅，不动声色，文之以养胜者。及考先生传，始困于试事，终阻于仕路，而闻宠若惊，见辱不怒，生平之养，亦验于文。②

吴宽在科途及仕途上皆不顺，但能做到宠辱不惊，因此，他的制义表现出"春容尔雅，不动声色"的特征。在那种千军万马过独木桥的科举制度下，大多数应试者都有着屡试而不中的人生体验，这一点艾南英的《前历试卷自叙》已有非常生动的描述，并受传统文论启发提出了"发愤为制义"的观点。俞长城在这一问题也接受了艾南英的看法，在谈到张寿朋的八股文时，联系其坎坷经历说："宦途不遂，足迹遍天下，口授生徒，慨然以神仙自命，何其志之超也。古人文虽性成，亦有触而发。少陵不奔窜，何以有纪行诸诗？子厚不贬逐，何以有柳州诸记？使西江悠游庙廊，黼黻盛治，纵著述千古，亦不能尽发其幽奇瑰异之致于制义间也。穷而后工，岂不信乎？"③这里再次重申了"穷而后工"的传统观念，指出作者坎坷的人生阅历，对于其制义之"工"也起着十分重要的推动作用。

总之，俞长城的制义观在清初八股批评史上有值得肯定之处，一方面他提出"时文，道之精者也"的观点，提出"理实、气高、法密"的要求，表明他对八股文于科举考试地位的肯定；另一方面他通过制选一系列八股文选为清代八股文树立典范，也藉此对有明一代及清初四十余年八股文发展进程进行比较全面的梳理，他的《百二十名家制义》是明末清初众多八股文选中较有特色的一部。

（作者单位：武汉大学文学院）

---

① 俞长城：《题杨贞复稿》，《可仪堂一百二十名家制义》卷二十，康熙三十八年可仪堂刻本。
② 俞长城：《题吴匏庵稿》，《可仪堂一百二十名家制义》卷四，康熙三十八年可仪堂刻本。
③ 俞长城：《题张鲁叟稿》，《可仪堂一百二十名家制义》卷二十三，康熙三十八年可仪堂刻本。

明清以来经济与社会

编者按：陈锋教授主持的国家社科基金重大招标项目"清代财政转型与国家财政治理能力研究"（项目编号：15ZDB037），正在进行当中，特设置专栏，选择《王朝更迭下的地方财政改革》《清代财政管理体制的沿袭与创新》《晚清妓捐征收与警费之来源》《民国时期河南县级财政制度的转型及其局限》予以刊登。

王朝更迭下的地方财政改革[*]

——以明清时期江苏地区均田均役制度的推行为视角

□　王文素　龚　浩

　　在我国古代，政权虽然屡次发生更迭，但是朝代之间的制度因袭性却也十分显著，所谓"汉承秦制""宋承唐制"即如是。明清鼎革，作为重要的制度构成——财政制度也充分地展示了这种因袭性。除了因袭性以外，对旧有制度进行调整也是新朝的必要举措，旧朝的覆灭一方面展示原有制度的弊病；另一方面也给新朝制度的改革提供了经验和契机，清朝初期的很多政策便是对明末政策的继承与调整。"清承明制，有因有革"，本文将以明末清初江苏地区"均田均役"制度的推行为视角，探讨王朝更迭对地方财政改革的重要影响。

一、"均田均役"的基本内容

　　明代中叶以后，赋役制度改革的一个基本原则就是实现赋役的课税对象以土地、丁身的二元基准向以土地的一元基准转变。"均田均役"即是按照这个原则进行的赋役制度改革。朱金甫认为："所谓均田均役之法，就是按照土地所有者的田亩多少来定徭役负担的轻重。"[1]按照这个关于"均田均役"的定义，他提出"均田均役"最初是由娄县知县李复兴所创行。[2] 樊树志认为"摊丁入地"延续了"一条鞭法"与"均田均役"的改革原则——将徭役折银并以田地为基准来进行征收。由于"一条鞭法"中部分徭役并未实现折银征收的改革目的，故才有了明末清初在江苏地区推行的均田均役之法。[3] 樊氏认为万历三十八年（1610）应天巡抚徐民式就已提出了"均役"改革。日本学者滨岛敦俊对明末时期苏松常三府的"均田均役"进行研究，他认为"均田均役"的主要内容包括两点：其一，负担徭役的

---

　　* 本文为国家社科基金重大招标项目"清代财政转型与国家财政治理能力研究"（项目编号：15ZDB037）阶段性成果；中央财经大学 2016 年博士生重点选题"国家治理与国家发展——基于我国清代财政制度变迁的研究"成果。

　　① 朱金甫：《论清代前期赋役制度的改革》，《历史档案》1982 年第 4 期。
　　② 朱氏亦说或有吴县知县雷珽在顺治十三年创行，即或雷珽与李复兴互有影响。
　　③ 樊树志：《"摊丁入地"的由来和发展》，《复旦大学学报》（社会科学版）1984 年第 4 期。

标志以土地面积来核定;其二,取消乡绅优免权,乡绅负担徭役。① 早在嘉靖四十二年(1563),华亭知县周案也作过限制士绅优免权的尝试。

不同的学者对"均田均役"起始时间有着不同的看法,对此我们可以从"均田均役"的具体措施出发来对这一制度本身进行梳理。"此法(均田均役)自科臣柯耸条议……娄县故令李复兴行之,最为得宜。"②在柯耸的奏疏中提出了五点做法:其一,均平里甲田亩额数;其二,清除花分之弊;其三,严查诡寄;其四,禁止冒充籍立户;其五,革除书办。③ 在这五条措施中,第一条是关于"均田均役"的制度设计,其将全县的土地和徭役核算总额,然后将田地均分为若干亩,按亩编甲,按甲编图,由是可让各图、甲之间徭役均等。当时"江南州县大者有应编户六七百里,小者三四百里,每里为一图,每图有十甲",④ 图甲有大小之分,大者地多,小者地少,虽然同为一图一甲,但是各图甲所拥有的田土不一样,而徭役负担却一样,这就造成了不同图甲间民户负担分配不均,"均田均役"便是要解决这一问题,实现一个县区域内徭役分配的公平。第二、三、四、五主旨在于杜绝地方士绅伙同胥吏的舞弊行为。如花分之弊,花分指的是田多的人户伙同胥吏设立多个户头,将田地记名在各个户头之下,使得每个户头拥有的土地减少,按照时制,徭役有轻重之别,田多者则承担重役,田少者承担轻役,通过花分,富户便可以将重役转嫁给普通人户。

在柯耸奏请实行"均田均役"之后,中央政府认识到了"均田均役"的益处,康熙元年(1662),中央政府要求巡抚韩世琦在江苏地区推行"均田均役",然则推行却遇到了不少的阻力,"韩世琦严饬所属,檄依再四,而有司率瞻狗不行",⑤ 康熙六年(1667),娄县县令李复兴"慨然以为己任",率先在娄县推行了"均田均役",李复兴提出了"均图、并田、均役、销图、征输、分户"六条改革政策:

> 均图:先将该县田地通算,均分若干图。每图应均准熟田若干亩,一图分十甲,每甲应准熟田若干。无论绅衿役民,立照田编甲,则田必入图,图无亏田矣。

> 并田:凡有田者,不拘原旧区图,如一人有田数百亩坐落不等区图者,即以不等区图之田汇归本户,遵照均定新图田额分为各甲,编列一处完粮。其小户田不足甲,共并一甲,即于甲内分注明白,听其自己造册呈递,册内开明收并原区图圩号田若干,俟递到之日,查其住址相近者,挨顺编配。人人自收己田,自完己税,可以不用催办矣。

> 均役:里役之苦,年首为甚,绅衿役户已有优免之例,故田多者类皆诡寄避役,惟以贫民小户承充。今照田编甲,钱粮各自输纳,差徭各自承应,役均由于田均,田均则并无役。⑥

---

① 滨岛敦俊:《论明末苏松常三府之均田均役》,《第九届明史国际学术讨论会暨傅衣凌教授诞辰九十周年纪念论文集》,厦门大学出版社 2003 年版。
② 嘉庆《松江府志》,卷二十七,清嘉庆松江府学刻本。
③ 光绪《青浦县志》卷八,清光绪四年刊本。
④ 乾隆《江苏通志》卷六十八。
⑤ 乾隆《娄县志》卷七,清乾隆五十三年刊本。
⑥ 乾隆《娄县志》卷七,清乾隆五十三年刊本。

在李复兴的计划中，均图、并田与均役三项所涉及的"均田均役"的方案与柯耸的制度设计基本一致，《娄县志》记载：李复兴在娄县实行均田均役法，分经别纬，以一县均为十保，一保为三十区，一区均为十图，均一图均为十甲，无论绅衿黎庶，人各自收己田，自完己粮。至于销图，指的是重编图甲的具体方法，将田册与原图核准无异，于该图原号内注销，编图之日重新注明新编某图；征输，指的是征收赋税的方法，将业户的应纳税额划为等份，按时采取自封投柜的方式自行交纳，而不经手胥吏；分户，新图甲编定后，如发生土地买卖，需要验明文契，同时进行赋税负担交割。

李复兴在娄县的改革很快影响到了松江府其他州县，同年松江府知府饬令华亭、上海、青浦依照娄县例推行"均田均役"。"均田均役"在江苏的最终实施是在康熙十三年（1674）由巡抚慕天颜主持推行，查慕天颜当时的奏疏，提出了两条措施：其一，"夫均田均役之法，通计该州县田地总额与里甲之数，将田地均分，每图若干顷亩，编为定制，办粮当差，田地即均，则赋役自平，即有科则轻重之别，而按亩编甲，其输粮之数不甚相远"。① 可以看出，慕天颜的方法延续了柯耸和李复兴的思路。此外，慕天颜还提出要"施行征收截票之法与制订征收条约"，其法和李复兴所提"均输"基本一致，即将每户应纳赋税分作等额，按月设立期限，按期缴纳份额，缴纳时自封投柜，不假手胥吏，每完成一份，则照数截票，以为证明。②

从柯耸、李复兴和慕天颜的"均田均役"奏疏以及实施办法来看，"均田均役"的核心内容是：在一县范围内统筹计算土地徭役，重新编制图甲，务使图甲之间土地分配均平，进而实现徭役分配上的均平。与此同时也要对赋税征收方法、册籍的修订办法等进行配套的改革。

学者之间之所以会对"均田均役"的理解存在了差异，主要是因为在顺治时期，乃至于更早的明代嘉、隆、万时期，江苏地区就已经开始提出了"均田均役"的思想，甚至部分地区开始了"均田均役"的尝试。但是由于在"均田均役"推行的过程中遇到了阻碍因素，以至于这一制度建设迁延数十年，即至康熙初年才得以全面推广。

二、"均田均役"的推行及其阻碍因素分析

早在明代万历年间，嘉定县就已经有了在图甲之间均平徭役的要求。时嘉定县县民张文庞就提出实行"均田均役"，《嘉定县志》中如是记载：

> 本县入都民张文庞呈前事，查议得均田均役之说，凤称便民，第据张文庞所呈，多言烦称，不无庞杂其中，多有便于此不便于彼，宜于暂不宜于久，以故议发盈庭，行无一效，尝试论之，役出于田，田均则役无不均，均之诚是也。第必合概县田额而均之，势必较毫末以示公，混里甲而无别，以小户之零星填大户之缺，略割彼区之有余补此区之不足，必至纷更变乱，将使穷民未见其利赖，而巨室已持其并吞之势矣。

① 乾隆《江苏通志》卷六十八。
② 乾隆《江苏通志》卷六十八。

此断断乎不可行也。①

从这段记载中可以看出，张文庞所提的"均田均役"之法，与柯耸、李复兴、慕天颜等人的制度设计一样，即核算全县土地，"略割彼区之有余补此区之不足"，实现不同图甲之间的田地分配和徭役分配的均平。从上文中也可以看出，当时的政府认为此法"必至纷更变乱，将使穷民未见其利赖，而巨室已持其并吞之势矣"，所以"均田均役"并未推行。但是为了应对都民提出的要求，嘉定县还是做了一定程度上的改革：

> 窃谓一县之田，势不能概均，惟通其意，不泥其说，参互斟酌，就各区各图之中总计其田若干诀，应编排年若干名，大较以田百亩者率充排年，伍拾亩者率为帮贴，其参伯亩以上至千亩万亩者不妨多编几名，二三十亩以下止充甲首，贫里自愿朋充者听，田数太少自愿并图并里者亦听，如此则即免摊拨之扰，亦无出入之虞。②

嘉定县的做法是不要求重新丈量土地以及重新划分图甲，而是让占地较多的图甲承担较多的徭役，占地较少的图甲承担较少的徭役，这也在一定程度上实现了图甲之间徭役分配的均平。

除了嘉定县以外，吴江县也进行了"均田均役"的尝试。顺治十四年（1657），知县雷斑创行"均田均役"：

> 通计一县田亩，按图均配，旧五百五十七图半，裁并为五百有七图，每图田二千亩，每甲田二百亩，于图中择田多者十人为甲长，轮充见年，谓之十排年（十田长轮年催赋名日排年，其当年者日见年），若一家有田二千亩，则一图之十排年独充之，若再余则分入下图，又遵新例，五年一编审，悉照田均金焉。

他通计吴江县土地后，将一县分507图，每图有田2000亩，每图分10甲，每甲有田200亩，一图之中，则田多者10个人为甲长，轮充徭役，拥有田土多的户则多充徭役。雷斑的方法均平了图甲徭役，"论者以为百世良规"。

雷斑在推行"均田均役"时遇到了地方士绅与胥吏的破坏，"有巨棍陆韬娄受革退保户杨荣等之贿赂，阴逞狡谋，以觊败乃公事，乃刊布歌谣，捏词耸动"，③ 散播雷斑在推行"均田均役"时谋取私利的谣言，并刊列了加征火耗、苛派钱粮、私征漕费之类数十款雷斑贪赃枉法的事例，后经查明均属子虚乌有。但由于他的改革没有经过府、省乃至中央的批准，有司认为"但吴江等县均田均役固属便民，然详明不候具题，擅自举行，诬妄之罪诚不能宽"，于是依然因此获罪。④

张文庞所提"均田均役"因有"巨室已持其并吞之势"而被官府否决，雷斑在推行中受

---

① 万历《嘉定县志》卷六，明万历刻本。
② 万历《嘉定县志》卷六，明万历刻本。
③ 韩世琦：《抚吴疏草》卷二十八，清康熙五年刻本。
④ 韩世琦：《抚吴疏草》卷五十五，清康熙五年刻本。

到了士绅和胥吏的抵制，自康熙元年（1662）巡抚韩世琦通令实行改革，"檄侪再四，而有司率瞻狗不行"，康熙六年（1667）才由李复兴在娄县率先推行，康熙十三年（1674）最终在慕天颜的推动下于江苏范围内实行。可以说，"均田均役"在制度草创与推行的过程中受到了强大的阻力，这其中士绅与胥吏是主要的反对者。

按明制《优免则例》，官员和士绅可以减免部分徭役和田赋：

> 京官一品，免粮三十石，人丁三十丁；二品，免粮二十四石，人丁二十四丁；三品，免粮二十石，人丁二十丁；四品，免粮十六石，人丁十六丁；五品，免粮十四石，人丁十四丁；六品，免粮十二石，人丁十二丁；七品，免粮十石，人丁十丁；八品，免粮八石，人丁八丁；九品，免粮六石，人丁六丁；内官内使亦如之。外官各减一半，教官、监生、举人、生员各免粮二石，人丁二丁。杂职省祭官承差知印吏典，各免粮一石，人丁一丁。以礼致仕者，免十分之七，闲住者，免一半，其犯脏革职者，不在优免之例。[①]

实际上，就地方而言，官员与士绅获得优免权往往大于朝廷的法定数额，滨岛敦俊对常熟地区的优免额作了考证，发现当地进士的优免额是朝廷规定的十倍，举人与恩生的优免额是朝廷规定的六倍，贡生的优免额是朝廷规定的四倍，监生的优免额是朝廷规定的一倍。[②] 由于地方士绅拥有税收优免权，因此容易产生诡寄、冒籍的弊病。诡寄是将土地记挂在士绅名下获得赋役减免；冒籍是指士绅在他县虚立户头，藉此减免赋役。士绅一方面利用手中的税收优免权免去了赋役；另一方面又通过花分的手段躲避赋役，其直接后果就是造成国家赋税收入的减少。万历年间，无锡县清查土地，发现当时官户有法定的优免田为一千七百多顷，而通过花分、诡寄以及冒籍等舞弊行为获得的田地就有近一千六百顷，几与法定额度相当，由此也可见当时士绅可从中谋利之巨。

地方士绅之所以能够进行花分、诡寄以及冒籍等舞弊行为，这与地方胥吏关系密切，地方胥吏掌握了各图里的地籍田籍占有情况，由是士绅可以通过胥吏来上下其手、营私舞弊。对此，时人叶梦珠有着清晰的认识：

> 吏胥乘间作奸，或田少而反充图首，则一人而办一图之粮，小户而催大户之税，完课者日受鞭笞，逋赋者逍遥局外，兼之征调不时，工役不息，富家以贿得脱，贫户重叠而当差，前工未竟，后役又轮，一票未销，数牌叠至，差役势同狼虎，小民时被雷霆。[③]

从柯耸的论述中，可以看出胥吏在地方赋役征收中或是伙同富户士绅采用分洒花分手段使富户士绅脱漏赋税，或将赋役的负担转移给普通民户，包富役之差徭，而散派各户，

---

① 《大明会典》卷二十，明万历内府刻本。

② 滨岛敦俊：《论明末苏松常三府之均田均役》，《第九届明史国际学术讨论会暨傅衣凌教授诞辰九十周年纪念论文集》，厦门大学出版社2003年版，第48~49页。

③ 叶梦珠：《阅世编》卷四，上海古籍出版社1981年版，第83页。

又可以包纳钱粮，乃至于额外私派。"均田均役"制度的推行，首在于核算全县土地，这样就可以将以前大量通过飞洒、花分、诡寄的土地清查出来，再按照图甲平均分配土地与徭役，使得图甲之间徭役均等，进而在图甲内，无论士绅民户照田编甲，实现了"有田则有役"的目标。同时在推行"均田均役"的同时，地方官员对赋役征收办法也进行了配套改革，实行截单法，要求民户按限按分完纳钱粮，完粮采取自封投柜，避免胥吏从中蚕食赋税。可以说"均田均役"制度的创行对以往赋役制度中存在的诸多弊端进了纠正，尤其剥夺了士绅与胥吏的不法利益。也正因为如此，"均田均役"才受到他们的抵制以及破坏，乃至于"均田均役"从提议到最终全面推行迁延了数十年。

三、"均田均役"推行条件之成熟

"均田均役"之议发之于晚明，而全面推行于清康熙初年，其间迁延数十年，即或间有尝试之举，亦受制于社会条件而卒难推行。明清鼎革之际，原有的社会环境被破坏，尤其是士绅在这次易代变革中受到了严重的打击。清王朝鼎定之后，通过清丈土地、编制赋役全书为"均田均役"的推行提供了必要条件。同时，进一步打击士绅和整顿胥吏，扫除了"均田均役"推行的障碍。

江苏地区是南明政权的统治核心，清军在这一地区受到了激烈的抵抗，如嘉定一役，城内外死者二万余人。战乱之后，社会经济受到了极大的破坏，时任两江总督的洪承畴如是描绘当时的场景："惟有伤残最苦之州县，人民逃亡，田地荒芜，又兼近来土贼抢掠，民无宁居。乃目前催征漕粮，勒限起运，濒死残黎，供输不前，人情惊皇。"[1]"收拾民心，莫过于轻徭薄赋"，[2] 顺治二年（1645），清廷攻克江宁，顺治下令："河南、江北、江苏等处，人丁地亩钱粮，及关津税银、各运司盐课，自顺治二年六月初一日起，俱照前朝会计录原额征解。官吏加耗重收，或分外科敛者，治以重罪。凡各派辽饷、剿饷、练饷、召买等项永行蠲免。即正项钱粮以前拖欠在民者亦尽行蠲免。"[3]同时对于新王朝来说，均平赋役也是他们用来巩固统治的必要之举，"均田均役"的推行不会造成赋税总额的减少，却在改变了以往徭役分配不均的局面后，做到了"惟论田起役，纤毫不许躲闪，俾户无无田之役，田无不役之人"。[4]

清初的赋役征收以明万历年间旧额为标准，然易代之际，战火频繁，人口损失，土地抛荒，这些原因都使得原有的征收标准难以执行。所谓"国计民生，首重财赋"，[5] 掌握准确的地方土地赋役信息对于巩固新王朝的统治至关重要，由是朝廷要求各地清丈土地、编制赋役全书。顺治三年，顺治发布上谕：

> 国计民生，首重财赋。明季私征滥派，民不聊生，朕救民水火，蠲者蠲，革者

---

① 张伟仁主编：《明清档案》第四册，台湾联经出版事业公司 1986 年版，第 1659 页。

② 《皇清奏议》卷一，民国景印本。

③ 《世祖章皇帝实录》卷十七，中华书局 1987 年版。

④ 乾隆《镇江府志》卷十三，清乾隆十五年增刻本。

⑤ 《清文献通考》卷一。

革，庶几轻徭薄赋、与民休息。而兵火之余，多藉口方策无存……今特遣大学士冯铨前往户部，与公英俄尔岱彻底察核。在京各衙门，钱粮款项数目原额若干？现今作何收支销算？在外各直省钱粮，明季加派三项若干？现在田土、民间实种若干？应实征起解、存留若干？在内，责成各该管衙门。在外，责成抚按严核详稽。拟定《赋役全书》，进朕亲览，颁行天下，务期积弊一清。①

这是中央政府首次明令各地查核土地人口，编纂《赋役全书》。次年，顺治下令："令照他郡额赋征输，更行清丈。"②此后江苏地区也进行了土地清丈，顺治八年（1651），江苏巡抚秦世桢推行土地清丈，"田地令业主自相丈量，明注印册"。③《赋役全书》的修撰历时十余年，其间进行了多次修订，终于顺治十四年（1657）告成。"均田均役"的核心是要掌握地方土地在图甲之间的分配情况，进而在图甲之间平均徭役，各地在进行土地清丈与赋役全书的编订时对地方的徭役情况有了更充分的了解，这些都为"均田均役"的推行提供了便利。

在明清易代的这场战乱中，士绅未能免祸。如嘉定一战，"是役也，城内外死者二万余人，缙绅则有侯峒曾、黄淳耀、龚用圆，孝廉则张锡眉，贡士则王云程，青衿则黄渊耀、元演侯、元洁等七十八人。其时，孝子慈孙、贞夫烈妇、才子佳人横罹锋镝者，不计其数，谓非设县以来，绝无仅有之异变也"。④ 为了进一步打击士绅，清政府先后发动了丁酉科场案、通海案、哭庙案与奏销案，这其中又以奏销案对士绅的影响最大。顺治十八年（1661），巡抚朱国治奏请"苏、松、常、镇四府属并溧阳县未完钱粮文武绅衿共一万三千五百一十七名，应照例议处。衙役人等二百五十四名，应严提究拟"。朱国治上疏后，"章下所司，部议不问大僚，不分多寡，在籍绅衿，按名黜革，现任缙绅，概行降调，于是乡绅张玉治等二千一百七十一名，生员史顺哲等一万一千三百四十六名，俱在降革之列"。⑤ 当时凡是欠税的士绅，无论多寡，全部被革除功名。

除了在政治打压江苏士绅以外，清政府还从经济上对士绅进行压制，清朝入关伊始，便下令"运属鼎新，法当革故，前朝宗姓，已比齐民。旧日乡绅，岂容冒滥。闻直隶及各省地方、在籍文武，未经本朝录用者，仍以向来品级名色擅用新颁帽顶束带，交结官府，武断乡曲，冒免徭赋累害小民……自今谕示之后，将前代乡官监生名色，尽行革去，一应地丁钱粮杂泛差役，与民一体均当。朦胧冒免者，治以重罪，该管官徇私故纵者，定行连坐。其伪官父子兄弟家产人口，通着该地方官详确察奏，不许隐漏，即传谕行"。⑥ 此条诏令一出，直接剥夺了那些未出仕新朝的前明士绅的优免权。随着清朝统治逐渐巩固，大批士绅投靠新朝，此令也有失去了限制优免权的意义。此后朝廷再次下令"一品官至生员吏承，止免本身丁徭"，⑦ 而依照前文所提及的《优免则例》，官员可依据品级免除三十丁

———————————————

① 《世祖章皇帝实录》卷二十五，顺治四年三月。

② 《世祖章皇帝实录》卷三十二，顺治四年五月

③ 同治《苏州府志》卷十二，清光绪九年刊本。

④ 朱子素：《东塘日札》卷二，清荆驼逸史本。

⑤ 叶梦珠：《阅世编》卷六，上海古籍出版社1981年版，第136页。

⑥ 《世祖章皇帝实录》卷二十五，顺治三年四月。

⑦ 《清文献通考》卷二十五。

至六丁，教官、监生、举人、生员各免人丁二丁。从此，原来官员士绅的优免权受到了极大的限制。在经过战乱以及清政府有意打压后，江苏士绅的力量大为衰弱，伍丹戈对明清易代时松江府士绅势力的变化作了考证，他指出：在明代以绅衿为主体组成的松江府的身份地主，在改朝换代之后，显然受到了极其沉重的打击。特别是明代著名的世家，明朝灭亡后衰败到只占一半，加之后来受到奏销案严重摧残，又损失将近四分之一，两项合起来共达四分之三。① 因此，明末以及顺治年间，士绅无论在政治还是经济上都受到了削弱，使得"均田均役"在推行过程中遇到的阻力变少。

在士绅进行花分、诡寄、冒籍等种种不法行为中，胥吏一直扮演了重要的角色。清王朝在统治伊始，便要求地方各级官员整顿胥吏，尤其要规范胥吏在赋税征收中的行为，同时也对各地的胥吏数量进行了裁减。顺治八年（1651）会计通省钱粮，顺治即发上谕："但有司派征钱粮皆假吏胥里书之手，或蒙蔽不知，或通同作弊，朝廷虽有浩荡之恩，而小民终未免剥削之苦。"②当年巡抚秦世桢提出八事，其中规定了："额定粮数俱填易知由单，设有增减，另给小单一纸，则奸胥不得籍口；由单详开钱粮总数目及花户姓名、先给后征，以便磨对；催科不许差人，设立滚单，以次追比；收粮听里户自纳簿柜，俱加司府封印，以防奸弊；解放先急后缓，勒限掣销完验，不得分毫存留衙役之手。"③在打击地方胥吏参与赋税征收中徇私舞弊行为的同时，在巡抚卫贞元任内便裁减了司、道衙门胥吏九百六十三名，各府、所、县、卫等处裁减了九千六百七十名，共裁减了一万六百四十一名。④ 打击胥吏的非法行为与裁减胥吏人数在一定程度上有助于打破他们与士绅的联系，为推动"均田均役"提供了有利条件。

四、小　结

自明中叶伊始，地方赋役改革的一个基本趋势就是将徭役折银，并按照田地来征收，实现徭役征发从以人丁户口为基准转向以田地为基准。在这种转变中，所要实现的便是赋役负担与个人纳税能力相匹配，实现赋役的均平，"均田均役"即是要在这种趋势中完成一县之内图甲之间徭役负担的均平。"均田均役"也并非只是在徭役分配制度方面的改革，其背后还有"截单法""自封投柜"等对赋役征收管理过程中存在的弊病进行革除和完善的举措。

从"均田均役"改革的历史进程中可以看出，历史上任何一次财政改革的道路都是曲折的，顺利推动财政改革的一个必要前提便是打破原有的利益束缚。"均田均役"在制度草创与推行的过程中受到了极大的阻碍，以士绅与胥吏为代表的利益团体对改革采取了各种阻挠措施，明清鼎革之际，原来反对"均田均役"的士绅力量受到了严重的削弱，同时清政府采取了在政治上打击士绅、经济上限制士绅优免权以及打击胥吏非法行为的措施，这些都为"均田均役"的顺利推行提供了必要的条件。党在十八届三中全会上对全面深化

① 伍丹戈：《论清初奏销案的历史意义》，《中国经济问题》1981年第1期。
② 《世祖章皇帝实录》卷五十七，顺治三年五月。
③ 《世祖章皇帝实录》卷五十九，顺治八年八月。
④ 韦庆远：《〈明清档案〉与顺治朝吏治》，《社会科学辑刊》1994年第6期。

改革进行了部署，其中提到建立现代财政制度需要发挥中央与地方两个积极性，"均田均役"的成功实施也让我们看到在财政改革过程中发挥中央政府与地方政府两方面积极性的重要作用，"均田均役"改革倡议发起于地方，并由地方政府积极推行，由于士绅与胥吏利益集团的反对，"均田均役"一直没有全面展开实施，而中央政府适时采取的打击士绅与胥吏的政策消除了"均田均役"推行的障碍，为"均田均役"的全面展开提供了重要的政治保障。

（作者单位：中央财经大学财政税务学院）

清代财政管理体制的沿袭与创新*

□　陈　锋

中国的财政制度，特别是财政管理体制，是一个不可分割的有机整体。清王朝自定鼎中原之后，其财政在总体上沿袭明代之制，同时又经过了不断的制度创新和完善，最终形成了具有鲜明自身特点的财政体制。从总体上说，清代前期的财政管理体制，主要是在沿袭明代的基础上有所创新；清代后期，特别是晚清，财政管理体制有重要的变化，开启了近代财政体制的新模式。

一、清代前期财政管理体制的沿袭与变化

清代财政制度，有"清承明制"之说，所谓的"清承明制"，只是一种大致的说法。有些制度，在清朝定鼎中原之初，由于原有制度已经具备或来不及更易，就直接沿袭。更多的，则是由混乱逐步走上轨道。

在新旧王朝鼎革之际以及新王朝建立之初，财政的混乱司空见惯，并表现在各个方面。

顺治元年（1644），山东道御史宁承勋在谈到赋役制度时奏称："赋役之定制未颁，官民无所遵守，祈敕部于赋役全书外，无艺之征尽行裁革。如恩诏内有全免者，有半免者，有免三分之一者，着定书册，刊布海内，令州县有司遵照规条，户给易知由单，庶愚民尽晓而永遵良规。"①这说明，当时的赋税征收册籍没有刊定，赋税征收没有凭藉。

顺治三年（1646），摄政王多尔衮针对财政的混乱格局，谕称："今特遣大学士冯铨前往户部，与公英俄尔岱彻底查核，在京各衙门钱粮数目，原额若干？见今作何收支、销算？在外各省钱粮，明季加派三项，蠲免若干？见在田土，民间实种若干？应实征、起解、存留若干？在内责成各衙门，在外责成抚按，严加详稽。"②这说明，当时的钱粮收支，钱粮加派和蠲免，土地数额，起运、存留比例等财政重要事项，都不是十分清楚。

---

* 本文为国家社科基金重大招标项目"清代财政转型与国家财政治理能力研究"（项目编号：15ZDB037）阶段性成果；亦是武汉大学自主科研项目（人文社会科学 2016 年重点）研究成果，得到"中央高校基本科研研究费专项资金"资助。

① 《清世祖实录》卷十一，顺治元年十一月庚戌。
② 《清世祖实录》卷二十五，顺治三年四月壬寅。

顺治八年(1651),刑科左给事中魏象枢针对会计奏销制度的混乱,专折上疏:"国家钱粮,部臣掌出,藩臣掌入。入数不清,故出数不明。请自八年为始,各省布政使司于每岁终会计通省钱粮,分别款项,造册呈送该督抚按查核。恭缮黄册一套,抚臣会题总数,随本进呈御览。仍造清册,咨送在京各该衙门互相查考,既可杜藩臣之欺隐,又可核部臣之参差。"①这说明,当时的会计奏销制度仍未上轨道。

而就财政管理体制而言,首先需要注意的是国家财政与皇室财政的分野。

历史上,国家财政与皇室财政并没有严格的分野,对此,前此学者已经有所研究,祁美琴《清代内务府》是对皇室财政进行集中研究的重要著作。该书首先缕述了秦汉以来内务府的沿革以及历朝内府经费来源的特点,认为就宫中财政与国家财政的关系而言,秦汉时期是宫中财政与国家财政分离,魏晋南北朝时期是宫中财政与国家财政混一,宋明时期是宫中财政与国家财政有分有合。"清代内务府吸取明朝内外府库职责权利有分有合,导致国家财富多为宫中耗尽的教训,对内府库藏的收入来源和用途进行明确的划分,有效地限制了皇室对国赋的索取范围和数额,尤其是在鸦片战争以前,户部基本上能够正常运行。"②马伯煌主编的《中国经济政策思想史》认为,"入明而清,内廷行政已形成严密的制度化,从而在财政上构成内外连环衔接的权利结构。既然皇权通过内廷行政能有效地控制外廷,使之成为单一的执行机构;而财政的内外储备,在一定程度上也就没有必要再加以严格的区分。在这种情况下,外廷财政的截内功能逐渐减弱。与此相对的是,这一时期名为内库(内帑)的内廷储备,越来越具有皇帝个人私藏的性质"。③

从总体上看,与前代相比,清代的国家财政与皇室财政已经有比较明确的划分,但是,在"家国天下"的模式下,仍然有混同和变动。

第一,为了表示皇恩,原本由国家财政开支的款项,由内府支给。如出于"特恩"的赈济和军费紧张的情况下,均有动支"内帑"的事例。如雍正八年(1730)奉旨,"会试时天气尚寒,举子衣单,可制造布棉被袄,每举子各给一领御寒"。遵旨"成造粗布厚棉被袄五千五百二十九领,每逢会试,据礼部来文按人数给发,事竣仍缴库收贮,残阙者呈堂修补"。这属于"优恤举子",凡此"皇恩"均由内府支给。④

第二,起先动用国库银两,后来改用内库支出。如乾隆十一年(1746)奏准,"凡夏月宫内搭盖凉棚,并养心殿、造办处需用升送什物托板、架木等项,停其移咨工部,即交该司办理"。⑤夏天宫内搭盖凉棚等费用,虽然用费不多,此前工部费用内支给,至此才改由内务府营造司支给。

第三,起先动用内库银两,后来改用国库支出。如优恤八旗婚丧银两,雍正元年(1723)曾经奉旨,发内库银90万两生息,所得利银,赏给八旗并内府三旗官员、兵丁,以济婚丧之用。乾隆元年(1736)又奏准,八旗汉军官兵婚丧恩赏,动支内库银20万两,

① 《清世祖实录》卷五十七,顺治八年六月辛酉。又《清史列传》卷八《魏象枢传》:"八年,世祖章皇帝初亲政……(象枢)请定藩司会计之法,以杜欺隐;立内外各官治事之限,以清稽滞。皆报可"。

② 祁美琴:《清代内务府》,中国人民大学出版社1998年版,第12页。

③ 马伯煌主编:《中国经济政策思想史》,云南人民出版社1993年版,第444页。

④ 乾隆《大清会典则例》卷一百五十九《内务府·广储司》。

⑤ 乾隆《大清会典则例》卷一百六十五《内务府·营造司》。

亦按一分利滋生，所得利银，"镶黄、正黄、正白三旗，每旗豫领银三百两，余五旗各领二百二十两备用，其咨报补领及奏销均照满洲、蒙古例行"。这样，不论是满洲八旗、蒙古八旗，还是汉军八旗，其婚丧银两都有内库生息银两支给。到乾隆二十一年（1756），议准恩恤银停止生息，"凡赏内府上三旗婚丧银，每月于户部移取长芦、两淮、盐课银一万三四五千两不等"，均由盐课正项银支给。①

第四，大宗用银两及物件，由户部、工部等支领，小宗的则由内务府负责。顺治十八年（1661）定，"凡乾清门以外，紫禁城以内，有修理工程，物价在二百两以上，工价在五十缗以上者，奏交工部，不及此数者。呈堂转咨工部办理，仍会同本司官监修，其茸补小修，仍由内工部（即内务府之营造司）办理"。②

第五，本来应该由内务府支出的"公费月饷"，大部分由户部支出，小部分由内务府支出。顺治十八年（1661）奏准，"凡内监应领公费，每月据总管内监等来文呈堂，咨户部领取。又奏准，凡内府所属各执事人、工匠、人役应领月饷，均由司办理"。雍正元年（1723）议准，"内府三旗佐领内，管领下各执事人及内监匠役，每月应领银米，该参领、佐领内管领造册送司，由司汇册呈堂，咨回该旗钤印，转行户部支领"。③

第六，内务府各种名目的帑本银，实际上并不是来自内务府，而是来自盐课或由盐商捐纳。乾隆十三年（1748），两淮盐政吉庆就曾奏称："众商情愿每年公捐银十万两，公领生息，以五年为率，连每年息银归入本内，一并营运。年满之后，遵照王大臣原议留银六十万两，永作本银生息，余银解交内库。"④帑本银不来自内库，又可多取帑息，各种名目的"帑本"也就应运而生。

其次，需要注意的是中央财政与地方财政的变动。

在清代，没有严格意义上的中央财政与地方财政之分，但有以"起运""存留"为标志的中央财政与地方财政的划分，并且存在着中央财政与地方财政的调整或变动，这是没有疑问的。

起运与存留，一般被视作中央和地方在财政收入上的重新分配，按照乾隆《大清会典则例》的解释，"州县经征钱粮运解布政司，候部拨，曰起运"；"州县经征钱粮扣留本地，支给经费，曰存留"。⑤与其他制度一样，清廷入关后依然沿袭明代的起运、存留制度，起运、存留比例大致仍依其旧，即如江苏巡抚汤斌所称："本朝定鼎，田赋悉照万历年间则例……顺治初年，钱粮起、存相半"，但随后即因"兵饷急迫，起解数多"。⑥这种因军费紧急、中央财政困难而采取的削减地方财政、变存留为起运的措施，在清初曾陆续实行，成为当时财政政策的一个重要导向。其中，具有较大规模的裁减存留，肇始于顺治九年（1652），该年四月，"户部以钱粮不敷"，遵旨会议筹措款项，将"州县修理察院铺陈、家伙等银""州县修宅家伙银两""州县备上司朔望行香纸烛银两""在外各衙门书吏人役工

①　乾隆《大清会典则例》卷一百五十九《内务府·广储司》。
②　乾隆《大清会典则例》卷一百六十五《内务府·营造司》。
③　乾隆《大清会典则例》卷一百六十《内务府·会计司》。
④　嘉庆《两淮盐法志》卷十七《转运·借帑》。
⑤　乾隆《大清会典则例》卷三十六《户部》。
⑥　汤斌：《通赋难清，乞减定赋额并另立赋税重地州县考成例疏》，乾隆《江南通志》卷六十八。

食银两"等项加以裁减，变为起运钱粮以应军需。① 顺治十一年(1654)六月，户部又奏称："国家所赖者赋税，官兵所倚者俸饷，关系匪轻"，"又会议裁扣工食等银二十九万九千八百余两"，"将所裁钱粮于紧要处养赡满洲兵丁"。② 顺治十三年(1656)九月，在钱粮不敷、中央财政极度困难的情况下，再一次大规模地"裁直省每年存留银两"。③ 这次裁减的地方各项经费达 75 万余两之多，也被全部移作军费，如户部尚书车克所说："十三年因钱粮入不敷出，缺额四百四十余万，随经诸王、贝勒、大臣、九卿、科道会议，于存留各款裁减，以抵不敷兵饷。"④此后，裁减地方存留仍续有举行，如顺治十四年、十五年(1657、1658)，康熙元年、二年、三年、五年(1662、1663、1664、1666)等的裁减。⑤到康熙七年(1668)，各地的存留银额只剩 338.7 万余两，与该年田赋银2583.9万两相较，起运比例为 86.9%，存留比例仅为 13.1%，与明代原来的"起、存相半"比较，已是少得可怜。

再次需要注意的是财政管理机构的变化。

在这里，笔者主要探讨三个问题：

一是内务府的设立。

内务府是清代管理皇室财政和内廷事务的机构。《日下旧闻考》称："内务府之职，前代所未有，我朝厘革明代内官监司之弊，特设内府官属以理之。其职不下数百员。"⑥这段话是《日下旧闻考》在叙述内务府的职掌时所作的按语，主要含义有二：一是说明内务府前代所无，为清朝独创的制度；二是说明内务府是在厘革明代内官监司之弊的基础上设立。这也就意味着内务府与明代内官监司有一定的联系。祁美琴《清代内务府》认为："清初十三衙门虽然在机构设置上采用了故明宦官衙门的主要组织，但在职官设置上却有所变革，形成了满洲近臣与寺人兼用，而权在满臣的局面，因而与明代二十四衙门不可同日而语。"⑦顺治帝在欲设立十三衙门时的上谕也说："衙门虽设，悉属满洲近臣掌管，事权不在寺人，且所定一切政事，毫无干预，与历代迥不相同。"⑧《日下旧闻考》在谈及内务府时，还有一段较长的按语："内务府衙门，国初置设，凡内府诸事总隶之。顺治十一年，分置十三衙门，仍以内府人员管理，曰司礼监、尚方司、御用监、御马监、内官监、尚衣监、尚膳监、尚宝监、司设监、兵仗局、惜薪司、钟鼓司、织染司，尚沿明代旧名。十二

① 《清世祖实录》卷六十四，顺治九年四月丁未。有关各地的具体裁减情况，参见陈锋：《清代军费研究》，武汉大学出版社 1992 年版，第 321 页。

② 《清世祖实录》卷八十四，顺治十一年六月癸未。

③ 《清世祖实录》卷一百零三，顺治十三年九月辛未。

④ 档案，顺治十七年六月十二日车克题：《为酌拨十七年兵饷事》。

⑤ 各种方志记载的裁减时间略有不同，如果综合方志的记载来看，实际上在这一段时间内每年都有裁减。

⑥ 《日下旧闻考》卷七十一《官署》。

⑦ 祁美琴：《清代内务府》，中国人民大学出版社 1998 年版，第 68 页。

⑧ 《清世祖实录》卷七十七，顺治十年七月丁酉。按：李鸿彬认为顺治十年上谕设十三衙门，顺治十一年正式设置。此说是。见李鸿彬：《间论清初十三衙门》，《清代宫史探微》，紫禁城出版社 1991 年版。江桥称："十三衙门为清初管理宫廷事务的机构，设立于清顺治十年到十一年。"见江桥：《十三衙门初探》，《清代宫史探微》，紫禁城出版社 1991 年版。

年，改尚方司为尚方院。十三年，改钟鼓司为礼仪监，尚宝监为尚宝司，织染司为经局。十七年，改内官监为宣徽院，礼仪监为礼仪院。十八年，裁十三衙门，仍置内务府，以兵仗局为武备院。康熙十六年，尽汰旧时名目，改为七司三院，而以内府大臣统之，遂为定制云。"①这段按语也颇有意味，说明内务府衙门在清初多有变更，直到康熙十六年（1677），才形成定制。光绪《大清会典事例》的记载有所不同：

> 国初置内务府，设总管，间以大臣总理。顺治十一年，改置十三衙门，曰司礼监、尚方司、御用监、御马监、内官监、尚衣监、尚膳监、尚宝监、司设监、兵仗局、惜薪局、钟鼓司、织染局。十二年，改尚方司为尚方院。十三年，改钟鼓司为礼仪监，改尚宝监为尚宝司，改织染司为经局。十四年，置御药房，以首领太监管理。十六年，始设南苑官。十七年，改内官监为宣徽院，改礼仪监为礼仪院。十八年，裁十三衙门，复置内务府，分设六司，曰广储，曰会计，曰掌仪，曰都虞，曰慎刑，曰营造。又改兵仗局为武备院，改御马监为阿敦衙门。康熙三年，奉旨，染织局交内务府总管管理。又改设染织局官。十六年，改阿敦衙门为上驷院。又定，纳银庄隶会计司。二十三年，增设庆丰司，是为七司，又增置奉宸苑。②

如是，内务府七司三院之制，到康熙二十三年（1684）才宣告完成。现有研究著作未注意到此点。

二是中央财政管理机构的变化。

户部，最初为"地官""大司徒"，或为"大司农"。唐代以后，历代设户部。清代的户部，作为政府的财政中枢，设尚书和左右侍郎，"掌天下户口、田土，及仓库、漕、醝等项钱粮，官兵俸饷"。③ 各种记载略有不同，但大意相同。《日下旧闻考》载："户部在吏部南，设尚书，满汉各一，侍郎满汉各二。"④乾隆《大清会典》载："尚书，满汉各一人，左右侍郎，满汉各一人，掌天下土田、户口、财谷之政，平准出纳，以均邦赋。"⑤

光绪《大清会典事例》记载了户部官员的沿革："尚书，满洲一人，汉一人，左侍郎，满洲一人，汉一人，右侍郎，满洲一人，汉一人。……顺治元年，设满洲尚书，无定员，满汉左右侍郎各一人。右侍郎管理钱法堂事。汉总督仓场侍郎一人。初设满洲郎中十人，绪增十二人，定为二十二人。蒙古郎中四人，汉军郎中二人。初设满洲员外郎十六人，绪增二十三人，定为三十九人。蒙古员外郎五人，汉军员外郎六人。满洲堂主事四人，司主事十四人。汉军堂主事二人，满洲司库九人，汉司务二人。……五年，定满汉尚书各一人。七年，增设满洲尚书一人。八年，以诸王贝勒兼理部务。十年，裁满洲尚书一人。"⑥可见，在顺治年间，户部官员的设置，包括户部尚书的设置，有许多变化。

---

① 《日下旧闻考》卷七十一《官署》。
② 光绪《大清会典事例》卷二十一《吏部五·官制·内务府》。
③ 康熙《大清会典》卷十七《户部》。
④ 《日下旧闻考》卷六十三《官署》。
⑤ 乾隆《大清会典》卷八《户部》。
⑥ 光绪《大清会典事例》卷十九《吏部三·官制·户部》。

清代户部实行分司理事制度，户部之下，除司务厅外，设有 14 个清吏司分掌事权。14 清吏司的署址，《日下旧闻考》称："司务厅，国朝因明旧址，建大堂，西向，司务厅在其左，诸司属以次分列。江南、贵州、陕西、湖广、浙江、山东六司，在左廊后南夹道内，福建、江西、江南、云南、四川、广西六司，在右廊后北夹道内。山西、广东二司，在二门外，南北向。"①

14 个清吏司的职掌，清初以来多有变化，据顺治八年和硕端重亲王波洛称："照得臣部(户部)山东司专管本省本折钱粮并六运司盐法以及各省镇兵马钱粮、满洲驻防、招买粮草，素称事繁。兼之引从部发，事更繁多，一司难以料理。及查兵饷事务，在明季时，原设左、右二司专理。自我朝定鼎，将左、右二司官裁撤，各留书办一名附入山东、山西二司带管。今山东司盐法事繁，难以兼摄。查广东司事务简少，合将右科兵饷等项事务并承行书役一切文卷改附广东司兼理，庶繁简得均而事有专责。"②这仅是山东司的变化情况，已经与明代有很大的不同。

各清吏司之下，又分科，各清吏司的科别略有不同，江南司分金科、民科、仓科、支科，浙江司分金科、民科、仓科、支科，江西司分金科、民科、仓科、支科，福建司分金科、民科、河民科、直仓科、福仓科、支科、井田科，湖广司分金科、民科、仓科、支科，山东司分金科、民科、仓科，山西司分金科、民科、仓科、支科，河南司分金科、民科、仓科、支科，陕西司分金科、民科、粮科、支科，四川司分民科、仓科、支科，广东司分民科、仓科，广西司分金科、民科、仓科、支科，云南司分南漕科、北漕科、仓科、支科，贵州司分金科、民科、仓科、支科。各科各设经承。③ 这种分科理事的做法，也比前代细密。

户部及清吏司外，其他有关的财政部门，如捐纳房、俸饷处、六科、会考府，等等，其设置及职能的变化也值得注意，不备述。

三是地方财政管理机构与特设机构。

清代的地方政权分为省、府、县诸级，在财政事宜方面，布政使司是地方财政的最高主管部门。清代各省布政使司的设置大体相同，大多设置有布政使、经历、库大使。少数设置有理问、照磨、仓大使。在不同时期，有不同的设置和变更，特别是清初变化较大，乾隆《大清会典则例》有较为明确的记载：

> 国初直隶不设藩司，设口北守道，兼山西布政使司衔。其余各省，皆设左右布政使司各一人，参政各一人，参议各一人。康熙六年定，各省止设布政使一人，参政、参议无定员，皆裁去左右名目。参政、参议是何项官推升者，即为何项道，皆名曰守道。布政使司所属官，经历一人(惟江苏、湖南、甘肃三省无)，都事一人(福建、河南、江西、山西各一人，他省无)，照磨一人，检校一人，理问一人(惟贵州无)，库大使，山西三人，江南、湖广各二人，浙江、江西、福建、山东、河南、陕西、广

① 《日下旧闻考》卷六十三《官署》。又称："前明户部置十三司，国朝增以江南，为十四司。"
② 档案，顺治八年九月十六日和硕端重亲王波洛所上题：《为改附兵饷以专责成事》。中国第一历史档案馆藏，下注"档案"者同。
③ 光绪《大清会典事例》卷一百四十七《吏部·书吏》。

东、广西、云南、贵州各一人,副使一人(浙江、江西、山西、陕西、云南各一人,他省无)。……康熙八年,直隶增设守道一人,总司钱谷。二十九年,裁陕西仓大使、草场大使,河南、四川等省大使。三十八年,裁江西、山西布政使司都事各一人,山东、河南、广西、云南、直隶、江苏、安徽、江西、陕西、湖南、贵州布政使司照磨各一人,裁各省检校,止存江西布政使司检校一人。裁福建、广东、广西、四川布政使司理问各一人,山西库大使一人,宝源局大使副使皆裁汰。雍正二年,直隶总司钱谷守道,改为布政使。是年,裁江西检校一人,山东、山西、河南、安徽、湖北、甘肃理问各一人。三年,奏准口北守道改从直隶布政使衔。乾隆元年,设直隶、甘肃、四川库大使各一人,裁山西库大使一人,浙江、江西、山西、陕西、云南副使各一人。①

布政使司之布政使,在清初具有相当大的权限,地位似乎也比一般认为的要高,乾隆十三年(1748)曾经议准:"外官官制,向以布政使司领之,但督抚总制百官,布、按二司,皆其属吏,应首列督、抚,次列布、按。"②这次议准的条例在于理顺地方督、抚、布、按的官制层级,但也由此揭示了此前的"外官官制,向以布政使司领之"的情况。这是一个值得注意的事项。

布政使司"掌一省之政,司钱谷之出纳",③上受户部有关清吏司之辖,下则管统府县。当奏销之时,各府县将各地钱粮征收出纳之册报送布政使司,"布政使司受其出入之籍而钩考之,以待奏销"。④然后,各布政使司将各省的奏销册呈送各主管清吏司,户部"责成各司详加磨勘",⑤再由户部"会全数而复核之,汇疏以闻"。乾隆《户部则例》也较清楚地记载了由州县到藩司,再到督抚,由督抚上呈户部的各个程序,如州县造册:"藩司攒造地丁奏销册,于例限前令各属先造草册申送,核发照造,如款项数目不符,即于草册内注明发回,分别远近,定限补造。其有怠玩成习,屡催不应者,提取攒造原册之谙熟经承赴司查询,不得擅提印信官,亦不得徇纵司吏多提县吏在省攒造,违者查参究治。"藩司造册:"直省奏销钱粮,由藩司核造总册,申呈该管督抚,该督抚核无遗漏滥支,加钤印信,声明具题。"缮造黄册:"各省每年奏销地丁钱粮,各该督抚缮造黄册,随本进呈。"⑥与前代相比,这种制度已经非常成熟。

布政使司之下设有各道,各省设有数目不等的"道",如直隶设有口北道、霸昌道、大名道、热河道、清河道、通永道、天津道、津海关道、永定河道,山西设有冀宁道、雁平道、归绥道、河东道,湖北设有督粮道、汉黄德道、安襄郧荆道、荆宜施道、盐法兼分守武昌道等。各道的设置,也屡有变更。前揭乾隆《大清会典则例》称:"国初直隶不设藩司,设口北守道,兼山西布政使司衔。其余各省,皆设左右布政使各一人,参政各一

---

① 乾隆《大清会典则例》卷三《吏部·文选清吏司·官制》。
② 光绪《大清会典事例》卷二十三《吏部·官制·各省督抚》。
③ 《清朝文献通考》卷八十五《职官九》,浙江出版社1988年影印版,第5617页。
④ 乾隆《大清会典》卷十《户部》。
⑤ 《清史稿》卷一百二十一《食货二》。
⑥ 乾隆《户部则例》卷十六《田赋·奏销考成》。

人，参议各一人。康熙六年定，各省止设布政使一人，参政、参议无定员，皆裁去左右名目。参政、参议是何项官推升者，即为何项道，皆名曰守道。"这里的"道"，或与布政使司同，或与布政使司的参政、参议同。即如乾隆《大清会典则例》在专叙道员时所概称的："国初定，各省设布政使左右参政、参议，曰守道。"此后，不断变化：

> 顺治三年，江南设分守江宁道一人，屯田水利道一人，驿传盐法道一人，分巡江宁兼江防道一人，整理马政道一人。七年，直隶裁通州、河间、保定、定州、顺广道，江南裁滁和凤泗道，安徽裁马政屯田水利道，山西裁蔚州道，浙江裁屯田水利道，湖广湖南裁提学、荆南兵备、管理屯盐水利仓粮道，福建裁屯粮水利盐法道，江西裁屯田水利道。①

各道有的以地区而设，如安襄郧荆道、汉黄德道，负责管理这一地区的相关事务，有的因事而设，如督粮道、盐法道，管理如名称所标的粮盐事宜。其职掌，按《清朝通典》的记载为："分守、分巡及粮储、盐法各道，或兼兵饷，或兼河务，或兼水利，或兼学政，或兼茶马、屯田，或以粮盐兼分巡之事，皆掌佐藩臬，核官吏，课农桑，兴贤能，厉风俗，简军实，固封守，以倡所属，而兼察其政治。"②

值得注意的是，不要说明代，即使清初到清代前期一段时间内，"道"不像府、县一样是一级固定的行政机构，道员的任命也具有临时差遣的性质，大多兼有其他职衔，直到乾隆年间，这种状况才有所改变。乾隆十八年（1753）谕称：

> 国家设官分职，期于有禅实政，若同一官而差分等级，膺此任而兼带他衔，于官制体统殊为未协。……如省道员，例以布政使司参政、参议，按察使司副使、佥事等衔分别兼带，但道员职司巡守，以整饬吏治，弹压地方为任，至于钱谷刑名，则藩臬司专责，各有攸司。且知府以下，悉其统辖，兼参议、佥事衔衔者，阶秩反卑，其何以表率。……直省守巡各道，着俱为正四品，停其兼衔。③

自此以后，道员停止兼衔，官品定为正四品，明确了"知府以下，悉其统辖"。在"道"从差遣官制过渡到实任官制，道员从品级不定到统一为正四品之后，为了与知府有所区别，将知府由正四品降为从四品，如乾隆二十八年（1763）谕："今道员既已裁去兼衔，统为正四品，知府乃其所属，自应量为区别，着将各省知府改为从四品。"④再次明确"知府乃其所属"，这样，"道"就成了省与府之间的一级行政机构。

府为地方政治结构中的中间层级，直隶州与府相同，在部分民族地区，则设直隶厅。府之长官为知府，佐贰官及属官有同知、通判、经历、知事、照磨等。

各府的设置，历朝也有变化，"国初定制，每府设知府一人。顺治十八年，江南分

---

① 光绪《大清会典事例》卷二十五《吏部·官制·各省道员》。
② 《清朝通典》卷三十四《职官十二》，浙江古籍出版社 1988 年影印版，第 2209~2210 页。
③ 《清朝文献通考》卷七十八《职官二》，浙江古籍出版社 1988 年影印版，第 5577 页。
④ 《清朝文献通考》卷七十八《职官二》，浙江古籍出版社 1988 年影印版，第 5578 页。

省，康熙二年，陕西分省，三年，湖广分省，各以其府分隶之。嗣后，各府互有建置裁并，员额亦因之增减焉。……国初每府设同知、通判，或一二人，或三四人不等，嗣后酌量繁减，因时裁设。又各府旧设推官，专管谳狱之事，康熙六年裁"。① 知府处于地方政府的中间层级，与最亲民的官知县一样，位置重要，雍正元年（1723），上谕称："国家亲民之官，莫先于守令，盖州县官与民最亲，而知府又与州县官最亲。凡州县官兴利除弊之事，皆于知府有专责焉。是知府一官，分寄督抚监司之耳目，而为州牧县令之表率。乘流于上，宣化于下，所系甚重。"②雍正八年（1730），上谕又称："知府与知县不同，知县为一邑之宰，果能殚竭心力，使四境之内民人乐业，便是良有司。至于知府，则有统辖属员之职，若各属之内，有一人居官不善，在知府分内，即为一分旷职，不可云洁己谨守，遂可无忝牧守之任也。天下人才难得，倘过于苛刻摧残，则因细故微瑕，而至于放废终身者不少矣，总之遇好官则当爱重保护之，遇中材则当劝导扶掖之，遇劣员则当惩治罢黜之。以此督课属员，有不观感兴起者，无此情理也。至于参罚案件，外官必不能免，朕从不肯以情有可原之案废弃贤员，常有因公参处之州县官，朕见其人才可用，而逾格加恩迁擢者，尔等勿存见小之念顾惜功名，局于庸众之规模，而无远大之器量也，将此谕旨吏部通行天下之知府、直隶知州知之。"③

知府衙门内部组织机构由府堂、经历司、照磨所、司狱司等组成，府堂分吏、户、礼、兵、刑、工六房办理具体事务。④ 又设有宣课司大使、税课司大使、仓大使、库大使、茶引批验所大使等，"各守其职，以分理府属之事"。⑤

县是地方基层行政单位，知县为最亲民之官，管理本县所属户口人丁及田亩，征纳赋税，掌一县之政令，管理地方上一切事宜。所谓"掌一县之政令，平赋役，听治讼，兴教化，厉风俗，凡养老、祀神、贡士、读法，皆躬亲厥职，而勤理之"。⑥ 各省知县及县丞、主簿、典史、税课司大使、仓大使、河泊所、巡检、驿丞、闸官、教授、学正、教谕、训导等员额。各县之员额，历朝也有变化，"国初定，每县设知县一人，典使一人，县丞、主簿，因事增减，无定员，仓库、税课司大使、副使、巡检、驿丞所官，皆因事设立，无定员"。⑦

知县作为亲民的"父母官"，职任重要，康熙二十三年（1684）谕称："知县系亲民之官，与一县民生，休戚相关。"⑧雍正元年（1723），上谕知州、知县："朕惟国家首重吏治，尔州牧、县令，乃亲民之官，吏治之始基也。贡赋、狱讼，尔实司之，品秩虽卑，职任綦重，州县官贤，则民先受其利，州县官不肖，则民先受其害。膺兹任者，当体朝廷惠养元元之意，以爱民为先，务周察蔀屋，绥辑乡里，治行果有其实，循卓自有其名，非内

---

① 《清朝通典》卷三十四《职官十二》，浙江古籍出版社1988年影印版，第2210页。

② 《清世宗实录》卷三，雍正元年正月辛巳。

③ 《清世宗圣训》卷十八《察吏》。

④ 参见白钢主编，郭松义、李新达、杨珍著：《中国政治制度通史》第10卷《清代》，人民出版社1996年版，第203页。

⑤ 《清朝通典》卷三十四《职官十二》，浙江古籍出版社1988年影印版，第2210页。

⑥ 《清朝通典》卷三十四《职官十二》，浙江古籍出版社1988年影印版，第2211页。

⑦ 光绪《大清会典事例》卷三十《吏部·官制·各省知县等官二》。

⑧ 《清圣祖圣训》卷四十四《饬臣工二》。

聚贿而外干誉谓之名实兼收也。全省吏治，如作室然，督抚其栋梁也，司道其垣墉也，州县其基址也。书云，民惟邦本，本固邦宁。夫所以固邦本者在吏治，而吏治之本在州县，苟州县之品行不端，犹基不立，则室不固，庸有济乎。"①

地方财政机构之外的特设机构，如盐政衙门、漕运衙门、关税衙门等，也都非常重要，难以备述。

要言之，清代财政管理体制继承明代之制是没有疑问的，但已经多有变化，而且，清初以至清代前期，这种变化依旧存在。

二、晚清财政管理体制的演变及近代财政体制的创立

财政与社会密切相关，财政管理以及财政收入与财政支出必然影响到社会的变化，社会的变化也必然影响到财政的方方面面。晚清社会的变化是一个渐变的历史过程。从历史发展的角度看，晚清社会处于向近代社会转型的阶段，除旧布新成为社会转型期的典型特征。

与清代前期相比，晚清的财政管理体制发生了若干变化。在中央，于咸丰末年，设立了总理各国事务衙门，该衙门在设立之初，只是一个准备"俟军务肃清，外国事务较简，即行裁撤"的临时性外交机构，② 但随着时间的推移，其职掌范围遂日益扩大，直至一切有关洋务的事项，无所不管，变成包罗万象的洋务衙门，真正成了新政之总汇、权力之中心，即如光绪二十四年(1898)，总理各国事务的奕劻奏折所言：

> 我朝庶政，分隶六部，佐以九卿，嗣交涉日繁，复特设总理各国事务衙门，专办外交及通商事件。如法律隶刑部，税计、农商、矿政、造币事隶户部，学校事隶礼部，工务事隶工部，武备事隶兵部，铁路、邮政、游历、社会等项，亦均由臣衙门随时筹划办理。③

总理衙门的事权，显然"不仅为各国交涉"，"实兼综乎六部"。就其管理财政而言，总理衙门自其设立之始即负有一定的财政职能，这一职能随着总理衙门事权的扩大而不断扩大。最初，其财政职能主要表现在对海关关税的征收与管理上，其后，凡与对外交涉的相关财政事项，均为总理衙门的职掌范围，其中较为重要的有洋药税(鸦片税)、土药税的税则确定和经征，对外举债，等等，许多关涉洋务的财政事项亦须经总理衙门决定。总之，随着总理衙门事权的延伸，其财政职能的触角也在不断扩展。

总理衙门为晚清的新设机构，除此之外，还有总税务司和税务处的设立。从根本上说，咸丰后期，总税务司的设立，是英法美等西方列强窃取中国海关行政管理权及海关外籍税务司制度确立的一个标志。总税务司署最初设在上海，同治四年(1865)迁至北京。总税务司的职权是"掌各海关征收税课之事"，"综理全国关税行政与关员任免事务"。总

---

① 《清世宗圣训》卷五《圣治一》。
② 《筹办夷务始末(咸丰朝)》(八)卷七十一，中华书局1979年版，第2676页。
③ 光绪二十四年五月十四日奕劻等折，见《戊戌变法档案史料》，中华书局1958年版，第7~8页。

税务司所属各海关，各设税务司一人，管理全关行政。江海、江汉、闽海、厦门、粤海、九龙等关各设副税务司一二人。各关正副税务司均为洋员。尽管这些机构为洋员把持，但是，在赫德任海关总税务司期间，赫德完成了对中国海关的改造。据戴一峰的研究，赫德对中国海关的改造工作主要包括四项内容：一是统一海关行政；二是引进西方的人事管理制度；三是引进西方的财务管理制度；四是引进西方的统计制度。通过赫德的改造，使海关成为一个与清政府旧式衙门完全不同的新型行政机构。① 这是需要予以充分注意的。光绪三十二年（1906），针对海关行政及征税权旁落于各海关税务司及总税务司，为挽回海关主权，另设税务处，总税务司及各海关税务司都改由税务处节制。税务处是由外务部和户部共同分设的一个财政机构。初设时以户部尚书铁良为"督办税务大臣"，外务部右侍郎唐绍仪为"会办税务大臣"。在督办大臣和会办大臣之下，设有提调、帮提调、分股总办、帮办各一人。税务处设立后，直接管理关税的是总税务司及各关税务司。清政府设立税务处的目的，是在加强对关税事务（包括常关税）的管理。当时规定，各关事务除牵连交涉者仍归外务部办理外，凡"关系税务以及总税务司申呈册报各事宜，应经达本处核办"，所有"各海关所用华、洋人员，统归节制"。②

在中央户部，光绪二十九年（1903）三月，清廷设立财政处，拉开了中央财政机构改革的序幕。当时所下的上谕称："从来立国之道，端在理财用人。方今时局艰难，财用匮乏，国与民俱受其病，自非通盘筹划，因时制宜，安望财政日有起色，着派庆亲王奕劻、瞿鸿禨会同户部，认真整顿，将一切应办事宜，悉心经理。……其应如何妥定章程，即详晰核议，分别次第，请旨遵行。"③此谕虽未说明设立财政机构，但已经要求议定有关章程，随后在请铸关防时，明确为"钦命办理财政事宜"，④ 同年九月，复派外务部尚书那桐会同奕劻、瞿鸿禨办理财政事务，其衔为"办理财政处事务"，⑤ 因此该上谕之颁布可视作财政处成立之始。光绪三十二年（1906）七月，清廷宣布预备立宪，提出要"廓清积弊，明定责成"，"从官制入手……次第更张，并将各项法律，详慎厘订，而又广兴教育，清厘财政，整顿武备，普设巡警，使绅民明晰国政，以预备立宪基础"。⑥ 随后，清廷针对"今日积弊之难清，实由于责成之不定"，"名为户部，但司出纳之事，并无统计之权"的状况，厘定官制，将户部"正名为度支部，以财政处、税务处并入"。⑦ 这种官制上的变更，虽是"仿行宪政"的需要，同时也反映了清廷统一财政管理的企图。

新改易的度支部与军机处联衔上疏认为："旧时之一清吏司领一布政司者，揆之事势，殊难允惬，自不能不因时变通。"因此要求将原有的 14 个清吏司"从新厘定，以事名司"，"分配繁简，各以类附"，得到清廷的允准。⑧ 于是度支部拟订《职掌员缺章程》20条，将 14 司改为田赋、漕仓、税课、管榷、通阜、库藏、廉俸、军饷、制用、会计 10

① 参见戴一峰：《近代中国海关与中国财政》，厦门大学出版社 1993 年版，第 262~267 页。
② 《光绪朝东华录》（五），中华书局 1958 年版，第 5513 页。
③ 《光绪朝东华录》（五），中华书局 1958 年版，第 5013 页。
④ 《清德宗实录》卷五百一十七，光绪二十九年闰五月丁未。
⑤ 《清德宗实录》卷五百二十一，光绪二十九年九月丁酉。
⑥ 《光绪朝东华录》（五），中华书局 1958 年版，第 5563~5564 页。
⑦ 《光绪朝东华录》（五），中华书局 1958 年版，第 5577~5578 页。
⑧ 《光绪政要》卷三十三，江苏广陵古籍刻印社 1991 年版，第 2384~2385 页。

司，并规范了度支部及新设 10 司的职掌。其中，度支部职掌为："综理全国财政，管理直省田赋、关税、榷课、漕仓、公债、货币、银行及会计度支一切事宜。"度支部设尚书一员，总理部务，设左、右侍郎各一员，赞助尚书整理部务并监督本部厅、司各员。尚书及左、右侍郎员缺不分满汉。部内设承政、参议两厅及十司、金银库、收发稽察处等机构，各分科办事。度支部内所设的承政、参议两厅，"承政厅"掌佐理财政及机密之件，审订全国出入款目，核办度支部奏咨稿件，经理部内职员进退升转注册存案，稽核各司人员办事功过，督理本部出入经费，核定预算、决算统计报告等。"参议厅"则掌佐拟本部则例及一切章程草稿，会同各司筹拟各项奏咨变通章程，拟覆交议特别事件奏章，并审议各司重要事务。

此次改易，体现了"以事名司"的指归，将原来各司纵横交错的财政职能改为"以类相从"，从而使新设各司的财政职能趋于条理化和明晰化，更接近于现代的财政管理模式。而且，随着情势的变化以及财政事项的增加，新设各司的财政职能也适时扩大，作为推行财政新事项的一种行政保障。

上述机构之外，为了办理调查统计以及清理财政的需要，还增设了统计处及清理财政处两个机构。统计处是因光绪三十三年（1907）九月十六日上谕设立，上谕令各部院设立统计处，度支部统计处设于光绪三十四年（1908）二月，负责财政统计及编纂全国财政统计年鉴，设领办一员总理一切事务，另有总办四人、帮办十人、坐办二人以及书手人等。

比之于统计处，清理财政处更为重要。光绪三十四年（1908），御史赵炳麟上《统一财权整理国政》奏折，奉旨："会议政务处议奏，钦此"。于是，会议政务处议称："部中（度支部）虽有统辖财政之专责，并无转移调剂之实权，若不早为更张，将各省外销及在京衙门经费，通行核实，详细规定，恐凡有设施，无不仰给于部款，而收入各项，又复笼统留支，则日复一日，该部亦必有难于因应之时。今该御史以财政散漫，一切政治皆有空言而无实效，奏请将国税、地方税划分两项，而统其权于度支部，深合立宪国之通例，亦为中国办事扼要之图，自应酌量筹办。"①接着，会议政务处又针对历年的财政清厘整顿实情，上了一份奏折，该奏折称："度支部为全国财政总汇之区，宜乎内而各衙门，外而各直省，所有出入款目无不周知矣。而今竟不然，各衙门经费往往自筹自用，部中多不与闻；各直省款项，内销则报部尽属虚文，外销则部中无从查考。局势涣散，情意暌隔，此不通之弊也。"②此奏正好从另一方面说明此次财政清厘整顿受到挫折。同年，度支部为统一财政管理，奏陈急当整理者六项，不久获得批准。这六条办法全部是关于清中央与各部省间关系的，其主旨在于加强全国财政的集中管理，度支部认为，这六项"虽不足尽财政奥蕴，实为九年中分年筹办初基所托"。③据此，省一级的对外举债之权、发行纸币之权、地方财政官员的管理与考核权、在京各衙门的收支权等，全被收归中央。地方财政的自主权也大打折扣，各出入款项，必须"据实报部"。而清廷颁布的《清理财政章程》，进一步确定了清理财政之职任。该章程条例完备，内容涉及"清理财政以统一财权"的各个方面，

---

① 《光绪朝东华录》（五），中华书局 1958 年版，第 5956 页。

② 《会议政务处覆奏度支部清理财政办法摺》，《清末筹备立宪档案史料》（下），中华书局 1979 年版，第 1022 页。

③ 《宣统政纪》卷三，中华书局 1987 年影印版，第 37 页。

标示着从上到下、从中央到地方，全面清厘财政的展开，并表明新的预决算制度的开始实行。《清理财政章程》规定度支部"设立清理财政处，各省设立清理财政局，专办清理财政事宜"。① 随后度支部又奏定《清理财政处章程》和《各省清理财政局章程》，对清理财政处和清理财政局的设员分职、职务权限，以及奖励与惩罚等，都作了具体的规定。清理财政处由度支部选派司员分科办事，其主要职责是清查、统计各省出入款项，调查财政利弊并负责财政预、决算的编制及册籍造送、稽核。各省清理财政局由该省藩司、度支使任总办，以运司关盐粮各道为会办，实际权力则操于度支部所派监理官之手。宣统元年，度支部派定各省正副监官，该员有权"稽察督催该局一切应办事宜"，若"各衙门局所出入款项有造报不实，而该局总办等扶同欺饰者，并该局有应行遵限造报事件而该总办等任意迟延者，准监理官径禀度支部核办"。② 凡此，都意味着度支部集中财权的努力。

以中央、行省、地方三级行政体系而言，行省的布政使司（藩司）是一个关键的环节。晚清时期，地方财政管理机构在形式上并没有什么变化，基本上仍沿袭清代前期之制，各省藩司名义上仍为一省财政总汇，各府、州、县的财政事项亦一仍其旧。但按之实际，在经过太平天国运动之后，地方财政管理机构实已发生显著变化，这一变化主要表现在各省藩司地位的变化上。

战时在督抚控制之下，粮台体制的变化催生了地方性财政机构。中央控制的粮台转变为地方性粮台后，其财权不断延伸，甚至取代了各省藩司，成为督抚直接控制之下的掌管一省乃至数省财政事项的财政机关。战事过后，粮台虽然逐渐裁撤，但地方督抚又以善后之名自行设立各种财政局所，如善后局、军需局、筹款局，等等，这些财政局所，直接听命于督抚，各省藩司无从过问，中央政府亦鞭长莫及。此时，各省藩司事实上成为督抚的下属，听命于督抚。户部掌控全国财政的链条在各省布政使司这一环节出现了问题，无法像以往那样"如臂使指"了。

太平天国以后，清中央政府对地方财政管理机构并未作改易，只是频频颁发谕令，要求各省裁撤、归并厘金等关涉财政的局所。反倒是地方督抚们在各自辖区所作的整顿，更具实际意义。以湖北为例，张之洞督鄂期间，即对本省财政管理机构进行了整顿和改革。当时湖北也与其他省份一样，财政管理机构混乱，布政使司之外又有善后局，一些政府机关借拨款项，往往不经藩司批准而径向善后局办理，省以下的各府、州、县，设置大量征税局、所、站、卡，各有其主，财政收支缺乏统一的组织管理体系。针对这种状况，张之洞注意提高和发挥布政使司的作用，常把省级政权的许多政令、法规，以布政使司衙门的名义公布，将一些重要的财政局所，如善后局、筹饷局、厘金总局，以及后来陆续设立的银元局、铜币局、官钱局、膏税总局等，均置于布政使的管辖之下。此外，在后来成立粤汉铁路总局时，任命布政使司充当总办，从而使布政使衙门重新成为掌握全省财政金融的首脑机关。③

① 《度支部奏妥酌清理财政章程缮单呈览摺》，《清末筹备立宪档案史料》（下），中华书局1979年版，第1029页。
② 《度支部清理财政处档案》，参见果鸿孝：《论清末政府在经济上除弊兴利的主要之举》，《中国社会经济史研究》1991年第3期。
③ 参见章开沅等主编：《湖北通史·晚清卷》，华中师范大学出版社1998年版，第200页。

晚清时期对地方财政管理机构的改革，迟至清末才进行。光绪三十二年（1906），清廷宣示预备立宪后进行官制改革，其中也包括对地方官制的改革。配合财政的清理整顿以及预决算制度的施行，各省根据清廷颁布的《清理财政章程》及度支部奏定的《各省清理财政局章程》，先后设立或改设清理财政局，以藩司为总办，以运司、关盐粮各道为会办，将善后局、筹防局等繁杂的地方财政机构统并入新设的财政局。宣统元年（1909），因"各省财政头绪纷繁，自非统一事权，不足以资整理"，定"嗣后各省出纳款目，除盐粮关各司道经管各项，按月造册送藩司或度支使查核外，其余关涉财政一切局所，着各该督抚体察情形，予限一年，次第裁撤，统归藩司或度支使经管，所有款项，由司库存储，分别支领"。① 于是，各省藩司的财政之权再次加强。

各省藩司一方面着手裁撤咸同以来陆续设立的一些财政局所，统一事权；另一方面，在省级财政上细化管理，采取了"分科办事之法"。如直隶原有海防支应局、淮军钱粮所、练饷局、筹款局、印花税局、直隶赈抚局、水利局、北洋建造局等，财政机构繁杂。宣统二年（1910），改设财政总汇处，下设海防粮饷、淮军粮饷、练军粮饷、筹款四股，其余归并裁撤。不久又打破分股体制，改为分科治事，所有各股原充坐办、帮办之候补道员一律裁撤，任命科长。"藩、运、道各库款项，统存于直隶省银行，各衙门局所应领之款，先由财政处核准，发给支票，向银行领取，使收入与支出，权限各分，不相混合。又因各署局发款，或用行平，或用公砝平，或用京平，参差不一，已一律改作库平，以九四折发，俾归划一"，将财政行政、公库和货币统一起来。如陕西省，据称："陕省财政统归藩司，拟照分科办事之法，编为六科，总务、吏治、田赋、军需、厘税、粮务。遴委科长、科员专司其事。定名为藩署政务公所"。又如江苏省，据称："江苏夙称财赋之区，丁漕以外，关涉财政局所，除筹款所业于上年裁并，裕苏官银局本隶藩司直辖，无庸更张。此外向有苏省厘局、淞沪厘局、善后局、房捐局四局，其岁出岁入款项纷繁，自应一律裁撤，统归藩司职掌"，于宣统二年裁撤苏省厘局、淞沪厘局、善后局、房捐局，设立度支公所，分设总务、田赋、管榷、典用、主计五科，下分设机要、文书、库藏、庶务、稽征、勘报、苏厘、沪厘、税捐、经理、支放、稽核、编制十三课。福建设财政局，下设七科，原有善后、税厘、济用、赈捐、交代各局归并裁撤。江南设财政总局，下设支应、筹防、筹款三局。此外，江西、安徽、山东、山西、湖南、湖北、广东、广西、新疆等省均设财政公所总汇财政，分科治事。地方财政机构重叠、多头分管的现象得到了一定程度的遏制。清末省级财政体制的这种变革，不但对整饬晚清地方财政的混乱有益，而且符合财政体制近代化的趋势。②

同时，我们也注意到，除了合并财政局所外，各省也有新的局所产生，这些局所也有一定的财政职能。

如江苏江宁，宣统二年（1910）设立"江南财政公所"，该所"从前系就江南筹防、金陵支应、江南筹款等局归并，改设财政局，现于宣统二年七月改设财政公所，归藩司统一财权，所有收款即系向解各局之项，照案拨解，该公所经收"。③ 江宁的财政机构先归并为

① 《宣统政纪》卷十二，中华书局 1987 年影印版，第 7 页。
② 参见魏光奇：《官治与自治——20 世纪上半期的中国县制》，商务印书馆 2004 年版，第 73 页。
③ 《江苏宁属财政说明书》第七章"江南财政公所"。

"江南财政局"，再改设"江南财政公所"。该财政公所具有一定的规模，其薪水、夫役工食、火食、杂用，每年支银二万七千余两。此外，又有"江宁调查局""江南巡警路工局""江南商务局""金陵关商埠局""江南官电局""两江禁烟公所"等局所。

江南巡警路工局："该局因奉警部奏咨，各省应开办警察，为行政司法机关之助。于光绪三十年十月，以省城原有之保甲总局改设。经前两江总督周、端将开办整顿情形，先后具奏有案。该局于总局外，设东南西北分局各五区，又添设内城铁路各巡警、差遣、消防、军乐、卫生、警卫各队，上旬火药局，威凤门外各巡逻，济良、自新两所。其附属之路工处，于宣统元年秋间，始行归并该局。除将原有之保甲、新兵两经费指拨外，又收车捐、花捐各款，协济该局之用。""该局所收款目应分三项，一曰经费，每月收财政局筹拨经费，除扣部饭外，净银一万八百九十九两三钱五厘，年共收银一万三千七百九十一两六钱六分，又收财政局拨给被裁新兵四营底饷项下经费，除扣部饭外，净银四千六百六十三两八钱三分一厘，年共五万五千九百六十五两九钱七分二厘。以上小建照扣，闰月照加。每年约收地租银二千余两，收铁路管理处每年拨助经费银五千一百二两四钱，均遇闰照加。二曰截存专款，每年收皖南茶厘局移解缉捕公费银一千二百两，遇闰照加，收各区截旷悬级长警、犯规罚款、存庄生息，均年无定额。三曰捐款，每年约收花捐洋八千余元，每年约收戏园捐洋四千八百元，闰月照加。其附属马路工程处车捐一项，每月收数略有增减，每年约收洋十万元左右。"①该局所收的款项，除拨款外，有直接的经征，如花捐、戏园捐、车捐等。

两江禁烟公所："该所专为禁烟而设，调验各人员开办牌照捐，调查烟籍之多少，逐月收款，解交财政局核收。""该所定章，每月由财政局拨给经费银一千五百两。嗣加委稽查二员，薪水六十两，新设验捐所，详定委员一百十两，又加开支七十四两。每年共收经费银二万九百七十六两，遇闰照加。又收拨给换发吸烟牌照杂费，每年约银五百余两。其所收牌照捐，系宣统元年八月初一日，奉饬改归该所代收，每年无定额，除扣一成五为新设医药处经费外，尽解财政局核收。又违禁议罚之款无常，除提五成充赏，随时发给外，其五成仍解财政局拨充公用。"该所之经费除拨款外，有牌照捐、违禁议罚款等收入，"均系报部杂款"。②

以上所示江苏江宁的事例大致反映了晚清各省的实际，由此可以体会当时在财政局所的设立之外，其他各局所的设立情况以及与财政的关系。

清末新政时期，清政府进行地方官制改革，财政机构的改革是其中主要内容之一。它标志着传统的中央集权的财政管理体制已非往日之规，地方财政管理体制开始发端，近代化的财政管理体制逐渐形成。

（作者单位：武汉大学历史学院暨中国传统文化研究中心）

---

① 《江苏宁属财政说明书》第五十一章"江南巡警路工局"。
② 《江苏宁属财政说明书》第五十六章"两江禁烟公所"。以上江苏财政说明书的内容，参见陈锋主编：《晚清财政说明书》第5卷《江苏》，湖北人民出版社2015年版。

晚清妓捐征收与警费之来源*

□ 王　燕

　　关于中国娼妓之起源，学界多有分歧，王书奴《中国娼妓史》考证认为，在殷商时期就存在类似于具有宗教色彩的性交易的"巫娼"。陈东原《中国妇女生活史》认为："中国之有妓女，实起于汉武之营妓。"陈锋、刘经华认为："娼妓，是东西方社会中普遍存在的一种病态社会现象。……这种以女性为玩物，肆行娱乐的特殊的社会行业，被称为'世界上最古老的职业'，自是由来已久"，并将中国娼妓演变的历史轨迹，大致分为三个阶段，即：宗教卖淫时期、官营娼妓时期、私营娼妓时期。无论汉代的"营妓"，唐代的"官妓"，明代的"教坊乐户"，晚清以来的各种类型的"公娼""私娼"，都是女性苦难生涯的代代相继。[1] 常建华也曾对中国娼妓史的研究作过概述，并对"营妓""节娼""戒娼"等问题进行了辨析。[2] 纵观中国历史的发展，娼妓这一病态的现象一直或明或暗地存在着。对于这一社会文明进程中的"暗疮"，官方对其合法性的判别各有不同，但一直是以其满足男性享乐需求为基础的。

　　时至晚清，国力衰竭，财政困窘，军费、赔款、偿还外债、自强新政，处处需款，竭尽财政收入，难以担负。在财政支出非常态增加的前提下，财政收入不得不变态性增加，新的税种——主要是杂税、杂捐，不断涌现。其课征对象，包括社会最底层的娼妓也不能幸免。更为奇特的是，从娼妓这一特殊行业收取的"妓捐"，大多用于维护国家机器——警察之经费。这不仅成为晚清税收史上的奇特现象，也是中国社会史上的"奇葩"。

　　事实上，晚清妓捐的开征，不仅是社会史上的一个病态现象，更是税收史上的极端案例。其对于公共财政建立，特别是警察系统的肇始，起到了非常关键的作用。同时，对于妓捐开征与否，在朝臣内部以及时论舆情上，也有截然相反的论辩。从中可以窥察晚清西学东渐，国力衰竭的背景下，各类群体在遵守祖宗之制与社会变革中的纠结和蜕变。

　　迄今为止，学界似乎没有注意到"妓捐与警察"这种类似于猫和老鼠的关系居然相伴

　　* 本文为国家社科基金重大招标项目"清代财政转型与国家财政治理能力研究"（项目编号：15ZDB037）阶段性成果；亦为武汉大学自主科研项目（人文社会科学 2016 年重点）研究成果，得到"中央高校基本科研研究费专项资金"资助。

　　① 参见陈锋、刘经华：《中国病态社会史论》，武汉大学出版社 2013 年版，第 318~335 页。
　　② 常建华：《婚姻内外的古代女性》，中华书局 2006 年版，第 215~253 页。

而生的怪异现象。仅苏有全、肖剑《论清末妓捐》对清末各地开展妓捐情形进行过初步梳理。① 伊丽莎白·J 在《民国妓捐与地方建设》中，对晚清妓捐也有所溯及。② 本文主要论述三个问题：一是晚清征收妓捐的背景；二是征收妓捐的分歧与讨论；三是妓捐的征收与警费之关联，并对所谓的妓捐始于管子之说提出质疑。

一、晚清妓捐的征收背景及始作俑者

晚清时局维艰，军费、赔款、偿还外债、自强新政是当时四项主要的财政支出，汤象龙曾论述过自强新政之前有关军费、赔款、偿还外债三项支出的连带关系："一旦对外战争爆发或对内镇压农民起义，政府军费随之膨胀；军费膨胀，外债即随之。及对外战争结束，赔款又随之。或因赔款难偿，外债又随之。此种连带的关系构成中国近代财政史的主要基础之一。"陈锋《清代财政政策与货币政策研究》也专列"清代后期的财政支出问题"一节予以讨论，可以参考。③ 正是由于这些支出，财政亏空剧增，面对巨大的财政压力，清廷的各项筹款措施纷至而来，名目繁多的杂税、杂捐由此滋生。特别是在自强新政期间，默许地方督抚就地筹款，以地方之财办地方之事，这也就为晚清包括妓捐在内的各项杂捐披上合法外衣的社会和财政背景。地方督抚不择手段地"就地取财"。包括妓捐在内的各项杂税、杂捐的征收也就不足为怪了。正如《浙江全省财政说明书》所云："甲午以前，司、道、局库不无盈余，故彼时量入为出，未闻有罗掘俱穷之叹。自中日和议有赔款，各国和议有赔款，岁出骤增，不得不趋于量出为入之一途。近年以来，新政繁兴，在在需款，欲加赋则民不堪命，欲节用则事不易行，徒令司空仰屋而嗟，计臣束手无策。揆厥原因，坐困于洋款、赔款之岁需巨宗也。"④据《清朝续文献通考》记载，光绪十一年至光绪二十年，岁入无太大变化，徘徊在 8000 万至 9000 万两之间。⑤ 甲午战争后，赔款、新政迭兴，光绪二十九年，财政收入10492万两，支出13492万两，赤字达3000万两。⑥ 这种一般性的财政岁入、岁出统计以及财政赤字，还只是正常的财政奏销，不包括当时令人瞩目的外销款项。如果加上军事工业支出、铁路建设支出、电报事业支出、矿冶支出、教育支出、司法支出、警费支出、民政支出等新政支出，支出数额更加庞大。⑦

自强新政支出的款项，大多来源于杂税、杂捐，尤其是杂捐大多为地方自筹，"各直省府厅州县地方，莫不以教育、巡警、自治诸务按年举办为亟亟。官厅士绅，亦罔不交相

① 苏有全、肖剑：《论清末妓捐》，《濮阳职业技术学院学报》2013 年第 4 期。

② Elizabeth J. Remick, *Prostitution Taxes and Local State Building in Republican China*, Modern China, 2003(1).

③ 汤象龙：《民国以前的赔款是如何支付的》，《中国近代经济史研究集刊》第 2 卷，第 2 期，1934 年。该文已收入氏著《中国近代财政经济史论文选》，西南财经大学出版社1987 年版。参见陈锋：《清代财政政策与货币政策研究》，武汉大学出版社 2008 年版，第 417~435 页。

④ 《浙江全省财政说明书·总叙》。按：本文所引用各省财政说明书，均为 1915 年北京经济史学会刊印本，参见陈锋主编：《晚清财政说明书》1~9 卷，湖北人民出版社 2015 年版。

⑤ 《清朝续文献通考》卷六十六《国用四》，浙江古籍出版社 1988 年影印版，第 8227 页。

⑥ 《清朝续文献通考》卷六十八《国用六》，浙江古籍出版社 1988 年影印版，第 8249 页。

⑦ 参见陈锋：《清代财政史》下册，湖南人民出版社 2013 年版，第 502~554 页。

集议，谋有以次第推行"。① 但妓捐毕竟是"天下至污贱之事"，妓捐的征收在朝野上下形成热议，甚至上升到遵循传统的朝臣以奏折向皇上奏报的程度。对于晚清妓捐的征收背景及始作俑者，在浙江道监察御史王步瀛奏请将京城妓寮捐停罢的奏折中有所陈述：

> 近年赔款、新政，需款日繁，而取民之术亦日多，曰米捐，曰梁捐，曰酒捐，曰烟捐，曰膏捐，曰灯捐，曰亩捐，曰房捐，曰铺捐，曰车捐，曰船捐，曰茶捐，曰糖捐，曰赌捐，曰靛捐，曰粪捐，曰绸缎捐，曰首饰捐，曰肥猪捐，曰中猪捐，曰乳猪捐，曰水仙花捐，巧立名目，苛取百姓，不可胜举。筹款者或以为升官发财之媒，受害者实不胜卖妻鬻子之惨。流弊所极，史册罕见。然尤为天下之奇闻者，则无过于妓寮一捐。言之可丑，闻者赤颜。夫妓寮之捐，闻始于湖广督臣张之洞，继之者为直隶督臣袁世凯，大率迫于筹款，误听劣属下策。②

王步瀛在罗列了米捐、梁捐等二十几种"史册罕见"的杂捐后，认为征收妓捐是"天下之奇闻"。这种"言之可丑，闻者赤颜"的妓捐，"闻始于湖广督臣张之洞"。王步瀛在给皇上的奏折中敢于对封疆大吏张之洞有所微词，尽管言语间极尽委婉，当有确凿证据。但查阅今本《张之洞全集》及民国《湖北通志》，未见记载。盖因妓捐毕竟作为从社会最底层的污浊之气中罗掘钱财，故而有些史料的记载对其有所避讳。据民国《夏口县志》记载，汉口的妓捐分为乐户捐、旅馆寄妓花捐、乐工捐、花酒捐、妓女执照费、乐户执照费六种。未说明妓捐的开征时间。按照 1926 年的统计，乐户捐年收洋 45000 元，旅馆寄妓花捐年收洋 1320 元，乐工捐年收洋 1608 元，花酒捐年收钱 18000 串文，妓女执照费年收洋 3840元，乐户执照费年收洋 5340 元。③ 又据《武汉市志》记载，光绪二十九年，汉口"开征花捐，按乐户大小，月征 1~60 串文不等。后改征乐户执照捐和妓女捐。执照捐年征 6~30元，妓女捐月征 1~2 元，相沿成习"。④ 如果按此说，汉口是光绪二十九年开征妓捐，那就与所谓的妓捐"闻始于湖广督臣张之洞"不符。因为《直隶财政说明书》已经有记载称："天津妓捐，由工巡捐局抽收，而划归卫生局应用，其捐分四等开办，在光绪二十八年。保定妓捐，由工巡局抽收，作为卫生之用，捐例分三等开办，在光绪三十二年。唐山妓捐，由唐山巡警局抽收，归入巡警项下开支。"⑤天津的妓捐在光绪二十八年已经开办，王步瀛不会不清楚。另外，光绪二十八年的《申报》有文《论妓捐》，对妓捐之最初开征有所论述："若汉口，若芜湖，若天津，若广州，凡系互市之场，无不有若辈之踪迹。好之者，谓为风流之薮，温柔之乡；恶之者，谓为销金之窝，伐性之斧。……奈何曰有收捐之法，在从前有芜湖听鼓之，某君曾禀请当道，收取妓捐藉充经费，上台如何核议，迄未得知。迩者，粤东又有人以省会妓女如云，虽向不抽捐，而所纳陋规，亦颇不鲜。"⑥也可以

---

① 《陕西财政说明书》之《岁入各款分类说明书·杂捐》。

② 档案，浙江道监察御史王步瀛奏：《为请将京城妓寮捐停罢事》。档案号 03-6523-055。按：原折年代缺失，推测为光绪三十一年。中国第一历史档案馆藏。

③ 民国《夏口县志》卷三《丁赋志》。

④ 武汉地方志编撰委员会主编：《武汉市志·财政志》，武汉大学出版社 1992 年版，第 87 页。

⑤ 《直隶财政说明书·杂税杂捐说明书》第二章《杂捐》。

⑥ 《论妓捐》，《申报》光绪二十八年十月十四日，第 1 版。

体察到，在光绪二十八年之前，汉口等地已经开始征收妓捐。《湖北财政说明书》的相关记载值得注意，在《湖北财政说明书》中，戏捐与妓捐合称为"戏园乐户捐"："戏捐创自光绪二十四年，由夏口厅抽作巡防经费。二十九年，开办清道局，拨充清道经费，并抽收乐户捐，而其收数且过之，现均改充警费。"①笔者认为，汉口在光绪二十四年开征"戏捐"时，或许同时，或许稍后，妓捐已经同时征收，这是当时征收妓捐的一种"混搭""消纳"现象。对此，《江西财政说明书》有说明："各属报明妓捐者，惟新淦一县，每月收捐二十千文，由娼户包缴，拨充警察经费。查新淦及所属三湖地方，市面并非繁盛，居然办成妓捐，而通都大邑，并未报有此款。或者以其有伤风化，未便举办，抑以此捐颇不雅驯，消纳于他项捐款之中，亦未可知。"②所谓的"以此捐颇不雅驯，消纳于他项捐款之中"，当是实情。又如苏州"警务公所杂捐"中，有所谓"营业捐"，所有"开设店面、茶酒馆、戏园、客栈等业，均需纳捐，解交警务公所充作经费"。其中的纳捐对象，"所包甚广，名目尤觉猥琐"，亦未将妓捐专门标出。③ 妓捐也就在这样遮遮掩掩中确确实实地存在着。

还需要注意的是，光绪初年，在上海租借内已有征收妓捐的记载。光绪六年，《申报》有文章称：

> 如房捐、地捐、车捐、酒捐、烟捐、妓捐，凡若此者，皆系乎华人，而议皆出于西士，是则所宜变通者矣。……近来议加房捐、妓馆烟灯等捐，在工部局以为码头费既经裁去，必当另思补苴之法，亦出于势之不容已。而在局外人议之，一苦于租界居人殊多不便者，盖苟能深体乎华人之情，详求夫可捐不可捐之故，虽加捐而居民亦无怨咨，此则由于无华人之熟语情形者，为之委曲剖陈故也。工部局之意，亦未尝不欲俯顺华人之情，而略知大概，未能细识本原。④

这里虽在于讨论如何吸收华人的意见，如何增加房捐和妓馆烟灯等捐，意味着此前就有妓捐的征收。随后，议定了妓捐新的征收标准："英工部局议增租界中之娼寮捐项，计须每名每月捐洋半元，兹悉长三幺二向本每户每月捐洋二元，现则按户加收一元云。"⑤可见，原来不论是"长三"还是"幺二"等级的妓女，每户每月均捐洋二元，新的规定是一律"按户加收一元"。另据《申报》记载："天津美国租界权收妓捐，计已两年余，今年七月间，停捐逐妓后，一时花柳中人，如鸟兽散。"⑥从此记录可知，天津的美国租界也在光绪四年开征妓捐，又在光绪六年停征。可以说，妓捐之征收，虽然就晚清地方财政而言始于湖广督臣张之洞，但上海、天津租界早已肇其端。

---

① 《湖北财政说明书》，《杂捐·戏园乐户捐》。
② 《江西各项财政说明书·地方收入总说》第二章《地方特捐收入》。
③ 《江苏财政说明书·苏属省预算说明书》第四轶《厘捐·正杂各捐》。
④ 《推广议院延置华人说》，《申报》光绪六年正月十九日。
⑤ 《妓捐议定》，《申报》光绪六年正月二十四日，第3版。
⑥ 《送办匪类》，《申报》光绪六年十月初二。

二、各方对于妓捐开征之态度

前揭苏有全、肖剑《论清末妓捐》，讨论了京师地区、湖北、四川、江苏、福建等省区的妓捐征收，可以参考。[①] 事实上，据晚清各省财政说明书及《申报》等资料记载，征收妓捐的省区除较早征收的湖北、直隶等省区外，在奉天、黑龙江、吉林、山西、河南、四川、江苏、浙江、安徽、江西、湖南、广东、福建等省，均有征收，大多数地区的征收时间在光绪三十年前后。

对这些省区的妓捐开征，上至朝野，下至民间均有不同的看法和议论。两派观点截然相反。持否定态度者认为其有伤颜面，如王步瀛在前揭奏折中认为：

> 前阅邸报，工巡局亦奏请抽捐京城妓寮……殊为骇异。夫礼以防淫，犹惧不给，今乃弛其法以导之为奸。是凡天下至污贱凶恶之事，举可弃法以牟利，而刑部之律亦可不设，古今亦何尝有此政体。即谓国家今日穷困已极，亦不应科敛此等钱文，以资国用。譬如人子养亲，一旦因亲有缓急，遂至戕法图财，不问是非，不论可否，父母即或不知，而人子欲济亲之穷，先乃自陷不义，所谓贻父母，以令名者顾当如是乎，况巍巍皇都，四方瞻仰，尤不应与行省同一秕政。纵日本维新亦开此捐，然我国当效其自强，不当学其所短。应请饬下巡警部，立将京城妓寮捐停罢，免致贻讥后世，以为圣治之累。至于各省滥捐，并请严饬各省将军、督抚，随时认真厘剔禁止，以苏民困。臣为存国体重法令起见，是否有当，谨附片具陈，伏乞圣鉴训示。[②]

王步瀛乃"吾之学在圣贤，吾之志在忠孝，吾之操在廉耻"的传统贤士，自然不可能容忍这种"天下至污贱凶恶之事"的妓捐征收合法化，从而丢了国体，失了法令，坏了世风。巡警部当时的职能是筹款建立巡警，与妓捐的征收密切相关，所以王步瀛要求"饬下巡警部，立将京城妓寮捐停罢"。笔者正好查到了巡警部的回奏档案，且看巡警部是如何回复王步瀛的：

> 本月十七日准军机处交片，御史王步瀛奏请停止妓寮捐一片，奉旨：巡警部议奏，钦此。臣等查阅原片……该御史所陈似亦不为无见。惟臣等查接管卷内大学士臣那桐前经具奏化私为公折内，戏馆妓寮皆酌定捐输。奉旨：知道了，钦此。未及核办移交到部。臣等查外洋各国亦颇在营业捐内有此项捐输，是于抽纳之中隐寓限制之意。又见天津办理妓捐以后，地面痞棍争斗之案日见稀少。臣等因查照奏定原案，暂为试办，一面饬协巡营商定章程，一面咨钦命修订法律大臣，设定专条。……该御史所称刑部之律亦可不设，是犹未知此事之原委也。至于不应敛此等钱文以资国用一节，臣等按区区妓捐为数有几，是亦仿照外洋各国，于抽纳中隐寓限制之意，且可使

① 苏有全、肖剑：《论清末妓捐》，《濮阳职业技术学院学报》2013 年第 4 期。

② 档案，浙江道监察御史王步瀛奏：《为请将京城妓寮捐停罢事》。档案号 03-6523-055。按：原折年代缺失，推测为光绪三十一年。中国第一历史档案馆藏。

地面痞棍无所凭附，庶抢劫斗殴之业日见稀少，于国用并无关涉也。①

巡警部的答复，貌似十分合理，可谓冠冕堂皇。一方面认为"该御史所陈似亦不为无见"，有一定的道理；另一方面又说该御史不了解全面情况，有点胡乱弹奏，而且声称征收妓捐不是为了敛财，而是为了限制，举出天津的例子证明有加强社会治安的效果，并说"外洋各国亦颇在营业捐内有此项捐输，是于抽纳之中隐寓限制之意"。更为重要的，此前大学士那桐已经上奏过"戏馆妓寮皆酌定捐输"，皇帝也已经画圈恩准了的。既然文明发达的外洋各国有征收先例，又有皇帝的"知道了"，虽然征收妓捐数额区区无几，毕竟对财政有所补苴，自然是照例征收，不会停罢。

各省地方政府对于妓捐的开征也是理由充分。如奉天："妓捐之设，远师《管子·女闾》之遗意，所以分别良贱，整齐风俗者也。近仿东西各国法制，酌收捐款，以备保护治安、检查(霉)[梅]毒之用。"②可见，奉天的说法除了"仿东西各国法制""保护治安"之外，又多了"检查梅毒"的说法。而且，又说"远师《管子·女闾》之遗意"，古已有之，不值得大惊小怪。广东对其征收妓捐更是振振有词："各属花捐，多为筹办新政，就地抽捐之款。查娼妓为社会上至为污贱之品，不耕不织，而衣食裕如，非严格取缔，不仅风化之忧也。乃何以从古及今，无论何地，而娼妓一流不能禁绝？即以管仲霸才，尚有女闾三百之设。金陵克复以后，当事者即行规复秦淮旧迹。昔贤岂不以娼妓为当禁，盖所以不禁者，其用意自有所在也。娼妓一流，自表面观之，固为分利之辈，然商办之地，客贾辐辏，苟有勾栏之处为豪商富贾征歌选舞之场，亦可促商埠之繁盛，固未能一时禁绝者也。禁之既有所不能，且使私娼增盛，流为风俗之害，不如严格取缔，抽其捐款，以为地方之用。考之日本税则，艺妓之税，属于地方税之杂种税项内，即所谓妓捐也。又娼妓贷坐敷之赋金，亦属于地方税之内，即有似于花楼捐款也。凡酒馆饮食之税，皆为地方之税，亦即酒楼捐之类也。则以上所列各项花捐，原为地方税应行收入之款，未可谓为有失政体。"③广东对于征收妓捐可谓双手赞成，多方论述，既是"筹办新政"所必须，又是繁荣商业之需要。并且可以进一步扩大到对"花楼""酒楼"的征捐。

当时的舆论也有妓捐征收的支持者，以无名氏《论妓捐》为代表，该文称：

自昔管子治齐，以女闾三百招致四方商贾，此为妓之滥觞，而数千年来其风遂绵延不绝……其地商务愈盛者，妓馆必愈多，理有固然，无足怪者。……迩者，粤东又有人以省会妓女如云，虽向不抽捐，而所纳陋规，亦颇不鲜，爰拟就《花捐章程》，名为"保良花票"，每票月捐洋银五元，以八千张为额，计每年可得洋银四十八万元，以七成报效警察，经费余三成，作为办公云云。窃谓此法虽于政体似属有妨，然行之今日，亦尚不无裨益。盖嫖之与赌与烟，皆属害民之举，揆诸正本清源之理，均宜厉禁高悬，不容民之或犯，然至今日，赌则有饷，膏则有捐，国家既为筹款之大宗，民

———————————————

① 档案，光绪三十一年巡警部奏：《为遵旨议复停止妓寮捐事》。档案号 03-5519-070。原折月日缺失。中国第一历史档案馆藏。

② 《奉天全省财政说明书·东三省奉天光绪三十四年入款说明书》第六款《杂捐》。

③ 《广东财政说明书》卷七《正杂各捐·保良公司妓捐》。

间亦视为应设之常肆。然则推而广之，虽竟捐及妓寮，亦岂得谓出于情理之外，况尤有善者。龟鸨之待养女，往往任情鞭挞，苛虐万端，甚者或竟因之玉碎香消，含冤莫白。……倘既有纳捐之章，则一埠之中妓院若干家，一家之中妓女若干人，皆一一载之于册。妓之初堕平康也，必先责令报名，并声明是否由父母自愿出卖，倘有来历不明之处，即时严行提究。至将来之或嫁或死，亦须赴官报明，验之而确，方能允准。或有把持及凌虐情事，则立提龟鸨，尽法惩办。如是则若辈或有所顾忌，不致肆意妄行。然则此法之一行，不特有益于筹捐之法，亦且有合于防弊之端。倘开设妓院者能遵照定章，踊跃捐纳，于筹款固不无增益，若竟畏其繁扰，相率改图，则孽海中少此若干人，未始非良民之福。所谓以不禁为禁者，此也。世有通达治体者，或亦不以子言为乖谬乎。若夫陈义甚高，而事多窒碍，则求全责备之徒，或有议之者，而非子之所敢知也。①

如是，妓捐与"赌饷""膏捐"一样，是国家筹款之大宗，其结果不仅使警察的经费有了着落，社会治安得到了改善，也使妓女的合法权益得到了保护，不至于龟鸨肆意妄行，"不特有益于筹捐之法，亦且有合于防弊之端"，何乐而不为呢？这就是作者说的"尤有善者"，并非"乖谬"。

当然，时论对于妓捐的征收亦有讥讽之语和反对之声。《月月小说》刊登的吴趼人《俏皮话》颇具讥讽色彩：

> 庚子之后，赔款过巨，政府以责之疆吏，疆吏责之州县。大抵于暴敛之外，别无筹款之法，故民日见其穷，财日见其匮。惟不肖官吏，上下其手，巧立名目，借饱私囊而已。而闲散之员，更于此时穷思极想，条陈聚敛之法，以冀迎合上司，得以见用。故粤中有娼捐之议（按：近时已实行，美其名曰"花捐"）。夫广东自闹姓报效海防经费以来，已有"奉旨开赌"之诮；使娼捐之议再行，则讥诮更有不堪闻问者矣。或曰，此议若行，是加娼家以美名也。问何美名？"捐躯报国"。②

吴趼人的"俏皮话"可谓辛辣至极，既有"奉旨开赌"，又有"捐躯报国"，隐含着舆论对于清廷及地方大员不择手段、罗掘钱财的极大不满。

《申报》中一篇《捐僧道议》，则婉转表达对妓捐征收的反对：

> 时至今日，国家之度支可谓奇绌矣，计臣之搜括，亦可谓至密矣。其已经通行者，若房捐，若膏捐，若酒捐，若糖捐。其议而未行者，若亩捐，若丁捐，若印花捐，条例繁多，名称猥杂，不顾大局。……夫国家当万不得已之际，藉众人之财，救一时之急，彼食毛践土者，固应输将踊跃，不宜稍存吝惜之心。然亦思民之托业于懋迁，殚力于畎亩者，蝇头所入，夫固皆从辛苦经营来乎，以闾阎有限之脂膏，岂能供

---

① 《论妓捐》，《申报》光绪二十八年十月十四日，第 1 版。
② 吴趼人：《俏皮话》，《月月小说》第 4 号，1907 年 1 月。

国家无穷之挹注。……女闾三百，虽属管仲富国之谋，然卑贱污辱，为民生之大害，乃今者芜湖等处亦有人上条陈于大府，请行妓捐等款，而计及此等事，则何如将僧道度牒竭力振顿，犹得古人之遗意乎。①

财政之困窘，使各级政府不择手段，与其学管子征于娼妓，"卑贱污辱"，弗若学唐朝征于僧道度牒，"犹得古人之遗意"，对于败坏世风的妓捐之征收痛心疾首。

有些地方，在士绅的反对下，似乎也有是否取消妓捐的讨论。光绪三十三年，《申报》载文《禀请停抽妓捐》称："汉口妓捐一项，每年可得一万余金，由警局抽收，作为经费。现有绅民张世勋等具禀汉关道称：近年妓户因抽捐，骤添二千余家，实于风化大有关碍，应请停抽等情，奉桑铁珊观察批示，仰夏口厅会同警察局酌议，具复核夺。"②在抽收妓捐的情况下，汉口的妓户竟然"骤添二千余家"，确实惊人，确实有碍于风化。但这种取消妓捐的要求，只能表达士绅的一种态度，当然不可能付诸实施。

在这里值得注意的是，晚清妓捐开征的支持者，大多提到管子古法之遵循，如"妓捐之设，远师《管子·女闾》"，"管仲霸才，尚有女闾三百之设"，等等，上述已经多次谈到。需要在这里稍作辩驳。

查今版《管子》，并未有征收妓女夜合之资以充国用的记载。各类古籍，对于管子是否以"女闾三百"还是"女闾七百"招四方商贾之说，有不同的记载。同时对于与所谓妓女之滥觞有关的管子之"三归""三台""女闾"等，也有不同记载。此故事的史籍本源是《战国策》，《战国策》之各家注及后来的其他史籍中的相关记载，大多记述纷纭。本文没有必要一一缕述，只是关注所谓的"妓捐之设，远师《管子·女闾》"，是否符合历史事实。

明以前的记载，大多认为管子娶三姓女，为分齐桓公之非，与征收所谓的妓女夜合之资无关，其中，苏东坡的说法有代表性：

齐桓公宫中七市，女闾七百，国人非之。管仲故为三归之家，以掩公。此战国策之言也。苏子曰：管仲仁人也，战国策之言，庶几是乎，然世未有以为然者也。虽然管仲之爱其君，亦陋矣。不谏其过，而务分谤焉。或曰管仲不可谏也。苏子曰：用之则行，舍之则藏，谏而不听，不用而已矣。故孔子曰管仲之器小哉。③

笔者认为，这里或许可以解释为：齐桓公有女七百，国人非之，管子于是突破"礼"所规定的"诸侯娶三姓女，大夫娶一姓女"，④娶了三姓女，国人就非议管仲，而解了齐

① 《捐僧道议》，《申报》光绪二十八年十一月十三日。
② 《禀请停抽妓捐（汉口）》，《申报》光绪三十三年二月二十三日。
③ 苏轼：《东坡全集》卷九十二《管仲分君谤》。
④ 按：郑方坤《经稗》卷十一《管氏有三归》称："旧注引包咸说，谓三归是娶三姓女，妇人谓嫁为归，诸儒说皆如此。朱注独谓三归是台名，引刘向《说苑》为据，则遍考诸书，并无管仲筑台之事，即诸书所引仲事，亦并无有以三归为台名之说，刘向误也。《礼》诸侯娶三姓女，大夫娶一姓女。……刘向误述仲事，因误解国策所致。"

桓公之围。对于管子是妓女及妓捐之始作俑者，并无明确提及。所以苏东坡说管子娶三姓女，只不过是为君分谤而已。

笔者注意到，从明代开始，对此事有了两种说法：一是"宫中七市，女闾七百"是宫中之女善于经商，善于商业。如明代人王志庆所说："齐宫七市，女闾连闭，殷室九君，姬屋成列，但负贩之徒，异业趣，竞刺绣，谢其倚门，多财归，其善贾。"①二是管子开妓捐之征。如明人杨慎所说："齐有女闾七百，征其夜合之资，以充国用。论语有归女乐之文，亦出于齐，其女闾之余乎。管仲相桓公而立此法，宜为圣门之童所羞称也。"②又如明人于慎行所说："管子治齐，设女闾七百，征其夜合之资，以助军旅。此在王道视之，口不忍道，及后世言利之臣，亦未尝榷算及此者。"③前揭杨慎与于慎行所说，当是"妓捐之设，远师《管子·女闾》"之本源。后来清人周亮工又说："女闾七百，齐桓征夜合之资，以佐军兴，皆寡妇也。"④尚有类似的说道。

事实上，笔者认为管子开妓捐之征，均是后人的附会，其说多不经。晚清之人借此说事，则是自知该捐之开征，有违传统善良风俗，曲解祖宗之法以为今用，为妓捐之开征自圆其说，以谋其合法性，找个借口罢了。

三、妓捐与警费之关联

警察制度的建立，是晚清新政之一，学界已多有论述。这里只是探讨妓捐的征收与警费之关联。其要义大致有三点：一是妓捐的开征与警察系统之肇始几乎同步而生。二是妓捐多归巡警局征收。三是妓捐之收入大多用于警费之开支。一言以蔽之，妓捐与警费密不可分。从下述史料中即可体会。

如奉天妓捐："奉省班、妓捐，自光绪三十三年开办，分班捐与妓捐为两种。班捐则征之于开班营此业者，其捐率初分为四等：头等月捐银元二十四元，二等月捐二十元，三等月捐十六元，四等月捐十二元。嗣后减为头等十六元，二等十二元，三等八元，四等四元。此班捐之捐率也。妓捐则征之于本妓个人者，亦分为四等：头等每妓月捐银元四元，二等月捐三元，三等二元，四等二元一角。……各府厅州县亦多援照省城为准则，亦有因营业盛衰而因地因时变通者。……妓捐之归巡警局征收，亦因有赖于警察之保护与干涉之故。盖以既承认其为营业，则警察有保护之责任。"⑤又称："奉天乐户捐，原曰妓捐，各属地方多有之。皆以之充警务之用，实有地方税之性质。"⑥

如黑龙江妓捐："江省自光绪三十三年，于齐齐哈尔城南创开商埠，街市稍繁，京津娼妓来者浸多，率杂居客栈，不便取缔。省城巡警局始禀请于省城之南指定处所，建院房

---

① 王志庆：《古俪府》卷四《政术部·财赋》。
② 杨慎：《升庵集》卷七十六《独妇山》。
③ 于慎行：《谷山笔麈》卷三《国体》。
④ 周亮工：《书影》卷四。
⑤ 《奉天全省财政说明书》第四卷《正杂各捐·妓捐》。
⑥ 《奉天全省财政说明书·划分国家税地方税说明书》第六章《国家税与地方税划分之标准》。

以居之，名曰永安里。拟定章程，酌收妓捐。此外，如呼兰、绥化、海伦、黑河、呼伦各属均有妓馆，于是各属均有妓捐。……省城每妓女一名，月捐江钱十吊，不分等第。绥化则分等收捐，上等每名月捐六元，中等三元，下等二元。呼兰亦分三等，上等每名月捐江钱二吊，二等一吊六百文，三等一吊。海伦府分二等，上等每名月捐江钱十二吊，次等六吊。黑河府每名月捐羌钱五元。呼伦厅每名月捐羌钱六元，皆不分等。……都会之盛衰与妓馆之多少为正比例，街市繁盛，商业发达，则以妓馆营业者必日益增加，征之通商各口岸可见也。惟开设之地必须限以一定场所。关于妓女治安、卫生等事，均当妥定章程，以便稽查，此为巡警专责，需款甚巨，故不能不酌收妓捐，以充警费。"①

如吉林妓捐："妓捐始于光绪三十四年，由巡警局拟定管理规则及纳捐章程，捐分两项：曰妓馆捐，曰妓女捐。而又差为三等：曰头等，曰二等，曰三等。所收捐款以宣统元年为最畅旺，是年增收土娼捐，由各该馆掌班将应纳捐资于每月初五以前按数呈缴。外城如长春府、依兰府、滨江厅、珲春厅、阿城县等处，多系水路……故各该处巡警经费，以此二项收入为多。……省城妓馆捐，头等按月捐洋二十五元，二等十五元，三等五元。妓女捐，头等按月捐洋五元，二等三元，三等一元，青妓减半。土娼捐，每人月捐洋一元，每元定价折钱三吊。依兰府上等月捐十五吊，中等十吊，下等五吊。滨江厅按照四等纳捐，头等月捐吉洋十元，二等八元，三等六元，四等四元。"②

如山西妓捐："此款为地方经常之收入。系光绪三十三年十一月，据太原总商会照料委员会曾绅纪纲、韩绅谦，以省垣新修马路，宜筹岁修的款，以保路工而垂久远，禀经巡警总局，择地建房，倡办妓捐，以作保路经费。当经巡警局据情详，奉抚院宝批饬，将省城妓馆彻底清查，先行试办，俟确有把握，再行划区造屋，分别详办。三十四年正月，巡警局仿京、津办法，订拟章程，分别人捐、户捐，按等次收捐，上等定为每人每日捐钱三百文，中等每人每日捐钱二百文，次等每人每日捐钱一百文。其户捐亦照等交纳，并饬阳曲县派差会同各分局巡警弁丁，将各该妓户姓名、住址、人数、年岁，先行查明，除择妥地基再行建房定租饬居外，暂就察院后并小巷子客居，饬令租赁居住。自是年七月十五日起，一律照章起捐，并设济良所，委员随时稽查，按月抽收，呈缴巡警局。"③

从以上示例可以看出，尽管各省妓捐的征收标准不一，但统一归警局征收，并作为巡警之经费，则是一致的。

晚清妓捐征收最为繁盛，名目最多者，当属广东。广东妓捐，主要分为保良公司妓捐、花楼警费、艳芳楼警费、保益公司妓捐、南词班警费牌费、花楼房捐警费、酒楼警费、化酒艇警费、宴花筵艇警费、名属花捐等。征收数额最大的保良公司妓捐，"每年认缴饷银三十六万元，内除江门留用一万零五百元，香山留用三千元，东莞留用五千二百元外，每年实缴银三十四万一千三百元。至光绪三十二年间，由善后局将此项妓捐归并巡警总局经收"。后来巡警总局改为警务公所，"仍照收为巡警薪费之用"。对于各类妓捐之数

① 《黑龙江财政沿革利弊说明书》卷中《杂捐类·妓捐》。
② 《吉林全省财政说明书·吉林全省税项详细说明书》之《地方税之府厅州县税·妓捐》。
③ 《山西财政说明书》之《山西各署局所自行经理各款说明书·警务公所·妓捐》。

额，以及与警费之关系，可以参见表1：①

表1

署　局	款　目	实收数（两）	
		光绪三十四年	宣统元年
警务公所	保良公司妓捐	215345.880	237994.170
	艳芳楼警费	589.680	606.384
	花楼警费	3276	2520
	保益公司妓捐	1303.996	960
	南词班警费牌费	6199.200	无
省河水巡警局	花楼房捐警费	26352	24298.384
	酒楼警费	13775.472	15599.376
	花酒艇警费	6082.560	无
	宴花筳艇警费	2450	无
警务公所	保良公司报效	无	359.280
南海县	花楼房捐	1296	108
新会县	花捐商报效	720	780
三水县	花捐商捐效	630	无
高要县	花捐报效警费学费	4037.738	4903.716
清远县	花捐警费	210	120.200
开平县	花　捐	无	180
四会县	花捐报效警费学费	1229.018	1249.091
高州府	花捐报效	2413.345	2397.473
电白县	花　捐	162	无
龙川县	花捐警费	无	74.240
西宁县	花捐报效学费警费	1307.392	1422.163
琼山县	妓　捐	1260.403	2194.300
	妓捐按饷	3366.640	163.278
钦　州	花捐警费	150.267	1313.161
新宁县	花筳捐警费	无	785.454
英德县	花捐警费	3960.646	3960.646

---

① 《广东财政说明说书》卷七《正杂各捐》。

从表1可以看出，广东省城警局的经费以及各县警局的经费，主要赖于妓捐的支持。

在晚清警察系统建立之初，巡警经费并无"的款"，其筹措之法，主要模仿袁世凯在直隶实行的"就地抽捐"之法，即所谓"各州县警察款筹划之法，或系保甲旧费，或系商铺捐输，或系按亩摊派，或系各项杂捐，率皆目前支应，究非常年的款。既无的款，则筹法混杂，则弊窦丛生"。① 而警费支出又有一定的规模，如御史赵炳麟所奏："巡警一项大省约三百万，小省尚需二百万。"②警费的支出，除有些省份的"戏捐""巡警捐""车捐""铺捐""路灯捐""街灯捐""客栈牌捐"等捐项外，③ 妓捐既是主要的来源，同时也是众多警款杂捐中最为特殊的一个。

禁烟、禁赌、禁娼以及维护善良风俗和公共秩序，是当时新生警察的主要任务，也是近代化进程中时代进步的一个主要标志。但妓捐之收入却又用于警费之支出，这不能不说是晚清财政史与社会史上的一枝"奇葩"。妓捐在警费中的作用，也给其打上了税收史与社会史上善恶之间的烙印。

（作者单位：武汉大学历史学院）

---

① 甘厚慈：《北洋公牍类纂》卷九《警察三》，光绪丁未九月初版，第12页。

② 《时报》宣统二年五月初六。

③ 参见《河南财政说明书》下编《岁出部·地方行政经费·巡警费》。《广西全省财政说明书》第二编《各论上·省税之部》。

民国时期河南县级财政制度的转型及其局限*

□ 岁有生

迄今为止，民国时期县财政的整体性研究硕果颇丰，但有关河南的研究相对较少。①因此，本文以河南为个案，以县级财政制度化进程为视角，爬梳民国时期河南县级财政制度的转型轨迹，并分析其局限性。民国时期河南县级财政机构大致经历了公款局、财务局与财政局、财务委员会以及联综制度四个阶段。

一、公款局时期的县财政（1912—1927）

民国以前，州县各种经费主要依赖于钱粮存留，其收支盈亏，均由地方官包办。清末举办新政，地方用款日多，而筹划收支仍由知县主持。河南的县级财政主管机关，最早为清末民初设立的公款局。

1. 在管理机构上，以公款局为主，多种财政机构并存

1912 年 5 月，河南省议会议决各县设立公款局，清理并管理县地方一切公共款项。1917 年，制定《各县公署及公款局财政公开条例》，规定县公署与公款局同为一县财政收支机关，县公署负责国家税与地方税的征解，公款局负责县地方款收支事宜。② 公款局组

* 本文系国家社科项目"清末民初河南县域财政的变迁与地方社会研究（1901—1927 年）"（项目编号：15BZS124）、"2016 年河南省高校科技创新人才支持计划项目"（项目编号：2016-CX-017）阶段性成果。

① 曹仲植的《河南省地方财政》（1941 年出版地不详）一书详述了田赋、营业税两大财政收入来源以及当时的财政制度，而且对抗战时期河南的金融和物资、游击区的财政也有述及。天倪的《河南省各县地方财务行政机构之沿革》（《河南政治月刊》1936 年第 6 卷第 10、11、12 期，1937 年第 7 卷第 2 期）系统介绍了 1927 年至 1936 年河南省县财政机构的演变。李宁宁的硕士论文《国民政府时期河南县财政研究（1927 年—1937 年）》（河南大学 2009 年硕士学位论文）梳理了 1927 年至 1937 年河南县级财政的演变，并指出其在南京国民政府稳定基层政权、加强基层统治方面发挥的作用。

② 李治淮等：《密县财政志》，河南科学技术出版社 1994 年版，第 37 页。

织，除正、副局长各一人外，下设会计、庶务、文牍各员分科治事。①

但实际上，各县地方财政机构林立，呈多头状态。最初，县地方各款统由公款局经收，后教育、警察、实业各款先后独立。② 除此之外，有些县份尚有其他财政机构。如获嘉县的兵差处、支应局和供给所，③ 林县的九区公所及军事照料处，④ 阌乡县的骡马柜、催车局⑤，等等。

2. 各县收入多以附收、杂捐、地租为主，而支出则名目不一

1913 年，北洋政府制定《国家税地方税法草案》，其中所定地方税为田赋附加、商税、牲畜税、粮米捐等 20 项。但当时所谓的"地方"，主要是省一级。⑥ 1919 年，《县自治法》明确规定县自治团体之经费，但未能实施。1923 年曹锟宪法中关于国地收支划分之规定，将田赋、契税捐作地方税源，但其中所指地方，仍为省一级。因此，在北洋政府时期，县级财政始终没有独立的税源，全仗县署设法措置。此一时期，各县的财政收入，大多为田赋附加、杂捐、地租、公款公产生息等。⑦

支出方面，情形较为复杂。如武陟县地方经常岁出分为三款：内务经费内分巡警经费、文庙岁修、祭祀经费、孤贫费四项；财务费内分公款局经费、车马费两项；教育经费内分县视学经费、县立中学校经费、乙种农校经费三项。⑧ 信阳县的支出为警察局经费、祭祀经费、农会、苗圃、实业局、水利局、孤贫费等。⑨ 密县的支出还有工程经费，如修南门桥、修堤、修小西桥、修理衙署等，教育经费中尚有留学补助费等。⑩

二、财务局、财政局时期的县财政（1928—1933）

在公款局时代，县级财务机构最大特点是机构林立、管理混乱，"摊派挪借，纷如牛毛，既无法预算于前，又不易决算于后"。⑪ 公款局事属草创，人选颇难，"其贤者或失之过于激动，与地方官龃龉，任其事而不能终……不肖者视作美差……亏公肥己，无所不至"。⑫

---

① 民国《河南获嘉县志》卷六《赋役下》，民国二十四年铅印本，第 277 页；民国《重修信阳县志》卷十《食货志二》，民国二十五年铅印本，第 499 页。
② 民国《林县志》卷五《财政》，民国二十一年石印本，第 407 页。
③ 民国《河南获嘉县志》卷六《赋役下》，民国二十四年铅印本，第 277 页。
④ 民国《林县志》卷五《财政》，民国二十一年石印本，第 408 页。
⑤ 王梦立主编：《灵宝市财政志》，河南人民出版社 1996 年版，第 34 页。
⑥ 彭雨新：《县地方财政》，商务印书馆 1945 年版，第 2 页。
⑦ 民国《续荥阳县志》卷四《食货志》，民国十三年铅印本，第 276~277 页。
⑧ 民国《续武陟县志》卷六《食货志》，民国二十年刊本，第 240 页。
⑨ 民国《重修信阳县志》卷十一《食货二》，民国二十五年铅印本，第 491 页。
⑩ 李治淮等：《密县财政志》，河南科学技术出版社 1994 年版，第 70 页。
⑪ 民国《林县志》卷五《财政》，民国二十一年石印本，第 408 页。
⑫ 民国《重修信阳县志》卷十《食货志二》，民国二十五年铅印本，第 505 页。

1. 财政机构趋于统一，管理正规化

1927 年，河南省财政厅为整顿财政、统一权限起见，成立厅委财务局。所有县政府附设之征收处、管理财政的房科、公款局等机构，一律取消。与公款局相比，财务局职权扩大，国家款、省地方款、县地方款皆归其管理。财务局内设事务、征收、会计等处，并附设县金库掌各款之出纳保管事项。① 1929 年，国民政府颁布《县组织法》，在县署设公安、财政、建设、教育等局。② 该法施行后，河南省财政厅以各县财务局章程与《县组织法》所定财政局名称抵牾，通令全省各局一体改为财政局，其规制与财务局相同。

2. 财政收入仍仰赖田赋附加和税捐，但支出趋于统一

1913 年法案划定国家、地方税源时，田赋仍属中央税，地方政府仅能课以附税。1928 年颁行新制，将田赋划归地方，而且将契税、牙税、当税、屠宰税等也划作地方收入。然而，地方仍有省、县之别，收支之划分，仅以中央与省为主体，县级政府仍不能分润。③ 由于缺乏明确的收入来源，县政府仍然依赖田赋附加和税捐。

鉴于北洋政府时期地方摊捐漫无节制，1928 年河南财政厅规定正赋为二元二角，附税最多不能超过正税一倍，且规定各地赋税应征数额。④ 除田赋附加之外，仍赖其他杂捐弥补，如林县有契税附收、契税行用捐、契尾捐、铺店捐、斗捐、各项行捐、粮行公益捐等。⑤ 但在实际征收过程中多逾此数。在支出方面，这一时期的支出门类相对趋于统一，主要有公安费、建设费、自治费、民团费、教育费等。⑥

三、财务委员会时期的县财政（1933—1942）

财政局与公款局相比，管理比较正规。首先是机构设置较为齐全，局长下分事务、征收、会计、金库四处，分别履行不同职责。⑦ 其次是人员必须具备相应的经验，局长必须为大学或专门学校财政经济或商科毕业者，或是中等学校毕业、办理行政事务三年以上卓有成效者等。⑧ 然而，各县财政，向由地方自理，虽设财务局主管，惟事权不一，当时地方团务、教育、自治等机构及各学校，均可自行筹款，不但财政混淆，而且弊端百出。⑨

---

① 民国《林县志》卷五《财政》，民国二十一年石印本，第 421 页。
② 中国第二历史档案馆：《国民政府政治制度档案资料选编》，安徽教育出版社 1994 年版，第 2 页。
③ 财政部财政年鉴编纂处：《财政年鉴》，商务印书馆 1935 年版，第 1947~1948 页。
④ 民国《淮阳县志》卷四《民政上》，民国二十三年铅印本，第 262 页。
⑤ 民国《林县志》卷五《财政》，民国二十一年石印本，第 422~424 页。
⑥ 民国《林县志》卷五《财政》，民国二十一年石印本，第 425~428 页。
⑦ 李治淮等：《密县财政志》，河南科学技术出版社 1994 年版，第 34 页。
⑧ 罗介邱：《山东现行财政法规统诠》，济南五三美术印刷社 1930 年版，第 308~310 页。
⑨ 程方：《中国县政概论》，商务印书馆 1939 年版，第 63~64 页。

1. 实施财政监督及预算制度，现代财政制度渐具雏形

财务委员会初为管理各县地方收支款项的机构，1934 年裁局改科之后，逐渐成为县级财政支出款项的审计机关。为进一步整理地方财政，1933 年春，蒋介石颁布《剿匪区内整理县地方财政章程》，令各县设财务委员会，管理一切地方公产公款。其组织大县委员为 11 人，中县委员 9 人，小县 7 人，由地方公推廉正士绅充任。①

1934 年 12 月，国民政府军事委员会南昌行营为"谋县政府权力责任之集中、并充实其组织、以增进县政府效率起见"，颁发了《剿匪省份各县政府裁局改科办法大纲》，将县政府所属财政、教育、建设各局裁撤，将其职掌分别归并于县政府各科管理。同时，将财务委员会改为审核机关。② 调整之后，财委会只负责审核县地方款项的收支及编制县财政预决算。会计稽核制度是一种财务监督制度，可以防杜财务行政的弊病，而增进其效能。③ 同时，自 1935 年度起，在全省各县市推行地方预算，县市预算制度乃渐具规模。

2. 明确划定县财政税源，地方财政渐具规模

地方财政的真正改变是在 1939 年。是年国民党政府颁布《县各级组织纲要》，县市财政终为独立的收支系统。《县各级组织纲要》明确了县政府的收入来源：土地税之一部；土地陈报后正附溢额田赋之全部；中央划补助县地方之印花税三成；土地改良物税；营业税之一部；县公产收入；县公营业收入；其他依法许可之捐税。所有国家事务及省事务之经费，应由国库及省库支给，不得责令县政府就地筹款开支。县之财政均由县政府统支统收。④ 在支出方面，门类也较为完善，如 1936 年，灵宝县的县支出为主要有行政费、司法费、公安费、财务费、教育文化费、实业费、交通费、卫生费、建设费等项目。⑤

四、联综制度时期的县财政（1942—1949）

民国时期县地方财政行政机构，先有公款局、财务局和财政局。后为监督县属各机关收支状况起见，设立财务委员会。但是，财务委员会存在不合审计原理、工作效率低微等缺陷。⑥ 另外，县款收付仍不入公库，弊害也不少。

财政收支系统改制后，国民政府为期自治财政合理发展，在财务机构方面，开始推行行政、会计、出纳、审计分立的联综制度，以收互相牵制之效。县市财务行政，由财政科主管；关于收入行政，由财政部设各县市税务征收局，统一征收，以期于节省征收费中，加强稽征力量；县款之经收经付，设置县市库办理；至县市一切岁计、会计事务，由会计室遵照规定，负责办理；至于办理县市一切收支之事前审计、事后审计及稽查事宜，应由

---

① 民国《重修信阳县志》卷十《食货志二》，民国二十五年铅印本，第 502 页。

② 中国第二历史档案馆：《国民政府政治制度档案资料选编》，安徽教育出版社 1994 年版，第 528~529 页。

③ 程方：《中国县政概论》，商务印书馆 1939 年版，第 212 页。

④ 沙千里编：《战时重要法令汇编》，双江书屋 1944 年版，第 14~15 页。

⑤ 王梦立主编：《灵宝市财政志》，河南人民出版社 1996 年版，第 21 页。

⑥ 朱博能：《县审计问题及其改进》，《财政评论》1945 年第 5 卷第 3 期。

省审计处派审计人员驻县办理。"此后县市地方财务行政及会计、出纳、审计四部门，得以彼此牵制，相辅相成，使自治财政机构健全，洵属近年我国地方财务行政之重要革新。"①

在征收机构方面，1936 年河南省政府饬各县成立征收处。在审计方面，1942 年 6 月 16 日，令各县设置会计室。② 自 1935 年度起，全国各县市开始推行地方预算。1942 年 4 月公布实施《编审县市预算暂行办法》，令全国各县市办理地方预算。

五、民国时期河南县财政制度转型的局限性

财政制度现代化是民国时期历届政府追求的目标。"所谓现代化，即是财政之制度化，其先必求全国财政之统一，然后依照已确立之制度，一定之准绳以从事。无论收支，概必依法定之程序，不能凌越，斯即法治之精神。"③如以此为绳准，则民国时期河南县财政制度的递嬗的确昭示了这一趋势：管理机构由粗疏到分权制衡，收支由散漫无稽到趋于统一，并且开始实施预算制度。但是，受制于当时的战乱及国民政府自身的因素，这种现代化或制度化只是形式上的改变，在大多情况下只是徒有其表。

1. 改革内容的随意性和不彻底性

国民政府时期是县级财政变化最为频繁的时期。从地方财务局、财政局、财务委员会到实施联综制度，不仅名称一再变更，而且职责也朝令夕改。如财政局设立后，不及数月，即以经费不足为由裁局改科。④ 后财政厅为防止滥支及减少纠纷，计划将县地方款的一部分，仍提出交由地方，另设机关保管，名曰县地方款保管处。财政厅奉上令后，正在拟具详细章程，忽又接到省政府第 11178 号训令，令各县设财务委员会。⑤ 地方财务职权也不时变更。如财务委员会初为管理各县地方收支款项的机构，裁局改科后，又成为县级财政支出款项的审计机关。另外，改革也不彻底，当时田赋仍是县级财政收入的主要来源，因此，土地整理应是财政改革的首要问题。河南也曾进行过土地清丈和土地陈报。但实际上只在开封、郑州、氾水及陕县等地试办。⑥ 在征收方面，虽然先后成立局所，然而实际上执行征收仍是册里书。⑦ 清代田赋征收过程中的浮收、陋规、增高、抛串等依然存在。⑧ 因此，尽管形成了一套书面的制度化系列，但在中国权力运作实际过程中真正起

① 中国第二历史档案馆：《民国史档案资料汇编》第 5 辑第 2 编《财政经济》（一），江苏古籍出版社 1997 年版，第 481~482 页。

② 李治淮等：《密县财政志》，河南科学技术出版社 1994 年版，第 39~40 页。

③ 财政部财政年鉴编纂处：《财政年鉴三编（上）》第一篇《财政政策概述》，商务印书馆 1948 年版，第 3 页。

④ 天倪：《河南省县地方财务行政机关之沿革》（三），《河南政治月刊》1936 年第 6 卷第 12 期。

⑤ 天倪：《河南省县地方财务行政机关之沿革》（四），《河南政治月刊》1937 年第 7 卷第 2 期。

⑥ 王丰涛：《1931—1936 年河南省土地整理考察》，河南大学 2011 年硕士学位论文，第 63 页。

⑦ 曹仲植：《河南省地方财政》，出版地不详，1941 年版，第 144 页。

⑧ 陈冰伯：《今日之县政》，同文图书印刷公司 1933 年版，第 145~146 页；杨世铭：《改进县财政之刍议》，《中国经济评论》1940 年第 2 卷第 4 期。

作用的，仍是两千年遗传下来的带有浓郁宗法血缘关系的"习惯法"。①

2. 改革导向的非经济性

国民政府在编辑《财政年鉴》时指出，欲明我国近年财政政策之根本精神，首当求之于国父遗教，次当求之于《抗战建国纲领》。国父云："建设之首要在民生"，抗战建国纲领亦规定"经济建设以军事为中心。同时注意改善人民生活，本此目的，以实行计划经济"。② 但实际上，在财政制度化的过程中，国民政府过分重视政治效应，忽视经济效应，这些所谓的根本精神只不过是一纸空文。

朱博能指出："各县地方支出，除教育费外，几无事业费之可言，有之亦为数极微，故各种事业不见如何之发达。"③诚如所言，这种现状一直存续于民国时期。在公款局时代，大致有二种情形：一种是在财政支出中尚未囊括建设费用。如上述 1918 年武陟县的地方岁出。二是有些县份虽有，但为数极少。如信阳县 1924 年县级支出为 20651 元，建设经费为 2075 元，④ 占 10%左右。汜水县 1912 年到 1921 年间，建设经费占总支出的比例平均为 9%左右。⑤

到了国民政府时期，建设经费为县级政府的固定支出之一，但数量仍很微薄。如在财政局时代，林县全年支出为 19885.675 元，其中建设经费支出为 2032 元，⑥ 占全年总支出的 10%左右。在财政委员会及其以后时期，各县的建设支出比重也不大。(见表1)

表1　　　　　　　　　　**财政委员会时代的部分县财政支出表**

县别	信阳	获嘉	陕县	郾师
建设经费支出	8304	8544	1710	6505
年度总支出	224870	69953	78341	43002
建设经费占总支出比重	3%	12%	2%	15%

①建设费包括建设行政费和事业费，其中事业费包括农业推广、苗圃、农场、平民工厂、环境电话、无线电收音费、水利委员会等经费。

②资料来源：民国《重修信阳县志》卷十一《食货二》，民国二十五年铅印本，第 491~493；民国《获嘉县志》卷六《赋役下》，民国二十四年铅印本，第 310~315 页；民国《陕县志》卷七《财政》，民国二十五年铅印本，第 234~236 页；民国《郾师县风土志略·财赋》，民国二十三年石印本，第 89~92 页。

---

① 许纪霖、陈达凯：《中国现代化史（第一卷 1800—1949）》，学林出版社 2006 年版，第 12 页。
② 财政部财政年鉴编纂处：《财政年鉴三编（上）》第一篇《财政政策概述》，商务印书馆 1948 年版，第 1 页。
③ 朱博能：《县财政问题》，正中书局 1945 年版，第 12 页。
④ 信阳银元和制钱比价，民国九、十两年，银元价由一串三百递涨至四五串，民国十九年后则涨至八串。见民国《重修信阳县志》卷十一《食货二》，民国二十五年铅印本，第 531 页。
⑤ 资料来源：民国《汜水县志》卷四《赋役》，民国十七年铅印本，第 236~243 页。
⑥ 民国《林县志》卷五《财政》，民国二十一年石印本，第 281 页。

彭雨新先生统计了 1935 年到 1942 年度河南各县年均经费支出比重，其中党政费为 32%，公安保安费 10.38%，教育文化费 31.23%，建设卫生及救恤费 5.53%，其他 20.37%。[①] 抗战胜利后，建设费用的支出更是减少。如民国三十五年（1946）灵宝县支出总额为 14189869.82 元，其中经济及建设支出为 105575 元，[②] 占总支出的 0.7%。

建设费用的有限支出，仍大多虚耗在办公人员的薪资上，真正用于经济发展的少之又少。因此，很多经济发展计划大打折扣。即以农事试验场论之，据 1932 年的调查，1927 年 6 个，1928 年 13 个，1929 年 15 个，1930 年 11 个，1931 年 11 个。[③]

3. 改革结果的聚敛性

经济发展上乏善可陈，而财政支出又日益增长，如汜水县 1912 年公款局支出总额为制钱 6145121 文，1921 年为制钱 31106729 文，到 1926 年支出总额为制钱 1918146 文，银洋 2957.155 元，前后比较，增至数倍。[④] 抗战时期，县财政支出更是膨胀（见表 2），最终只能以增税的方式来解决。因此，国民政府废弃苛捐的政策，多数成为具文，民众负担日甚一日。陈冰伯指出，在民国时期，由于推行地方自治，再加上军事供亿浩繁，地方支出空前膨胀，民众负担也分外沉重。正税来源如大宗的田赋既然不能分润，那只有一条对人民"火上加油"的路，不得不"逼上梁山"，在大宗的田赋正税上为无限制的附加，于是田赋附加税则与时而俱增，附加税额往往超过正税数倍甚至数十倍，附加名目亦由数种增至数十种。[⑤]

林县公款局每年经手各款数额较少，而临时收支如弥补各种预算以及选举办赈剿匪兵差等似地方非地方之款，"历年摊征之额常超过经常各款倍蓰"。[⑥] 阌乡县 1928 年、1929 年，军队过往和驻防所需各费数倍于 1926 年、1927 年。每年差费需洋 40 余万元，平均每年差粮一石负担 30 余元，几十倍于正供。[⑦] 1940 年 7 月至 1941 年 6 月，灵宝县民负担共计负担款 978532.80 元。其中土地 759132.40 亩，亩均负担 1.289 元；人口 146831 人，人均负担 6.664 元。[⑧] 各种附加为 860786.34 元，是丁地正税的 7.3 倍。

表 2 　　　　　　　　　抗战期间各河南省县市岁出预算表（单位：元）

年份	1937 年	1939 年	1940 年	1941 年	1942 年	1943 年	1944 年
数额	10915573	11920875	7457066	14347713	69702300	156777941	429244375

资料来源：中国第二历史档案馆：《民国史档案资料汇编》第五辑第二编《财政经济》（一），江苏古籍出版社 1997 年版，第 594~651 页。

---

① 彭雨新：《县地方财政》，商务印书馆 1945 年版，第 20 页。
② 王梦立主编：《灵宝市财政志》，河南人民出版社 1996 年版，第 23 页。
③ 章有义：《中国近代农业史资料》（第三辑），三联书店 1957 年版，第 928 页。
④ 民国《汜水县志》卷四《赋役》，民国十七年铅印本，第 236~242 页。
⑤ 陈冰伯：《今日之县政》，同文图书印刷公司 1933 年版，第 159 页。
⑥ 民国《林县志》卷五《财政》，民国二十一年石印本，第 281 页。
⑦ 王梦立主编：《灵宝市财政志》，河南人民出版社 1996 年版，第 34 页。
⑧ 王梦立主编：《灵宝市财政志》，河南人民出版社 1996 年版，第 17 页。

县财政建设之最终目的,不仅在于增进一县地方人民生活之富裕,且需振兴地方上之公有事业,以求有助于整个国民经济的发展。① 反观河南之县财政,虽历年来努力整顿,由于时局维艰及改革旨趣的功利性,与上述目标,背道而驰,不仅无助于经济发展,而且是汲取民间财富的工具,这些日益沉重的负担不断削弱农民对国家的向心力。

(作者单位:商丘师范学院经济管理学院)

---

① 金锡璋:《论我国县财政之整理》,《建设》1943 年第 2 卷第 1 期。

晚清新政中北洋的"局"*

□ 姜海龙

晚清以来，传统的中华帝国官僚运作机制，已经逐渐难以应付日益增多的国家事务和新兴的各项改革运动。在中西交融的大背景下，官僚体制自身的近代化已经成为一个重要的问题。"局"在制度层面大规模设立与延续，是一个相当值得探讨的问题。

一、晚清以来的"局"

相对京师中央而言，地方督抚在官僚体制近代化上所面临的问题尤为迫切。一方面，晚清以官方为动力的各项改革，其重心多在北洋、两江、湖广等地方，督抚是改革的擘画者与实际执行者。问题随之而来，新兴的"洋务""新政"事务，多非传统官僚体系下的公务所能涵盖，这些"多"出来的"洋务"与"新政"究竟如何处理？另一方面，清代的官僚制度中督抚职权几乎无所不包。太平天国运动之后，督抚的权力又进一步扩大，但督抚衙门正式的佐杂属员并不多，繁多的公文案牍的处理，多由督抚以个人名义延请幕友协助完成。幕僚与作为督抚的幕主之间，最初只是私人的隶属与雇佣关系，并不具有官方层面的行政隶属的意味。但是随着晚清洋务事业以及新政的渐次深入，督抚的幕僚群不仅突破了传统的刑名、钱粮的专业划分，开始广为接纳留学、洋人、专办洋务等诸多人才。而且在延聘幕友方面，也在既有的私人聘请模式之外，开始出现奏调、保荐、札委等诸多"官幕"的模式。"官幕"与"私幕"的交错，内幕与外幕的共存，使得晚清的幕府具有私人隶属的非官方性与国家行政体制内的官方性的双重色彩。

洋务事业的增多、督抚权力的扩大、晚清幕府制的发展，三者共同催生了一个极具近代意义的官僚机构的诞生：局。"局"作为一种官方组织机构，并非晚清所特有。早在《隋书·百官志》中，就记载北齐时门下省统辖尚食局、尚药局等六局。清初官办的手工业机构也称"局"，诸如《红楼梦》中著名的江南织造局，户部所隶属的宝泉局和工部的宝源局等。不过，"局"的大规模出现，并且从无足轻重的一种官方组织发展到现代官僚行政体系中重要的组织机构，则奠基于晚清时期而最终成熟于清末民初。

* 本文为武汉大学 2015 年度青年自主科研项目"清末新式官报研究"；武汉大学人文社会科学青年学者学术发展计划项目"概念史视域中的中西日文化互动研究"阶段性成果。

"局"在晚清的发展，大概可划分为三个时段。19 世纪 50—60 年代，为了应对太平天国以及捻军起义等战事的需要，清廷地方督抚大员迫于情势紧急，在传统的正式官僚体制之外，"因事设局"成立了诸多"专事专办"的临时的"局"。诚如梁元生教授所言，"局"在大规模出现之初，具有极为矛盾的身份定位："此等以'局'为名的官方机构，并非传统官僚行政体制之内的一个部分，而是在正式官僚系统之外的临时官委组织。"①换言之，"局"既是官方组织，但又有别于传统的官僚行政体制。这种复杂的特性不仅直接影响到清末政治现代化进程，也在一定程度上影响了此后的历次改革运动的方式与内容。因战事需要而产生的"局"，诸如厘金局、筹款局、捐输局、练饷局、团防局、收发局、支放局、采运局、军械局、军火局、军装局、军器局、军需局等，分别用于筹集款项和军需之用。因战事而设的局，一般战事结束便会撤局。上海会防局于 1862 年创设，用于联络上海的英、法军队共同抵御太平军。1866 年战事结束，会防局便由李鸿章上奏撤局，前后不过四年。不过，还有许多因战事而设的局，因战后仍有需要而得以保留下来，诸如军械局、军火局、练饷局等。由此进入了晚清"局"的创设的第二个阶段：19 世纪 60 年代至 90 年代。这一时期"局"的创设主要是因战后维持地方秩序和开展洋务运动而设。前者如清查藩库局、营田局、招垦局、官荒局、交代局、清源局、发审局等。后者如洋务局、机器局、机器制造局、电报局、轮船支应局、轮船操练局等。第三个阶段便是清末新政时期，应新政之需，延续和开设了数量更为庞大的"局"，诸如卫生局、工艺局、官报局、自治局、调查局、统计局、禁烟局、咨议局等。

二、北洋的"局"

总体上略览清末"局"的发展史之后，下面以北洋新政中心天津为例，来看晚清洋务运动与新政的中心地之一——天津"局"的创设情况。为方便观看起见，特将天津"局"的开办制成表 1：

表 1

名称	创设年份	备注
机器局	同治六年	官办军用企业。由三口通商大臣崇厚创设于天津，后由李鸿章接办，易名"天津机器制造局"。生产各种军火产品
采访局	同治十年	由天津绅士援照苏州府章程设立，用于采访境内忠孝节义之事迹
轮船招商局	同治十一年	位于法租界。本局设于上海，在国内各个重要港口设有分局。为洋务时代直隶总督李鸿章创设，由官商合营，负责海运
乡甲局	光绪四年	由时任天津县令王朴臣创设，用于举行乡甲、宣讲圣谕广训
施种牛痘局	时间不详	由华绅士创立，经费由盐商捐助。用于免费为儿童施种牛痘预防天花

---

① 梁元生：《体制内的变革：清末上海的"局"》，《晚清上海：一个城市的历史记忆》，广西师范大学出版社 2010 年版，第 208 页。

续表

名称	创设年份	备注
开平矿务局	光绪四年	官督商办。由直隶总督兼北洋大臣李鸿章创立,负责治理境内开平煤业的开采与销售
邮政局	光绪六年	由光绪四年的华洋书信馆改编而来,津海关税务司负责经营
官书局	光绪八年	奉直督李鸿章之命,设局购运南省官书来直,原价发售,以惠士林

表 1 的统计数据来源于张焘的《津门杂记》的记载,或许有遗漏之处,不过,已经可以从总体上窥见同治四年(1865)至光绪八年(1881)间天津"局"的创设情况。其中偏于传统教化功能的有采访局、乡甲局,用于社会公益事业的有施种牛痘局,而数量最多的则是用于专办洋务事业的局,诸如机器局、轮船招商局、开平矿务局等。再看表 2 所示:

表 2

名称	创设年份	备注
南段巡警总局	光绪二十八年七月	下设警察科、四乡警察科、工程科、捐务科。负责天津市内及天津县的治安、桥梁维修以及房产、车税、营业税等的征收
天津卫生局	都统衙门时期	直属直隶总督,由都统衙门时代继承而来。负责管理天津城内外的医疗卫生、大沽港的船舶检疫、关内火车检疫等有关事务
北洋官报局	光绪二十八年八月	出版《北洋官报》,并兼营印刷业务
长芦、直、豫各口岸缉私总局	光绪三十年	属于长芦盐运使领导,执行各口岸的盐务以及警察事务
永七盐务局	光绪二十八年	义和团运动之后,直隶省财政困难。为此,将长芦盐运使管辖范围之外的永平府一州六县的盐政变为直隶总督直接管辖,以开财源
天津府自治局	光绪三十三年	设于天津府衙门内,为地方自治而设立
北洋筹款局	光绪二十九年	北洋新政开启之时,面临着财政困难的局面,该局成为发现新财源的机关,并无特别的职责范围,着手进行的工作有:征收酿酒税、烟草税及鸦片税等
北洋洋务局	光绪二十六年	直隶总督及津海关道的外交咨询机构
北洋银元局	光绪二十八年	由北洋银货铸造所改造而来。最初以铸造银元为主,后因户部在天津设立造币厂,改以铸造铜货为主
天津建造总局	光绪二十九年	局址位于河北区贾家大桥。作为经营管理天津河北新市街官设房屋建筑的地方
北洋文报局	光绪三十一年	局址位于总督衙门内。为从总督衙门向上下各官厅发送公文的递送机构
赈抚局	光绪五年	局址位于天津城内东门内。是直辖于直隶总督的贫民救济所

名称	创设年份	备注
天津钞关总局	时间不详	局址位于天津北马路。为收取内地关税及民船税的机构
厘捐总局	光绪六年	是对进出口落地货物征收厘捐税的机构
清丈总局	光绪二十九年	由于天津府属下的官地、民地以及荒地、寺庙地等,在义和团运动之后长期未经丈量,因此特设此局进行土地丈量整理
直隶工艺总局	光绪二十九年	进行各种筹划以振兴直隶一切工艺,局务并没有一定的范围
天津邮政总局	光绪四年	由直隶总督李鸿章设立,负责天津至全国各地的邮政事务
天津电报总局	光绪六年	直隶总督为督办电政大臣,掌管北洋一带及东三省电政,天津电报总局是经理其所辖范围内电政的机构。其最初由洋务时代直隶总督李鸿章创立,为官督商办
关内外铁路总局	光绪三十一年	直隶总督兼任督办关内外铁路大臣,该局管理的铁路为京津铁路、津榆铁路、关外铁路
天津水利局	光绪二十九年	专责疏浚津郡内河水道,唐绍仪、庞鸿书曾任督办
招商局	同治十一年	本局设于上海,在国内各个重要港口设有分局。为洋务时代直隶总督李鸿章创设,由官商合营,负责海运
顺直咨议局	宣统元年九月	最初为直隶咨议局,是直隶地方自治进程中的重要制度创建,为近代地方议会的雏形。该局于 1910 年 10 月,在召开全省第二次常年会前取得了对直隶境内的两个特别行政区——顺天府和热河都统辖区的行政审议权之后,更名为顺直咨议局

资料来源于日本中国驻屯军司令部编,侯振彤译:《二十世纪初的天津概况》(天津市地方志编修委员会总编辑室,1986 年,第 169~178 页)以及《北洋官报》中所见的各局文牍。

  表 2 所记载的是清末新政时期天津"局"的存在状况。① 通过与张焘《津门杂记》中的记载比较,可以看出,从洋务时代到新政时代,天津"局"的创设呈现明显的扩大化趋势。这种扩大化一方面直接表现在"局"的数量的增长上。新政时期北洋各种新设的官厅局所,要大大超出洋务运动时期。天津卫生局、北洋洋务局、直隶工艺总局、天津府自治局、北洋官报局等皆是新政时期创设的新"局"。新"局"的创设除了在数量上显示了"局"这一行政机构的扩大化趋势外,也在具体所负责和对应的事务上,表现出对洋务运动的超越和深化。就为数众多的"局"而言,尽管其各自的功能和创办模式有所不同,但无论是李鸿章的洋务时代还是袁世凯的新政时代,"局"的主体皆与官方所推进的改革重心互相呼应。机器制造、轮船招商局、开平矿务局、邮政局是 19 世纪 80 年代天津新创设的"局"中的主体部分。机械制造、矿务开采、电报、邮政等诸多实业项目正是洋务运动时期官方所

---

  ① 事实上,《二十世纪初的天津概况》一书以及《北洋官报》中对新政时期天津"局"的统计也并不完全。主要是因现实中"局"的确太多,无法一一统计,有些"局"旋开旋撤,存在时间并不长。但表 2 中基本将新政时期天津最为重要的诸"局"收录在内。此外,1906 年之后应宪政改革新开设的局尚有如:直隶矿政调查局、直隶调查局、直隶印花税总局、直隶禁烟总局等。

着力的重点。及至清末新政开启，警政、官报、卫生、市政等又是新政运动的核心内容，"因事设局"以及沿循"兴一新事业则开一新局"的洋务时代的传统，诸多此前未有之局应运而生，构成新政早期"局"的主体，诸如巡警局、洋务局、工艺局、筹款局、银元局、官报局等。1906 年之后，中央的"预备立宪"与各地方的地方自治成为清末新政后期的重心所在，与之相关的调查局、自治局、咨议局应运而生。究其原因，一方面可看出北洋作为洋务与新政核心区域的政治地位；另一方面，"局"的沿革与创设也表明这一发端战时的"临时官委组织"，自洋务运动以来，承载了官方改革在实践层面的重任。尽管具体到某一局的开局和撤局仍然有极大的不固定性，但是，"局"作为一个整体性的行政机构，却在北洋官僚体系中固化下来。

三、继承与仿效

洋务时代与新政时代天津的"局"，还显示了历史的继承性。机器制造局、轮船招商局、开平矿务局、邮政局、赈抚局、厘捐总局等诸局皆是洋务运动时期开局，而清末新政时期这些局或者一直延续或者重新恢复开局，从而成为新政时期北洋"局"的重要组成部分。卫生、工程等新局，则是来源于对都统衙门时期的继承。据《二十世纪初的天津概况》一书记载："光绪二十八年七月，把天津归还直隶总督……当时的总督袁世凯把都统衙门时期所设立的警察、工程、卫生、监狱、税务等新事业的内容，加以若干改变，并继承下来。并根据实际需要，另外设立了许多官衙。这些都是在大清会典所规定范围以外的官厅。"[1]当时日人的观察未免有站在都统衙门立场的夸大成分，但不可否认的是，新政时期诸多局的创设，的确是源于都统衙门时期的继承和改造。以卫生局为例，其创设于都统衙门时代，主要负责天津城内外的卫生以及船舶、火车的检疫，特别是用来应对属于公共卫生范畴的瘟疫的管理和预防。袁世凯接任直隶总督之后，直接将卫生局变为直隶总督所属，人员、机构几乎未作任何变更。

"局"的历史继承性，还表现在彼此相关联领域的"补强"。1882 年成立的天津官书局与 1902 年成立的北洋官报局即是这样一种历史继承关系。19 世纪 60 年代太平天国运动被扑灭之后，鉴于传统文化在战火中的毁灭性破坏，曾国藩、左宗棠等人在各地陆续设立官书局，诸如金陵官书局、江楚书局等官书局，其宗旨是保存因战争而毁灭的文化典籍，以经、史、子、集为主，但也夹杂着译介的泰西之学。官书局的开办，是晚清官方出版业的重要举措。一方面，各地官书局出版了大量旧学典籍，有保存国故之功；另一方面，很多官书局则直接演变成新政时期的官报局。直隶官书局是于光绪初年筹办，与其他各省官书局有所不同的是，直隶官书局刊刻书籍多以与洋务相关的实用性书籍为主。作为直隶官书局分局的天津官书局则基本不刊刻书籍，而以转运南方各省书籍入津为主要业务。张焘在《津门杂记》中记载道："购运南省官书来直，原价发售，以惠士林。"[2]《北洋官报》发刊之后，天津官书局亦在《官报》上登文宣传，可见一斑："自运各省官刻、家藏木版、石

---

① 日本中国驻屯军司令部编，侯振彤译：《二十世纪初的天津概况》，天津市地方史志编修委员会总编辑室，1986 年，第 170 页。

② 张焘：《津门杂记》，天津古籍出版社 1986 年版，第 130 页。

印、铅印经、史、子、集，新译东西时务并采原刻洋文各种，应用书籍、地图、报章。"①
其转运的书籍在上海招商局集中，以轮船海运天津。经销书籍的范围，则来自金陵书局、
淮南书局、苏州书局等南方各官书局。详察之，不难发现天津在北洋官报局创设之前，印
刷出版业上相当薄弱。官书局为晚清后期各省主要的官方出版机构，天津官书局则以转运
书籍为主，民间的印刷出版机构又不能与出版中心上海相提并论。所以，官报局兼营印刷
出版业也是在一定程度上为了"补强"洋务与新政中心天津在印刷出版业上的弱势地位。

因此，北洋新政时代众多的"局"，其实是洋务运动、都统衙门、清末新政三个时期
的行政建制创建的积累。作为一种与历次官方改革有密切关系的行政建制，天津"局"的
历史继承性对北洋改革的重要性不言而喻。晚清官方为动力的改革，其重心基本在地方，
而地方之中，督抚乃是改革的发起者和决策者。诸多新兴事业与政务的实际承担者，却是
"局"这一在大清会典之外的"非常官"行政建制。正是因为"局"的存在，北洋的改革在具
体的实务推行层面，多了制度性力量的保障，不至于出现"人亡政息"的局面。这种制度
层面的保障力量在清末的政治文化中虽然有限，但却不可忽视。同样，正是因为天津
"局"的历史继承性，使得北洋改革在经历了诸多动乱和人事变迁之后，仍然能够一以贯
之地进行下去，并且逐渐地深入和全面化。"局"的历史继承性，其实就是北洋改革的历
史继承性。

天津的"局"显示了历史的继承性之外，于横向上则显示了同一性和联系性的一面。
同治十年，天津采访局开局，"天津绅士援照苏州府新定章程设立采访。合郡七州县忠孝
节义总局禀由道宪丁请于督爵相李，于同治十年八月开局"。② 从开局记载来看，天津采
访局乃是模仿江南苏州府的开局模式和经验。同治六年开局的天津机器局是江南制造总局
在北方的翻版。同治十一年的轮船招商局，则是北洋大臣李鸿章在上海创办的上海轮船招
商总局的分局。与此同时，电报局、开平矿务局、巡警局、北洋官报局等则是天津首先开
局，其他各地方纷纷仿效。至于如筹款局、洋务局、建造局等，清末各省几乎大同小异。
总体而言，清末天津的"局"一方面呈现出对其他各省高度的模仿性，一方面又被北洋之
外的地方借鉴和效仿。北洋与其他各省在开局上的同一性和互相模仿，在一定程度上能够
规约清末各地推进洋务与新政的认识与行动，建立起一定的改革共识。另一方面，"局"
的这种横向联系性，其实也是一种新的权力网络的展开。传统的行政体系，几乎在制度操
作层面不允许培植私人势力与营建朋党派系。但是，"局"大规模出现于晚清之后，这种
制度上的操作成为可能。其一，由幕府向局员身份过渡的特殊性；其二，洋务与新政改革
的非常时期，迫使清廷对地方督抚扩大权力持默许态度。这两者使督抚与"局"这一行政
机构人员之间建立起的关系亦公亦私，且一定程度上摆脱了地域的限制。身为直隶总督的
李鸿章在传统的行政官僚体系内，所辖的是直隶境内为主的军民事务。但是，作为洋务运
动的发起者，李鸿章却可以以北洋大臣的名义控制远在江南的江南制造总局与轮船招商
局，此外，他尚可以间接地对他曾经创设的"局"施加影响，因为主持局务者，多为其当
年的幕僚或者有保荐、提调之恩的门生故人。袁世凯同样在 1908 年升至外务部尚书之后，
对于天津的诸局仍具有强大的影响力。两者之间维系的也正是在新政推进过程中所形成的

---

① 《北洋官报广告》第 17 册，光绪二十九年正月初八日。
② 张焘：《津门杂记》，天津古籍出版社 1986 年版，第 127 页。

下属—幕僚公私兼而有之的关系。因此，"局"这一行政建制上的同一性和联系性，在推进官方改革同步化的同时，也在一定程度上助长了清末派系政治的发展。

四、"局"的复杂性

诚如前文所述，清末的"局"具有先天的矛盾性和复杂性。与传统的官僚行政系统相比，它是临时性的官委组织；与幕府或者地方上由绅士组成的公益团体相比，它又是官方机构。作为一种临时性的官委组织，随着晚清历次改革运动的深入，某些领域的"局"旋开旋撤，并无特别重要的地位。而另外一些领域的"局"却在改革中逐渐固定和壮大，甚至权力超过了府、州、县为主体的常官系统。因此，"局"并不具有一个统一的发展态势。"局"的内部的管理，也呈现不同于常官又异于非官方机构的一面，官方主导但又可以吸收绅士参与，梁元生指出："'局'中管理人员，除官员之外，也有绅士参与，可算处于正规与非正规的官僚系统之间，是官绅及官商携手合作，共同管理的一个机构。"①正是因为这种复杂性和矛盾性，使"局"作为一种行政建制，具有极大的包容力。一方面，清末洋务及新政中心如天津、上海、汉口、长沙等地，"局"在官方不断改革的历史进程中获得迅猛的发展；另一方面，因督抚权力的扩大与幕府人员的近代转型需要，特别是诸多候补官员需要安插职位，也催生了"局"的膨胀。"但地方省会如苏州、南京、广州、杭州等，却有更多的'局'，主要原因是因为分发到省的候补官员太多，需要安插者众。"②清末官场小说《文明小史》第七回《捕会党雷厉风行 设捐局痴心妄想》中对于这一类以敛财、安插候补人员的"局"，就有着精彩的描写。在《文明小史》的讽刺性笔调中，地方大员傅知府与孙知府口中的"局"，其实只是用以敛财与安插候补同僚的工具，小说中的"虚构"也正是清末官场现实的映照。

另外，"局"又因为制度的灵活性和极大的包容力，在成为派系政治的助推器和安插众多候补官员的工具之外，也成为清廷官僚体系中最具开放性和现代眼光的行政机构。从洋务运动时期开始，曾国藩、李鸿章、张之洞等人陆续创办一系列兴办实业的"局"，"局"中人员多为具有干才的幕僚转化而来，在实际办洋务的过程中，这些局员逐渐成为清廷官场中最能够接受新生事物的群体之一。随着"局"的不断发展，诸多的留学生、成长于通商口岸的新式知识分子、怀抱着寻求富强理想的士人，也纷纷加入"局"中。因此，"局"成为晚清官僚体系中最能吸纳具有现代意识、观念与能力人群的行政机构。美国学者布莱克（C. E. Black）曾经指出所有现代化国家必定面临几个阶段："第一，现代性的挑战——现代观念和制度，现代化拥护者的出现。第二，现代化领导的稳固——权力从传统领袖向现代领袖转移。"③布莱克所提及的两点主要是从宏观层面论述一个国家的现代化所

① 梁元生：《体制内的变革：清末上海的"局"》，《晚清上海：一个城市的历史记忆》，广西师范大学出版社 2010 年版，第 213 页。

② 梁元生：《体制内的变革：清末上海的"局"》，《晚清上海：一个城市的历史记忆》，广西师范大学出版社 2010 年版，第 214 页。

③ 布莱克著，景跃进、张静译：《现代化的动力：一个比较史的研究》，浙江人民出版社 1989 年版，第 60 页。

必须包含的两个过程。不过，布氏的理论对于理解"局"这一行政机构在晚清政治现代化中所起的作用，也极有启发意义。清末的现代化历程，实际上是在诸多不同的世界内展开，地域的差异、官方与非官方的取向、改良与革命的争论等都造就了不同的现代化愿望和图景。官方为主导的改革，一直是北洋改革的核心和"内陆"部分。立足于官方的改革，其大的指向和最终的目的当然是维护清廷统治的权威性和合法性。但实际的情况则不然，吊诡的一面是，官方的改革在强化王朝统治秩序的同时，也在无形间消解传统权力的权威性。这是一个很复杂的问题，本文不能展开来论述。仅就"局"这一行政机构而言，北洋诸多"局"的存在，实际上起到了在官场内部培育众多"现代观念和制度，现代化拥护者"的作用。尽管"局"中这些"现代化拥护者"素质参差不齐，但相对传统官僚体系而言，这一整体的取向是毋庸置疑的。再者，随着"局"权力的扩大，① 实际上也在悄然间完成"权力从传统领袖向现代领袖转移"的过程。需要注意的是，这种权力的转移并非是直接的从此到彼的过程，诸如改良或者革命。而是植根于传统王权内部，借助于传统权力所赋予自身的合法性，来完成对传统权力的替代和自身权力的扩张。如前文所示，具有"局"出身背景的官员，相比较而言，更有现代的思想和能力，尽管这种现代的思想和能力依然十分有限，其纯粹性也值得怀疑，但却不容忽视，因为它体现了官方体制内部的权力转移。这也从一个侧面表明：民国之后北洋势力取代清廷的统治，在"窃取"之外，其实也有内在的"权力转移"的合法性。

（作者单位：武汉大学历史学院）

---

① 这包含两方面的内容，一是具体的"局"的权力的扩大，在清末北洋，一些重要的"局"诸如北洋洋务局、巡警局、咨议局等所拥有的权力非常之大；二是北洋一些重要"局"的总办与科员，一般会有机会升迁为更高一级的职务，将"局"的影响随之扩大，诸如周学熙、赵秉钧、杨士琦等人都做过"局"的总办，而后成为北洋派系重要的政治人物。

清末民国时期湖南的农产品出口贸易[*]

□ 杨 乔

　　清末民国时期，国际市场对中国农产品原料的需求不断增加，中国出口农产品的种类和数量逐年显著增多。在中国近代农产品商品化不断发展的趋势下，作为重要农业生产区域的湖南，其农业种植结构和农产品贸易相应地发生了变化。

　　湖南素有"鱼米之乡"之称，谷米贸易颇为发达。明清时期大量向长江下游地区出售谷米，"民国时期，长沙成为全国四大米市之一，常年运销谷米约 50 万石，最多时可达百万石"。[①] 作为产粮大省，湖南粮食产量的多寡及贸易的顺逆，对湖南社会经济都有重要影响。但这一时期，湖南谷米大多输往全国各地，极少出口国外。故本文主要讨论出口到国外的经济作物的情况。

　　清末民国时期，在稻谷产量没有明显增长的情况下，湖南谷米之所以能够继续大量输出，是依靠不断增产的杂粮种植来维持的。随着山地开垦的增加而迅速增长的杂粮种植，使农民得以依赖杂粮为生而出售种植的谷米。尽管这一时期社会发生巨变，改朝换代，就农业发展本身而言，湖南地区农业种植结构受清末民国时期政局风云变幻的影响并不明显。政局变动的影响对最基本的农业经济波及不大，无论是清政府时期还是北洋政府、南京国民政府时期，自上而下的各级政府出于解决民众温饱问题的考虑，以杂粮作为补充粮食的政策延续性一直存在。

一、经济作物的大量种植

　　清末民国时期随着对外贸易的活跃和输出商品的增加，经济作物，如棉花、花生、茶叶、大豆、桐油的种植也日益扩大、活跃。关于经济作物种植方面的内容也在地方志中屡屡出现。

　　湖南基层政府在清末民初时期同样对经济作物的种植进行了推广。"汉寿县湖乡旷土

　　[*] 本文为湖南省社科基金一般项目"外向型农业视角下民国时期湖南农产品贸易研究"（项目编号：15YBA252)成果。

　　[①] 刘云波等编：《湖南经济通史》近代卷，湖南人民出版社 2013 年版，第 391 页。

高处及堤垟旁，最宜种桑，向来土人多植此养蚕。清光绪二十四年（1898），县设种植局，政府发杭桑种数万株到县，造谣者谓为洋种有毒，咸毁坏之。乡民种蚕桑者甚少。"①"光绪三十一年（1905），湖南农业局自浙江选购湖桑 70 余万株，种植于长沙北门外，并劝农民分够移植各县，以改良蚕桑品种。绅士李笃真购 1 万株移植于南洲厅沙港子一带。"②"宁乡县无蚕丝业，故无桑林，乡间妇女或偶为之，未得其法，但成茧褥，不能缫丝。光绪三十四年（1908），李毓森等禀请官府，于南门外鲶鱼洲官地种桑，开蚕桑局，然桑树不茂，营业者亦时作时止，无可记。"③

值得注意的是，与政府推广杂粮种植的成效相比，推广经济作物的成效在清末民初时期似并不好。从政府层面分析，清末民初时期在政局变更、人事更迭的情况下，各级政府尤其是基层政府对广大农村的实际掌控能力有限。政府的主要精力首先要确保粮食的供给稳定，确保耕地面积不被占用，由于经济作物种植仅仅是作为增产粮食的副业，在对外贸易没有兴盛之前，对种植经济作物的关注力不多，更不可能将经济作物推广种植放在其农业经济发展的首要目标。从地方农民层面分析，农民首先要考虑的是解决温饱问题，自然对番薯、玉米这种杂粮的种植不予余力，而将经济作物置于辅助性种植物之列，相对于杂粮的种植显得漫不经心。在耕种稻谷、杂粮之余，出于经济效益的考虑，如遇种植桐树收益高的时期便多种植桐树，如遇种植桐树收益不好的时期，便将桐树弃用而改种棉花、茶叶等其他经济作物。清末民初时期湖南的经济作物种植均为分散的以农民家庭为单位的个体种植方式。

第一次世界大战以后，由于国际市场需求旺盛，经济作物出口贸易大量增加。湖南境内经济作物在这一时期得到广泛的种植，这种情况在地方志当中的记载屡见不鲜。"永定县木棉花，本境常产，兼水运澧洲各属入境，陆运销行来风，上及四川，每岁近千万包。"④"慈利县棉出县附郭及溇以北，贩者多捆以入蜀及鄂西北，盖慈利之棉盛矣。"⑤"茶油，产于浏阳县东南，输出于省城者年约五千余石。至运售于江西各县，其量当超过此数一倍。"⑥"烟、茶则为郴县之特产。城区之农作物，烟盖占十之六，以五里堆白鹿洞擅名，历来远商采卖，常德、津市为唯一之销场，获利甚厚。"⑦"永定县桐油、茶油、木油，三种皆本境特产。桐、茶为上，木油次之。价值，茶木为贵，桐油次之，每岁出境之桐油约十万，茶油约十万，木油约五千，各商设栈收买，贩运武汉一带，获利特巨。苎麻，本境各乡特产，为土物上品，销行江西、广东、汕头、水运出洋，每岁约计五千捆，估值十余万钱。麻、刮取为麻，晾干后束之成捆，运往汉口及广东、香港、汕头一带，贩卖出洋。每岁粤商来本境采运，岁可数千捆，价约十二万内外。"⑧"沅陵县西、南、北各乡（如保、利、益、新、南、建、永、安八乡）山地多植桐树，每年出桐油颇多，巨商收

---

① 曾继梧等：《湖南各县调查笔记·物产类·道县》民国二十年（1931）铅印本。

② 湖南省地方志编纂委员会：《湖南通鉴》，湖南人民出版社 2008 年版，第 729 页。

③ 宁乡县志局：《宁乡县志·故事编·财用录、物产》，民国三十年（1941）木活字本。

④ 王树人、侯昌铭：《永定县乡土志》下篇《物产》，民国九年（1920）铅印本。

⑤ 田兴奎等修：《慈利县志》卷六《实业》，民国十二年（1923）铅印本。

⑥ 曾继梧等：《湖南各县调查笔记·物产类·道县》。

⑦ 曾继梧等：《湖南各县调查笔记·物产类·道县》。

⑧ 王树人、侯昌铭：《永定县乡土志》下篇《物产》。

买装运汉口。而东、南、北各乡（如咸、和、敬、颂、康、广、贞、柳、宏、盛、亲、乐、兴、宣、治十五都）山地多森林，每年出杉木柴炭亦不少，故本县木商颇多，将杉木结成排，运往常德南县及岳州之洪水港，汉口之鹦鹉洲贩卖，且常、桃之柴炭商，亦多在此地采买柴炭。"①

在 20 世纪二三十年代，经济作物的经济效益凸显的情况下，湖南省政府为推广经济作物的种植作出了诸多努力。为扶持植棉，湖南省在 1920 年颁布《奖励棉业章程》。1929 年，湖南成立省农事试验场，对棉花、茶叶、经济林木等进行选育与栽培试验。1929 年湖南成立植桐委员会，奖励植桐，各县也先后设立了植桐委员会，对农户的桐树栽培、桐籽采摘以及桐油制作进行有效的组织管理。"自民国十四五年间，县政府逐渐提倡植桐及各种果木。"②在政府的引导下，湖南的经济作物种植得到迅猛发展，经济作物种植面积迅速扩大，并出现了相对集中、连片密度较大、长期经营的经济作物种植地带。如"1934 年常德县张炯常在河洑山一带领荒地 25 万平方里用于种植桐树。省政府予以免税 10 年的鼓励"。③1931 年，政府在澧县、安乡、华容、南县、沅江、汉寿县共开办了 20 个合作棉场，棉场植棉 9 万余亩。"1932 年，湖南棉产量达到 199000 担，到 20 世纪 30 年代末，湖南已成为全国主产棉区之一。"④ 1943 年，湖南省政府又颁布棉花增产奖励办法，奖金分"植棉竞赛奖金"和"优良棉种奖金"两种。正是在政府的大力倡导之下，湖南的经济作物生产才得到较快发展。

从地方志记载来观察，湖南经济作物在市场需求的刺激下，以收益为准绳，农民种植棉花、茶叶、桐油、烟草、苎麻的生产规模逐渐扩大。至于种何种经济作物，则根据市场需求和各县实际情况而有所不同。经济作物种植面积的扩大促进了湖南从传统的自然经济向商品经济的转化，促进了湖南地区农业生产力的提高。

湖南的农业种植结构沿着传统时期以稻谷种植为主，清末民初时期以稻谷种植、杂粮种植并重，民国时期以稻谷种植、杂粮种植、经济作物种植多元的轨迹向前发展。湖南地区农村种植结构的调整提高了农业生产专门化的程度。在种植稻谷的面积没有显著下降的情况下，杂粮种植和经济作物种植得到长足发展，反映了田边余地、贫瘠山地等土地利用率的提高，同时也反映了清末民国时期农业商品化的提高。

二、大宗农产品的出口贸易

湖南是内陆地区农业大省，清末民国时期，在国际需求的刺激下，茶叶、棉花、桐油等经济作物的"外向性"特别突出，成为农产品出口大宗，农产品贸易十分兴旺，在中国对外贸易商品中占有举足轻重的地位。湖南对外贸易与汉口、上海的关系最为密切，出口货物，大多先运至武汉、上海，然后转运至国外。"直接输往外洋者，甚为稀少。出口货

---

① 曾继梧等：《湖南各县调查笔记·物产类·道县》。
② 宁乡县志局：《宁乡县志》卷二《实业》。
③ 实业部中国经济年鉴编委会：《中国经济年鉴（1934—1936）》第 12 卷，国家图书馆出版社 2011 年版，第 112 页。
④ 符少辉等编：《湖南农业史》，湖南人民出版社 2012 年版，第 582 页。

中最多的为原料或半成品，占出口总额 80% 以上，其次为饮食物及烟草，占出口总额的 10%。"①从出口贸易的种类来看，大多是农产品，工业无长足发展。

湖南经济作物的出口贸易在清代以茶叶为大宗。明末清初，湖南茶开始向国外输出，并以其产量之多、品质之佳，驰名中外。出口之茶，以红茶为多，黑茶次之，红茶主要销往俄国，少量销往欧洲各国。黑茶销售外蒙古等处。清咸丰年间，由广东商来湖南示范安化茶农制造红茶，利润极大，于是各县转相仿制，产额日多，是为红茶之创始。其后各国需要甚多，销路渐广。清同治年间，左宗棠征新疆，奏请仿照盐引办法，以 40 包为一引，招商承办，归官销售，由湖南经武汉，运销甘肃新疆等处，年销至 2 万引之多，此为西北饮茶之始，亦即湖南茶销入西北之始，随之畅销俄国境内。迄光绪初年，每年输出的茶叶，在汉口销售的达 90 万箱，岁入库银以千万两计，当时湖南茶叶出口，占全国总出口额 1/4。"光绪中叶，湖南年输出茶叶增至 100 余万担。湘茶驰名遐迩，占有汉口出口茶叶 1/3，行销欧美市场亦数十年。"②"清光绪年间，红茶为醴陵大宗产品，运销于外，岁可二万石。县城常有茶号十数家，于各乡收买，运至汉口转售。自采摘、运送、以至发拣、装箱，贫民资以为生者无可胜计。"③

民国初年，湘茶在全国仍具有优势地位。"1914 年，全省有茶园面积 104700 公顷，产茶 80500 吨，茶叶出口额仍为全国之冠。"④1915 年输出之数，竟达 70 万箱之多。民国以后，新疆所经销湖南茶尚多，由新疆茶商在汉口设庄收买，转运西北，红茶则由俄人在汉口设庄收买。然此后因欧战关系，贸易断绝，继以俄国国内发生革命，中俄绝交，俄人停止收买，红茶销路，骤形减少，1919 年，仅为数万箱。⑤"1934 年，湖南毛茶产量已经降到 52 余万担，20 世纪 30 年代中期以后直至新中国成立前夕，湘茶已陷于急速下降的境地，出口濒于绝境。"⑥

湖南所出产的棉花，大多集中于岳州、长沙运往汉口然后再销售于各地。民国以前，棉花很少有出口，民国时期出口数量渐渐增多，成为省内重要的出口物资之一。1912 年至 1925 年之间，除 1920 年输出较低外，贸易额之趋势均为上涨，至 1925 年贸易额达 130 余万海关两，1926 年后，棉花出口贸易，仍属可观，1930 年达 130 余万两。⑦1930 年后，随着省内棉纺织工业的兴起，所产的棉花还不够省内消费，每年还需从他省和国外进口棉花。

在国际需求刺激下，我国出产的桐油是典型的外向型农产品，外销数量占到桐油输出总数的 95% 以上，主要销往美国和欧洲各国，在国际桐油市场上占有很大的市场份额。"桐油出口数量，1912 年为 13 万余担，至 1921 年增至 20 万担，1928 年增至 42 万担，1929 年增至 51 万担。较 1912 年增加 4 倍。"⑧就湖南省而言，桐油出口值在全省各项货物

① 刘世超：《湖南之海关贸易》，湖南经济调查所编辑室编印，1934 年，第 116 页。
② 邱人镐：《湖南之茶》，湖南省银行经济研究室编印，1942 年，第 7 页。
③ 陈鲲等修：《醴陵县志》卷五《食货志》，民国三十七年(1948)铅印本。
④ 杨载田、王鹏：《历史时期的湘茶生产及其发展探索》，《中国农史》2003 年第 3 期。
⑤ 刘世超：《湖南之海关贸易》，湖南省银行经济研究室编印，1942 年，第 116 页。
⑥ 符少辉、刘纯阳主编：《湖南农业史》，湖南人民出版社 2012 年版，第 587 页。
⑦ 刘世超：《湖南之海关贸易》，湖南省银行经济研究室编印，1942 年，第 220 页。
⑧ 刘世超：《湖南之海关贸易》，湖南省银行经济研究室编印，1942 年，第 116 页。

出口总值中的比重稳趋上升。1913—1917 年桐油出口总值在 7.11 万两至 50.27 万两关平银之间，占全省出口总值的 2.28%；1918 年增至 176.9591 万两，占全省出口总值的 10.82%；1919 年约占 13%；1921 年约占 18%；1922 年跃至 27%；1923 年达 38%，桐油总值达 1189.7860 万两关平银，自此常保持在 30% 以上。1922—1933 年，桐油出口价值量出现了激增，这 12 年里，全省出口价值当中桐油出口价值占到平均 36.2%，尤其是 1929 年、1930 年这两年更是陡增至 43% 以上，总值为 1296.7366 万两关平银。1923—1933 年这 11 年，桐油年出口价值占年全省出口总值的百分比稳定在 30% 以上，由此可看出桐油在民国时期湖南省出口贸易中居重要地位。

从 1933 年湖南海关出口大宗土货价值情况来看："植物油 5，209，583 万两，占出口土货总值的 39.3%；五金及矿砂一项 2，960，084 万两，占出口土货总值的 22.3%；粮食及粮食粉 1，936，510 万两，占出口土货总值的 14.6%，1933 年全年湖南海关出口大宗土货价值 13，266，765 万两。"①从上述材料来看，湖南地区海关出口以植物油为大宗，植物油出值占到 1933 年全省土货出口值的第一位。五金及矿砂出口值占全省出口土货总值的第二位，与植物油的出口值差距较大。植物油当中绝大多数是桐油，茶油只占数万两而已。桐油实为民国时期湖南省出口货物中最为重要的一项。整个湖南省海关出口货物仍以初级的农产品及矿砂为主。从海关数据可以看出，湖南的经济作物出口价值远远超过了粮食的出口价值。粮食主要作为国内区域间的流通贸易，民国时期，粮食贸易甚至处于入超地位。

民国时期湖南地区大宗农产品出口贸易是十分兴旺的，尤其是 1919—1936 年这段时间是农产品贸易的辉煌时期，无论是从种植、生产加工、运输、贸易各个方面均得到较大的发展。农产品贸易的发展对于这一时期湖南地区的经济发展起到了促进作用，包括农业、手工业、近代工业、对外贸易、商业以及社会组织等方面。

三、农产品出口贸易兴盛对湖南农业的影响

以外向性极为突出的桐油为例，民国以前，湖南极少种植桐树，桐油极少出口。进入民国时期后，因为国际市场对桐油的需求旺盛，农民对于桐油的生产开始重视起来，桐树的种植经营方式发生较大转变，桐树的种植面积和产量得到了迅速扩大。20 世纪 20 年代后期，在政府的大力提倡下，湖南农民大量的成片有规模地种植桐树，为追求生产效益，他们注重了育苗、截尖、加肥、除草、排水、修枝等工作，实现了桐树种植专业化，形成了桐树集中种植区域。民国时期桐树种植方式由农民零星种植到成建制的集中种植，培育方式由农民听其自然到采用先进的培植技术都使桐油的质量有所提高，使湖南地区经济作物生产向区域化、专业化、商品化方向发展。

桐油业在民国时期是一个得到发展的传统手工业，从全国的传统手工业来观察，"1920—1933 年间，只有榨油、轧棉和棉织 3 个行业的产值分别增加了 40.87%、51.52% 和 31.63%，其余各业均处于较少状态"。②虽然上述所说的榨油业并不单指桐油，还包括

---

① 刘世超：《湖南之海关贸易》，湖南省银行经济研究室编印，1942 年，第 154 页。

② 许涤新、吴承明主编：《中国资本主义发展史》第 2 卷，人民出版社 2003 年版，第 1083 页。

其他植物油类，但从中也可反映出榨制桐油这种手工业在民国时期是非常繁荣的。20世纪20年代，汉口的桐油精炼厂普遍使用电力和内燃机动力来带动机器的运转，汉口洋商经营的桐油榨制、精炼厂普遍实现了机械化运作。但在同一行业内，广大产地集镇和农村的桐油生产仍采用手工业加工的经营方式，手工业以农民家庭副业和专业榨坊两种形式存在。虽然桐油产量非常大，但机械化程度并不高，仍是以对桐油进行简单加工的手工业为主。由于榨油这种手工业可以让家中老弱妇孺从事此劳动，家庭主要劳动力得以空出时间来进行粮食的耕种，间接支援了农业生产一线，减轻了农村家庭经济压力。

　　清末民国时期湖南地区农产品的兴旺必然带动了农产品产地、集散、终端各级市场的发展。农产品出口规模的扩大催生了商业组织的分立和细化，市场上出现了以桐油为主的植物油商经营的新型的贸易行业，棉花、茶叶同样有专门的经销商。农产品贸易的发展带动了与之相关的加工、包装、运输、堆栈、报关、金融、银行等的发展，促进了商业的繁荣。从事经济作物种植、生产、运输和销售的相关人员的大量增加，解决了这一部分人的就业问题，给他们的家庭带来收入，"收益之丰，不亚于稻"，使其购买力增强。湖南地区通过农产品贸易和其他行业的流通网络带来了商业的繁荣局面，农产品出口贸易的发展促进了湖南地区农村商品经济的发展。

（作者单位：湖南省社科院历史研究所）